객체지향 파이썬

Object-Oriented Python

Copyright ⓒ 2022 by Irv Kalb.

Title of English-language original: *Object-Oriented Python: Master OOP by Building Games and GUIs*,
ISBN 9781718502062, published by No Starch Press Inc. 245 8th Street, San Francisco, California
United States 94103.
The Korean-language 1st edition copyright ⓒ 2023 by J-Pub Co., Ltd. under license by No Startch
Press, Inc. All rights reserved.

이 책의 한국어판 저작권은 에이전시 원을 통해 저작권자와의 독점 계약으로 제이펍에 있습니다.
저작권법에 의해 한국 내에서 보호를 받는 저작물이므로 무단 전재와 무단 복제를 금합니다.

객체지향 파이썬

1쇄 발행 2023년 10월 13일

지은이 어브 캘브
옮긴이 박찬성
펴낸이 장성두
펴낸곳 주식회사 제이펍

출판신고 2009년 11월 10일 제406-2009-000087호
주소 경기도 파주시 회동길 159 3층 / **전화** 070-8201-9010 / **팩스** 02-6280-0405
홈페이지 www.jpub.kr / **투고** submit@jpub.kr / **독자문의** help@jpub.kr / **교재문의** textbook@jpub.kr

소통기획부 김정준, 이상복, 김은미, 송영화, 권유라, 송찬수, 박재인, 배인혜, 나준섭
소통지원부 민지환, 이승환, 김정미, 서세원 / **디자인부** 이민숙, 최병찬

진행 송영화 / **교정·교열** 김은미 / **내지디자인 및 편집** 이민숙
용지 에스에이치페이퍼 / **인쇄** 한승문화사 / **제본** 일진제책사

ISBN 979-11-92987-34-7 (93000)
값 32,000원

※ 이 책은 저작권법에 따라 보호를 받는 저작물이므로 무단 전재와 무단 복제를 금지하며,
　　이 책 내용의 선부 또는 일부를 이용하려면 반드시 저작권자와 제이펍의 서면 동의를 받아야 합니다.
※ 잘못된 책은 구입하신 서점에서 바꾸어드립니다.

제이펍은 여러분의 아이디어와 원고를 기다리고 있습니다. 책으로 펴내고자 하는 아이디어나 원고가 있는 분께서는
책의 간단한 개요와 차례, 구성과 지은이/옮긴이 약력 등을 메일(submit@jpub.kr)로 보내주세요.

객체지향 파이썬

파이게임과 GUI로
객체지향 프로그래밍 정복하기

어브 캘브 지음 / 박찬성 옮김

no starch press

Jpub
제이펍

PART I   **객체지향 프로그래밍이란**

CHAPTER 1   **예제로 알아보는 절차적 파이썬** 3

CHAPTER 2   **OOP로 물체 모델링하기** 23

CHAPTER 6

객체지향 파이게임　135

CHAPTER 7

파이게임의 GUI 위젯　159

CHAPTER 11 　객체가 사용하는 메모리 관리 267

PART IV　게임 개발에 객체지향 프로그래밍 사용하기

CHAPTER 12 　카드 게임 295

옮긴이 머리말 ───────────

소프트웨어는 우리가 알아채지 못하는 일상생활 곳곳에 이미 녹아들어 있습니다. 텔레비전, 세탁기, 냉장고 등 가정의 모든 전자 기기, 우리가 매일 사용하는 스마트폰, 연필 대신 사용되는 전자 잉크와 필기도구, 모든 직장인의 필수 도구인 컴퓨터와 노트북 등의 하드웨어는 소프트웨어가 설치되어야만 제대로 작동해서 이제는 소프트웨어가 없다면 사실상 그 어떤 일도 자연스럽게 해내지 못하는 시대에 살고 있죠. 삶의 질을 더욱 향상시키고, 생산성을 높이기 위해서는 이미 각 분야의 전문가 또는 전문가로 발돋움할 우리 모두에게 소프트웨어 제작 능력(또는 이해 능력)이 필요합니다.

과거에는 컴퓨터 입장에서 이해하기 쉽지만 사람에게는 난해한 저수준의 프로그래밍 언어가 주로 사용되어, 컴퓨터 공학을 전공하지 않은 사람들에게 프로그래밍은 진입 장벽이 매우 높았고, 일부 특권을 가진 사람의 전유물로 여겨졌습니다. 하지만 파이썬과 같은 고급 프로그래밍 언어의 등장에 따라, 비전문가도 쉽게 프로그래밍에 발을 들일 수 있게 되었습니다. 다시 말해 누구나 자신이 가진 아이디어를 실현하고 새로운 세계를 창조할 수 있는 능력을 쉽게 얻게 된 것입니다.

그렇지만 프로그래밍을 어떻게 처음 배우느냐가 중요합니다. 일련의 코드 덩어리로 구성된 소프트웨어는 그 기능이 확장됨에 따라 코드의 양도 비대해지기 마련이며, 결과적으로 유지/보수/관리에 많은 시간과 노력이 들어갈 수밖에 없습니다. 처음 프로그래밍을 배울 때 중심이 되는 철학을 잘 구축하지 못한다면, 결국 비대해진 프로그램 코드는 무너져 내리고 말 것입니다. 건물의 기초 공사의 중요성과 같죠.

객체지향은 가장 보편적이면서 가장 효과적으로 통용되는 프로그래밍 방식입니다. 우리가 이 세상을 논리적 또는 물리적인 객체로 바라보듯이, 소프트웨어에 등장하는 개체entity 또한 객체object로 바라보자는 것으로, 사람에게는 매우 자연스러운 접근법이라고 볼 수 있습니다.

이 책은 이해가 매우 쉬운 '파이썬'이라는 언어로, 우리에게 이미 자연스러운 '객체지향적'인 접근법을 통해, 모두가 흥미로울 만한 '게임'이라는 주제를 다룹니다. 프로그래밍에 대한 흥미를 잃지 않고 이 책을 다 읽었을 때쯤에는 소프트웨어를 만들 수 있는 능력이 발현되고, 앞으로도 지속적으로 프로그래밍을 편안한 마음으로 대할 수 있는 초석이 다져질 것입니다.

박찬성

베타리더 후기 _____

 김용현(Microsoft MVP)

이제 막 파이썬 문법을 배운 입문자가 OOP의 개념을 배우기 좋은 내용입니다. OOP 설계 원칙을 마치 철학처럼 읊조리는 이론 기반의 도서와 다르게, 코드만으로 소통하고 전달해서 객체지향을 실무 관점에서 담백하게 배울 수 있습니다.

김태웅(클라크스퀘어)

객체지향 프로그래밍은 개발 문화에 있어 중요합니다. 더욱 향상된 프로그램을 만드는 데에 있어 객체지향은 언어에 상관없이 꼭 알아야 하는 요소입니다. 특히 파이썬의 경우 다른 언어들과 비교하여 재미있으면서도 특이한 성질들이 많다 보니, 이러한 객체지향 프로그래밍 방식에 파이써닉 Pythonic함이 가미된 《객체지향 파이썬》을 통해 이해하기 쉬운 예시와 설명을 접하면서 파이썬 개발에 있어 더욱 넓은 식견을 가질 수 있길 바라봅니다.

박조은(오늘코드)

파이썬의 객체지향을 제대로 배우고자 하는 분들에게 추천합니다. 간단한 예제로 클래스나 메서드에 대한 개념 이해가 어려웠다면, 파이게임을 통해 직접 게임을 핸즈온 방식으로 하나씩 채워가며 구현하는 예제로 배워볼 수 있습니다. 흥미 있는 주제로 한 스텝씩 나아가는 튜토리얼을 통해 객체지향 방식뿐만 아니라 기능을 설계하고 완성해 나가는 개발 방법에 대해서도 배울 수 있는 책입니다.

사지원(카카오모빌리티)

이 책은 객체지향 프로그래밍에 대해 쉽고 간편한 예제로 설명하는 책입니다. 현실에 존재하는 다양한 객체를 친근하게 설명하고 있어 객체지향을 처음 접하는 독자도 큰 어려움 없이 이해할 수 있습니다.

심주현(삼성전자)

이미 파이썬을 사용하고 있으며 여기에 OOP를 적용해 보고 싶은 독자들에게 추천합니다. 책은 전반적으로 파이게임 패키지를 사용하여 절차적 프로그래밍에서 객체지향 프로그래밍으로 발전시켜 나갑니다. 이때 학습의 효율성을 높이기 위해 저자가 작성한 패키지를 사용합니다. 책의 설명이 명료하며 코드 주석도 잘되어 있어 이해하는 데 도움을 줍니다.

 지남현(LG전자)

절차적 프로그래밍을 시작으로 이를 이용해 레고 블록을 만들고, 하나하나 조립하는 방식으로 객체지향 프로그래밍을 설명해서 이해하기 쉬웠습니다. OOP의 다양한 문법을 하나의 소프트웨어를 개발하며 실습하니 그 문법의 용도를 정확히 이해할 수 있었고, 실무에 바로 적용할 수 있겠다는 자신감도 생깁니다.

 한상곤(부산대학교 산업수학센터)

파이썬을 사용해서 OOP를 전문적으로 다루는 교재는 흔하지 않습니다. 이 책은 그런 흔하지 않은 주제를 파이게임과 결합해서 흥미롭게 제시하고 있습니다. 번역자의 꼼꼼함이 돋보이고, 글 자체도 유려하여 읽기 좋았습니다. 기존에 파이썬 문법을 배워보셨다면 이 책을 통해서 GUI 기반의 작은 프로그램 만들기에 도전해보세요.

 허민(한국외국어대학교)

추상화, 다형성 등 철학에 가까운 OOP를 시각적으로 익힐 수 있는 책입니다. 게임을 구현하며 눈으로 개념을 확인할 수 있고, 복잡한 메모리 구조나 멘털 모델 또한 파이썬 튜터로 시각화하며 직관적인 이해를 도와줍니다. 특히 15장의 장면 클래스와 장면 관리자 예제는 실전에서 OOP를 어떻게 적용하는지 보여주고 있어서 더욱 인상적이었습니다.

감사의 글

이 책을 쓰는 데 많은 도움을 준 사람들에게 감사의 말을 전한다.

알 스웨이가트AI Sweigart 덕분에 파이게임Pygame(특히 피그버튼Pygbutton 코드)을 사용할 수 있었다. 자신의 책에서 소개한 게임 '다저Dodger'의 개념을 이 책에서 활용할 수 있도록 해줬다.

Monte Davidoff는 깃허브GitHub, 스핑크스Sphinx, 리드더닥스ReadTheDocs를 사용해 올바른 코드를 문서로 만들 수 있도록 큰 도움을 줬다. 다양한 도구로 적절한 파일 구성을 하는 데 필요한 경이로운 작업을 해줬다. 그는 매우 뛰어난 기술 검토자로서 책 전반에 걸쳐 기술 글쓰기와 관련된 훌륭한 의견을 줬다. 덕분에 많은 코드 예제가 더 파이썬스럽고Pythonic 객체지향적으로 만들어질 수 있었다.

Tep Sathya Khieu는 이 책에 담긴 다이어그램을 멋지게 해줬다. 어린이 수준의 연필로 그린 스케치를 책 전반에 걸쳐 명확하고 통일된 방식으로 만들어줬다.

일부 게임 화면에 사용된 그래픽 요소에 도움을 준 Harrison Yung, Kevin Ly, Emily Allis에게도 감사의 말을 전한다.

초기 검토자인 Illya Katsyuk, Jamie Kalb, Gergana Angelova, Joe Langmuir는 오탈자 수정뿐만 아니라 의미가 분명하게 전달될 수 있도록 좋은 의견을 줬다.

이 책은 Liz Chadwick(개발 편집자), Rachel Head(교열 편집자), Kate Kaminski(제작 편집자), Maureen Forys(조판자)의 손을 거쳐 완성될 수 있었다. 이들과 소통하며 많은 개념 부분을 재편성하고 정확한 단어로 수정했다. 또한 내가 갖지 못한 문법적 지식 등에 대해서도 많은 도움을 받았다.

캘리포니아 대학교 샌타크루즈 캠퍼스와 실리콘밸리 대학교에서 내 수업을 듣는 모든 학생에게도 감사의 말을 전한다. 피드백을 주고, 미소를 지어주고, 찌푸리고, 좋은 아이디어를 주고, 좌절하고, 고개를 끄덕이고, (코로나 시국의 줌 클래스Zoom class에서) 엄지를 추켜세워준 학생들의 행동은 나의 교육 방식과 이 책의 형태를 잡아가는 데 큰 도움이 됐다.

마지막으로 집필 및 검토, 편집, 퇴고, 디버깅이라는 오랜 과정 동안 나를 지지해준 가족에게도 감사의 말을 전하고 싶다. 가족이 없었다면 이 책은 결코 완성될 수 없었을 것이다.

이 책은 파이썬으로 객체지향 프로그래밍object-oriented programming, OOP이라는 소프트웨어 개발 기법을 다룬다. 객체지향 이전에는 프로그래머가 여러 함수를 만들고 데이터를 함수에 입력하는 절차적 프로그래밍procedural programming 또는 구조적 프로그래밍structured programming 방식을 따랐다. 객체지향 패러다임은 코드와 데이터를 효과적으로 결합해 재사용성이 높은 코드를 만들 수 있게 해준다.

집필을 준비하는 단계에서 다양한 학문 및 비디오 자료를 조사했다. 많은 자료가 클래스, 인스턴스 변수, 메서드, 캡슐화, 상속, 다형성 같은 용어를 정의하며 시작한다는 사실을 발견했다.

이 책에서도 깊이 다루는 중요한 개념들이다. 다만 이 책은 다른 방식으로 시작한다. 먼저 '어떤 문제를 해결하고자 하는가?'라는 질문을 던진다. 객체지향 프로그래밍이 해결책이라면 어떤 문제가 있는지 파악해보자는 의미다. 질문에 답하려면 절차적 프로그래밍으로 작성된 몇 가지 예제 프로그램의 복잡성을 인지한 후 OOP가 어떻게 더 간결하고 관리하기 쉽게 프로그램을 탈바꿈시키는지 바라봐야 한다.

대상 독자

이 책은 파이썬 표준 라이브러리의 기본 함수를 사용해본 사람이 대상이다. 파이썬 언어의 기본 문법을 충분히 이해하고 변수, 할당문, if/elif/else 문, while 및 for 루프, 함수 및 함수 호출, 리스트, 딕셔너리 등을 사용해 작거나 중간 크기의 프로그램을 작성할 수 있어야 한다. 만약 익숙하지 않다면 이전에 출간된 《Learn to Program with Python3》(Apress, 2018)나 시중의 파이썬 입문서를 먼저 읽어보기를 바란다.[1]

1 　옮긴이 　《안 스웨이가토이 파이썬 프로젝트》(제이펍, 2022)도 있다.

이 책은 이제 막 파이썬 문법을 배운 입문자부터 중급자를 대상으로 한 책으로서 고급 주제는 소개하지 않는다. 예를 들어 책 내용의 실용성을 위해 파이썬의 내부 구현까지 상세히 다루지는 않는다. 간결하면서도 명확한 내용 전달 전달을 위해 객체지향 기법을 마스터하는 데 집중하고자 책에 소개된 예제는 제한된 방식으로 작성했다. 다만 고급 주제를 사용하면 이 책에서 쓴 파이썬 코드보다 더 간결하게 작성할 수 있다는 사실은 알아두기를 바란다.

객체지향의 근본적인 개념은 특정 프로그래밍 언어에 종속적이지 않은 방식으로 설명하면서 파이썬과 다른 객체지향 언어는 무엇이 다른지 함께 설명하겠다. 이 책을 통해 객체지향 스타일로 코드를 작성하는 기본기를 다지면 다른 객체지향 언어에도 쉽게 개념을 적용할 수 있다.

파이썬 버전과 설치

모든 예제 코드는 파이썬 3.9 버전으로 작성 및 검증했다. 파이썬 3.9 이상 버전에서는 모두 잘 작동한다. 파이썬은 https://www.python.org 에서 무료로 다운로드할 수 있다. 아직 파이썬을 설치하지 않았거나 최신 버전으로 업그레이드하고 싶다면 해당 사이트에 접속한 뒤 [Downloads] 탭의 [Download Python 3.xx.x] 버튼을 클릭한다. 설치 파일이 다운로드되고, 해당 파일을 더블클릭하면 파이썬을 설치할 수 있다.

윈도우 설치

윈도우를 사용하는 경우 빠뜨리면 안 되는 중요한 설정이 있다. 설치 파일을 실행하면 다음 화면이 나타난다.

하단의 'Add Python 3.x to PATH' 박스를 반드시 체크한다(기본적으로는 체크되어 있지 않다). 이를 설정해야 후반부에서 사용할 파이게임 패키지를 문제없이 설치할 수 있다.

객체지향의 설명 방식

초반에는 텍스트 기반의 파이썬 프로그램으로 설명한다. 사용자 입력 및 정보 출력에는 모두 텍스트만 사용한다. 텍스트 기반으로 물체를 시뮬레이션하는 방법을 통해 객체지향에 입문한다. 조명 스위치, 빛 조절 스위치, TV 리모컨을 객체지향의 객체로 표현하는 것으로 시작한다. 그다음 OOP 기법으로 은행 계좌를 관리하는 은행 시뮬레이션 프로그램을 만든다.

기본적인 객체지향 내용을 다룬 후에는 그래픽 사용자 인터페이스graphical user interface, GUI로 구성된 게임 및 응용 프로그램을 만들 수 있도록 해주는 파이게임 모듈을 소개한다. GUI 기반 프로그램에서는 사용자가 버튼, 체크 박스, 텍스트 입출력 필드, 그 밖의 사용자 친화적인 위젯을 통해 프로그램과 상호작용을 한다.

파이게임을 선택한 이유는 파이썬과 함께 사용했을 때 시각적으로 객체지향 개념을 보여줄 수 있기 때문이다. 또한, 파이게임은 거의 모든 플랫폼 및 운영체제에서 실행될 수 있다. 파이게임 패키지를 사용하는 샘플 프로그램은 모두 최근 출시된 2.0 버전에서 검증됐다.

파이게임과 함께 작동하는 여러 기본 위젯을 구현한 `pygwidgets`(피그위젯) 패키지를 만들었다. 객체지향적인 접근법으로 만든 이 패키지는 책의 후반부에서 소개한다. 주요 객체지향 개념의 실질적이고 실용적인 예시를 확인하고, 실제 플레이할 수 있는 재미있는 게임을 만들어보겠다. 또한, 더 복잡한 게임과 애플리케이션을 작성하는 데 유용한 코드로 구성된 `pyghelpers`(피그헬퍼) 패키지도 소개한다.

이 책의 모든 예제 코드는 노스타치 웹 사이트(https://nostarch.com/download/Object-Oriented-Python-Code.zip)에서 한 번에 다운로드할 수 있다. 모든 코드는 깃허브 저장소(https://github.com/IrvKalb/Object-Oriented-Python-Code)에서 장별로 다운로드할 수 있다.

이 책의 구성

이 책은 총 4부로 구성됐다. 1부는 객체지향 프로그래밍을 소개한다.

- 1장은 절차적 프로그래밍을 복습한다. 텍스트 기반 카드 게임을 구현하고, 하나 이상의 계정을 작업하는 은행을 시뮬레이션한다. 그 과정에서 절차적 프로그래밍이 가진 일반적인 문제를 논한다.

- 2장은 클래스와 객체를 소개한다. 클래스로 전등 스위치나 TV 리모컨과 같은 실제 물체를 표현하는 방법을 다룬다. 1장에서 강조한 절차적 프로그래밍의 문제를 OOP가 해결하는 방식을 알아본다.

- 3장은 파이썬에서 객체를 생성할 때 내부적으로 일어나는 일을 살펴본다. 두 종류의 멘털 모델 mental model을 통해 논리적으로 생각한다. 또한, 파이썬 튜터Python Tutor로 코드 실행을 단계별로 살펴본다. 실제 객체가 생성되는 과정도 알아본다.

- 4장은 동일한 유형의 여러 객체를 관리하는 표준 방법인 객체 관리자 객체의 개념을 살펴본다. 클래스로 은행 계좌 시뮬레이션을 확장하고 예외를 사용해 오류를 처리하는 방법도 확인한다.

2부는 파이게임으로 GUI 프로그램을 만든다.

- 5장은 파이게임 패키지와 이벤트 기반 프로그래밍을 소개한다. 윈도우에 그래픽 요소를 배치하고 키보드 및 마우스 입력을 처리하는 방법을 알아본다. 그다음에 더 복잡한 공 튕기기 프로그램을 개발하는 데 필요한 몇 가지 간단한 프로그램을 만들어본다.

- 6장은 파이게임 프로그램에서 OOP를 사용하는 방법을 자세히 설명한다. 공 튕기기 프로그램을 객체지향적으로 다시 만들고 몇 가지 간단한 GUI 요소를 개발한다.

- 7장은 클래스로 만들어진 여러 표준 GUI 요소(버튼, 체크 박스 등)의 전체 구현을 포함한 pygwidgets 모듈을 소개한다.

3부는 객체지향의 핵심 요소를 알아본다.

- 8장은 구현의 세부 사항을 외부 코드에 숨기고 관련된 모든 메서드를 클래스라는 하나의 자리에 배치하는 캡슐화를 설명한다.

- 9장은 다형성(여러 클래스가 같은 이름의 메서드를 가지는 개념)을 소개한다. 이를 통해 각 객체의 유형에 상관없이 여러 개체의 메서드를 호출하는 방법을 알아본다. 이 개념을 시연하는 데 필요한 도형 프로그램을 만든다.

- 10장은 '바퀴의 재발명'이 아니라, 즉 시간 낭비하지 않고 공통 코드를 가진 기반 클래스로 여러 (하위) 클래스를 만드는 상속이라는 개념을 다룬다. 숫자만 허용하는 입력 필드를 구현하는 등 상속의 실용적인 예시를 살펴본 후 상속을 활용해 9장에서 만든 도형 프로그램을 재작성한다.

- 11장은 추가로 메모리 관리와 관련된 몇 가지 중요한 OOP 주제를 다룬다. 객체의 생명 주기가 무엇인지 알아보고 간단한 풍선 터뜨리기 게임을 만든다.

4부는 게임 개발에 객체지향을 사용하는 몇 가지 주제를 다룬다.

- 12장은 1장에서 만든 카드 게임을 파이게임 기반의 GUI 프로그램으로 재구성한다. 다른 카드 게임에서도 재사용할 수 있는 카드 덱 및 카드 클래스를 만드는 방법도 다룬다.

- 13장은 시간을 다룬다. 정해진 제한 시간을 확인하는 동시에 프로그램은 계속 실행할 수 있는 다양한 타이머 클래스를 만든다.

- 14장은 일련의 이미지로 애니메이션을 만드는 애니메이션 클래스를 다룬다. 특히 여러 이미지 파일로 애니메이션을 만들거나 단일 스프라이트 시트 파일에서 여러 이미지를 추출해 애니메이션을 만드는 두 가지 기법을 다룬다.

- 15장은 프로그램 흐름을 표현하고 제어하는 상태 머신과 여러 장면으로 구성된 프로그램을 만들기 위한 장면 관리자 개념을 다룬다. 각 사용법을 실제로 확인하고자 두 가지 버전의 가위바위보 게임을 만든다.

- 16장은 사용자와 상호작용하는 또 다른 방식인 다양한 유형의 모달 다이얼로그를 다룬다. 지금까지 책에서 설명된 여러 기술을 모두 녹여낸 객체지향 기반의 완전한 게임인 'Dodger'를 만드는 과정을 살펴본다.

- 17장은 모델-뷰-컨트롤러model-view-controller, MVC 패턴을 중심으로 디자인 패턴 개념을 소개한다. 다양한 방식으로 데이터를 시각화할 수 있는 주사위 굴리기 프로그램을 살펴본다.

개발 환경

최소한의 명령줄 명령어만 사용해 소프트웨어를 설치한다. 모든 설치 방법은 명확히 설명했다. 추가적인 명령어를 검색하고 배우지 않아도 된다. 명령줄 구문을 배울 필요가 없다.

개인적으로 명령줄 개발 환경보다 대화형 개발 환경interactive development environment, IDE을 더 선호한다. IDE는 운영체제의 많은 세부 사항을 대신 처리한다. IDE 하나만 있으면 코드를 작성하고,

편집하고 실행하는 데만 집중할 수 있다. IDE는 여러 운영체제cross-platform에서 사용될 수 있어서 맥을 사용하든 윈도우를 사용하든 환경은 크게 신경 쓰지 않아도 된다.

책의 간단한 예제 프로그램은 파이썬과 함께 자동으로 설치되는 IDLE 개발 환경에서도 실행할 수 있다. IDLE은 매우 쉽고 단일 파일로 작성된 프로그램을 만들 때 유용하다. 하지만 여러 개의 파이썬 파일을 사용하는 복잡한 프로그램을 개발할 때는 더 정교한 환경을 사용하는 것이 좋다. 필자는 주로 젯브레인즈JetBrains의 파이참PyCharm IDE를 사용한다. 커뮤니티 에디션은 https://www.jetbrains.com에서 무료로 다운로드할 수 있다. 해당 IDE 사용을 적극 추천한다.

파이참은 큰 프로그램을 개발할 때 유용한 통합 디버거도 제공한다. 디버거의 자세한 사용법은 유튜브 '파이참으로 파이썬 3 프로그램 디버깅하기(Debugging Python 3 with PyCharm)' 영상을 참고하기 바란다(https://youtu.be/cxA0SQQwDJ4).

위젯과 예제 게임

이 책은 파이썬 패키지 pygwidgets 및 pyghelpers를 사용한다. 패키지를 사용하면 전체 GUI 프로그램을 쉽게 만들 수 있다. 이보다 더 중요한 것이 있는데, 각 위젯이 클래스로 만들어진 과정과 각 클래스로 객체를 만들고 활용하는 방식을 이해하는 것이다.

다양한 위젯을 통합한 이 책의 예제 게임은 상대적으로 단순하게 시작해 점점 더 복잡함을 더한다. 16장에서는 고득점 테이블을 파일로 저장하는 기능을 갖춘 완전한 비디오게임을 만드는 과정으로 안내한다.

이 책을 다 읽으면 카드 게임 또는 〈퐁〉, 〈행맨〉, 〈브레이크아웃〉, 〈스페이스 인베이더〉 같은 비디오게임을 직접 만들 수 있게 될 것이다. OOP는 동일한 유형의 여러 항목을 쉽게 표시하고 제어하는 프로그램을 만드는 기능을 제공한다. 이는 사용자 인터페이스 및 게임을 만들 때 빈번하게 사용된다.

이제 OOP는 프로그래밍의 모든 측면에서 사용할 수 있는 일반적인 방식이며, 이 책에서 객체지향 기법을 보여주는 데 사용된 게임 예제보다 훨씬 더 활용 범위가 넓다. 게임을 활용해 객체지향을 배우는 이 책의 접근법이 여러분에게 즐거움을 줄 수 있기를 바란다.

자, 지금부터 시작해보자!

객체지향 프로그래밍이란

1부에서는 객체지향 프로그래밍을 소개한다. 절차적으로 작성된 코드에 내재된 문제와 객체지향 프로그래밍이 해당 문제를 해결하는 방법을 살펴본다. 객체(상태 및 동작 포함)는 코드를 작성하는 시야를 넓혀줄 것이다.

1장은 절차적 프로그래밍을 되돌아본다. 텍스트 기반 카드 게임인 'Higher or Lower(크거나 작거나)'를 시작으로 절차적으로 작성된 프로그램에서 흔히 생기는 문제를 더 잘 이해할 수 있도록 더 복잡한 은행 계좌 관리 프로그램까지 만든다.

2장은 파이썬 클래스로 물체 모델링을 보여준다. 전등 스위치를 시뮬레이션하는 프로그램을 작성한 후 조광 기능이 포함되도록 변경한다. 그 후 전등 스위치보다 더 복잡한 TV 리모컨 시뮬레이션 프로그램을 만든다.

3장은 파이썬으로 객체를 생성할 때 내부에서 일어나는 일을 이해할 수 있도록 하는 두 가지 방식을 제시한다.

4장은 동일한 유형의 여러 객체(예 '체커'처럼 유사한 게임 조각을 추적하는 간단한 게임)를 다루는 표준 방법을 다룬다. 1장의 은행 계좌 관리 프로그램을 확장하고 유연하게 오류를 처리하는 방법도 살펴본다.

1

예제로 알아보는
절차적 파이썬

입문용 강의와 책은 보통 전체 프로그램을 여러 함수(절차 또는 서브루틴sub routine)로 분할하는 **절차적 프로그래밍**procedural programming 기법으로 소프트웨어 개발을 알려준다. 함수에 데이터를 입력하면 각 함수는 하나 이상의 계산 작업을 거쳐 결과를 낸다.

이 책은 소프트웨어 제작을 절차적 방식과는 다른 시각인 **객체지향 프로그래밍**object-oriented programming, OOP 패러다임으로 다룬다. OOP는 코드와 데이터를 결합하는 방식으로 소프트웨어를 만드는 방법을 제시하며, 절차적 프로그래밍에서 일부 생길 수 있는 복잡성을 피할 수 있다.

1장에서는 파이썬이 가진 다양한 기능으로 두 가지 간단한 프로그램을 만들면서 파이썬의 기본 개념을 살펴본다. 첫 번째로 만들 프로그램은 카드 게임인 'Higher or Lower'다. 두 번째는 두 개 이상의 계정을 다루는 은행 시뮬레이션 프로그램이다. 모두 데이터와 함수의 기본적인 기법을 사용한 절차적 프로그래밍 기법으로 만든다. 이후 두 프로그램을 OOP 기법으로 다시 만들어보겠다. 절차적 프로그래밍이 가진 일부 문제점을 보여준 후 OOP가 어떻게 문제를 해결하는지 보여주는 것이 1장의 목적이다.

1.1 카드 게임 Higher or Lower

첫 번째 예제는 'Higher or Lower'라는 간단한 카드 게임이다. 카드 덱_{deck}에서 여덟 장의 카드를 임의로 선택한 후 첫 번째 카드를 앞면이 보이도록 뒤집는다. 게임 참여자는 다음 카드가 첫 번째 카드에 적힌 숫자보다 클지 작을지 예상해야 한다. 첫 번째 카드의 숫자가 3이라고 가정해보자. 플레이어가 '크다'고 말한 뒤 다음 카드를 뒤집었을 때 해당 카드의 숫자가 첫 번째 카드보다 크면 플레이어가 맞춘 것이 된다. 반대로 '작다'고 말했다면 틀린 것이다. 예상한 것이 맞다면 플레이어는 20점을 얻는다. 그렇지 않다면 15점 감점된다. 이전 카드와 추측한 카드의 숫자가 동일하다면 틀린 것으로 간주한다.

1.1.1 데이터 표현하기

카드 게임 프로그램에는 52장의 카드가 담긴 카드 덱을 쓴다. 이후 카드 목록은 리스트라는 구조에 담기며, 리스트 내 각 52개 요소는 딕셔너리(키/값 쌍의 집합) 구조에 담긴다. 어떤 카드라도 세 쌍의 키/값을 가진 딕셔너리여야만 한다. 즉 'rank'(등급), 'suit'(문양), 'value'(숫자)라는 세 종류의 키를 가져야 한다. 등급은 카드 이름이다. '에이스, 2, 3 … 10, 잭, 퀸, 킹' 같은 값이 된다. 숫자는 카드를 비교하는 데 필요한 '1, 2, 3 … 10, 11, 12, 13' 같은 정수 값을 가진다. 예를 들어 클럽 잭 (클로버 잭) 카드는 다음처럼 딕셔너리로 표현할 수 있다.

```
{'rank': 'Jack', 'suit': 'Clubs', 'value': 11}
```

참여자가 한 턴을 돌기 전 카드 덱을 표현한 리스트를 생성하고 그 속에 포함된 카드를 무작위로 뒤섞어야 한다. 시각적으로 카드를 표현하지 않기 때문에 플레이어가 '크다', '작다'를 선택하면 현재 카드의 등급과 문양을 단순 텍스트로 출력한다. 직전 카드와 현재 카드 값을 비교해 선택이 옳았는지 텍스트로 출력한다.

1.1.2 구현하기

'코드 1.1'은 'Higher or Lower'를 구현한 코드다.

노트 이 책에 수록된 주요 코드는 https://github.com/IrvKalb/Object-Oriented-Python-Code 에서 다운로드할 수 있다. 직접 코드를 작성해도 좋지만 다운로드받은 코드를 실행해도 좋다. (깃허브 코드의 주석과 출력문은 영문으로 되어 있으니 주의하기 바라며, 이후 책의 코드에는 깃허브 코드의 오류를 역자가 바로잡은 것들도 있음)

```python
# Higher or Lower

import random

# 카드 상수
SUIT_TUPLE = ('Spades', 'Hearts', 'Clubs', 'Diamonds')
RANK_TUPLE = ('Ace', '2', '3', '4', '5', '6', '7', '8', '9', '10', 'Jack', 'Queen', 'King')

NCARDS = 8

# 이 함수는 입력받은 카드 덱에서 임의로 한 장의 카드를 선택해 반환한다.
def getCard(deckListIn):
    thisCard = deckListIn.pop() # 카드 덱 맨 위의 카드를 꺼내서 반환한다.
    return thisCard

# 이 함수는 입력받은 카드 덱을 복사한 후 복사본을 무작위로 뒤섞어 반환한다.
def shuffle(deckListIn):
    deckListOut = deckListIn.copy() # 원본 카드 덱의 복사본을 만든다.
    random.shuffle(deckListOut)
    return deckListOut

# 메인 코드
print('Higher or Lower 게임에 오신 것을 환영합니다.')
print('여러분은 다음에 보일 카드가 현재 카드보다 크거나 작은지 선택해야 합니다.')
print('맞힌다면 20점을 얻고 틀린다면 15점 감점됩니다.')
print('처음에는 50점이 주어집니다.')
print()

startingDeckList = []
for suit in SUIT_TUPLE: ❶
    for thisValue, rank in enumerate(RANK_TUPLE):
        cardDict = {'rank':rank, 'suit':suit, 'value':thisValue + 1}
        startingDeckList.append(cardDict)

score = 50

while True: # 게임을 여러 차례 플레이한다.
    print()
    gameDeckList = shuffle(startingDeckList)
    currentCardDict = getCard(gameDeckList) ❷
    currentCardRank = currentCardDict['rank']
    currentCardValue = currentCardDict['value']
    currentCardSuit = currentCardDict['suit']
    print('카드 덱 가장 위의 카드 등급은 ', currentCardRank + ', 문양은 ' + currentCardSuit +
' 입니다.')
    print()
```

```
    for cardNumber in range(0, NCARDS): # NCARDS만큼의 카드가 소진될 때까지 ❸
        answer = input('이 다음에 보여질 카드는 (등급 :' +
                        currentCardRank + ', 문양 :' +
                        currentCardSuit + ') 보다 클까요? 작을까요? (h 또는 l를 입력): ')

        answer = answer.casefold() # 입력된 내용을 모두 소문자화한다.
        nextCardDict = getCard(gameDeckList) ❹
        nextCardRank = nextCardDict['rank']
        nextCardSuit = nextCardDict['suit']
        nextCardValue = nextCardDict['value']
        print('다음 카드의 등급은 ', nextCardRank + ', 문양은 ' + nextCardSuit + ' 입니다.')

        if answer == 'h': ❺
            if nextCardValue > currentCardValue:
                print('맞혔습니다. 값이 더 큽니다.')
                score = score + 20

            else:
                print('틀렸습니다. 값이 더 크지 않았습니다.')
                score = score - 15

        elif answer == 'l':
            if nextCardValue < currentCardValue:
                score = score + 20
                print('맞혔습니다. 값이 더 작습니다.')

            else:
                score = score - 15
                print('틀렸습니다. 값이 더 작지 않습니다.')

        print('현재 점수는 ' + str(score) + ' 입니다.')
        print()
        currentCardRank = nextCardRank
        currentCardValue = nextCardValue # 현재 문양은 필요 없다.
        currentCardSuit = nextCardSuit

    goAgain = input('한 번 더 하려면 Enter 키를, 그만두려면 "q"를 입력하세요: ') ❻
    if goAgain == 'q':
        break

print('수고하셨습니다.')
```

리스트로 카드 덱을 만들면서 프로그램은 시작한다❶. 각 카드는 등급, 문양, 값으로 구성된 딕셔너리로 표현한다. 게임을 할 때마다 카드 덱의 첫 번째 카드를 가져와 해당 카드의 각 요소를 변수에 저장한다❷. 플레이어는 다음 일곱 장의 카드가 각각 직전 카드보다 큰지 작은지 예측해야 한다❸. 다음 카드를 카드 덱에서 가져와 각 요소를 또 다른 변수에 저장한다❹. 프로그램은 플레이어 대답을 비교해 맞고 틀림에 따라 점수를 부여한다❺. 플레이어가 일곱 장의 카드를 모두 예측했다면 한 번 더 게임을 하고 싶은지 물어본다❻.

카드 게임 프로그램은 파이썬으로 변수, 값 할당문, 함수, 함수 호출, if/else 조건문, 출력문, while 루프, 리스트, 문자열, 딕셔너리 등 일반적인 프로그래밍 개념을 보여준다. 이 책은 여러분이 이미 개념을 잘 안다고 가정해 진행한다. 만약 코드 중 이해하기 어려운 부분이 있다면 관련 자료를 검색하고 살펴보기 바란다.

1.1.3 재사용할 수 있는 코드

'코드 1.1'은 시뮬레이션용 카드 덱을 생성하고 다뤘다. 다른 카드 게임을 만들고 싶다면 카드 덱과 카드의 코드를 재활용할 수 있으면 좋다.

절차적 프로그램에서는 프로그램의 특정 부분을 위한 모든 코드를 쉽게 파악할 수 없다. '코드 1.1'의 카드 덱에는 두 튜플 상수, 두 함수, 52장으로 구성된 시작용 카드 덱을 표현하는 전역 리스트 코드와 게임이 진행되는 동안 쓸 카드 덱을 표현하는 다른 전역 리스트가 연관됐다. 데이터와 해당 데이터를 조작하는 코드는 서로 긴밀하게 연결되지 않았다.

카드 덱과 카드의 코드를 다른 프로그램에서 재사용하기 어려운 이유다. 12장에서 '코드 1.1'의 프로그램으로 OOP가 훨씬 쉽게 코드를 재사용할 수 있는 방법을 살펴본다.

1.2 은행 계좌 시뮬레이션

절차적 프로그래밍의 두 번째 예로 다양한 버전의 은행 시스템 시뮬레이션 프로그램을 다룬다. 버전이 바뀔 때마다 더 많은 기능을 추가한다. 다만 상용 프로그램을 만드는 것이 목적은 아니기에 유효하지 않은 값을 입력하거나 특정 규칙을 따르지 않는 경우 문제가 발생할 수 있다. 이번 예는 하나 또는 둘 이상의 계좌 데이터와 상호작용하는 코드를 살펴보는 것이 목적이다.

코드를 작성하기 전 은행 계좌로 고객이 할 수 있는 업무 종류와 계좌를 표현하는 데 필요한 데이터 종류를 알아보자.

업무와 데이터 요구 사항 분석

다음은 은행 계좌로 고객이 할 수 있는 업무다.

- 계좌 생성
- 입금
- 출금
- 잔고 확인

다음은 은행 계좌를 표현하는 데 필요한 최소한의 정보다.

- 고객 이름
- 비밀번호
- 잔고

모든 업무는 행위를 표현하는 단어(동사), 모든 데이터는 어떤 존재를 표현하는 단어(명사)를 쓴다. 현실적으로 이보다 더 많은 데이터가 필요하고 더 많은 업무를 처리할 수 있어야 한다(예 주소, 전화번호, 주민등록번호 등). 하지만 앞서 살펴본 세 개의 데이터와 네 개의 가능한 업무로 간소화하겠다. 또한, 필요한 내용에만 집중하고자 모든 금액이나 양은 정수로만 표현한다. 실제 은행 애플리케이션에서는 비밀번호를 암호화되지 않은 단순 텍스트로 다루지 않는다. 예제에서는 이 부분도 무시한다.

1.2.2 **구현 (1): 함수 없이 다루는 단일 계좌**

'코드 1.2'는 단일 계좌만 다루는 첫 번째 버전이다.

코드 1.2 **단일 계좌용 은행 시뮬레이션** 　　　　　　　　　File Bank1_OneAccount.py

```
# 비객체지향
# 은행 프로그램 버전 1
# 단일 계좌

accountName = 'Joe'  ❶
accountBalance = 100
accountPassword = 'soup'

while True:
    print()  ❷
    print('잔고를 확인하려면 b를 누르세요.')
    print('입금하려면 d를 누르세요.')
```

```python
print('출금하려면 w를 누르세요.')
print('계좌 정보를 보려면 s를 누르세요.')
print('종료하려면 q를 누르세요.')
print()

action = input('어떤 작업을 하고 싶으신가요?')
action = action.lower() # 입력된 내용을 모두 소문자화한다.
action = action[0] # 첫 번째 문자만 사용한다.
print()

if action == 'b':
    print('잔고 확인:')
    userPassword = input('비밀번호를 입력하세요: ')
    if userPassword != accountPassword:
        print('비밀번호를 잘못 입력했습니다.')
    else:
        print('현재 잔고: ', accountBalance)

elif action == 'd':
    print('입금:')
    userDepositAmount = input('입금하고 싶은 금액을 입력하세요: ')
    userDepositAmount = int(userDepositAmount)
    userPassword = input('비밀번호를 입력하세요: ')

    if userDepositAmount < 0:
        print('입금 금액으로 음수를 입력할 수 없습니다!')

    elif userPassword != accountPassword:
        print('비밀번호를 잘못 입력했습니다.')

    else: # OK
        accountBalance = accountBalance + userDepositAmount
        print('입금 후 잔고:', accountBalance)

elif action == 's': # 보여준다.
    print('계좌 정보 확인:')
    print('                계좌주:', accountName)
    print('                잔고:', accountBalance)
    print('                비밀번호:', accountPassword)
    print()

elif action == 'q':
    break

elif action == 'w':
    print('출금:')
```

```
        userWithdrawAmount = input('출금하고자 하는 금액을 입력하세요: ')
        userWithdrawAmount = int(userWithdrawAmount)
        userPassword = input('비밀번호를 입력하세요: ')

        if userWithdrawAmount < 0:
            print('출금 금액을 음수로 입력할 수 없습니다!')

        elif userPassword != accountPassword:
            print('비밀번호를 잘못 입력했습니다.')

        elif userWithdrawAmount > accountBalance:
            print('잔고보다 많은 금액을 출금할 수 없습니다.')

        else: # OK
            accountBalance = accountBalance - userWithdrawAmount
            print('출금 후 잔고:', accountBalance)

print('끝')
```

단일 계좌 프로그램은 단일 계좌의 데이터를 표현하는 세 변수를 초기화하며 시작한다❶. 그리고 사용자가 원하는 업무를 고를 수 있는 메뉴를 출력한다❷. 프로그램은 선언된 계좌를 전역변수를 통해 직접적으로 상호작용하며 작동한다.

단일 계좌 프로그램의 모든 움직임은 메인 레벨에서 이루어진다. 즉 함수가 전혀 사용되지 않았다. 물론 프로그램은 이상 없이 작동하지만 코드가 약간 길고 난잡하다. 긴 코드를 더욱 명확하게 바꾸는 전형적인 방식은 관련성 높은 코드를 함수로 만들고, 필요한 순간에 함수를 호출하는 것이다. 다음 버전에서 살펴보겠다.

1.2.3 구현 (2): 함수로 다루는 단일 계좌

'코드 1.3' 버전은 사용자가 할 수 있는 업무 단위를 함수로 분리한다. 이번에도 단일 계좌만 다룬다.

코드 1.3 **함수로 다루는 단일 계좌용 은행 시뮬레이션**   File Bank2_OneAccountWithFunctions.py

```
# 비객체지향
# 은행 프로그램 버전 2
# 단일 계좌

accountName = ''
accountBalance = 0
accountPassword = ''
```

```
def newAccount(name, balance, password):  ❶
    global accountName, accountBalance, accountPassword
    accountName = name
    accountBalance = balance
    accountPassword = password

def show():
    global accountName, accountBalance, accountPassword
    print('        계좌주:', accountName)
    print('        잔고:', accountBalance)
    print('        비밀번호:', accountPassword)
    print()

def getBalance(password):  ❷
    global accountName, accountBalance, accountPassword
    if password != accountPassword:
        print('비밀번호를 잘못 입력했습니다.')
        return None
    return accountBalance

def deposit(amountToDeposit, password):  ❸
    global accountName, accountBalance, accountPassword
    if amountToDeposit < 0:
        print('입금 금액으로 음수를 입력할 수 없습니다!')
        return None

    if password != accountPassword:
        print('비밀번호를 잘못 입력했습니다.')
        return None

    accountBalance = accountBalance + amountToDeposit
    return accountBalance

def withdraw(amountToWithdraw, password):  ❹
    global accountName, accountBalance, accountPassword  ❺
    if amountToWithdraw < 0:
        print('출금 금액을 음수로 입력할 수 없습니다!')
        return None

    if password != accountPassword:
        print('비밀번호를 잘못 입력했습니다.')
        return None

    if amountToWithdraw > accountBalance:
        print('잔고보다 많은 금액을 출금할 수 없습니다.')
        return None
```

```
        accountBalance = accountBalance - amountToWithdraw ❻
        return accountBalance

newAccount("Joe", 100, 'soup') # 계좌 생성

while True:
    print()
    print('잔고를 확인하려면 b를 누르세요.')
    print('입금하려면 d를 누르세요.')
    print('출금하려면 w를 누르세요.')
    print('계좌 정보를 보려면 s를 누르세요.')
    print('종료하려면 q를 누르세요.')
    print()

    action = input('어떤 작업을 하고 싶으신가요?')
    action = action.lower() # 입력된 내용을 모두 소문자화한다.
    action = action[0] # 첫 번째 문자만 사용한다.
    print()

    if action == 'b':
        print('잔고 확인')
        userPassword = input('비밀번호를 입력하세요: ')
        theBalance = getBalance(userPassword)
        if theBalance is not None:
            print('현재 잔고:', theBalance)

    elif action == 'd': ❼
        print('입금:')
        userDepositAmount = input('입금하고 싶은 금액을 입력하세요: ')
        userDepositAmount = int(userDepositAmount)
        userPassword = input('비밀번호를 입력하세요: ')

        newBalance = deposit(userDepositAmount, userPassword) ❽
        if newBalance is not None:
            print('현재 잔고:', newBalance)

--- 이하 내용은 알맞은 함수를 호출하도록 구현한다. ---

print('끝')
```

두 번째 버전은 은행 계좌로 할 수 있는 각 업무(계좌 생성❶, 잔고 확인❷, 입금❸, 출금❹)를 함수 단위로 구현한다. 또한, 상황에 맞는 각 함수를 호출하도록 메인 코드를 재정렬했다.

버전 1보다 프로그램 가독성이 매우 좋아졌다. 사용자가 입금을 위해 d를 입력하면❼ 버전 2 코드는 사용자가 입력한 계좌 비밀번호와 입금 금액으로 deposit() 함수를 호출한다❽.

함수를 정의한 부분을 확인해보면 계좌를 표현하는 변수에 접근(가져오기, 설정하기)할 수 있도록 global 문❺을 사용했다. 파이썬 global 문은 함수 내에서 전역변숫값을 건드리고 싶을 때만 사용해야 한다. 여기서는 변숫값을 가져올 뿐이지만 전역변수에 접근한다는 사실을 명확히 보여주고자 global 문을 사용했다.

일반적인 프로그래밍 원칙은 함수가 전역변수를 수정해서는 안 된다. 함수는 전달받은 데이터만 사용해 계산하고 그렇게 얻은 결과만 반환해야 한다. 두 번째 버전의 withdraw() 함수가 잘 작동한다. 하지만 전역변수인 accountBalance❻ 값을 수정하는 실수를 했다(전역변수인 accountPassword 값에도 접근한다).

1.2.4 구현 (3): 두 계좌

'코드 1.4'는 '코드 1.3'과 동일한 접근법으로 구현된 은행 시뮬레이션이다. 단, 단일 계좌 대신 두 개의 계좌를 다룬다는 점에서 다르다.

코드 1.4 **함수로 다루는 두 계좌 은행 시뮬레이션** ⓕ File Bank3_TwoAccounts.py

```python
# 비객체지향
# 은행 프로그램 버전 3
# 두 계좌

account0Name = ''
account0Balance = 0
account0Password = ''
account1Name = ''
account1Balance = 0
account1Password = ''
nAccounts = 0

def newAccount(accountNumber, name, balance, password):
    global account0Name, account0Balance, account0Password  ❶
    global account1Name, account1Balance, account1Password

    if accountNumber == 0:
        account0Name = name
        account0Balance = balance
        account0Password = password
    if accountNumber == 1:
        account1Name = name
        account1Balance = balance
        account1Password = password
```

```
def show():
    global account0Name, account0Balance, account0Password ❷
    global account1Name, account1Balance, account1Password

    if account0Name != '':
        print('계좌 0')
        print('    이름', account0Name)
        print('    잔고:', account0Balance)
        print('    비밀번호:', account0Password)
        print()
    if account1Name != '':
        print('계좌 1')
        print('    이름', account1Name)
        print('    잔고:', account1Balance)
        print('    비밀번호:', account1Password)
        print()

def getBalance(accountNumber, password):
    global account0Name, account0Balance, account0Password ❸
    global account1Name, account1Balance, account1Password

    if accountNumber == 0:
        if password != account0Password:
            print('비밀번호를 잘못 입력했습니다.')
            return None
        return account0Balance
    if accountNumber == 1:
        if password != account1Password:
            print('비밀번호를 잘못 입력했습니다.')
            return None
        return account1Balance
```

--- 이하 생략된 내용에는 deposit()과 withdraw() 함수가 포함됐다. ---
--- 각 함수를 호출하는 주 코드의 내용도 생략됐다. ---

```
print('끝')
```

계좌가 하나 더 늘어났을 뿐이지만 감당하기 어려울 정도로 코드가 많아졌다. 각 계좌의 전역변수를 뒀다. ❶, ❷, ❸ 모든 함수에는 처리할 계좌를 선택하기 위한 if 조건문이 추가됐다. 또 다른 계좌를 하나 더 추가한다면 더 많은 전역변수가 추가되고 모든 함수의 if 조건문이 늘어나야 한다. 계좌가 많아질수록 실현 가능성이 떨어지는 방식이다. 계좌가 몇 개가 되더라도 처리할 수 있는 다른 방법이 필요하다.

1.2.5 구현 (4): 리스트로 다루는 다중 계좌

'코드 1.5'는 리스트로 더 쉽게 다중 계좌를 다루는 방법을 보여준다. 이 버전의 프로그램은 account NamesList, accountPasswordsList, accountBalancesList를 사용한다.

코드 1.5 **다중 리스트로 다루는 은행 시뮬레이션**　　　　　　　　　（File） Bank4_N_Accounts.py

```python
# 비객체지향
# 은행 프로그램 버전 4
# 다중 계좌: 리스트 활용

accountNamesList = []  ❶
accountBalancesList = []
accountPasswordsList = []

def newAccount(name, balance, password):
    global accountNamesList, accountBalancesList, accountPasswordsList
    accountNamesList.append(name)  ❷
    accountBalancesList.append(balance)
    accountPasswordsList.append(password)

def show(accountNumber):
    global accountNamesList, accountBalancesList, accountPasswordsList
    print('계좌', accountNumber)
    print('    이름', accountNamesList[accountNumber])
    print('    잔고:', accountBalancesList[accountNumber])
    print('    비밀번호:', accountPasswordsList[accountNumber])
    print()

def getBalance(accountNumber, password):
    global accountNamesList, accountBalancesList, accountPasswordsList
    if password != accountPasswordsList[accountNumber]:
        print('비밀번호를 잘못 입력했습니다.')
        return None
    return accountBalancesList[accountNumber]

--- 생략 ---

# 간단한 두 계좌 생성
print("Joe의 계좌 번호:", len(accountNamesList))  ❸
newAccount("Joe", 100, 'soup')

print("Mary의 계좌 번호:", len(accountNamesList))  ❹
newAccount("Mary", 12345, 'nuts')

while True:
    print()
```

```
    print('잔고를 확인하려면 b를 누르세요.')
    print('입금하려면 d를 누르세요.')
    print('신규 계좌를 개설하려면 n을 누르세요.')
    print('출금하려면 w를 누르세요.')
    print('모든 계좌 정보를 보려면 s를 누르세요.')
    print('종료하려면 q를 누르세요.')
    print()

    action = input('어떤 작업을 하고 싶으신가요?')
    action = action.lower() # 입력된 내용을 모두 소문자화한다.
    action = action[0] # 첫 번째 문자만 사용한다.
    print()

    if action == 'b':
        print('잔고 확인:')
        userAccountNumber = input('계좌 번호를 입력하세요: ') ❺
        userAccountNumber = int(userAccountNumber)
        userPassword = input('비밀번호를 입력하세요: ')
        theBalance = getBalance(userAccountNumber, userPassword)
        if theBalance is not None:
            print('현재 잔고:', theBalance)

  --- 이하 생략된 내용에는 나머지 사용자 인터페이스를 구현한다. ---

print('끝')
```

프로그램을 시작하면 모든 리스트를 빈 리스트로 생성한다❶. 신규 계좌를 생성하는 데 적절한 값을 각 리스트에 추가한다❷.

이번 프로그램은 다중 계좌를 다룬다. 매우 단순하면서 기본적인 방식으로 은행 계좌 번호를 다룬다. 즉 사용자가 신규 계좌를 생성할 때마다 len() 함수로 리스트 중 하나의 길이를 알아낸 후 그 길이를 신규 계좌 번호로 반환한다❸❹. 첫 번째 고객의 계좌를 생성할 때 accountNamesList 길이는 0이다. 첫 번째 계좌 번호는 0, 두 번째 계좌 번호는 1…처럼 된다. 신규 계좌를 생성한 뒤 입금 또는 출금 등을 처리하려면 먼저 실제 은행처럼 업무 대상이 될 계좌 번호를 입력해야만 한다❺.

그러나 '코드 1.5'도 세 개의 전역 리스트가 있다. 즉 여전히 전역 데이터로 작동한다. 데이터를 '표 1.1' 스프레드시트처럼 투영해본다고 생각해보자.

표 1.1 **표로 표현된 데이터**

계좌 번호	이름(고객명)	비밀번호	잔고
0	Joe	soup	100
1	Mary	nuts	3550
2	Bill	frisbee	1000
3	Sue	xxyyzz	750
4	Henry	PW	10000

세 개의 전역 파이썬 리스트로 데이터를 관리한다. 각 리스트가 행 하나씩 표현한다고 가정해보자. 강조 표시된 행처럼 모든 비밀번호는 단일 리스트로 관리된다. 고객 이름 목록은 또 다른 리스트가, 잔고 목록은 세 번째 리스트가 관리하는 식이다. 이때 한 계좌 정보를 얻고 싶다면 세 리스트에 공통 인덱스 번호로 하나씩 접근해야만 한다.

잘 작동하는 방식이지만 데이터를 논리적으로 묶어 관리하지 않는 구현 방식이 좋다고 할 수는 없다. 모든 사용자의 비밀번호를 함께 관리하는 것은 바람직하지 않다. 계좌에 새로운 속성(예 주소 또는 전화번호 등)을 추가할 때마다 새로운 전역 리스트를 생성하고 접근해야만 한다.

'표 1.2'처럼 열 단위로 정보를 그룹화하는 것이 좋은 방식이다.

표 1.2 **표로 표현된 데이터**

계좌 번호	이름(고객명)	비밀번호	잔고
0	Joe	soup	100
1	Mary	nuts	3550
2	Bill	frisbee	1000
3	Sue	xxyyzz	750
4	Henry	PW	10000

각 행이 각 은행 계좌 데이터를 표현하는 방식이다. 데이터는 같지만, 이렇게 그룹화를 하면 계좌의 정보를 훨씬 더 자연스럽게 표현할 수 있다.

1.2.6 구현 (5): 딕셔너리로 다루는 계좌 목록

마지막 접근 방식은 더 복잡한 자료구조가 필요하다. 계좌 목록을 생성 및 관리하는 이번 버전의 각 계좌는 다음처럼 딕셔너리로 표현된다.

```
{'name':<이름>, 'password':<비밀번호>, 'balance':<잔고>}
```

노트 이 책에서 홑화살괄호(<>)는 원하는 값으로 대체해야 할 부분을 표시할 때 쓴다. 이전 코드에서 <이름>, <비밀번호>, <잔고>는 플레이스홀더(placeholder)다. 실제 값으로 대체해야만 한다(꺾쇠괄호 포함).

'코드 1-6'은 마지막 접근법을 구현한 코드다.

코드 1.6 **딕셔너리 리스트로 다루는 은행 시뮬레이션**　　　　　　　　　　File Bank5_Dictionary.py

```python
# 비객체지향
# 은행 프로그램 버전 5
# 다중 계좌: 딕셔너리 리스트 활용

accountsList = []  ❶

def newAccount(aName, aBalance, aPassword):
    global accountsList
    newAccountDict = {'name':aName, 'balance':aBalance, 'password':aPassword}
    accountsList.append(newAccountDict)  ❷

def show(accountNumber):
    global accountsList
    print('계좌', accountNumber)
    thisAccountDict = accountsList[accountNumber]
    print('          이름', thisAccountDict['name'])
    print('          잔고:', thisAccountDict['balance'])
    print('          비밀번호:', thisAccountDict['password'])
    print()

def getBalance(accountNumber, password):
    global accountsList
    thisAccountDict = accountsList[accountNumber]  ❸
    if password != thisAccountDict['password']:
        print('비밀번호를 잘못 입력했습니다.')
        return None
    return thisAccountDict['balance']

--- 생략된 내용에는 deposit()과 withdraw() 함수가 포함됐다. ---

# 간단한 두 계좌 생성
print("Joe의 계좌 번호:", len(accountsList))
newAccount("Joe", 100, 'soup')

print("Mary의 계좌 번호:", len(accountsList))
newAccount("Mary", 12345, 'nuts')

while True:
```

```
    print()
    print('잔고를 확인하려면 b를 누르세요.')
    print('입금하려면 d를 누르세요.')
    print('신규 계좌를 개설하려면 n을 누르세요.')
    print('출금하려면 w를 누르세요.')
    print('모든 계좌 정보를 보려면 s를 누르세요.')
    print('종료하려면 q를 누르세요.')
    print()

    action = input('어떤 작업을 하고 싶으신가요?')
    action = action.lower()  # 입력된 내용을 모두 소문자화한다.
    action = action[0]  # 첫 번째 문자만 사용한다.
    print()

    if action == 'b':
        print('잔고 확인:')
        userAccountNumber = input('계좌 번호를 입력하세요: ')
        userAccountNumber = int(userAccountNumber)
        userPassword = input('비밀번호를 입력하세요: ')
        theBalance = getBalance(userAccountNumber, userPassword)
        if theBalance is not None:
            print('현재 잔고:', theBalance)

    elif action == 'd':
        print('입금:')
        userAccountNumber = input('계좌 번호를 입력하세요: ')
        userAccountNumber = int(userAccountNumber)
        userDepositAmount = input('입금하고 싶은 금액을 입력하세요: ')
        userDepositAmount = int(userDepositAmount)
        userPassword = input('비밀번호를 입력하세요: ')

        newBalance = deposit(userAccountNumber, userDepositAmount, userPassword)
        if newBalance is not None:
            print('입금 후 잔고:', newBalance)

    elif action == 'n':
        print('신규 계좌 개설:')
        userName = input('이름이 무엇입니까?')
        userStartingAmount = input('초기 입금 금액은 얼마인가요?')
        userStartingAmount = int(userStartingAmount)
        userPassword = input('사용하고 싶은 비밀번호는 무엇입니까?')

        userAccountNumber = len(accountsList)
        newAccount(userName, userStartingAmount, userPassword)
        print('신규 계좌 번호:', userAccountNumber)

--- 이하 생략된 내용에는 나머지 사용자 인터페이스를 구현한다. ---

print('끝')
```

마지막 접근법은 한 계좌의 모든 데이터를 단일 딕셔너리에 저장한다❶. 신규 계좌를 생성할 때는 딕셔너리를 만든 후 계좌 목록을 관리하는 accountsList 리스트에 추가한다❷. 각 계좌에는 숫자가 부여됐다(계좌 번호). 원하는 계좌로 업무를 수행하려면 계좌 번호를 입력해야 한다. 즉 입금하고 싶다면 입금하려는 계좌 번호를 입력한다. getBalance() 함수를 보면 계좌 번호가 인덱스 번호로 사용돼 계좌 목록(리스트)에서 원하는 계좌를 조회하는 데 사용됐다❸.

이제 많은 부분이 정리됐다. 논리적인 방식으로 데이터를 관리할 수 있다. 하지만 프로그램을 구성하는 각 함수는 여전히 전역 리스트로 계좌에 접근한다. 다음 절에서는 모든 함수에 모든 계좌의 데이터에 접근하는 권한을 부여하는 것이 어떤 보안 위험성이 있는지 알아본다. 각 함수가 오직한 계좌의 데이터에만 영향을 주는 것이 가장 이상적인 방법이다.

1.3 절차적 구현이 겪는 공통 문제

1장 예제는 한 가지 공통된 문제가 있다. 함수 내 모든 데이터가 하나 이상의 전역변수에 저장된 것이다. 절차적 프로그래밍에서 수많은 전역 데이터를 사용하는 것은 나쁜 코딩 습관이다. 이유는 다음과 같다.

- 전역 데이터를 사용하거나 변경하는 모든 함수는 다른 프로그램이 재사용하기 어렵다. 전역 데이터에 접근하는 함수는 함수 코드와는 다른 생명주기의 데이터를 다룬다. 전역변수에 접근하려면 global이라는 특수 문법을 사용해야 한다. 단순히 함수를 복사해 다른 프로그램에 붙여넣는 방식으로 재사용하는 것은 불가능하다. 매우 유사한 전역 데이터를 다루는 프로그램에서는 재사용할 수 있을지도 모른다.

- 여러 절차적 프로그램은 수많은 전역변수를 쓰는 경향이 있다. 정의상 전역변수는 프로그램을 구성하는 모든 코드로부터 접근 및 변경될 수 있다. 전역변수의 값 할당은 프로그램 전반에 걸쳐 이뤄진다. 변숫값은 어디서든 바뀔 수 있다. 프로그램을 디버깅하거나 유지 및 보수하는 것이 매우 어렵다.

- 전역 데이터를 사용하는 함수를 작성하면 지나치게 많은 데이터에 접근하는 경향이 있다. 전역 리스트, 딕셔너리 등 자료구조를 사용하면 해당 자료구조에 담긴 모든 데이터에도 접근할 수 있다. 하지만 함수는 데이터의 한 조각(또는 소량)에만 작동하도록 하는 것이 맞다. 대규모 자료구조에 담긴 데이터를 읽고 수정하면 오류를 일으킬 수 있다. 실제로는 건드리지 말아야 할 데이터를 함수가 실수로 사용하거나 덮어쓰는 등 문제가 발생할 수 있기 때문이다.

1.4 객체지향적 해결책: 첫 클래스 보기

'코드 1.7'은 단일 계좌의 데이터와 모든 코드를 조합한 객체지향적 구현법을 보여준다. 새로운 개념이 많이 등장한다. 다음 장에서 자세히 살펴보겠다. 따라서 모든 것을 이해하지 못해도 괜찮다. 다만 단일 스크립트(클래스)에 코드와 데이터가 모두 포함됐다는 사실 정도는 알기를 바란다. 지금부터 볼 코드는 이 책에서 처음으로 다루는 객체지향적 코드다.

코드 1.7 **파이썬의 클래스에 대한 첫 번째 예제**　　　　　　　　　　(File) Account.py

```python
# 계좌 클래스

class Account():
    def __init__(self, name, balance, password):
        self.name = name
        self.balance = int(balance)
        self.password = password

    def deposit(self, amountToDeposit, password):
        if password != self.password:
            print('계좌에 대한 비밀번호를 잘못 입력했습니다.')
            return None

        if amountToDeposit < 0:
            print('입금 금액으로 음수를 입력할 수 없습니다.')
            return None

        self.balance = self.balance + amountToDeposit
        return self.balance

    def withdraw(self, amountToWithdraw, password):
        if password != self.password:
            print('계좌에 대한 비밀번호를 잘못 입력했습니다.')
            return None

        if amountToWithdraw < 0:
            print('출금 금액을 음수로 입력할 수 없습니다.')
            return None

        if amountToWithdraw > self.balance:
            print('잔고보다 많은 금액을 출금할 수 없습니다.')
            return None

        self.balance = self.balance - amountToWithdraw
        return self.balance
```

```python
def getBalance(self, password):
    if password != self.password:
        print('계좌 비밀번호를 잘못 입력했습니다.')
        return None
    return self.balance

# 디버깅을 위해 추가했다.
def show(self):
    print('        이름:', self.name)
    print('        잔고:', self.balance)
    print('        비밀번호:', self.password)
    print()
```

지금은 앞서 절차적 프로그래밍에서 구현된 것과 각 함수가 어떻게 다른지 코드를 보며 파악해보기를 바란다. show(), getBalance(), deposit(), withdraw() 등 함수명은 같지만 함수 내 self라는 키워드(또는 self.)가 많이 등장한다. self의 의미는 2장에서 살펴본다.

1.5 정리

카드 게임 'Higher or Lower'를 절차적 방식으로 구현하면서 1장을 시작했다. 12장에서는 같은 게임을 객체지향 방식으로 구현한다. 그래픽을 도입해 사용자 인터페이스를 구현하는 방법도 살펴본다.

또한, 단일 계좌와 다중 계좌를 다루는 은행 시뮬레이션 프로그램을 작성하며 관련된 문제도 알아봤다. 다양한 방식의 절차적 프로그래밍 기법을 사용해 시뮬레이션 프로그램을 구현했고, 각 접근법에 내재된 문제를 살펴봤다. 마지막에는 은행 계좌를 클래스로 표현하는 방법도 조금 확인해봤다.

2

OOP로 물체 모델링하기

2장은 객체지향의 일반적인 개념을 소개한다. 먼저 절차적 프로그래밍으로 작성된 간단한 예제 프로그램을 살펴본다. 그 후 OOP의 기초가 되는 클래스를 살펴보면서 클래스 구성 요소가 함께 작동하는 방법을 설명한다. 마지막으로 절차적으로 작성된 프로그램을 객체지향적으로 바꾸면서 객체를 클래스로 생성하는 방법을 다룬다.

1장에서 알아봤던 절차적으로 작성된 프로그램의 문제를 OOP가 해결하는 방법을 확인하고자 복잡한 물체가 클래스로 표현되는 방식을 점진적으로 설명한다. 객체지향의 기본 개념을 확실하게 이해하고 프로그래밍 능력을 향상시켜보자.

2.1 소프트웨어로 물체 모델링하기

현실의 물체를 설명할 때 일반적으로 물체가 가진 속성을 이야기한다. 책상을 설명한다면 색상, 치수, 무게, 재질 등으로 묘사한다. 특정 물체는 다른 물체에는 없는 고유한 속성을 가지기도 한다. 자동차는 자동차 문의 개수를 가지지만 셔츠는 자동차 같은 속성이 없다. 박스는 개봉 혹은 미개봉, 빈 혹은 가득 찬 같은 속성을 가지지만 나무는 이러한 속성을 갖지 않는다. 또한, 물체는 자동차가 앞뒤좌우로 움직일 수 있는 것처럼 특정 행위를 실행할 수도 있다.

현실의 물체(객체)를 코드로 표현하려면 해당 객체의 속성과 객체가 실행할 수 있는 행위를 데이터로 해야 한다. 보통 두 개념은 객체 **상태**와 **행동**으로 표현한다. 상태란 객체가 기억해야 할 데이터이며, 행동이란 객체가 수행하는 행위를 의미한다.

2.1.1 상태와 행동: 조명 스위치 예

'코드 2.1'은 파이썬으로 두 버튼의 표준 규격 조명을 절차적으로 모델링한 소프트웨어 코드다.

코드 2.1 **절차적으로 작성된 조명 스위치 모델**   File LightSwitch_Procedural.py

```python
# 절차적으로 작성된 조명 스위치

def turnOn(): ❶
    global switchIsOn
    # 조명을 켠다.
    switchIsOn = True

def turnOff(): ❷
    global switchIsOn
    # 조명을 끈다.
    switchIsOn = False

# 메인 코드
switchIsOn = False # 전역 불리언 변수 ❸

# 검증 코드
print(switchIsOn)
turnOn()
print(switchIsOn)
turnOff()
print(switchIsOn)
turnOn()
print(switchIsOn)
```

스위치는 켜졌거나 꺼진 상태 중 하나만 가진다. 하나의 불리언 변수로 모델링될 수 있다. 해당 불리언 변수명을 switchIsOn❸으로 지었다. 이 값은 True면 조명이 켜진 것을, False이면 꺼진 것을 나타낸다. 스위치가 공장에서 출하될 때는 보통 꺼져 있다. 즉 switchIsOn 초깃값을 False로 설정한다.

다음으로 행동을 살펴보자. 조명 스위치는 '켜다'와 '끄다'라는 행동을 할 수 있다. 불리언 값을 True와 False로 설정하는 turnOn()❶과 turnOff()❷라는 두 함수를 정의한다.

마지막에는 스위치를 켜고 끄는 테스트 코드를 몇 줄 추가했다. 코드를 실행하면 다음과 같은 내용이 출력된다.

```
False
True
False
True
```

매우 간단한 예제 프로그램이다. 이처럼 작은 단위의 함수로 시작하면 OOP로 쉽게 전환할 수 있게 해준다. 1장의 설명처럼 상태는 전역변수 switchIsOn으로 표현돼 앞 코드는 단일 조명 스위치에만 작동한다. 하지만 재사용 가능한 코드를 만드는 것이 함수를 작성하는 목적이다. 앞 코드를 OOP 방식으로 다시 작성해보겠다. 먼저 재작성할 코드를 충분히 이해할 수 있도록 관련 이론을 먼저 살펴보자.

2.2 클래스와 객체

객체 개념과 작동 원리를 이해하려면 먼저 클래스와 객체 관계를 파악해야 한다. 지금은 클래스를 객체가 생성됐을 때 모습을 정의한 템플릿 또는 청사진이라고 생각하자. 객체는 클래스에서 생성된다.

고객 요청이 있을 때마다 케이크를 굽는 비즈니스를 시작했다고 가정해보자. '요청이 있을 때마다'라는 것은 주문이 들어왔을 때만 케이크를 만든다는 것을 의미한다. 번트 케이크Bundt cake를 전문으로 다루는 비즈니스다. 맛뿐만 아니라 모양이 일정하고 예쁘게 나오도록 '그림 2.1' 같은 번트 케이크용 팬을 개발하는 데 많은 시간을 투자한다.

해당 팬은 번트 케이크의 모양을 결정하지만 팬 자체가 케이크는 아니다. 팬은 클래스에 비유할 수 있다. 케이크는 주문이 들어올 때마다 '그림 2.2'처럼 팬으로 만들기 때문에 팬(케이크 틀 클래스)으로 만든 객체에 비유할 수 있다.

팬을 사용하면 원하는 만큼 케이크를 굽는 것이 가능하다. 모든 케이크를 같은 팬으로 굽지만 각 케이크는 서로 다른 맛, 프로스팅, 초콜릿 칩 등 다른 옵션으로 구성될 수 있다.

그림 2.1 클래스에 비유된 케이크 팬

그림 2.2 케이크 팬 클래스로 만든 객체에 비유된 케이크

'표 2.1'은 클래스와 객체 관계를 명확히 이해할 수 있도록 또 다른 실제 예시를 보여준다.

표 2.1 실제 예시로 보는 클래스와 객체 관계

클래스	클래스로 만든 객체
집 설계도	집
메뉴에 나열된 샌드위치	손에 들린 샌드위치
500원 동전을 주조하기 위한 금형	500원 동전 하나
작가가 쓴 책 원고	종이책(또는 e-book) 한 권

2.3 클래스, 객체, 객체의 생성

클래스와 객체를 실제 코드로 살펴보자.

정의 **클래스** 객체가 기억해야 할 것(데이터 또는 상태)과 할 수 있는 것(함수 또는 행동)을 정의한 코드

조명 스위치를 클래스로 작성한 다음 코드를 살펴보자.

```python
# 객체지향 조명 스위치 LightSwitch 클래스

class LightSwitch():
    def __init__(self):
        self.switchIsOn = False

    def turnOn(self):
        # 스위치 켜기
        self.switchIsOn = True

    def turnOff(self):
        # 스위치 끄기
        self.switchIsOn = False
```

코드는 잠시 후 자세히 살펴보겠다. 지금은 단일 변수 self.switchIsOn을 단일 함수에서만 초기화한다. turnOn()과 turnOff()라는 두 행동을 정의한 함수의 존재를 알아두자.

클래스 코드는 작성한 후 실행해도 아무 일이 일어나지 않는다. 함수는 정의했으나 실제 함수를 호출하지 않는 파이썬 프로그램과도 마찬가지다. 명시적으로 객체를 클래스로 만들어야 한다.

LightSwitch 클래스로 객체를 만들 때는 다음과 같은 코드가 필요하다.

```python
oLightSwitch = LightSwitch()
```

LightSwitch 클래스를 찾고 해당 클래스로 LightSwitch 형식의 객체를 만든 후 만든 객체를 oLightSwitch 변수에 할당한다는 것을 의미한다.

노트 이 책의 변수 이름 중 접두사에 쓰인 소문자 o는 해당 변수가 객체(object)라는 것을 나타낸다. 이 규칙을 따를 필요는 없지만, 해당 변수가 객체라는 사실을 파악하는 데 유용하다.

OOP에서 자주 보게 될 용어로 **인스턴스**instance가 있다. 인스턴스와 객체는 서로 같은 의미로 사용된다. 정확하게 표현하면 'LightSwitch 객체는 LightSwitch 클래스의 인스턴스다'라고 해야 한다.

정의 인스턴스화   클래스로 객체를 만드는 과정

LightSwitch 클래스로 객체를 생성하는 인스턴스화 과정을 알아봤다. 해당 과정은 'LightSwitch 클래스로 LightSwitch 형식의 객체를 인스턴스화했다'처럼 표현할 수도 있다.

2.3.1 파이썬 클래스 코드 작성

클래스의 구성 요소, 인스턴스를 만드는 상세 과정, 객체를 사용하는 방법을 알아본다. '코드 2.2'는 파이썬으로 클래스를 작성하는 전형적인 틀을 보여준다.

코드 2.2 **파이썬으로 클래스를 작성하는 전형적인 방식**

```
class <클래스 이름>():

    def __init__(self, <optional param1>, …, <optional paramN>):
        # 모든 초기화 코드는 여기에 작성한다.

    # 데이터에 접근하는 모든 함수는 여기에 작성한다.
    # 각 함수 형식

    def <함수 이름1>(self, <optional param1>, …, <optional paramN>):
        # 함수 본체

    # … 더 많은 함수

    def <함수 이름N>(self, <optional param1>, …, <optional paramN>):
        # 함수 본체
```

클래스는 class 키워드와 원하는 클래스 이름을 지정하며 정의된다. 일반적으로 클래스명은 각 단어의 첫 번째 문자를 대문자로 표기하는 카멜 케이스camel case를 따르는 것이 관례다(예 LightSwitch). 그 후 선택적으로 소괄호(())를 이어서 배치할 수 있다(소괄호가 필요한 경우는 10장에서 다룬다). 하지만 class 키워드로 시작된 줄은 반드시 클래스 본체 부분으로 넘어간다는 것을 의미하는 콜론(:)으로 끝나야만 한다.

클래스 본체 안에서는 원하는 만큼 함수를 정의할 수 있다. 여기서 작성된 함수는 모두 클래스에 종속된다. 들여쓰기 수준으로 종속 관계가 결정된다. 각 함수는 클래스로 생성된 객체가 할 수 있는 행동을 표현한다. 모든 함수는 self라는 매개변수parameter를 반드시 가져야만 한다(3장에서 다룬다). OOP에서는 함수 대신 메서드method라는 용어를 사용한다.

정의 **메서드** 클래스 내부에서 정의된 함수. 일반적으로 메서드는 self라고 명명되는 하나의 매개변수를 반드시 가져야 한다.

모든 클래스의 첫 번째 메서드는 __init__이라는 특수한 이름을 가져야 한다. 해당 메서드는 클래스로 객체를 생성할 때 자동으로 실행된다. 클래스 객체를 만들 때 객체를 초기화하는 코드가 __init__ 메서드에 포함되기에 적합하다. __init__이라는 이름은 이 작업을 위해 파이썬이 예약해두었다. 정확히 __init__이라는 이름(두 개의 언더스코어, init(반드시 소문자여야 함), 두 개의 언더스코어)으로 작성해야 한다. __init__ 메서드가 반드시 필요한 것은 아니다. 하지만 일반적으로 __init__ 메서드를 작성해 초기화를 수행하는 것이 바람직하다.

노트 클래스 객체를 만드는 일은 파이썬이 내부적으로 처리한다(메모리 할당 등). __init__()는 '초기화' 메서드라고도 불린다. 변수들의 초깃값을 할당하는 데 사용한다(대부분 객체지향 언어는 생성자라고 불리는 new()라는 이름의 메서드를 요구한다).

2.3.2 스코프와 인스턴스 변수

절차적 프로그래밍에서는 두 가지 수준의 스코프scope[1]가 있었다. 하나는 메인 코드에서 생성된 변수다. 프로그램 전역에서 접근할 수 있는 **전역 스코프**global scope다. 다른 하나는 함수 속에서 생성된 변수다. 함수를 실행할 때만 존재가 유지되는 **지역 스코프**local scope다. 함수를 빠져나가면 모든 지역 변수는 사라진다.

OOP와 클래스는 세 번째 수준의 스코프를 보여준다. 보통 **객체 스코프**object scope라고 한다. **클래스 스코프**class scope 또는 **인스턴스 스코프**instance scope라고도 한다. 모두 클래스 정의에 포함된 모든 코드를 구성하는 스코프를 의미한다.

메서드는 지역 변수와 **인스턴스 변수**instance variables를 모두 가진다. 메서드 안에서 self.로 시작하지 않는 모든 변수는 지역 변수다. 메서드 실행이 종료될 때 사라진다. 즉 동일 클래스에 속한 메서드라면 해당 변수들에는 접근할 수 없다. 인스턴스 변수는 객체 스코프를 따르며, 클래스에 속한 모든 메서드가 접근할 수 있다. 인스턴스 변수와 객체 스코프는 객체가 데이터를 기억하는 방법을 이해하는 데 중요한 역할을 한다.

---

1 **옮긴이** 스코프란 해당 변수가 접근할 수 있는 변수, 객체, 함수의 집합을 의미하며 '변수 유효 범위'라고도 한다.

정의 **인스턴스 변수**   메서드 속에서 관례적으로 self.로 시작하는 모든 변수(예 self.x). 인스턴스 변수는 객체 스코프를 따른다.

인스턴스 변수도 지역 변수 및 전역변수와 같은 방식으로 최초에 값이 할당될 때 생성된다. __init__()는 인스턴스 변수를 초기화하기에 적합하다. 다음은 __init__() 메서드에서 self. count('셀프 닷 카운트'라고 읽는다)라는 인스턴스 변수를 0으로 초기화하고, self.count 값을 1만큼 증가시키는 또 다른 메서드인 increment()를 보여준다.

```
class MyClass():
    def __init__(self):
        self.count = 0 # self.count 변수를 생성한 뒤 0으로 초기화한다.
    def increment(self):
        self.count = self.count + 1 # 변숫값을 1만큼 증가시킨다.
```

MyClass 클래스로 객체를 만들 때 __init__() 메서드가 실행된다. 인스턴스 변수 self.count 값을 0으로 설정한다. increment() 메서드를 호출하면 self.count 값은 0에서 1로 바뀐다. increment() 메서드를 다시 한번 호출하면 self.count 값은 1에서 2로 바뀐다. 이런 방식으로 인스턴스 변수의 값을 조정할 수 있다.

클래스로 생성된 각 객체는 자신만의 인스턴스 변수를 가진다. 여러 객체가 같은 클래스로 만들어졌어도 각각 독립적인 인스턴스 변수를 가진다. LightSwitch 클래스 예시에서는 self.switchIsOn 이라는 단 하나의 인스턴스 변수만 존재했다. LightSwitch 클래스로 만든 각 객체는 각각 self. switchIsOn 변수를 가진다. 즉 LightSwitch 클래스로 여러 객체를 만들 수 있고, 각 객체가 가진 self.switchIsOn 변수는 서로 독립적인 True 또는 False 값을 가질 수 있다.

2.3.3 함수와 메서드의 차이

함수와 메서드 사이에는 세 가지 차이점이 있다.

- 모든 메서드는 class 선언부 다음에 반드시 들여쓰기하고 작성해야 한다.
- 모든 메서드는 첫 번째 매개변수로 self를 가진다.
- 모든 메서드는 self.<변수명> 방식으로 인스턴스 변수에 접근할 수 있다.

메서드가 무엇인지 알았으니, 클래스로 객체를 만드는 방법과 서로 다른 메서드를 사용하는 방법을 알아보자.

2.3.4 클래스로 객체 생성하기

클래스는 객체의 형상을 정의한다. 객체를 생성하고 싶다면 파이썬이 알 수 있는 형식으로 요청해야 한다. 다음은 할당문으로 객체를 생성하는 전형적인 방식이다.

<객체> = <클래스_이름>(<선택적 매개변수>)

이 한 줄의 코드는 파이썬이 내부적으로 클래스의 신규 인스턴스를 만들고 반환하는 절차를 수행한다. 반환된 인스턴스(객체)를 변수에 담는 과정을 보여준다. 이후 해당 객체를 저장한 변수로 참조해 다양한 작업을 수행할 수 있다.

객체가 만들어지는 과정

'그림 2.3'은 LightSwitch 클래스의 객체가 만들어지는 과정이다. 할당문이 실행되면 먼저 파이썬의 내부 작업이 처리된다. 다음으로 클래스에 정의된 __init__() 메서드가 실행돼 변수를 초기화한 후 다시 파이썬 내부를 거쳐 생성된 객체가 반환된다.

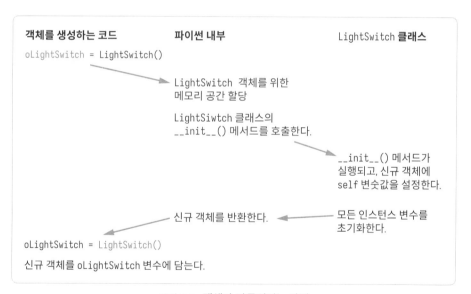

그림 2.3 객체가 만들어지는 과정

총 다섯 단계로 과정을 설명할 수 있다.

1 작성된 코드는 파이썬에 LightSwitch 클래스의 객체 생성을 요청한다.

2 파이썬은 LightSwitch 객체에 메모리 공간을 할당한다. 이후 LightSwitch 클래스에 정의된 __init__() 메서드를 호출한다. 이때 새롭게 생성된 객체를 함께 전달한다.

3 LightSwitch 클래스에 정의된 __init__() 메서드가 실행된다. 생성된 신규 객체는 self 매개변수에 할당된다. __init__() 메서드에 정의된 코드는 객체 내 모든 인스턴스 변수를 초기화한다(LightSwitch 객체의 경우 self.switchIsOn 변수가 초기화된다).

4 파이썬은 생성된 객체를 객체 생성을 요청한 곳으로 반환한다.

5 반환된 객체는 oLightSwitch 변수에 담긴다. 이후 해당 변수로 생성된 객체에 접근할 수 있다.

클래스는 크게 두 가지 방법으로 정의할 수 있다. 첫 번째 방법은 메인 프로그램이 작성된 파일에 클래스를 정의한 코드도 함께 두는 것이다. 두 번째 방법은 별도 파일에 클래스를 정의한 후 import 문으로 해당 파일의 내용에 접근하는 것이다. 첫 번째 방법은 잠시 후 다루며, 두 번째 방법은 4장에서 살펴본다. 이때 규칙이 하나 있다. 클래스 객체를 만드는 코드보다 클래스를 정의한 코드 작성을 반드시 먼저 해야 한다.

2.3.5 객체의 메서드 호출하기

다음은 클래스의 객체를 만든 후 해당 객체의 메서드를 호출하는 문법이다.

<객체>.<메서드명>(<매개변수들>)

'코드 2.3'은 LightSwitch 클래스를 정의한 후 해당 클래스의 객체를 만들고 해당 객체의 turnOn() 과 turnOff() 메서드를 호출해 스위치를 켜고 끄는 코드를 보여준다.

코드 2.3 LightSwitch 클래스를 정의하고 생성된 객체의 메서드 호출을 검사하는 코드

File OO_LightSwitch_with_Test_Code.py

```
# OO_LightSwitch

class LightSwitch():
    def __init__(self):
        self.switchIsOn = False

    def turnOn(self):
        # 스위치를 켠다.
        self.switchIsOn = True

    def turnOff(self):
        # 스위치를 끈다.
        self.switchIsOn = False
```

```
    def show(self): # 테스트를 위해 추가됐다.
        print(self.switchIsOn)

# 메인 코드
oLightSwitch = LightSwitch() # LightSwitch 객체 생성

# 메서드 호출
oLightSwitch.show()
oLightSwitch.turnOn()
oLightSwitch.show()
oLightSwitch.turnOff()
oLightSwitch.show()
oLightSwitch.turnOn()
oLightSwitch.show()
```

먼저 LightSwitch 객체를 만들어 oLightSwitch 변수에 담는다. 해당 변수로 LightSwitch 클래스에 정의된 메서드를 호출할 수 있다. 코드를 실행한 결과는 다음과 같다.

```
False
True
False
True
```

LightSwitch 클래스 객체는 self.switchIsOn이라는 단일 인스턴스 변수만 가진다는 것을 기억하자. 이 변숫값은 객체가 존재하는 한 유지되며 같은 객체의 서로 다른 메서드 사이에서 공유된다.

2.3.6 같은 클래스로 여러 객체 생성하기

OOP의 한 가지 중요한 특징은 한 클래스로 원하는 만큼 객체를 생성할 수 있다는 것이다. 번트 케이크 틀로 케이크를 무한정 굽는 것처럼 말이다. LightSwitch 클래스 객체를 두 개, 세 개, 그 이상 만들고 싶다면 LightSwitch 클래스로 추가 객체를 만들면 된다.

```
oLightSwitch1 = LightSwitch() # LightSwitch 객체 생성
oLightSwitch2 = LightSwitch() # 또 다른 LightSwitch 객체 생성
```

중요한 점은 생성된 각 객체가 데이터를 개별적으로 관리한다는 것이다. 예를 들어 oLightSwitch1과 oLightSwitch2는 각자 인스턴스 변수 self.switchIsOn을 가진다. 특정 객체 내 데이터를 변경해도 다른 객체의 데이터에는 아무런 영향을 미치지 않는다. 하지만 각 객체는 동일한 클래스에

정의된 모든 메서드를 같은 방식으로 호출할 수 있다.

'코드 2.4'는 두 개의 LightSwitch 객체를 만든 후 각 객체의 메서드를 호출한다.

코드 2.4 **한 클래스로 두 개의 객체를 만든 뒤 메서드를 호출하기** File OO_LightSwitch_Two_Instances.py

```python
# OO_LightSwitch

class LightSwitch():
--- LightSwitch 클래스 정의 코드는 '코드 2.3' 참고 ---

# 메인 코드
oLightSwitch1 = LightSwitch()  # LightSwitch 객체 생성
oLightSwitch2 = LightSwitch()  # 또 다른 LightSwitch 객체 생성

# 테스트 코드
oLightSwitch1.show()
oLightSwitch2.show()
oLightSwitch1.turnOn()  # 첫 번째 객체의 스위치를 켠다.
# 두 번째 객체의 스위치는 초기에 꺼져 있지만 확실히 꺼두고자 다음 코드를 실행한다.
oLightSwitch2.turnOff()
oLightSwitch1.show()
oLightSwitch2.show()
```

프로그램을 실행하면 다음과 같이 출력된다.

```
False
False
True
False
```

앞 코드는 oLightSwitch1이 스위치를 켜고 oLightSwitch2가 스위치를 끄도록 지시하는 메서드를 각각 호출한다. 각 객체가 개별적인 인스턴스 변수를 가져 가능하다.

단순히 두 전역변수를 둔 것과 비교해 크게 개선된 것이 없는 것처럼 보일 수 있다. 모두 동일한 결과가 나온다. 그러나 여러 객체를 만드는 방법의 영향력은 매우 크다. 단일 클래스로 수많은 객체를 생성하고 관리하는 방법을 다루는 4장에서 그 의미를 자세히 살펴보겠다.

2.3.7 클래스로 구현된 파이썬의 데이터 유형

파이썬에 내장된 모든 데이터 유형이 클래스로 구현됐다는 것은 그리 놀라운 사실이 아니다. 다음 예제를 살펴보자.

```
>>> myString = 'abcde'
>>> print(type(myString))
<class 'str'>
```

첫 번째 줄은 변수에 문자열 값을 할당한다. type() 함수로 해당 변수를 살펴보면 str이라는 문자열 클래스의 객체라는 사실을 파악할 수 있다. str 클래스는 문자열.upper(), 문자열.lower(), 문자열.strip() 등 문자열에 적용될 수 있는 다양한 메서드를 제공한다.

리스트도 유사하다.

```
>>> myList = [10, 20, 30, 40]
>>> print(type(myList))
<class 'list'>
```

모든 리스트는 list 클래스로 만든 객체. list 클래스는 리스트.append(), 리스트.count(), 리스트.index() 등 리스트에 적용될 수 있는 다양한 메서드를 제공한다.

클래스를 만든다는 것은 새로운 유형의 데이터를 정의하는 것과 같다. 관리될 데이터와 수행할 수 있는 작업의 세부 사항을 코드로 정의하기 때문이다. 객체를 생성한 후 변수에 할당하면 type() 이라는 내장 함수로 객체를 생성하는 데 사용된 클래스를 파악할 수 있다. 앞서 파이썬의 내장 데이터 유형으로 작동을 확인했다. 여러분이 직접 작성하는 객체에도 잘 작동할 것이다. 다음은 LightSwitch 클래스 객체를 만든 후 그 유형을 출력하는 코드다.

```
>>> oLightSwitch = LightSwitch()
>>> print(type(oLightSwitch))
<class 'LightSwitch'>
```

파이썬에 내장된 데이터 유형처럼 oLightSwitch 변수로 LightSwitch 클래스에 정의된 모든 메서드를 호출할 수 있다.

객체는 다음과 같이 정의할 수 있다.

정의 **객체** 데이터와 지속적으로 해당 데이터에 작용하는 코드

클래스는 객체를 만들었을 때의 형상을 정의한다. 객체는 포함된 인스턴스 변수와 객체를 생성한 클래스에 정의된 메서드 코드의 집합체. 하나의 클래스로 원하는 만큼 객체를 생성할 수 있다. 각 객체는 개별적인 인스턴스 변수를 가진다. 객체에 어떤 메서드가 됐든 호출되면 해당 메서드는 해당 객체가 가진 인스턴스 변수에 접근해 작업을 수행한다.

2.4 조금 더 복잡한 클래스 정의하기

지금까지 내용을 확장해 빛 조절 스위치dimmer switch라는 더 복잡한 클래스를 만들어보겠다. 조광 스위치는 켜고 끄는 스위치 외에도 빛의 밝기를 조절하는 슬라이더가 있다.

슬라이더는 밝기 값의 범위에 따라 움직인다. 다만 문제를 간소화하고자 지금 만들 조광 슬라이더는 열한 개의 값만 가지도록 설계한다. 0은 완전히 어두운 상태, 10은 최대 밝기로 조명을 켠 상태다. 조명 밝기를 높이거나 낮추려면 슬라이더 위치를 조절해야만 한다.

`DimmerSwitch` 클래스는 `LightSwitch` 클래스보다 더 많은 기능을 가진다. 다음과 같이 더 많은 데이터를 기억하도록 설계해야 한다.

- 스위치 상태(켜짐/꺼짐)
- 밝기 정도(0~10)

다음은 `DimmerSwitch` 객체가 할 수 있는 행동이다.

- 스위치를 켠다.
- 스위치를 끈다.
- 밝기 정도를 높인다.
- 밝기 정도를 낮춘다.
- 출력한다(디버깅 목적).

DimmerSwitch 클래스는 '코드 2.2'에서 본 표준 템플릿으로 작성한다. 즉 __init__ 메서드로 클래스 정의를 시작해 나열된 각 행동을 메서드로 구현한다. '코드 2.5'는 DimmerSwitch 클래스를 정의하는 코드다.

코드 2.5 **LightSwitch보다 조금 더 복잡한 DimmerSwitch 클래스**　　　　　　　　　　　（File）DimmerSwitch.py

```
# DimmerSwitch 클래스

class DimmerSwitch():
    def __init__(self):
        self.switchIsOn = False
        self.brightness = 0

    def turnOn(self):
        self.switchIsOn = True

    def turnOff(self):
        self.switchIsOn = False

    def raiseLevel(self):
        if self.brightness < 10:
            self.brightness = self.brightness + 1

    def lowerLevel(self):
        if self.brightness > 0:
            self.brightness = self.brightness - 1

    # 디버깅용 메서드
    def show(self):
        print('스위치가 켜져 있나요?', self.switchIsOn)
        print('밝기 정도: ', self.brightness)
```

__init__() 메서드는 이미 잘 알고 있는 self.switchIsOn과 밝기 정도를 기억하는 새로운 인스턴스 변수 self.brightness를 가지며, 이 둘에 초깃값을 할당한다. 그 밖의 메서드는 모두 두 인스턴스 변수에 담긴 현재 값에 접근한다. turnOn()과 turnOff() 메서드 밖에 raiseLevel()과 lowerLevel() 메서드가 더 추가됐다. 밝기를 조정하는 기능을 한다. 그리고 show()는 인스턴스 변수의 현재 값을 출력하는 디버깅 용도의 메서드다.

'코드 2.6'은 DimmerSwitch 클래스의 객체를 생성해 oDimmer 변수에 담은 후 앞서 정의한 각 메서드를 시험하는 코드다.

```python
# DimmerSwitch 클래스 정의와 시험을 위한 코드

class DimmerSwitch():
--- DimmerSwitch 클래스 정의는 '코드 2.5' 참고 ---

# 메인 코드
oDimmer = DimmerSwitch()

# 스위치를 켜고 밝기 정도를 5로 조절한다.
oDimmer.turnOn()
oDimmer.raiseLevel()
oDimmer.raiseLevel()
oDimmer.raiseLevel()
oDimmer.raiseLevel()
oDimmer.raiseLevel()
oDimmer.show()

# 밝기 정도를 2단계 낮춘 후 스위치를 끈다.
oDimmer.lowerLevel()
oDimmer.lowerLevel()
oDimmer.turnOff()
oDimmer.show()

# 스위치를 켜고 밝기 정도를 3으로 조절한다.
oDimmer.turnOn()
oDimmer.raiseLevel()
oDimmer.raiseLevel()
oDimmer.raiseLevel()
oDimmer.show()
```

코드를 실행하면 다음과 같이 출력된다.

```
스위치가 켜져 있나요? True
밝기 정도: 5
스위치가 켜져 있나요? False
밝기 정도: 3
스위치가 켜져 있나요? True
밝기 정도: 6
```

메인 코드는 oDimmer 객체를 생성한 뒤 해당 객체의 다양한 메서드를 호출한다. 매번 show() 메서드를 호출해 현재 조명의 전원 상태와 밝기 정도를 출력한다. 기억해야 할 것은 oDimmer가 객체라는 점이다. 즉 해당 객체를 생성하는 데 쓴 클래스의 모든 메서드에 접근할 수 있다. 또한, self.

switchIsOn과 self.brightness 인스턴스 변수에도 접근할 수 있다. 이번에도 각 객체로 호출한 모든 메서드는 모든 인스턴스 변숫값을 공유한다. self.brightness 값은 oDimmer.raiseLevel() 메서드가 호출될 때마다 1씩 증가한다.

2.5 훨씬 더 복잡한 현실적인 물체를 클래스로 표현하기

조광 스위치보다 훨씬 복잡한 텔레비전을 보자. 좀 더 복잡해진 예제를 보며 매개변수가 클래스에서 작동하는 방식을 자세히 살펴보겠다.

텔레비전 상태를 표현하려면 조광 스위치보다 훨씬 더 많은 데이터가 필요하다. 텔레비전이 제공하는 기능(행동)도 매우 다양하다. TV 클래스를 정의하려면 텔레비전 사용법과 텔레비전이 기억해야 할 데이터 종류를 먼저 고민해야 한다. '그림 2.4'를 보며 일반적인 텔레비전 리모컨의 주요 버튼을 파악해보자.

그림 2.4 **간소화된 텔레비전 리모컨**

이를 통해 추적해야 할 상태를 결정할 수 있다. 예를 들어 TV 클래스가 관리해야 할 데이터는 다음과 같은 것이 있다.

- 전원 상태(켜짐/꺼짐)
- 음소거 상태(음소거 활성 여부)
- 선택할 수 있는 채널 목록
- 현재 채널 설정
- 현재 볼륨 설정
- 선택할 수 있는 볼륨 크기 범위

텔레비전은 다음과 같은 기능을 제공할 수 있다.

- 전원을 켜고 끄는 기능
- 볼륨을 높이거나 낮추는 기능
- 채널 번호를 변경하는 기능
- 음소거를 활성화하거나 비활성화하는 기능
- 현재 설정의 정보를 조회하는 기능
- 특정 채널로 이동하는 기능

'코드 2.7'은 TV 클래스를 정의한 방식이다. 인스턴스 변수를 초기화하는 `__init__()` 메서드와 각종 기능을 위한 메서드로 구성된다.

코드 2.7 **다양한 인스턴스 변수와 메서드로 정의된 TV 클래스** File TV.py

```
# TV 클래스

class TV():
    def __init__(self):  ❶
        self.isOn = False
        self.isMuted = False
        # 선택할 수 있는 기본 채널 목록
        self.channelList = [2, 4, 5, 7, 9, 11, 20, 36, 44, 54, 65]
        self.nChannels = len(self.channelList)
        self.channelIndex = 0
        self.VOLUME_MINIMUM = 0 # 상수
        self.VOLUME_MAXIMUM = 10 # 상수
        self.volume = self.VOLUME_MAXIMUM // 2 # 볼륨의 초깃값을 최대로 설정
```

```python
    def power(self): ❷
        self.isOn = not self.isOn # 토글(값 뒤집기)

    def volumeUp(self):
        if not self.isOn:
            return
        if self.isMuted:
            self.isMuted = False # 음소거가 활성화됐을 때 볼륨을 조절하면
                                 # 음소거가 비활성화된다.
        if self.volume < self.VOLUME_MAXIMUM:
            self.volume = self.volume + 1

    def volumeDown(self):
        if not self.isOn:
            return
        if self.isMuted:
            self.isMuted = False # 음소거가 활성화됐을 때 볼륨을 조절하면
                                 # 음소거가 비활성화된다.
        if self.volume > self.VOLUME_MINIMUM:
            self.volume = self.volume - 1

    def channelUp(self): ❸
        if not self.isOn:
            return
        self.channelIndex = self.channelIndex + 1
        if self.channelIndex > self.nChannels:
            self.channelIndex = 0 # 마지막 채널 다음은 다시 첫 번째 채널로 이동한다.

    def channelDown(self): ❹
        if not self.isOn:
            return
        self.channelIndex = self.channelIndex - 1
        if self.channelIndex < 0:
            self.channelIndex = self.nChannels - 1 # 첫 번째 채널 다음은 다시
                                                   # 마지막 채널로 이동한다.

    def mute(self): ❺
        if not self.isOn:
            return
        self.isMuted = not self.isMuted

    def setChannel(self, newChannel):
        if newChannel in self.channelList:
            self.channelIndex = self.channelList.index(newChannel)
        # newChannel이 리스트에 없는 채널은 아무런 액션도 취하지 않는다.

    def showInfo(self): ❻
        print()
```

```
print('TV 상태:')
if self.isOn:
    print('  TV 전원 상태: 켜짐')
    print('    선택된 채널:', self.channelList[self.channelIndex])
    if self.isMuted:
        print('    볼륨 크기:', self.volume, '(음소거가 활성화됨)')
    else:
        print('    볼륨 크기:', self.volume)
else:
    print('  TV 전원 상태: 꺼짐')
```

__init__() 메서드❶는 모든 메서드가 접근 가능한 모든 인스턴스 변수를 만들고 적당한 초깃값을 부여한다. 기술적으로 모든 메서드에서 인스턴스 변수를 생성할 수 있다. 하지만 일반적으로 __init__() 메서드에서 모든 인스턴스 변수를 선언하는 것이 좋은 프로그래밍 방법이다. 메서드에서 인스턴스 변수를 생성하면 생성한 모든 변수의 존재를 추적하는 것이 까다롭다.

power() 메서드❷는 리모컨 전원 버튼을 눌렀을 때 일어나는 일을 처리한다. 만약 텔레비전이 꺼졌을 때 전원 버튼을 누르면 텔레비전은 켜진다. 텔레비전이 켜졌을 때 전원 버튼을 누르면 텔레비전은 꺼진다. 해당 기능은 **토글**toggle 방식으로 구현할 수 있다. 토글은 두 상태 중 하나를 표현하는 불리언 값을 서로 쉽게 뒤바꾸는 기능을 의미한다. 토글 방식을 사용하면 self.isOn 값을 직접 True 또는 False로 설정하지 않아도 된다. 단순히 토글 함수가 호출될 때마다 True는 False로, False는 True로 상태가 변한다. mute() 메서드❺도 유사한 방식으로 작동한다. self.muted라는 불리언 변수로 음소거의 활성 및 비활성 상태를 표현한다. 이 값도 토글 방식으로 제어된다. 다른 점이 있다면 텔레비전 전원 상태를 확인하는 것이다. 텔레비전이 꺼졌을 때 mute() 함수를 호출하면 self.isMuted 변수에 아무 변화도 일어나지 않도록 조건을 달았다.

한 가지 흥미로운 사실은 현재 채널 번호를 추적하지 않는다는 점이다. 대신 현재 채널 번호를 담은 인덱스 번호를 추적한다. self.channelList[self.channelIndex]처럼 인덱스 번호로 현재 채널 번호를 얻을 수 있다.

channelUp()❸과 channelDown()❹ 메서드는 기본적으로 채널 인덱스를 위로 올리거나 낮춘다. 마지막 또는 첫 채널에서 인덱스를 올리거나 줄이면 어떻게 될까? 앞 코드는 이를 잘 처리할 수 있도록 인덱스의 다시 처음 또는 마지막으로 이동하는 순환wrap around 기법을 적용했다. 즉 마지막 채널에서 인덱스를 올리면 다시 첫 번째 인덱스로, 첫 번째 채널에서 인덱스를 낮추면 다시 마지막 인덱스로 이동한다.

showInfo() 메서드❻는 인스턴스 변숫값(켜짐/꺼짐, 현재 채널, 현재 볼륨 설정, 음소거 활성화/비활성화)으로 현재 텔레비전 상태를 화면에 출력한다.

'코드 2.8'은 이렇게 만든 TV 클래스로 객체를 생성한 후 정의된 다양한 메서드를 호출하고 그 결과를 확인하는 코드다.

코드 2.8 **TV 클래스 테스트 코드**　　　　　　　　　　　　　(File) OO_TV_with_Test_Code.py

```python
# TV 클래스와 테스트하는 코드

--- TV 클래스 정의는 '코드 2.7' 참고 ---

# 메인 코드
oTV = TV() # TV 클래스 객체 생성

# TV를 켜고 상태 출력
oTV.power()
oTV.showInfo()

# 채널을 두 번 올리고 볼륨은 두 단계 낮추고 상태 출력
oTV.channelUp()
oTV.channelUp()
oTV.volumeUp()
oTV.volumeUp()
oTV.showInfo()

# TV를 끄고 상태를 출력하고, TV를 켜고 다시 상태 출력
oTV.power()
oTV.showInfo()
oTV.power()
oTV.showInfo()

# 볼륨을 한 단계 낮추고 음소거를 활성화한 후 상태 출력
oTV.volumeDown()
oTV.mute()
oTV.showInfo()

# 채널 번호를 11로 변경하고 음소거를 활성화한 후 상태 출력
oTV.setChannel(11)
oTV.mute()
oTV.showInfo()
```

'코드 2.8'을 실행하면 다음과 같이 출력된다.

```
TV 상태:
    TV 전원 상태: 켜짐
    선택된 채널: 2
    볼륨 크기: 5

TV 상태:
    TV 전원 상태: 켜짐
    선택된 채널: 5
    볼륨 크기: 7

TV 상태:
    TV 전원 상태: 꺼짐

TV 상태:
    TV 전원 상태: 켜짐
    선택된 채널: 5
    볼륨 크기: 7

TV 상태:
    TV 전원 상태: 켜짐
    선택된 채널: 5
    볼륨 크기: 6(음소거 활성화)

TV 상태:
    TV 전원 상태: 켜짐
    선택된 채널: 11
    볼륨 크기: 6
```

모든 메서드가 올바르게 작동해 기대한 출력을 얻었다.

2.5.1 메서드에 매개변수 전달하기

함수가 무엇이 됐든 호출되면 함수를 정의했을 때 나열한 매개변수와 동일한 개수의 매개변숫값이
입력돼야 한다.

```
def myFunction(param1, param2, param3):
    # 함수 본체 부분

# 함수 호출
myFunction(argument1, argument2, argument3)
```

이 규칙은 메서드와 메서드 호출에도 동일하게 적용된다. 메서드가 정의된 모양보다 매개변수를 하나 덜 지정해 메서드를 호출한다는 점에 의문이 생길 수 있다. 예를 들어 TV 클래스의 power() 메서드는 다음과 같다.

```python
def power(self):
```

power() 메서드가 호출될 때 하나의 매개변숫값이 입력돼야 하며 입력된 값이 곧 self 변수에 할당된다는 것을 의미한다. 하지만 '코드 2.8'처럼 TV를 켤 때는 다음처럼 메서드를 호출했다.

```python
oTV.power()
```

메서드 호출 시 매개변숫값을 따로 지정하지 않았다.

이번에는 setChannel() 메서드를 살펴보자. 더 이상하게 보일 수도 있다. 이 메서드는 두 매개변수를 가진다.

```python
def setChannel(self, newchannel):
    if newChannel in self.channelList:
        self.channelIndex = self.channelList.index(newChannel)
```

하지만 setChannel() 메서드는 다음처럼 호출된다.

```python
oTV.setChannel(11)
```

오직 하나의 값만 전달했다.

매개변수 개수가 정의된 것과 달라 오류가 발생할 것이라고 예상했을 것이다. 더 쉬운 문법과 가독성을 위해 파이썬이 내부적으로 처리하는 작업이 몇 가지 있다.

이번에는 그 과정을 살펴보자. '객체에 대해 메서드를 호출한다' 같은 표현은 다음과 같은 코드로 표현될 수 있다.

<객체>.<메서드>(<매개변수들>)

파이썬은 내부적으로 호출되는 메서드의 첫 번째 매개변숫값으로 <객체>를 입력한다. 함수 호출 시 나열된 소괄호 속의 모든 값은 첫 번째 매개변수 다음 것에 연결된다. 즉 다음처럼 작성해야 할 것을 파이썬이 간소화해줬다.

<객체의 메서드>(<객체>, <매개변수들>)

'그림 2.5'는 TV 클래스의 setChannel() 메서드를 예로 들어 작동 방식을 보여준다.

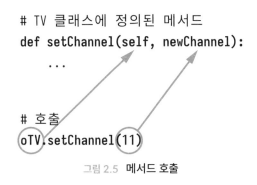

```
# TV 클래스에 정의된 메서드
def setChannel(self, newChannel):
    ...


# 호출
oTV.setChannel(11)
```

그림 2.5 **메서드 호출**

하나의 매개변숫값만 제공했지만 사실상 두 개의 값(oTV와 11)이 전달됐다. 실제로 메서드도 내부적으로 해당 값을 수용할 수 있도록 두 개의 매개변수(self와 newChannel)를 가진다. 파이썬이 두 값을 각 매개변수에 알아서 연결한 것이다. 처음에는 이상하게 보일 수 있지만 금방 익숙해진다. 객체의 메서드를 호출한다는 개념은 어떤 객체와 상호작용하고 싶은지 명확히 표현하기 때문에 코드를 더 쉽게 이해하는 데도 도움이 된다.

약간 모호해 보이지만 매우 중요한 특징이다. 객체(oTV)가 모든 인스턴스 변수의 현재 상태를 기억한다는 사실을 떠올려보자. 첫 번째 매개변수로 객체를 전달하면 해당 객체가 가진 인스턴스 변숫값에 접근해 메서드를 수행할 수 있다.

2.5.2 여러 객체 다루기

모든 메서드는 첫 번째 매개변수로 self를 가진다. 각 메서드 호출 시 self 변수는 객체 자신을 참조한다. 매우 중요한 사실이 내포됐다. 같은 클래스로 만들어진 모든 객체는 해당 클래스에 정의된 모든 메서드에 **독립적으로** 작동한다는 점이다. 작동 방식을 이해할 수 있도록 예제를 살펴보겠다.

'코드 2.9'는 두 TV 객체를 생성한 후 oTV1과 oTV2라는 변수에 담았다. 각 TV 객체는 독립적으로 볼륨 및 채널 목록, 채널을 설정할 수 있다. 그 후 각 객체의 다양한 메서드를 호출하고 마지막에는 showInfo() 메서드를 호출해 각 객체의 상태 정보를 출력한다.

코드 2.9 TV 클래스로 두 개의 객체를 만든 후 각각 메서드 호출 (File) OO_TV_TwoInstances.py

```python
# 각자 메서드를 호출하는 두 TV 객체

class TV():
--- TV 클래스 정의는 '코드 2.7' 참고 ---

# 메인 코드
oTV1 = TV() # 첫 번째 TV 객체 생성
oTV2 = TV() # 두 번째 TV 객체 생성

# 각 TV의 전원을 켠다.
oTV1.power()
oTV2.power()

# 첫 번째 TV의 볼륨을 키운다.
oTV1.volumeUp()
oTV1.volumeUp()

# 두 번째 TV의 볼륨을 키운다.
oTV2.volumeUp()
oTV2.volumeUp()
oTV2.volumeUp()
oTV2.volumeUp()
oTV2.volumeUp()

# 두 번째 TV의 채널을 바꾼 후 음소거를 활성화한다.
oTV2.setChannel(44)
oTV2.mute()

# 두 TV의 상태 정보를 출력한다.
oTV1.showInfo()
oTV2.showInfo()
```

'코드 2.9'를 실행하면 다음과 같이 출력된다.

```
TV 상태:
    TV 전원 상태: 켜짐
    선택된 채널: 2
    볼륨 크기: 7
```

```
TV 상태:
    TV 전원 상태: 켜짐
    선택된 채널: 44
    볼륨 크기: 10(음소거 활성화)
```

각 TV 객체는 개별적으로 인스턴스 변수를 관리한다. 즉 각 TV 객체의 인스턴스 변숫값은 독립적으로 바뀐다.

2.5.3 매개변수의 초기화

메서드 호출 시 매개변수를 전달하는 기능은 객체를 생성할 때도 동일하게 적용된다. 지금까지는 객체를 생성할 때 미리 정해진 상숫값을 각 인스턴스 변수에 할당했다. 하지만 다른 값으로 초기화된 인스턴스 변수를 가진 객체를 원할 때가 있다. 서로 다른 제조사와 위치 정보로 구별되는 TV 객체를 만들 수 있다고 가정해보자. 이렇게 하면, 거실에 설치된 삼성 TV와 침실에 설치된 소니 TV를 서로 구별할 수 있다. 미리 정의된 상숫값으로는 이 상황을 해결할 수 없다.

서로 다른 인스턴스 변수의 값으로 객체를 초기화하려면 __init__() 메서드가 매개변수를 가지도록 정의해야 한다.

```
# TV 클래스

class TV():
    def __init__(self, brand, location): # 제조사와 위치 정보를 입력받는다.
        self.brand = brand
        self.location = location
        --- TV 객체를 초기화하는 나머지 코드는 생략한다. ---
            (...)
```

매개변수는 해당 메서드 속에서만 유효한 지역 변수다. TV 클래스의 __init__() 메서드에 정의된 brand와 location은 지역 변수다. 메서드 호출이 끝나면 함께 사라진다. 매개변수로 입력받은 값을 따로 저장해 다른 메서드에도 해당 값을 활용하고 싶을 수 있다.

객체를 생성할 때 입력된 값을 기억하는 표준 방법은 해당 값을 인스턴스 변수에 저장하는 것이다. 인스턴스 변수는 객체 전반에 걸쳐 참조될 수 있다. 클래스 내 다른 메서드에서도 접근할 수 있기 때문이다. 일반적으로 매개변수와 이를 저장하는 인스턴스 변수명은 동일하게 한다. self.라는 접두어가 붙어 인스턴스 변수와 매개변수를 서로 구분할 수 있다.

```
def __init__(self, 어떤_변수의_이름):
    self.어떤_변수의_이름 = 어떤_변수의_이름
```

TV 클래스의 `__init__()` 메서드를 정의하는 `def` 키워드를 쓴 줄 다음부터 파이썬은 제조사명을 넘겨받은 `brand` 매개변숫값을 `self.brand` 인스턴스 변수에 할당한다. 위치 정보도 동일한 방식이다. `location` 매개변숫값을 `self.location` 인스턴스 변수로 저장한다. 인스턴스 변수의 값을 모두 할당하면 다른 메서드에서 `self.brand`와 `self.location` 값에 접근할 수 있게 된다.

이 방식을 활용하면 동일한 클래스로 여러 객체를 생성하되 각 객체가 서로 다른 초기 데이터를 가지도록 할 수 있다. 다음처럼 두 개의 TV 객체를 만들 수 있다.

```
oTV1 = TV('소니, '거실')
oTV2 = TV('삼성', '침실')
```

첫 번째 줄이 실행되면 파이썬은 TV 객체를 위한 메모리 공간을 할당한다. 그 후 매개변수를 조정한 다음 oTV1, brand, location 매개변수로 `__init__()` 메서드를 호출한다.

oTV1 객체를 초기화할 때는 `self.brand`에 문자열 `'삼성'`을, `self.location`에 문자열 `'거실'`을 할당한다. oTV2 객체를 초기화할 때는 `self.brand`에 문자열 `'소니'`를, `self.location`에 문자열 `'침실'`을 할당한다.

`showInfo()` 메서드를 다음처럼 수정하면 TV 이름과 위치를 출력할 수 있다.

(File) OO_TV_TwoInstances_with_Init_Params.py

```
def showInfo(self):
    print()
    print('TV 상태:', self.brand)
    print('   위치:', self.location)
    if self.isOn:
    (...)
```

다음은 각 객체를 출력한 결과다.

```
TV 상태: 소니
   위치: 거실
   TV 전원 상태: 켜짐
```

```
선택된 채널: 2
볼륨 크기: 7

TV 상태: 삼성
  위치: 침실
  TV 전원 상태: 켜짐
  선택된 채널: 44
  볼륨 크기: 10(음소거 활성화)
```

'코드 2.9'와 정확히 같은 코드를 수행했다. 다만 이번에는 각 TV 객체가 서로 다른 제조사명과 위치 정보를 가지도록 초기화됐다. 해당 내용도 출력하도록 showInfo() 메서드를 약간 수정했다.

2.6 클래스의 활용 사례

2장에서 배운 모든 내용을 활용하면 클래스를 정의하고 여러 개의 독립적인 객체를 생성할 수 있다. 다음은 실제로 활용하는 몇 가지 사례다.

- **특정 과목의 수강생을 모델링하고 싶다고 가정해보자.** 이름(name), 이메일 주소(emailAddress), 학년(currentGrade) 등 정보를 저장하는 인스턴스 변수를 가진 학생(Student) 클래스를 만들 수 있다. 학생 클래스로 만든 각 학생 객체는 독립적인 인스턴스 변수를 가진다. 학생마다 서로 다른 정보를 가져야 하는 상황을 잘 표현할 수 있다.

- **다중 플레이어가 함께 즐기는 게임을 만든다고 생각해보자.** 이름(name), 점수(points), 캐릭터 상태(health), 게임 내 위치(location) 등 정보를 저장하는 인스턴스 변수를 가진 사용자(Player) 클래스를 만들 수 있다. 각 사용자 객체는 게임 속에서 동일한 기능(메서드)을 하지만 메서드는 각 사용자 객체가 가진 인스턴스 변수에 작동한다.

- **주소록을 떠올려보자.** 이름(name), 주소(address), 전화번호(phoneNumber), 생일(birthday) 같은 정보를 인스턴스 변수로 표현한 사람(Person) 클래스를 만들 수 있다. 해당 클래스로 원하는 만큼 사람 객체를 생성할 수 있으며 각 사람 객체는 우리가 아는 누군가를 표현한다. 각 사람 객체의 인스턴스 변수는 서로 다른 값을 가지기 때문이다. 한 단계 더 나아가 모든 사람 객체를 검색하고 원하는 사람의 정보를 출력하는 등의 일을 할 수 있다.

이후 단일 클래스로 여러 객체를 만드는 개념과 생성된 여러 객체를 관리하는 방법을 알아보겠다.

2.7 객체지향적 해결책

1장의 마지막에서는 절차적 코딩에 내재된 세 가지 문제를 언급했다. 2장을 학습한 후부터는 모든 문제가 OOP로 해결되는 방식을 이해할 수 있기를 바란다.

1. 잘 작성된 클래스는 다른 프로그램에서도 쉽게 재활용될 수 있다. 클래스는 전역 데이터에 접근할 필요가 없다. 대신 객체는 코드와 데이터를 동일한 수준으로 취급한다.

2. OOP는 필요한 전역변수 수를 현격히 최소화할 수 있다. 클래스는 특정 문맥을 대표하는 데이터와 해당 데이터를 제어하는 코드로 구성된다. 코드를 디버깅하는 것도 훨씬 쉬워진다.

3. 클래스로 생성된 객체는 각자만의 데이터를 가진다. 동일한 클래스로 여러 객체를 만들어도 서로 데이터에 전혀 간섭하지 않는다.

2.8 정리

2장에서는 클래스와 객체 간 관계를 보며 OOP의 길로 들어섰다. 클래스는 객체 형태와 행동을 정의한다. 하나의 객체는 클래스로 구체화돼 만들어진 하나의 인스턴스다. 클래스에서 인스턴스 변수로 정의된 모든 데이터를 독립적으로 가진다. 객체가 가진 각 데이터는 객체 범위에 속한 인스턴스 변수에 저장된다. 즉 클래스에 정의된 모든 메서드로 접근될 수 있다. 동일한 클래스로 생성된 모든 객체는 각자 독립적인 인스턴스 변수 집합을 가진다. 서로 다른 값을 가질 수 있으며 객체마다 호출되는 메서드는 하는 일만 같을 뿐 서로 다른 값에 대해 작업한다.

클래스로 객체를 생성하는 가장 전형적인 방법인 할당문(=)을 살펴봤다. 객체를 만든 후에는 해당 객체는 클래스에 정의된 모든 메서드를 호출할 수 있다. 같은 클래스로 여러 객체를 만드는 방법도 함께 살펴봤다.

2장에서는 실제로 존재하는 물체(조명 스위치, TV)로 클래스도 배웠다. 클래스와 객체의 개념을 이해하는 유용한 방법이다. 단 이후에는 실제로 존재하지 않는 물체를 클래스와 객체로 표현한다.

3

객체의 멘털 모델과
SELF의 의미

객지향을 처음 접하면 객체와 객체의 메서드가 인스턴스 변수와 상호작용하는 방법에 혼란스러움을 느낀다. 구체적인 내용이 꽤 복잡하기 때문이다. 이는 객체와 클래스의 작동 방법에 대한 **멘털 모델**mental model을 구축해보면 꽤 도움이 된다.

3장은 객체지향의 두 가지 멘털 모델을 소개한다. 먼저 두 모형이 파이썬에서 객체가 작동하는 방식을 정확히 표현하는 것은 아니라는 것을 분명히 짚고 넘어가겠다. 대신 객체란 무엇이고, 객체의 메서드를 호출했을 때 일어나는 일을 스스로 생각하는 힘을 기르는 데 중점을 두겠다. self 개념도 상세히 다룬다. 동일한 클래스로 만들어진 여러 객체의 메서드를 호출했을 때 self 역할을 알아본다. 이 정도 지식만 알아도 책의 나머지 부분에서 객체와 클래스에 더 깊은 통찰력을 얻을 수 있을 것이다.

3.1 DimmerSwitch 클래스 되돌아보기

'코드 2.5'의 DimmerSwitch 클래스를 재활용하겠다. DimmerSwitch 클래스는 self.isOn과 self.brightness라는 인스턴스 변수를 가졌다. 여기에 프로그램 실행 도중에 각 객체를 쉽게 식별하는 self.label 인스턴스 변수를 추가한다.

'코드 3.1'은 곧 멘털 모델로 사용될 DimmerSwitch 클래스로 세 개의 객체를 만든 후 일련의 테스트를 수행한다. 각 객체의 다양한 메서드를 호출한다.

코드 3.1 세 개의 DimmerSwitch 객체를 생성한 후 다양한 메서드 호출　　　(File) OO_DimmerSwitch_Model1.py

```python
# 코드 2.5에 self.label을 추가 변경
class DimmerSwitch():
    def __init__(self, label):
--- 생략 ---
        self.label = label
--- 생략 ---


# 첫 번째 DimmerSwitch 객체를 생성하고 조명을 켜고 밝기를 두 단계 키운다.
oDimmer1 = DimmerSwitch('Dimmer1')
oDimmer1.turnOn()
oDimmer1.raiseLevel()
oDimmer1.raiseLevel()


# 첫 번째 DimmerSwitch 객체를 생성하고 조명을 켜고 밝기를 세 단계 키운다.
oDimmer2 = DimmerSwitch('Dimmer2')
oDimmer2.turnOn()
oDimmer2.raiseLevel()
oDimmer2.raiseLevel()
oDimmer2.raiseLevel()

# 기본 설정의 세 번째 DimmerSwitch 객체를 생성한다.
oDimmer3 = DimmerSwitch('Dimmer3')

# 각 객체의 상태 정보를 출력한다.
oDimmer1.show()
oDimmer2.show()
oDimmer3.show()
```

코드를 실행하면 다음과 같은 출력이 나온다.

```
라벨: Dimmer1
스위치가 켜져 있나요? True
밝기 정도: 2
```

```
라벨: Dimmer2
스위치가 켜져 있나요?True
밝기 정도: 3

라벨: Dimmer3
스위치가 켜져 있나요? False
밝기 정도: 0
```

기대한 것처럼 결과가 출력될 것이다. 각 `DimmerSwitch` 객체는 서로 독립적이다. 어떤 메서드를 수행하더라도 각자 가진 인스턴스 변수에만 영향을 미친다.

3.2 높은 수준의 멘털 모델

첫 번째 멘털 모델은 각 객체를 유형 및 클래스에 정의된 인스턴스 변수 집합, 메서드 복사본을 가진 독립적인 단위로 본다(그림 3.1).

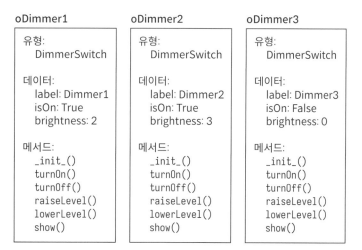

그림 3.1 **첫 번째 멘털 모델은 각 객체를 유형, 데이터, 메서드를 가진 단위로 본다.**

각 객체의 데이터와 메서드는 함께 묶여 있다. 인스턴스 변수의 범위는 클래스의 모든 메서드로 정의돼 모든 메서드가 특정 객체와 관련된 인스턴스 변수에 접근할 수 있는 구조다.

첫 번째 멘털 모델은 명확한 개념을 세워준다. 객체와 클래스의 관계를 잘 이해할 수 있을 것이다. 실제로 객체가 구현된 방식과는 거리가 있지만 객체의 인스턴스 변수와 메서드가 함께 작동하는 방식을 합리적으로 이해하는 데 유용하다.

3.3 더 깊은 멘탈 모델

두 번째 멘탈 모델은 객체를 더 낮은 수준에서 바라보며 객체 존재를 설명한다. 객체를 만들 때마다 파이썬은 생성한 객체를 반환한다. 반환된 객체를 특정 변수에 담고 해당 변수로 객체에 접근할 수 있다. '코드 3.2'는 세 개의 DimmerSwitch 객체를 만든 후 각 객체를 담은 변숫값과 유형을 출력해 결과를 보여준다.

코드 3.2 **세 개의 DimmerSwitch 객체를 만든 후 각 유형과 값 출력** (File) OO_DimmerSwitch_Model2_Instantiation.py

```
# 세 개의 DimmerSwitch 객체 생성
oDimmer1 = DimmerSwitch('Dimmer1')
print(type(oDimmer1))
print(oDimmer1)
print()

oDimmer2 = DimmerSwitch('Dimmer2')
print(type(oDimmer2))
print(oDimmer2)
print()

oDimmer3 = DimmerSwitch('Dimmer3')
print(type(oDimmer3))
print(oDimmer3)
print()
```

다음과 같이 출력된다.

```
<class '__main__.DimmerSwitch'>
<__main__.DimmerSwitch object at 0x7ffe503b32e0>
<class '__main__.DimmerSwitch'>
<__main__.DimmerSwitch object at 0x7ffe503b3970>
<class '__main__.DimmerSwitch'>
<__main__.DimmerSwitch object at 0x7ffe503b39d0>
```

첫 번째 출력으로 각 객체의 유형을 파악할 수 있다. 정수 또는 부동소수처럼 파이썬에 내장된 객체 유형과는 달리 세 객체는 프로그래머가 정의한 DimmerSwitch 유형이다(출력 내용 중 __main__은 DimmerSwitch가 다른 외부 파일에 정의된 것이 아니라 단일 파이썬 파일에서 정의됐다는 것을 의미한다).

두 번째 출력에는 여러 문자로 구성된 문자열이 포함됐다. 문자열은 컴퓨터 메모리의 위치(주소)를 의미한다. 즉 각 객체의 모든 데이터가 저장된 메모리 위치와 각 객체가 서로 다른 메모리 주소에 저장된 것을 알 수 있다. 같은 코드라도 다른 컴퓨터에서 실행하면 각 객체의 저장된 메모리 주소도 바뀐다. 개념을 이해할 때 실제 메모리 주소까지 알지 못해도 된다.

모든 DimmerSwitch 객체는 모두 동일한 유형, 즉 DimmerSwitch 클래스를 따른다. 모든 객체가 클래스를 정의한 동일한 코드를 참조한다는 것이 매우 중요하다. 프로그램이 실행되면 파이썬은 클래스를 정의한 코드를 읽고 각 클래스와 그에 속한 메서드 위치를 기억한다.

파이썬 튜터는 프로그램 한 줄 한 줄의 코드가 실행되며 일어나는 일을 시각적으로 확인하는 데 유용한 사이트다.[1] '그림 3.2'는 DimmerSwitch 클래스와 이를 테스트한 코드를 시각화한 것이다. 첫 번째 DimmerSwitch 객체가 생성되기 전에 실행을 일시 정지한 장면이다.

'그림 3.2'를 보면 파이썬이 DimmerSwitch 클래스와 해당 클래스에 정의된 모든 메서드 위치를 기억한다는 것을 알 수 있다. 지금까지 정의한 클래스는 매우 간단했다. 클래스는 수백, 수천 줄의 코드로 작성될 수 있다. 즉 객체가 클래스 코드를 그대로 복사하는 방식으로는 작동하지 않는다. 코드를 정확히 한곳에만 두는 것은 OOP 프로그램의 크기를 작게 유지하는 데 매우 중요하다. 객체를 생성하면 파이썬은 각 객체가 클래스에 정의된 인스턴스 변수만 독립적으로 보유할 수 있는 메모리 공간을 할당한다. 메모리 사용 효율을 고려해 객체가 생성되는 것이다.

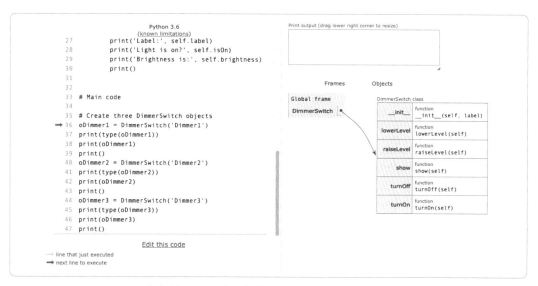

그림 3.2 **파이썬은 모든 클래스와 각 클래스에 속한 모든 메서드를 기억한다.**

---

1   pythontutor.com

'그림 3.3'은 '코드 3.2'가 모두 실행된 이후의 결과다.

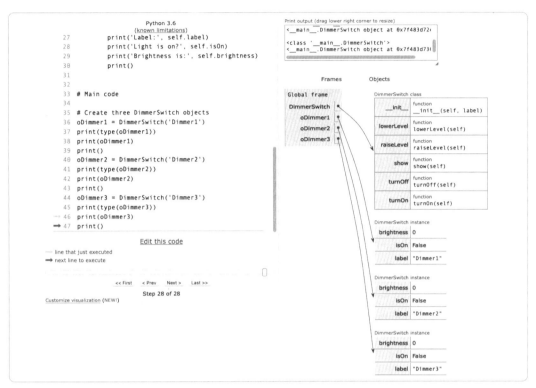

그림 3.3 '코드 3.2' 실행 결과. 객체에는 코드가 포함되지 않는다는 사실을 보여준다.

두 번째 멘털 모델과 일치하는 결과다. DimmerSwitch 클래스를 정의한 우측 코드는 단 한 번만 나타난다. 각 객체는 자신을 생성한 기반 클래스의 존재를 안다. 해당 클래스에 정의된 인스턴스 변수만 독립적으로 부여받는다.

노트 지금부터 할 이야기는 구현 측면에 가까운 상세한 설명이지만 객체를 더 잘 이해하는 데 유용하다. 파이썬은 내부적으로 키/값의 쌍을 저장하는 딕셔너리로 객체의 모든 인스턴스 변수를 관리한다. 파이썬에 내장된 vars() 함수를 사용하면 실제로 특정 객체에 포함된 모든 인스턴스 변수를 파악할 수 있다. 예를 들어 '코드 3.2' 객체가 가진 인스턴스 변수가 내부적으로 표현된 방식은 다음과 같은 방식으로 확인할 수 있다.

```
print('oDimmer1 인스턴스 변수:', vars(oDimmer1))
```

코드 실행 결과는 다음과 같다.

```
oDimmer1의 인스턴스 변수: {'label': 'Dimmer1', 'isOn': True, 'brightness': 2}
```

3.4 self의 의미

'자기자신self의 의미'를 찾는 것은 수많은 철학자가 수 세기 동안 씨름한 질문이다. 고작 몇 쪽으로 설명할 수 없다. 파이썬의 self 변수는 매우 전문적이며 분명한 의미를 가진다. self 변수에 값이 할당되는 방식과 더불어 클래스에 정의된 메서드가 파생 객체의 인스턴스 변수와 상호작용하는 방법을 살펴보겠다.

노트 self는 파이썬이 예약해둔 키워드가 아니고, 다른 이름으로 대체될 수 있지만 self를 사용하는 것이 관례다. 실제로 모든 파이썬 프로그래머가 사용하는 변수명이기에 이 책도 관례를 따른다. 여러분이 작성한 코드를 다른 프로그래머도 이해할 수 있기를 바란다면 클래스에 정의된 모든 메서드의 첫 번째 매개변수로 self를 두는 것이 좋다(다른 객체지향 언어도 동일한 개념을 가진다. self 대신 this 또는 me 같은 다른 이름을 사용하기도 한다).

SomeClass 클래스를 작성했고 객체를 생성한다고 가정해보자.

```
oSomeObject = SomeClass(<매개변수들>)
```

oSomeObject 객체는 SomeClass에 정의된 모든 인스턴스 변수를 가지게 된다. SomeClass 클래스의 모든 메서드는 다음처럼 정의할 수 있다.

```
def 어떤_메서드(self, <매개변수들>):
```

다음은 정의된 메서드를 호출하는 문법이다.

```
oSomeObject.어떤_메서드(<매개변수들>)
```

파이썬은 메서드가 호출될 때 매개변수를 재정렬하고 메서드를 호출한 객체가 메서드의 첫 번째 매개변수로 전달된다. 전달된 매개변수 중 첫 번째는 self 변수에 담긴다(그림 3.4).

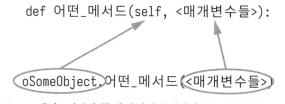

그림 3.4 메서드가 호출될 때 파이썬이 매개변수를 재정렬하는 방식

메서드는 호출될 때마다 메서드를 호출한 객체를 self 변수로 설정한다. 메서드를 정의한 코드는 동일 클래스로 만든 모든 객체의 모든 인스턴스 변수에 접근할 수 있다. 다음은 메서드 내에서 인스턴스 변수에 접근하는 방법이다.

```
self.<인스턴스_변수_이름>
```

self 변수가 참조하는 객체로 <인스턴스_변수_이름>으로 식별되는 인스턴스 변수에 접근한다. 모든 메서드의 첫 번째 매개변수가 self로 정의돼 클래스의 모든 메서드는 이와 같은 규칙으로 인스턴스 변수에 접근할 수 있다.

명확하게 개념을 알 수 있도록 DimmerSwitch 클래스 예시로 되돌아가보자. 지금부터 보게 될 예제에서는 두 개의 DimmerSwitch 객체를 생성한다. 그 후 각각 raiseLevel() 메서드를 호출해 밝기를 키웠을 때 일어나는 현상을 확인한다.

다음은 호출될 raiseLevel() 메서드의 정의 부분이다.

```
def raiseLevel(self):
    if self.brightness < 10:
        self.brightness = self.brightness + 1
```

'코드 3.3'은 두 DimmerSiwtch 객체를 테스트할 때 사용할 코드다.

코드 3.3 서로 다른 DimmerSwitch 객체에 동일한 메서드 호출   (File) OO_DimmerSwitch_Model2_Method_Calls.py
```
# 두 개의 DimmerSwitch 객체 생성
oDimmer1 = DimmerSwitch('Dimmer1')
oDimmer2 = DimmerSwitch('Dimmer2')

# oDimmer1 객체의 밝기를 키운다.
oDimmer1.raiseLevel()

# oDimmer2 객체의 밝기를 키운다.
oDimmer2.raiseLevel()
```

먼저 두 개의 DimmerSwitch 객체를 생성했다. 그 후 각 객체의 raiseLevel() 메서드를 호출했다.

'그림 3.5'는 파이썬 튜터로 '코드 3.3'을 실행한 결과다. 첫 번째 raiseLevel() 메서드가 호출된 직후 실행을 일시 정시했다.

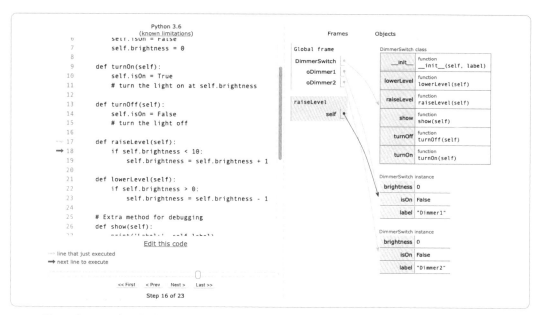

그림 3.5 '코드 3.3'을 실행한 결과. oDimmer1.raiseLevel() 메서드가 호출된 직후 일시 정지된 시점이다.

self와 oDimmer1이 모두 동일한 객체를 참조한다는 사실에 주목하자. 메서드가 호출되고 내부에서 self.<인스턴스_변수>를 사용한다면 해당 인스턴스 변수는 oDimmer1의 것이다. raiseLevel() 메서드가 실행됐을 때 self.brightness는 oDimmer1 인스턴스 변수를 조작한다.

나머지 '코드 3.3'을 이어서 실행하면 oDimmer2 객체에도 raiseLevel() 메서드가 호출되는 시점에 도달한다. '그림 3.6'은 raiseLevel() 메서드가 두 번째로 호출된 시점에 프로그램을 일시 정지한 모습이다.

이번 self는 oDimmer2 객체를 참조한다. raiseLevel() 메서드 내부의 self.brightness는 oDimmer2 인스턴스 변수를 참조한다.

사용하는 객체, 호출되는 메서드와 상관없이 메서드가 호출될 때 객체는 self 변수에 담긴다. self가 메서드를 호출한 현재의 객체를 의미한다고 생각해도 좋다. 메서드가 실행될 때마다 메서드를 호출한 객체가 가진 인스턴스 변수 집합에 접근할 수 있다.

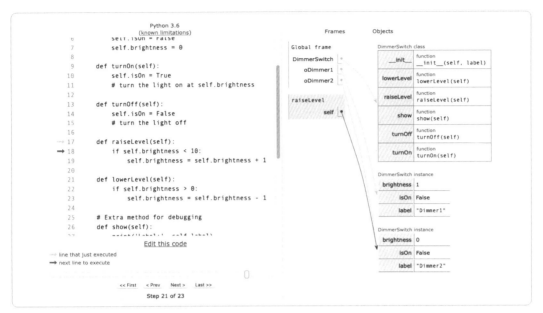

그림 3.6 '코드 3.3'을 실행한 결과. oDimmer2.raiseLevel() 메서드가 호출된 직후 일시 정지된 시점이다.

3.5 정리

3장에서는 두 가지 방식으로 객체의 존재를 알아봤다. 두 멘털 모델을 보면서 동일 클래스로 여러 객체를 생성할 때 일어나는 일을 이해했기를 바란다.

첫 번째 멘털 모델은 모든 인스턴스 변수와 메서드가 개별적으로 묶여 하나의 패키지로 관리되는 것을 객체로 바라본 것이었다.

두 번째 멘털 모델은 클래스를 정의한 코드가 한곳에만 존재하는 등 객체가 실제 구현된 측면에 훨씬 더 깊이 파고들었다. 한 가지 알아야 할 중요한 점은 신규 객체가 공간 효율적으로 생성된다는 점이다. 새로운 객체를 만들 때 파이썬은 클래스에 정의된 인스턴스 변수를 표현하는 메모리 공간만 할당한다. 즉 클래스를 정의한 코드는 중복 복사되지 않는다.

여러 객체가 메서드와 상호작용하는 방법의 핵심은 모든 메서드의 첫 번째 매개변수인 self가 항상 해당 메서드를 호출한 객체로 할당된다는 데 있다. 모든 메서드가 현재 메서드를 호출한 객체의 인스턴스 변수에 접근할 수 있는 접근법이다.

CHAPTER

4

여러 객체 관리

4장은 같은 클래스로 만든 여러 객체를 관리하는 방법을 다룬다. 1장 예시인 은행 계좌를 OOP로 다시 구현한다. 계좌를 다루는 데이터와 코드가 동일 선상에 놓이도록 하고 전역 데이터 의존성을 제거한다. 이후 프로그램을 논리적으로 계좌 및 계좌 관리 은행, 사용자 입력 처리 부분(메뉴)으로 나눈다. 마지막에는 오류를 처리하는 예외 처리도 살펴본다.

4.1 은행 계좌 클래스

은행 계좌 클래스는 이름, 비밀번호, 잔고를 최소한의 데이터로 가질 수 있다. 은행 계좌가 취할 수 있는 행동(메서드)에는 계좌 생성, 입금 및 출금, 잔고 확인 등이 있다.

이름(name), 비밀번호(password), 잔고(balance) 변수를 정의 및 초기화하고 각 메서드를 구현해보겠다. 원하는 만큼 계좌 객체를 생성할 수 있다. 구현의 복잡성을 줄이고자 간소화된 계좌 클래스를 구현한다. 잔고는 정수로, 비밀번호는 깨끗한 텍스트로 저장한다. 실제 은행 애플리케이션에서는 간소화된 구현을 해서는 안 된다. 우리 목적은 OOP에 집중하는 것이기에 괜찮다.

'코드 4.1'은 계좌 클래스를 정의하는 코드다.

코드 4.1 **최소한으로 구현된 Account 클래스**　　　　　　　　　　　　　File Account.py

```
# Account 클래스

class Account():
    def __init__(self, name, balance, password):  ❶
        self.name = name
        self.balance = int(balance)
        self.password = password

    def deposit(self, amountToDeposit, password):  ❷
        if password != self.password:
            print('비밀번호를 잘못 입력했습니다.')
            return None

        if amountToDeposit < 0:
            print('마이너스 금액은 입금할 수 없습니다.')
            return None

        self.balance = self.balance + amountToDeposit
        return self.balance

    def withdraw(self, amountToWithdraw, password):  ❸
        if password != self.password:
            print('비밀번호를 잘못 입력했습니다.')
            return None

        if amountToWithdraw < 0:
            print('마이너스 금액은 출금할 수 없습니다.')
            return None

        if amountToWithdraw > self.balance:
            print('현재 잔고보다 큰 금액을 출금할 수 없습니다.')
            return None

        self.balance = self.balance - amountToWithdraw
        return self.balance

    def getBalance(self, password):  ❹
        if password != self.password:
            print('비밀번호를 잘못 입력했습니다.')
            return None
```

```
        return self.balance

    # 디버깅 목적으로 추가했다.
    def show(self): ❺
        print(' 이름:', self.name)
        print(' 잔고:', self.balance)
        print(' 비밀번호:', self.password)
        print()
```

노트 '코드 4.1'은 매우 단순하게 오류를 처리한다. 오류가 발생할 만한 조건이 포착되면 해당 오류 메시지를 출력한 후 None이라는 특수한 값을 반환할 뿐이다. 4장 후반부에서는 오류를 세련되게 처리하는 방법을 살펴본다.

각 메서드가 데이터를 기억하고 조작하는 방식에 유의하자. 데이터는 메서드의 매개변수로 입력되고 각 메서드가 실행 중인 동안만 존재하는 지역 변수에 담긴다. 지역 변수에 담긴 값은 인스턴스 변수로 기억할 수 있다. 인스턴스 변수는 객체 단위의 범위를 가진다. 어떤 메서드가 됐든 접근할 수 있다.

먼저 세 개의 매개변수를 가지는 __init__() 메서드를 정의한다❶. 해당 클래스로 객체를 만들 때는 세 개의 데이터(이름, 잔고, 비밀번호)를 입력해야만 한다. 다음은 객체를 생성하는 방식이다.

```
oAccount = Account('Joe Schmoe', 1000, 'magic')
```

객체를 생성할 때 세 개의 매개변수가 __init__() 메서드로 전달된다. 각 매개변숫값은 각각 인스턴스 변수 self.name, self.balance, self.password에 담긴다. 이후 다른 메서드에서도 해당 인스턴스 변수에 접근할 수 있다.

deposit() 메서드는 특정 계좌에 돈을 입금하는 기능을 한다❷. Account 객체를 만들고 oAccount 변수에 저장했다면 다음처럼 해당 객체의 deposit() 메서드를 호출할 수 있다.

```
newBalance = oAccount.deposit(500, 'magic')
```

deposit() 메서드가 호출될 때 입금 금액으로 500, 비밀번호로 'magic'을 입력했다. deposit() 메서드는 두 가지 유효성 검사를 수행한다. 그중 첫 번째는 비밀번호가 객체 생성 시 입력된 비밀번호와 같은지 확인한다. self.password 인스턴스 변수의 활용 방식을 보여주는 좋은 예시다. 두 번째 유효성 검사는 입금 금액으로 입력된 정수가 양수라는 것을 확인한다.

두 유효성 검사 중 하나라도 실패하면 오류가 발생한 것을 알 수 있는 None이라는 특수한 값을 임시로 반환한다. 두 검사를 모두 통과하면 self.balance 값을 입금 금액만큼 증가시킨다. 잔고가 self.balance 인스턴스 변수에 저장되고 잔고 정보는 이후 메서드 호출을 위해 저장됐다. 마지막에는 갱신된 잔고 정보를 반환한다.

deposit()과 매우 비슷한 방식으로 작동하는 withdraw() 메서드❸는 다음처럼 호출된다.

```
oAccount.withdraw(250, 'magic')
```

withdraw() 메서드는 self.password 인스턴스 변수에 저장된 값과 메서드에 입력된 비밀번호를 대조해 유효성을 검사한다. self.balance 인스턴스 변수로 출금 금액이 양수라는 것을 보장하고 현재 잔고가 출금 금액보다 많은지 여부도 검사한다. 두 검사를 모두 통과하면 withdraw() 메서드는 요청된 출금 금액만큼 self.balance 값을 줄인다. 마지막은 갱신된 잔고 정보를 반환한다. 한편 현재 잔고는 다음처럼 올바른 비밀번호가 입력될 때 확인할 수 있다❹.

```
currentBalance = oAccount.getBalance('magic')
```

만약 비밀번호가 맞다면 getBalance() 메서드는 self.balance 인스턴스 변숫값을 반환한다.

디버깅 목적으로 작성된 show() 메서드를 호출한다❺. 계좌에 저장된 self.name, self.balance, self.password의 현재 값을 화면에 출력한다.

Account 클래스는 실제 물리적으로 존재하지 않는 무언가를 클래스로 표현한 첫 번째 예시다. 은행 계좌는 육안으로 보고, 느끼고, 만질 수 있는 것이 아니다. 하지만 데이터(이름, 잔고, 비밀번호)와 데이터에 대한 특정 행위(계좌 생성, 입금, 출금, 잔고 확인, 출력)를 가진다. 컴퓨터가 다루는 객체 세상에서 완벽하게 들어맞는 예시다.

4.2 클래스 코드 불러오기

직접 정의한 클래스는 두 가지 방식으로 사용할 수 있다. 3장에서도 본 가장 간단한 방식은 메인 소스코드가 포함된 파일에 클래스도 함께 정의하는 것이다. 하지만 이 방식은 클래스 코드를 재사용하기 어렵다.

두 번째 방식은 클래스를 정의한 코드를 별도 파일로 분리한 후 해당 클래스를 활용하고 싶은 프로그램에서 해당 파일을 불러와 사용하는 것이다. Account 클래스를 정의한 모든 코드를 Account.py 파일로 옮길 수 있다. 클래스를 정의하는 코드 양이 계속 커지고 복잡해질수록 별도 파일로 두는 것이 바람직하다. 단순히 별도 파일로 분리하는 것만으로는 아무 일도 일어나지 않는다. 단지 클래스를 정의한 코드 조각에 불과하다. 반드시 하나 이상의 객체를 생성하고 각 객체에 대해 메서드를 호출해야만 클래스 코드를 사용한다고 볼 수 있다.

Account 클래스를 별도 Account.py 파일로 분리해 작성한 후 해당 파일을 메인 프로그램에서 불러와야 한다. random이나 time 같은 내장 패키지를 불러왔던 것과 동일한 방식으로 할 수 있다. 수많은 파이썬 프로그래머는 다른 클래스 파일을 불러와 사용하는 메인 프로그램의 파일 이름을 main.py 또는 Main_⟨원하는_이름⟩.py로 정하는 경우가 많다. 이후 메인 프로그램 파일과 Account.py 파일을 같은 폴더에 넣는다. 이미 그렇게 했어도 다시 확인해보자. 메인 프로그램의 시작 부분에 다음처럼 import 문으로 Account.py 파일을 불러온다(.py 파일 확장자는 포함하지 않는다).

```
from Account import *
```

import 문에 *(별표)를 사용하면 해당 파일의 모든 내용을 불러온다는 것을 의미한다. 하나의 파일이지만 여러 클래스가 정의될 수 있기에 유용하다. 하지만 가능한 사용하고 싶은 클래스를 정확히 명시해 불러오는 것이 바람직하다.

```
from <외부_파일_이름> import <클래스_이름1>, <클래스_이름2>, …
```

다른 파일로 클래스를 분리하고 불러와 사용할 때는 다음과 같은 이점이 있다.

1. 모듈module을 재사용할 수 있다. 즉 Account.py를 다른 프로젝트에서도 그대로 사용할 수 있다. 해당 파일을 복사해 다른 프로젝트의 적절한 폴더에 넣기만 하면 된다. 코드를 재사용하는 방식은 OOP의 주요 특징 중 하나다.
2. 클래스를 정의한 코드가 메인 프로그램 파일에 함께 있다면 프로그램을 실행할 때마다 클래스를 정의한 코드가 매번 새로 컴파일되어야 한다(컴퓨터가 프로그램을 실행하기 더욱 쉬운 저수준 언어로 변환하는 과정). 하지만 클래스 코드 자체에 아무 변화가 없다면 불필요한 과정이다.

반면 클래스 코드를 별도 파일로 분리한 경우 파이썬은 자동으로 컴파일 단계를 최적화한다. 파이썬은 __pycache__라는 폴더를 생성하고 클래스 파일을 컴파일한 후 __pycache__ 폴더에 저장한다. Account.py 파일의 경우 Account.cpython-39.pyc라는 이름의 파일이 생성된다(파이썬 버전에 따라 파일 이름은 다를 수 있다). 그리고 .pyc 확장자는 컴파일된 파이썬_{python compiled} 약어다. 파이썬은 파일 변경 여부를 추적해 특정 파일을 다시 컴파일해야 하는지 결정한다. 즉 Account.py 파일이 그대로라면 파이썬은 해당 파일을 다시 컴파일하지 않고 .pyc로 저장된 버전을 즉시 활용한다.

4.3 테스트 코드 작성

새로 정의한 Account 클래스를 네 개의 메인 프로그램을 통해 테스트해보겠다. 첫 번째 프로그램은 여러 Account 객체를 생성한 후 개별 변수에 저장한다. 두 번째와 세 번째 프로그램은 여러 Account 객체를 각 리스트와 딕셔너리 자료형에 저장하는 방법을 보여준다. 마지막 네 번째 프로그램은 메인 프로그램의 전체 기능을 Bank 객체를 관리하는 부분과 사용자와 상호작용하는 부분으로 분리한다.

각 프로그램은 Account.py 파일을 불러온다. 메인 프로그램을 담은 프로그램은 Account.py 파일과 같은 폴더에 저장돼 있어야 한다. 각 프로그램의 파일 이름은 Main_Bank_VersionX.py을 따르며 X는 프로그램 번호를 의미한다.

4.3.1 여러 계좌 생성하기

첫 번째 프로그램은 두 계좌를 생성한다. 각각 개별 변수에 담고 각 계좌가 가진 데이터를 조회한다. '코드 4.2'가 그 과정을 보여준다.

코드 4.2 **Account 클래스를 테스트하는 메인 프로그램**   File BankOOP1_IndividualVariables/Main_Bank_Version1.py

```
# Account 클래스를 사용하는 첫 번째 테스트 프로그램
# 계좌별로 별도의 변수를 할당한다.

# Account 클래스 파일의 모든 내용을 불러온다.
from Account import *

# 두 계좌 생성
oJoesAccount = Account('Joe', 100, 'JoesPassword')  ❶
print("Joe의 계좌를 생성했습니다.")
```

```
oMarysAccount = Account('Mary', 12345, 'MarysPassword') ❷
print("Mary의 계좌를 생성했습니다.")

oJoesAccount.show() ❸
oMarysAccount.show()
print()

# 각 계좌에 대해 일부 메서드를 호출한다.
print('두 계좌에 대해 메서드를 호출합니다.')
oJoesAccount.deposit(50, 'JoesPassword') ❹
oMarysAccount.withdraw(345, 'MarysPassword')
oMarysAccount.deposit(100, 'MarysPassword')

# 각 계정 정보 출력
oJoesAccount.show()
oMarysAccount.show()
```

먼저 Joe❶와 Mary❷를 위한 Account 객체를 생성한 후 각각 oJoeAccount와 oMaryAccount 변수에 저장한다. show() 메서드를 호출해 각 객체가 올바르게 생성됐는지 확인한다❸. 다음으로 Joe 계정에 50달러를 입금하고 Mary 계정에서는 345달러를 출금한 후 100달러를 입금한다❹. 프로그램을 실행했을 때 출력 결과는 다음과 같다.

```
Joe의 계좌를 생성했습니다.
Mary의 계좌를 생성했습니다.
    이름: Joe
    잔고: 100
    비밀번호: JoesPassword

    이름: Mary
    잔고: 12345
    비밀번호: MarysPassword

두 계좌에 대해 메서드를 호출합니다.
    이름: Joe
    잔고: 150
    비밀번호: JoesPassword

    이름: Mary
    잔고: 12100
    비밀번호: MarysPassword
```

이번에는 해당 프로그램을 사용자에게서 값을 입력받을 수 있도록 확장해보자.

```python
# 사용자에게서 입력받은 정보로 또 다른 계좌 생성
print()
userName = input('신규 계좌의 사용자 이름은 무엇입니까?')  ❶
userBalance = input('시작 잔고는 얼마입니까?')
userBalance = int(userBalance)
userPassword = input('어떤 비밀번호를 사용하겠습니까?')
oNewAccount = Account(userName, userBalance, userPassword)  ❷

# 새로 생성된 계좌 정보 출력
oNewAccount.show()  ❸

# 신규 계좌에 100달러만큼 입금
oNewAccount.deposit(100, userPassword)  ❹
usersBalance = oNewAccount.getBalance(userPassword)
print()
print('100달러를 입금한 후 잔고: ', usersBalance)

# 신규 계좌 정보 출력
oNewAccount.show()
```

사용자에게서 입력받은 이름, 잔고, 비밀번호로❶ 신규 계좌용 객체를 생성한다. oNewAccount 변수에 저장하고❷ 해당 객체 정보를 show() 메서드로 출력한다❸. 해당 계좌에 100달러를 입금하고 getBalance() 메서드로 잔고를 확인한다❹. '코드 4.3'을 실행하면 다음처럼 출력된다.

```
신규 계좌의 사용자 이름은 무엇입니까? Irv
시작 잔고는 얼마입니까? 777
어떤 비밀번호를 사용하겠습니까? IrvsPassword
    이름: Irv
    잔고: 777
    비밀번호: IrvsPassword

100달러를 입금한 후 잔고: 877
    이름: Irv
    잔고: 877
    비밀번호: IrvsPassword
```

중요한 것은 Account 객체마다 독립적으로 인스턴스 변수를 관리한다는 사실이다. 각 객체를 저장한 oJoesAccount, oMarysAccount, oNewAccount는 전역변수로 선언됐다. Account 클래스에 주소, 전화 번호, 생일 등 추가 정보를 위한 인스턴스 변수를 정의한다면 이미 생성된 각 객체도 추가된 인스턴스 변수를 활용할 수 있다.

리스트로 여러 Account 객체 관리

각 계좌를 전역변수로 취급하는 방식이 잘 작동했지만 다뤄야 할 객체 수가 많을 때는 적합하지 않다. 은행은 관리할 계정이 무수히 많다. 다뤄야 할 데이터가 매우 많은 경우에는 리스트를 사용하는 것이 좋은 해결책이다.

이번에는 아무것도 담지 않은 빈 리스트를 생성하는 것으로 시작한다. 사용자가 계좌를 생성할 때마다 Account 객체를 만들고 해당 객체를 리스트에 추가한다. 각 계좌 번호는 0부터 시작해 계좌를 만들 때마다 1씩 증가하는 방식으로 부여된다. '코드 4.4'는 Joe와 Mary의 계좌를 생성하는 테스트 프로그램 코드다.

코드 4.4 **객체를 리스트에 저장하도록 수정된 테스트 프로그램**

File BankOOP2_ListOfAccountObjects/Main_Bank_Version2.py

```python
# Account 클래스를 사용하는 두 번째 테스트 프로그램
# 리스트로 각 계좌를 저장한다.

# Account 클래스 파일의 모든 내용을 불러온다.
from Account import *

# 빈 리스트로 시작
accountsList = [ ]  ❶

# 두 계좌 생성
oAccount = Account('Joe', 100, 'JoesPassword')  ❷
accountsList.append(oAccount)
print("Joe의 계좌 번호는 0입니다.")

oAccount = Account('Mary', 12345, 'MarysPassword')  ❸
accountsList.append(oAccount)
print("Mary의 계좌 번호는 1입니다.")

accountsList[0].show()  ❹
accountsList[1].show()
print()

# 각 계좌에 대해 일부 메서드 호출
print('두 계좌에 대해 메서드를 호출합니다.')
accountsList[0].deposit(50, 'JoesPassword')  ❺
accountsList[1].withdraw(345, 'MarysPassword')  ❻
accountsList[1].deposit(100, 'MarysPassword')  ❼

# 계좌 정보 출력
accountsList[0].show()  ❽
```

```
accountsList[1].show()

# 사용자에게서 입력받은 정보로 또 다른 계좌 생성
print()
userName = input('신규 계좌의 사용자 이름은 무엇입니까?')
userBalance = input('시작 잔고는 얼마입니까?')
userBalance = int(userBalance)
userPassword = input('어떤 비밀번호를 사용하겠습니까?')
oAccount = Account(userName, userBalance, userPassword)
accountsList.append(oAccount) # 리스트에 이어 붙인다.

# 새로 생성된 계좌의 정보 출력
print('신규 계좌를 생성했습니다. 계좌 번호는 2입니다.')
accountsList[2].show()

# 신규 계좌에 100달러만큼 입금
accountsList[2].deposit(100, userPassword)
usersBalance = accountsList[2].getBalance(userPassword)
print()
print('100달러 입금 후 잔고:', usersBalance)

# 신규 계좌 정보 출력
accountsList[2].show()
```

계좌를 담을 빈 리스트를 생성하며 프로그램은 시작한다❶. Joe의 계좌를 생성한 후 oAccount에 해당 객체를 담고 해당 객체를 즉시 리스트에 추가한다❷. 실제 은행처럼 Joe가 계좌에 특정 업무를 하고 싶다면 계좌 번호를 알아야 한다. '코드 4.4'는 Joe의 계좌 번호를 사용해 잔고를 확인하고 ❹, 입금하고❺, 다시 잔고를 확인한다❽. Mary도 마찬가지다. 계좌를 생성한 후❶❸ 해당 계좌에 일부 메서드를 테스트했다❻❼.

프로그램 결과는 '코드 4.3'과 동일하다. 두 프로그램 사이에는 매우 중요한 차이가 있다. 바로 accountsList 라는 단 하나의 전역변수만 존재한다는 사실이다. 각 계좌는 고유한 계좌 번호를 가진다. 해당 계좌 번호는 특정 계좌에 접근하는 데 사용됐다. 즉 전역변수 개수를 최소화하는 매우 중요한 작업이 이뤄졌다.

또 한 가지 중요한 사실은 메인 프로그램을 꽤 크게 변경했지만 Account 클래스 파일은 전혀 손대지 않았다는 점이다. OOP는 다양한 수준으로 세부 사항을 숨긴다. Account 클래스가 개별 계좌의 세부 사항을 책임진다고 믿을 수만 있다면 메인 코드에만 집중할 수 있다.

oAccount를 임시 변수로 사용한 것도 주목할 만하다. 신규 계좌를 생성할 때마다 생성된 객체를 oAccount 변수에 할당했고 바로 oAccount 변수를 리스트의 가장 마지막에 추가했다. 하지만 특정 Account 객체의 메서드를 호출하려고 oAccount 변수를 사용하지는 않았다. 이 방식은 oAccount 변수를 재사용해 신규 계좌가 생성될 때마다 객체를 임시로 저장하는 용도로 활용할 수 있다.

4.3.3 식별자를 둔 여러 객체

개별 Account 객체를 식별할 수 있다면 좋다. 그래야 각 사용자가 자신의 계좌에 돈을 입금하고 출금하며 잔고를 확인하는 업무를 볼 수 있다. 계좌를 리스트에 저장하는 방식은 잘 작동했지만 몇 가지 심각한 문제가 있다. 먼저 계좌 번호 0, 1, 2, 3, 4가 부여된 다섯 계좌가 있다고 가정해보자. 만약 2번 계좌를 소유한 사람이 계좌를 삭제한다면 리스트에서 해당 계좌를 제거하고자 pop() 연산 및 메서드를 수행해야 한다. 이는 도미노처럼 세 번째 위치의 계좌가 두 번째 위치로, 네 번째 위치의 계좌가 세 번째 위치로 이동하는 결과를 초래한다. 각 계좌를 사용하는 사람들은 여전히 계좌 번호가 3과 4이기를 기대할 것이다. 만약 3번 계좌를 소유한 사람이 자신의 계좌 정보를 출력하면 자신의 계좌 대신 4번 계좌의 정보가 출력되고 말 것이다.

대신 딕셔너리를 활용하면 고유 식별자로 수많은 객체를 관리하는 방식보다 일반적인 방식을 구현할 수 있다. 리스트와는 달리 딕셔너리는 계좌에 묶인 번호를 건드리지 않고도 원하는 계좌를 제거할 수 있다. 딕셔너리는 계좌 번호와 각 계좌 번호에 대응된 Account 객체를 값으로 하는 키/값 쌍으로 구축된다. 특정 계좌를 제거하더라도 남은 계좌에는 어떤 영향도 없다. 다음은 여러 계좌를 담은 딕셔너리를 개념적으로 보여준다.

```
{0 : <0번 계좌에 대한 객체>, 1 : <1번 계좌에 대한 객체>, … }
```

그러면 다음처럼 계좌 번호로 원하는 Account 객체를 쉽게 얻을 수 있다.

```
oAccount = accountsDict[계좌 번호]
oAccount.일부_메서드_호출()
```

또는 다음처럼 계좌 번호로 얻은 객체의 메서드를 즉시 호출할 수도 있다.

```
accountsDict[계좌 번호].일부_메서드_호출()
```

'코드 4.5'는 딕셔너리로 Account 객체를 관리하는 방식을 보여주는 테스트 프로그램이다. 프로그램 코드를 많이 바꾸지만 Account 클래스는 전혀 수정하지 않았다. 이번 프로그램 코드는 계좌 번호를 직접 입력하는 방식 대신 신규 계좌가 생성될 때마다 1씩 증가하는 nextAccountNumber라는 카운터를 두는 방식으로 대체한다.

코드 4.5 **계좌 번호와 객체를 딕셔너리로 저장하도록 변경된 테스트 코드**

(File) BankOOP3_DictionaryOfAccountObjects/Main_Bank_Version3.py

```python
# Account 클래스를 사용하는 세 번째 테스트 프로그램
# 딕셔너리로 각 계좌를 관리한다.

# Account 클래스 파일의 모든 내용을 불러온다.
from Account import *

accountsDict = {}  ❶
nextAccountNumber = 0  ❷

# 두 계좌 생성:
oAccount = Account('Joe', 100, 'JoesPassword')
joesAccountNumber = nextAccountNumber
accountsDict[joesAccountNumber] = oAccount  ❸
print('Joe의 계좌 번호:', joesAccountNumber)
nextAccountNumber = nextAccountNumber + 1  ❹

oAccount = Account('Mary', 12345, 'MarysPassword')
marysAccountNumber = nextAccountNumber
accountsDict[marysAccountNumber] = oAccount  ❺
print('Mary의 계좌 번호:', marysAccountNumber)
nextAccountNumber = nextAccountNumber + 1

accountsDict[joesAccountNumber].show()
accountsDict[marysAccountNumber].show()
print()

# 각 계좌에 대해 일부 메서드 호출
print('두 계좌에 대해 메서드를 호출합니다 …')
accountsDict[joesAccountNumber].deposit(50, 'JoesPassword')
accountsDict[marysAccountNumber].withdraw(345, 'MarysPassword')
accountsDict[marysAccountNumber].deposit(100, 'MarysPassword')

# 계좌 정보 출력
accountsDict[joesAccountNumber].show()
accountsDict[marysAccountNumber].show()

# 사용자가 입력한 값으로 또 다른 계좌 생성
print()
```

```
userName = input('신규 계좌의 사용자 이름은 무엇입니까?')
userBalance = input('시작 잔고는 얼마입니까?')
userBalance = int(userBalance)
userPassword = input('어떤 비밀번호를 사용하겠습니까?')
oAccount = Account(userName, userBalance, userPassword)
newAccountNumber = nextAccountNumber
accountsDict[newAccountNumber] = oAccount
print('신규 계좌를 위한 계좌 번호:', newAccountNumber)
nextAccountNumber = nextAccountNumber + 1

# 새로 생성된 계좌의 정보 출력
accountsDict[newAccountNumber].show()

# 신규 계좌에 100달러만큼 입금
accountsDict[newAccountNumber].deposit(100, userPassword)
usersBalance = accountsDict[newAccountNumber].getBalance(userPassword)
print()
print('100달러 입금 후 잔고:', usersBalance)

# 신규 계좌 정보 출력
accountsDict[newAccountNumber].show()
```

'코드 4.5'는 겉으로는 직전 프로그램과 달라진 것을 거의 찾을 수 없다. 먼저 프로그램은 계좌를 저장할 빈 리스트를 만드는 것으로 시작한다❶. 다음으로 계좌 번호를 순차적으로 부여하는 next AccountNumber 변수를 0으로 초기화한다❷. 신규 계좌를 생성할 때마다 nextAccountNumber의 현재 값을 키로 두고 해당 계좌의 Account 객체를 값으로 한 쌍을 딕셔너리에 저장한다❸. Mary 의 계좌를 만들고 저장한 시점까지 과정을 사용자마다 수행한다❺. 신규 계좌를 만들 때마다 nextAccountNumber 값을 1만큼 키워 다음에 만들 계좌의 계좌 번호에서 사용할 수 있도록 준비한 다❹. 계좌 번호를 키로 해서 딕셔너리로 계좌를 관리하기에 계좌를 삭제하더라도 다른 계좌에는 아무 영향을 주지 않는다.

4.3.4 대화형 메뉴 구성

이번에는 사용자가 잔고 확인 및 입금, 출금, 신규 계좌 개설 메뉴를 직접 선택해 업무를 볼 수 있 도록 코드를 수정해보겠다. 사용자 요청에 따라 새로운 번호로 시작하는 계좌를 개설하거나 해당 사용자가 보유한 Account 객체의 적절한 메서드를 호출한다.

'코드 4.6'은 사용자와 상호작용하고 모든 계좌를 딕셔너리로 추적하도록 수정된 메인 프로그램 코드를 보여준다. 쉽게 테스트할 수 있도록 Joe와 Mary의 계좌를 생성하고 딕셔너리에 저장한다.

이 과정은 '코드 4.5'와 동일하기에 생략한다.

코드 4.6 사용자와 상호작용하는 메뉴가 추가된 프로그램 ⓕ File BankOOP4_InteractiveMenu/Main_Bank_Version4.py

```python
# Account 클래스를 사용하는 네 번째 테스트 프로그램
# 딕셔너리로 각 계좌를 저장하며 사용자와 상호작용할 수 있는 메뉴를 제공한다.

from Account import *

accountsDict = {}
nextAccountNumber = 0

--- 계좌 생성 및 딕셔너리에 추가하는 코드는 생략 ---

while True:
    print()
    print('잔고를 확인하려면 b를 누르세요.')
    print('입금하려면 d를 누르세요.')
    print('신규 계좌를 개설하려면 o를 누르세요.')
    print('출금하려면 w를 누르세요.')
    print('모든 계좌 목록을 출력하려면 s를 누르세요.')
    print('종료하려면 q를 누르세요.')
    print()

    action = input('어떤 업무를 보고 싶나요?')  ❶
    action = action.lower()
    action = action[0] # 첫 번째 문자에 접근
    print()

    if action == 'b':
        print('*** 잔고를 확인합니다. ***')
        userAccountNumber = input('계좌 번호를 입력하세요: ')
        userAccountNumber = int(userAccountNumber)
        userAccountPassword = input('비밀번호를 입력하세요: ')
        oAccount = accountsDict[userAccountNumber]
        theBalance = oAccount.getBalance(userAccountPassword)
        if theBalance is not None:
            print('현재 잔고:', theBalance)

    elif action == 'd':  ❷
        print('*** 돈을 입금합니다. ***')
        userAccountNumber = input('계좌 번호를 입력하세요: ')  ❸
        userAccountNumber = int(userAccountNumber)
        userDepositAmount = input('입금할 금액을 입력하세요: ')
        userDepositAmount = int(userDepositAmount)
        userPassword = input('비밀번호를 입력하세요: ')
        oAccount = accountsDict[userAccountNumber]  ❹
        theBalance = oAccount.deposit(userDepositAmount, userPassword)  ❺
```

```
        if theBalance is not None:
            print('입금 후 잔고:', theBalance)

    elif action == 'o':
        print('*** 계좌를 개설합니다. ***')
        userName = input('신규 계좌의 사용자 이름은 무엇입니까? ')
        userStartingAmount = input('시작 잔고는 얼마입니까?')
        userStartingAmount = int(userStartingAmount)
        userPassword = input('어떤 비밀번호를 사용하겠습니까?')
        oAccount = Account(userName, userStartingAmount, userPassword)
        accountsDict[nextAccountNumber] = oAccount
        print('신규 계좌를 위한 계좌 번호:', nextAccountNumber)
        nextAccountNumber = nextAccountNumber + 1
        print()

    elif action == 's':
        print('계좌 목록 출력:')
        for userAccountNumber in accountsDict:
            oAccount = accountsDict[userAccountNumber]
            print(' 계좌 번호:', userAccountNumber)
            oAccount.show()

    elif action == 'q':
        break

    elif action == 'w':
        print('*** 돈을 출금합니다. ***')
        userAccountNumber = input('계좌 번호를 입력하세요: ')
        userAccountNumber = int(userAccountNumber)
        userWithdrawalAmount = input('출금할 금액을 입력하세요: ')
        userWithdrawalAmount = int(userWithdrawalAmount)
        userPassword = input('비밀번호를 입력하세요: ')
        oAccount = accountsDict[userAccountNumber]
        theBalance = oAccount.withdraw(userWithdrawalAmount, userPassword)
        if theBalance is not None:
            print('출금 금액:', userWithdrawalAmount)
            print('출금 후 잔고:', theBalance)

    else:
        print('죄송하지만 유효하지 않은 정보를 입력했습니다. 다시 시도해주세요.')

print('종료')
```

사용자와 메뉴로 상호작용할 수 있도록 만들어졌다. 사용자가 원하는 업무를 선택하면❶, 해당 업무를 수행하는 데 필요한 각종 정보를 사용자에게서 입력받는 데 필요한 일련의 질문을 한다.

수집된 정보를 토대로 해당 사용자의 Account 객체의 알맞은 메서드를 호출한다. 사용자가 돈을 입금하고 싶다면❷ 프로그램은 사용자에게 계좌 번호, 입금할 금액, 계좌 비밀번호를 물어본다❸. 딕셔너리에서 사용자가 입력한 계좌 번호를 키로 대응된 Account 객체를 찾은 후❹ 입금에 적합한 deposit() 메서드를 비밀번호 및 입금할 금액 정보와 함께 호출한다❺.

이번에도 메인 코드는 대폭 수정했지만 Account 클래스는 전혀 수정하지 않았다.

4.4 객체를 관리하는 객체 만들기

'코드 4.6'은 서로 다른 두 개의 일을 수행한다. 먼저 사용자가 선택할 수 있는 메뉴를 보여주고 사용자가 메뉴를 선택하도록 한다. 사용자 입력을 받아 선택된 Account 객체의 적절한 메서드를 호출한다. 두 가지 일을 수행하는 코드를 한 프로그램에 모두 포함하는 것 대신 각자 역할에 맞게 논리적인 단위로 명확히 분리하는 편이 더 좋다. 메뉴 시스템이 메인 프로그램이 돼야 한다. 메뉴별로 수행될 나머지 코드는 사실상 은행이 수행해야 할 일이다. 따라서 계좌들을 관리하는 은행이라는 객체를 모델링할 수 있으며 이를 **객체 관리자**object manager라고 한다.

정의 객체 관리자 객체(object manager object) 리스트나 딕셔너리로 객체를 관리하고 각 객체의 메서드를 호출하는 객체

은행이 해야 할 일에 관한 모든 코드를 Bank 클래스로 옮긴 후 메인 프로그램의 시작 부분에서 Bank 클래스로 단일 객체를 만들면 쉽게 분리할 수 있다.

Bank 클래스는 리스트 또는 딕셔너리로 Account 객체 목록을 관리한다. 즉 Bank 객체는 Account 객체들과 직접 소통하는 유일한 창구가 된다(그림 4.1).

'그림 4.1' 같은 계층 구조를 만들려면 메뉴 시스템을 다루는 메인 프로그램을 가장 위에 둬야 한다. 사용자가 선택한 메뉴에 따라 메인 코드는 Bank 객체의 특정 함수를 호출한다(⑩ deposit() 또는 withdraw() 메서드). Bank 객체는 특정 메서드를 수행하고자 사용자가 입력한 정보(계좌 번호, 비밀번호, 입금 또는 출금 금액)를 토대로 계좌 목록을 관리하는 딕셔너리에서 특정 계좌에 접근한다. 그 후 선택된 메뉴에 적합한 메서드를 호출한다.

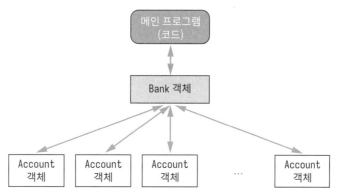

그림 4.1 **여러 Account 객체 관리용인 Bank 객체 관리 메인 프로그램**

계층 구조는 세 부분으로 나눌 수 있다.

1. 단일 Bank 객체를 생성하고 소통하는 메인 프로그램
2. 여러 Account 객체를 관리하고 각 Account 객체의 메서드를 호출하는 Bank 객체
3. Account 객체

이 방식을 따르면 단 하나의 전역변수로 Bank 객체만 둘 수 있다. 메인 프로그램은 Account 객체의 존재조차 모른다. Account 객체 또한 프로그램이 제공하는 사용자 인터페이스의 존재를 전혀 모를 뿐만 아니라 신경 쓸 필요조차 없다. Bank 객체가 메인 프로그램에서 메시지를 전달받아 중간에서 적절한 Account 객체와 소통하는 역할을 한다.

메인 프로그램용 코드와 두 클래스를 분리한 것처럼 큰 프로그램을 작은 단위의 여러 프로그램으로 나누는 것이 주 장점이다. 각 부분의 범위는 작아지며 그 결과 각 부분의 목적을 명확히 구분할 수 있어 부분별 코드를 작성하는 것은 전체를 한 번에 작성하는 것보다 훨씬 쉽다. 또한, 단 하나의 전역변수만 가져 전역 범위에 걸친 데이터를 실수로 건드리는 사고 가능성이 매우 낮다.

컴퓨터를 다루는 학문에서는 '그림 4.1' 같은 구조를 **컴포지션**composition 또는 **객체 컴포지션**object composition이라고 한다.

정의 **컴포지션**   한 객체가 하나 이상의 다른 객체를 관리하는 논리적인 구조

여러 객체로 한 객체를 만든 것이라고 생각할 수 있다. 자동차라는 객체가 엔진 객체, 스티어링 휠steering wheel 객체, 여러 개의 자동차 문 객체, 네 개의 휠과 타이어 객체 등으로 만들어질 수 있는 것과 같다. 중심에 둘 객체를 정하는 것은 객체 간 관계에 따라 달라진다. 자동차 예시를 다시

보자. 자동차가 스티어링 휠, 엔진, 자동차 문 등을 '가진다'고 표현한다면 자동차 객체는 다른 객체의 컴포지션이다.

지금부터는 앞서 설명한 내용을 실제로 구현해보겠다. 총 세 개의 파일을 만든다. '코드 4.7'은 메인 프로그램용 코드가 원래 파일에 그대로 두고 새로 만들 Bank 클래스를 정의하는 Bank.py 파일을 불러와 사용하도록 바꾼다. Bank 클래스는 Account.py 파일의 코드를 불러와 필요할 때마다 Account 객체를 생성하는 데 사용한다.

4.4.1 객체를 관리하는 객체 빌드

'코드 4.7'은 객체 관리자 객체인 Bank 클래스를 정의하는 코드다.

코드 4.7 **서로 다른 은행 업무별로 메서드를 정의한 Bank 클래스**　　　　File BankOOP5_SeparateBankClass/Bank.py

```python
# Account 객체를 딕셔너리로 관리하는 Bank 클래스

from Account import *

class Bank():

    def __init__(self):
        self.accountsDict = {}  ❶
        self.nextAccountNumber = 0

    def createAccount(self, theName, theStartingAmount, thePassword):  ❷
        oAccount = Account(theName, theStartingAmount, thePassword)
        newAccountNumber = self.nextAccountNumber
        self.accountsDict[newAccountNumber] = oAccount
        # 다음에 생성될 계좌를 위해 1만큼 증가
        self.nextAccountNumber = self.nextAccountNumber + 1
        return newAccountNumber

    def openAccount(self):  ❸
        print('*** 계좌를 개설합니다. ***')
        userName = input('신규 계좌의 사용자 이름은 무엇입니까? ')
        userStartingAmount = input('시작 잔고는 얼마입니까? ')
        userStartingAmount = int(userStartingAmount)
        userPassword = input('어떤 비밀번호를 사용하겠습니까? ')

        userAccountNumber = self.createAccount(userName, userStartingAmount, userPassword)  ❹
        print('신규 계좌를 위한 계좌 번호:', userAccountNumber)
        print()

    def closeAccount(self):  ❺
        print('*** 계좌를 삭제합니다. ***')
```

```
        userAccountNumber = input('계좌 번호가 무엇입니까?')
        userAccountNumber = int(userAccountNumber)
        userPassword = input('비밀번호가 무엇입니까?')
        oAccount = self.accountsDict[userAccountNumber]
        theBalance = oAccount.getBalance(userPassword)
        if theBalance is not None:
            print('계좌의 잔고는  ', theBalance, ' 이며,  환원됐습니다.')
            # 딕셔너리에서 사용자 계정 제거
            del self.accountsDict[userAccountNumber]
            print('계좌가 삭제됐습니다.')

    def balance(self):
        print('*** 잔고를 확인합니다. ***')
        userAccountNumber = input('계좌 번호를 입력하세요: ')
        userAccountNumber = int(userAccountNumber)
        userAccountPassword = input('비밀번호를 입력하세요: ')
        oAccount = self.accountsDict[userAccountNumber]
        theBalance = oAccount.getBalance(userAccountPassword)
        if theBalance is not None:
            print('현재 잔고:', theBalance)

    def deposit(self):
        print('*** 돈을 입금합니다. ***')
        accountNum = input('계좌 번호를 입력하세요: ')
        accountNum = int(accountNum)
        depositAmount = input('입금할 금액을 입력하세요: ')
        depositAmount = int(depositAmount)
        userAccountPassword = input('Please enter the password: ')
        oAccount = self.accountsDict[accountNum]
        theBalance = oAccount.deposit(depositAmount, userAccountPassword)
        if theBalance is not None:
            print('입금 후 잔고:', theBalance)

    def show(self):
        print('*** 계좌 목록 출력 ***')
        for userAccountNumber in self.accountsDict:
            oAccount = self.accountsDict[userAccountNumber]
            print(' 계좌:', userAccountNumber)
            oAccount.show()

    def withdraw(self):
        print('*** 돈을 출금합니다. ***')
        userAccountNumber = input('계좌 번호를 입력하세요: ')
        userAccountNumber = int(userAccountNumber)
        userAmount = input('출금할 금액을 입력하세요: ')
        userAmount = int(userAmount)
        userAccountPassword = input('비밀번호를 입력하세요: ')
        oAccount = self.accountsDict[userAccountNumber]
        theBalance = oAccount.withdraw(userAmount, userAccountPassword)
```

```
    if theBalance is not None:
        print('출금 금액:', userAmount)
        print('출금 후 잔고:', theBalance)
```

Bank 클래스의 가장 중요한 내용에 집중해보자. 먼저 __init__() 메서드는 self.accountsDict과 self.nextAccountNumber 변수를 초기화한다. 접두어로 붙은 self.는 인스턴스 내의 변수라는 것을 알려준다. 즉 두 변수는 Bank 클래스가 정의한 모든 메서드에서 접근할 수 있다.

두 번째로 중요한 내용은 계좌를 생성하고자 createAccount()와 openAccount() 메서드를 정의한 것이다. 그중 첫 번째인 createAccount() 메서드는 매개변수로 전달받은 사용자 이름, 초기 잔고, 비밀번호 정보로 신규 계좌를 생성한다. 두 번째인 openAccount() 메서드는 사용자에게서 직접 일련의 정보를 입력받은 후 createAccount() 메서드로 신규 계좌를 생성한다.

한 메서드 내에서 동일 클래스에 정의된 또 다른 메서드를 호출하는 것은 꽤 흔한 일이다. 호출된 메서드는 자신이 다른 메서드 안에서 호출됐는지 알 수 없으며 오직 첫 번째 매개변수만 자신이 실행될 대상 객체라는 사실을 안다. 따라서 메서드 내에서 호출되는 메서드는 항상 self.로 시작해야한다. self가 현재 객체를 참조한다.

```
def myMethod(self, <매개변수들>):
    (…)
    self.methodInSameClass(<매개변수들>)
```

openAccount() 메서드에서 사용자에게 정보를 입력받은 후에는 다음 코드가 실행된다❹.

```
userAccountNumber = self.createAccount(userName, userStartingAmount, userPassword)
```

openAccount() 메서드는 같은 클래스에 정의된 createAccount() 메서드를 호출해 계좌를 생성한다. createAccount() 메서드가 호출되면 Account 객체가 만들어지고 해당 객체에 할당된 계좌 번호를 openAccount() 메서드의 createAccount()를 호출한 지점에 반환한다. 마지막으로 새로 추가된 closeAccount() 메서드는 존재하는 계좌를 삭제하는 기능을 한다❺.

Bank 클래스는 실제 오프라인에서 볼 수 있는 물리적인 은행을 추상화해 표현한다. 물리적인 구조를 띠지 않는 클래스의 좋은 예시다.

객체를 관리하는 객체 생성 메인 코드

'코드 4.8'은 Bank 객체를 생성하고 각 메서드를 호출하는 메인 코드다.

코드 4.8 **Bank 객체를 생성하고 각종 메서드를 호출하는 메인 프로그램**

File BankOOP5_SeparateBankClass/Main_Bank_Version5.py

```python
# 계좌들을 관리하는 Bank 객체를 제어하는 메인 프로그램

# Bank 클래스의 모든 코드를 불러온다.
from Bank import *

# Bank 클래스 객체 생성
oBank = Bank()

# 메인 코드
# 테스트용 두 계좌 생성
joesAccountNumber = oBank.createAccount('Joe', 100, 'JoesPassword')
print("Joe's account number is:", joesAccountNumber)

marysAccountNumber = oBank.createAccount('Mary', 12345, 'MarysPassword')
print("Mary's account number is:", marysAccountNumber)

while True:
    print()
    print('잔고를 확인하려면 b를 누르세요.')
    print('계좌를 삭제하려면 c를 누르세요.')
    print('입금하려면 d를 누르세요.')
    print('신규 계좌를 개설하려면 o를 누르세요.')
    print('모든 계좌 목록을 출력하려면 s를 누르세요.')
    print('출금하려면 w를 누르세요.')
    print('종료하려면 q를 누르세요.')

    action = input('어떤 업무를 보고 싶나요?') ❶
    action = action.lower()
    action = action[0] # 첫 번째 문자에 접근
    print()

    if action == 'b': ❷
        oBank.balance()
    elif action == 'c': ❸
        oBank.closeAccount()
    elif action == 'd':
        oBank.deposit()
    elif action == 'o':
        oBank.openAccount()
    elif action == 's':
        oBank.show()
```

```
    elif action == 'q':
        break
    elif action == 'w':
        oBank.withdraw()
    else:
        print('죄송하지만 유효하지 않은 정보를 입력했습니다. 다시 시도해주세요.')

print('종료')
```

'코드 4.8'이 메뉴 시스템을 표현한 방식에 주목하자. 먼저 사용자가 어떤 업무를 할 것인지 입력 받는다❶. 다음으로 선택된 업무에 알맞은 작업을 수행할 Bank 객체의 메서드를 호출한다❷. 은행의 업무 시간, 주소, 전화 번호를 요청하는 등 현재보다 더 많은 업무를 지원하는 방법은 간단하다. 단순히 해당 업무를 처리하는 메서드를 Bank 객체에 추가하고 해당 메뉴를 메인 프로그램에서 선택할 수 있도록 구현하면 된다. 은행 관련 정보는 Bank 객체의 인스턴스 변수로 저장되고 Account 객체와 상호작용하지 않고도 은행에 관련된 정보에만 접근할 수 있다.

계좌 삭세 시 메인 프로그램은 Bank 객체의 closeAccount() 메서드를 호출한다. Bank 객체는 다음처럼 특정 계좌를 딕셔너리에서 제거한다.

```
del self.accountsDict[userAccountNumber]
```

객체 정의 부분을 떠올려보자. 객체란 데이터에 작동하는 코드 집합이며 일종의 생명주기를 가진다. 객체 삭제는 객체 정의의 세 번째 부분에 해당한다. 프로그램의 시작점을 포함해 원할 때마다 객체를 생성할 수 있다. 예를 들어 여기서 만든 프로그램은 사용자가 계좌를 개설할 때마다 Account 객체를 생성했다. 그리고 각 객체의 메서드를 호출해 객체를 활용했다. 언제든지 원할 때 객체를 삭제하는 것도 가능하다. 사용자가 계좌를 삭제하고 싶을 때마다 지정된 Account 객체를 제거한다. 이는 객체가 생성되고 삭제되기까지 생명주기를 보여주는 예시 중 하나다.

4.5 예외 처리로 오류 잘 다루기

지금까지 다룬 Account 클래스는 메서드를 호출할 때 오류가 발생하는 경우(예 사용자가 입금 금액으로 음수를 입력, 잘못된 비밀번호 입력, 출금 금액으로 음수를 입력하는 등) 잘못됐다는 신호로 None을 반환했다. 이번에는 try 및 except 문법과 예외를 발생시키는 방법을 활용해 오류를 더 나은 방식으로 처리하는 과정을 살펴본다.

try와 except

런타임 오류 또는 메서드나 함수에서 비 정상적으로 판단되는 상황이 발생하면 해당 메서드는 예외를 발생시켜 오류를 알린다('예외를 일으키다' 혹은 '던지다'라고 표현하기도 한다). 우리는 해당 예외를 try 및 except 문법으로 감지할 수 있다.

```
try:
    # 오류를 발생할 소지가 있는 코드(예외를 발생시킨다.)
except <예외의_이름>: # 만약 예외가 발생한다면
    # 해당 예외를 처리하는 코드
```

try 문 내 코드가 예외를 발생하지 않고 정상적으로 작동한다면 except 문은 실행되지 않은 채 그냥 넘어간다. 만약 try 문 내 코드에서 예외가 발생한다면 except 문 코드가 실행된다. 또한, 여러 except 문을 정의할 수도 있으며 각 except 문에는 처리할 예외 종류를 명시해 범위를 좁힐 수 있다. 따라서 예외에 대응된 except 문이 정의된 경우 해당 except 문의 코드가 실행된다. 이는 예외를 '잡았다'고 표현된다. except 문 코드는 주로 오류가 발생한 사실을 보고하거나 오류를 복구하는 기능으로 채워진다.

다음은 사용자의 숫자 입력을 요청한 후 입력된 값을 정수로 변환하는 예시 코드다.

```
age = input('나이를 입력하세요: ')
try: # 정수로 변환 시도
    age = int(age)
except ValueError: # 변환 시 오류가 발생하면 예외가 발생한다.
    print('변환에 유효한 숫자가 아닙니다.')
```

파이썬 표준 라이브러리의 함수와 메서드는 TypeError, ValueError, ZeroDivisionError 같은 표준 예외를 발생시킬 수 있다. 앞선 코드처럼 사용자가 문자나 부동소수를 입력하는 경우 int() 내장 함수는 ValueError 예외를 발생시켜 except 문으로 제어권이 넘어간다.

4.5.2 **raise 문과 사용자가 정의한 예외**

코드가 런타임 오류를 감지하면 raise 문으로 해당 오류에 대한 예외 신호를 발생시킬 수 있다. raise 문을 작성하는 방식은 다양하지만 다음이 가장 표준적인 방식이다.

```
raise <예외_이름>('<오류를 묘사하는 문자열>')
```

<예외_이름> 부분은 세 가지 방식으로 작성될 수 있다. 첫째, 감지된 오류에 대응되는 표준 예외 (TypeError, ValueError, NameError, ZeroDivisionError 등)가 있다면 해당 종류의 예외를 명시할 수 있다. 표준 예외와 함께 예외를 표현하는 문자열은 다음처럼 입력한다.

```
raise ValueError('정수만 입력해야 합니다.')
```

둘째, 포괄적인 예외를 표현하는 Exception을 다음처럼 사용할 수 있다.

```
raise Exception('입력 값이 부동소수가 되어서는 안 됩니다.')
```

이는 일반적으로 권장되지 않는 방식이다. except 문은 이름으로 예외 종류를 찾는다. 하지만 해당 방식은 구체적인 이름이 없다.

셋째, 가장 좋은 방식이다. 나만의 사용자 정의 예외를 정의하는 것이다. 예외를 직접 정의하는 것은 어렵지 않다. 상속inheritance 기법을 사용해야 한다. 상속은 10장에서 다룬다. 다음만 알면 사용자 정의 예외는 정의할 수 있다.

```
# 사용자 정의 예외의 정의
class <사용자정의_예외_이름>(Exception):
    pass
```

사용자 정의 예외에는 고유한 이름을 부여해야 한다. 그 후부터 정의된 예외를 발생시킬 수 있다. 나만의 예외를 정의하면 내가 부여한 이름으로 특정 상황에 따른 예외를 발생시킬 수 있어 가독성이 높아지고 유용하다.

다음 절에서 은행 예시 코드를 수정해 Bank 및 Account 클래스가 사용자 정의 예외를 발생시키도록 만들고 메인 프로그램에서 해당 예외의 발생 여부를 검사해 오류를 처리하도록 해보겠다. 메인 프로그램은 오류를 보고하지만 프로그램을 종료하지 않고 계속 진행한다.

일반적으로 raise 문은 현재 실행 중인 함수나 메서드를 빠져나가도록 조치하며 함수나 메서드를 호출한 곳으로 제어권을 넘긴다. 호출한 지점에 except 문이 정의됐다면 예외를 '잡아채고' except 문 내 코드가 실행된다. 만약 except 문이 정의되지 않았다면 해당 함수나 메서드를 빠져나가는 것으로 종료한다. 이 과정은 except 문이 예외를 잡아낼 때까지 반복된다. 제어권은 일련의 호출들로 넘어가며 except 문이 예외를 잡아내지 못한다면 프로그램은 종료되고 파이썬은 오류를 출력한다.

4.6 은행 프로그램에 예외 처리 적용하기

이제 프로그램의 세 가지 수준에서 raise 문으로 오류 신호를 발생시켜 해당 오류를 처리하도록
try 및 except 문으로 코드를 재구성할 준비가 됐다.

4.6.1 예외 처리를 품은 Account 클래스

'코드 4.9'는 예외를 사용해 중복 코드가 없도록 최적화된 Account 클래스 코드를 보여준다. 코드
는 AbortTransaction 예외를 정의하며 시작한다. 해당 예외는 은행에서 사용자 행동에 문제가 발
견된 경우 발생한다.

코드 4.9　**예외를 발생하도록 수정된 Account 클래스**

　　　　　　　(File) BankOOP6_UsingExceptions/Account.py (곧 살펴볼 Bank.py와 함께 작동하게끔 수정됐다)

```
# Account 클래스
# raise 문으로 표현될 오류

# 사용자 정의 예외의 정의
class AbortTransaction(Exception):    ❶
    '''은행 업무를 도중에 중단하려면 이 예외를 발생시키세요.'''
    pass

class Account():
    def __init__(self, name, balance, password):
        self.name = name
        self.balance = self.validateAmount(balance)    ❷
        self.password = password

    def validateAmount(self, amount):
        try:
            amount = int(amount)
        except ValueError:
            raise AbortTransaction('숫자 양은 정수여야만 합니다.')    ❸
        if amount <= 0:
            raise AbortTransaction('숫자 양은 양수여야만 합니다.')    ❹
        return amount

    def checkPasswordMatch(self, password):    ❺
        if password != self.password:
            raise AbortTransaction('계정 비밀번호가 잘못됐습니다.')
```

```
    def deposit(self, amountToDeposit):  ❻
        amountToDeposit = self.validateAmount(amountToDeposit)
        self.balance = self.balance + amountToDeposit
        return self.balance

    def getBalance(self):
        return self.balance

    def withdraw(self, amountToWithdraw):  ❼
        amountToWithdraw = self.validateAmount(amountToWithdraw)
        if amountToWithdraw > self.balance:
            raise AbortTransaction('계정 잔고 이상을 출금할 수 없습니다.')
        self.balance = self.balance - amountToWithdraw
        return self.balance

    # 디버깅 목적으로 추가된 메서드
    def show(self):
        print(' Name:', self.name)
        print(' Balance:', self.balance)
        print(' Password:', self.password)
```

Account 클래스를 활용하는 다른 코드에서도 사용할 수 있도록 먼저 사용자 정의 AbortTransaction 예외❶를 정의했다.

Account 클래스의 __init__() 메서드는 시작 잔고로 입력된 총액의 유효성을 validateAmount() 메서드❷로 판단한다. validateAmount() 메서드는 try 및 except 문을 사용해 총액이 정수로 변환될 수 있는지 확인한다. int() 함수가 실패하면 ValueError 예외가 발생하고 이는 except 문에서 잡힌다. ValueError를 그대로 validateAmount() 메서드를 호출한 지점으로 전파해도 된다. 하지만 ValueError는 포괄적인 의미를 지닌다. 좀 더 구체적인 의미를 갖도록 정의한 Abort Transaction 예외는 raise 문으로 발생하는 편이 더 좋다❸. init() 함수가 정수로 변환하는 작업을 성공하면 다음에는 또 다른 유효성 검증 작업이 기다린다. 예를 들어 사용자가 입력한 금액이 음수라면 AbortTransaction 예외가 발생한다❹. 단 동일한 예외지만 이번에는 해당 예외를 설명하는 문자열로 다른 값을 제공한다.

checkPasswordMatch() 메서드❺는 사용자가 입력한 비밀번호가 계좌 개설 시 정해진 비밀번호와 동일한지 확인하는 기능을 하고 Bank 객체의 메서드로 호출된다. 두 비밀번호가 일치하지 않으면 AbortTransaction 예외를 raise 문으로 발생시킨다. 이번에도 상황에 알맞은 문자열을 제공한다.

checkPasswordMatch() 메서드는 deposit()❻과 withdraw()❼ 메서드의 구현을 간소화해준다. checkPasswordMatch() 메서드가 이미 비밀번호가 유효하다는 것을 검증하기에 해당 두 메서드는 각자 역할에 맞는 기능에만 집중하면 된다. withdraw() 메서드에는 사용자가 계좌 잔고만큼의 금액만 출금할 수 있도록 하는 안전장치를 둔다. 잔고보다 큰 금액을 출금한다면 적절한 설명의 문자열로 AbortTransaction 예외를 발생시킨다.

Account 클래스는 AbortTransaction 예외를 처리하는 코드가 없다. 해당 예외가 발생하면 예외를 처리하는 제어권은 AbortTransaction 예외가 발생한 함수를 호출한 쪽으로 넘어간다. 만약 함수를 호출한 쪽에도 예외 처리 코드가 없다면 제어권은 계속 호출자의 호출자로 올라가는 식으로 전파된다. 예시는 AbortTransaction 예외를 메인 프로그램에서 처리한다.

4.6.2 최적화된 Bank 클래스

Bank 클래스를 정의하는 전체 코드는 다운로드할 수 있도록 공개했다. '코드 4.10'은 앞서 갱신한 Account 클래스의 메서드를 호출할 때 try 및 except 문을 적용하는 일부 메서드를 보여준다.

코드 4.10 **수정된 Bank 클래스**　　(File) BankOOP6_UsingExceptions/Bank.py(Account.py와 함께 작동하게끔 수정됐다.)

```
# Account 객체를 딕셔너리로 관리하는 Bank 클래스

from Account import *

class Bank():
    def __init__(self, hours, address, phone): ❶
        self.accountsDict = {}
        self.nextAccountNumber = 0
        self.hours = hours
        self.address = address
        self.phone = phone

    def askForValidAccountNumber(self): ❷
        accountNumber = input('계좌 번호가 무엇입니까?')
        try: ❸
            accountNumber = int(accountNumber)
        except ValueError:
            raise AbortTransaction('계좌 번호는 반드시 정수여야 합니다.')
        if accountNumber not in self.accountsDict:
            raise AbortTransaction(str(accountNumber) + '계좌가 없습니다.')
        return accountNumber

    def getUsersAccount(self): ❹
        accountNumber = self.askForValidAccountNumber()
```

```
            oAccount = self.accountsDict[accountNumber]
            self.askForValidPassword(oAccount)
            return oAccount

--- 생략 ---

    def deposit(self): ❺
        print('*** 돈을 입금합니다. ***')
        oAccount = self.getUsersAccount()
        depositAmount = input('입금할 금액을 입력하세요: ')
        theBalance = oAccount.deposit(depositAmount)
        print('입금 금액:', depositAmount)
        print('입금 후 잔고:', theBalance)

    def withdraw(self): ❻
        print('*** 돈을 출금합니다. ***')
        oAccount = self.getUsersAccount()
        userAmount = input('출금할 금액을 입력하세요: ')
        theBalance = oAccount.withdraw(userAmount)
        print('출금 금액:', userAmount)
        print('출금 후 잔고:', theBalance)

    def getInfo(self): ❼
        print('업무 시간:', self.hours)
        print('주소:', self.address)
        print('전화 번호:', self.phone)
        print('현재 개설된 계좌 수: ', len(self.accountsDict))

    # 은행 관리자만 사용할 수 있는 특수 메서드
    def show(self):
        print('*** 계좌 목록 출력 ***')
        print('(일반적으로 관리자용 비밀번호를 요구합니다.)')
        for userAccountNumber in self.accountsDict:
            oAccount = self.accountsDict[userAccountNumber]
            print('계좌:', userAccountNumber)
            oAccount.show()
            print()
```

Bank 클래스는 은행의 모든 정보를 인스턴스 변수에 저장하는 __init__() 메서드❶를 정의하며 시작한다.

새로 정의된 askForValidAccountNumber()❷는 사용자에게 계좌 번호 입력을 요청하고 해당 번호의 유효성을 검증하는 메서드다. 다양한 메서드로 호출된다. 먼저 try 및 except 문❸으로 숫자의 정수 여부를 확인한다. 정수가 아니라면 except 문이 ValueError 예외로 오류를 감지한 후 좀 더 분명한 의미를 담은 AbortTransaction 예외를 발생시킨다. 다음으로 사용자가 입력한 계좌 번호를 은행이 아는지 확인한다. 만약 은행에서 관리되는 계좌 목록에 포함되지 않았다면 AbortTransaction 예외를 발생시키고 해당 상황에 알맞은 문자열로 표현한다.

새로 정의된 getUsersAccount() 메서드❹는 askForValidAccountNumber() 메서드를 호출한 후 딕셔너리에서 사용자가 입력한 계좌 번호에 맞는 Account 객체를 찾는다. getUsersAccount() 메서드에는 try 및 except 문이 없다. 만약 askForValidAccountNumber() 메서드에서 예외가 발생한다면 해당 메서드를 호출한 getUsersAccount() 쪽으로 제어권이 넘어간다.

deposit()❺과 withdraw()❻ 메서드는 같은 클래스의 getUsersAccount() 메서드를 호출한다. getUsersAccount() 메서드도 유사한 방식으로 예외를 발생시킨다. 예외가 발생했을 때 메서드는 종료되고 메서드를 호출한 곳으로 제어권이 넘어간다. 모든 유효성 검사를 문제없이 통과한다면 deposit()과 withdraw() 메서드 코드는 실제 입금과 출금 작업을 특정 계좌에 수행하는 Account 객체와 같은 이름의 메서드를 호출한다.

getInfo() 메서드❼는 은행 정보(업무 시간, 주소, 전화번호)를 출력하며 계좌 정보에는 접근하지 않는다.

4.6.3 예외를 처리하는 메인 코드

'코드 4.11'은 사용자 정의 예외를 처리하도록 수정된 메인 프로그램을 보여주는 코드다. 메인 프로그램에서는 모든 오류를 사용자에게 보고한다.

코드 4.11 try 및 except로 오류를 처리하는 메인 프로그램 (File) BankOOP6_UsingException/Main_Bank_Version6.py

```python
# Account 객체들로 구성된 Bank 객체 제어 메인 프로그램
from Bank import *

# Bank 객체 생성
oBank = Bank('9시부터 5시까지', '123 메인 스트리트, 애니타운, USA', '(650) 555-1212') ❶

while True: ❷
    print()
    print('잔고를 확인하려면 b를 누르세요.')
    print('계좌를 삭제하려면 c를 누르세요.')
    print('입금하려면 d를 누르세요.')
    print('은행 정보를 확인하려면 i를 누르세요.')
    print('신규 계좌를 개설하려면 o를 누르세요.')
    print('종료하려면 q를 누르세요.')
    print('모든 계좌 목록을 출력하려면 s를 누르세요.')
    print('출금하려면 w를 누르세요.')
```

```
    print()

    action = input('어떤 업무를 보고 싶나요?')
    action = action.lower()
    action = action[0] # 첫 번째 문자에 접근
    print()

    try: ❸
        if action == 'b':
            oBank.balance()
        elif action == 'c':
            oBank.closeAccount()
        elif action == 'd':
            oBank.deposit()
        elif action == 'i':
            oBank.getInfo()
        elif action == 'o':
            oBank.openAccount()
        elif action == 'q':
            break
        elif action == 's':
            oBank.show()
        elif action == 'w':
            oBank.withdraw()
    except AbortTransaction as error: ❹
        # 오류 메시지를 표현하는 텍스트 출력
        print(error)

print('종료')
```

메인 프로그램은 Bank 객체를 만드는 것으로 시작한다❶. 사용자에게 메뉴 형태로 처리할 업무 목록을 보여준다. 메뉴는 사용자가 종료를 의미하는 q를 입력하기 전까지 계속 반복해서 나타난다❷. 그리고 사용자가 입력한 문자에 따라 적절한 메서드를 호출한다.

'코드 4.11'에서 주의 깊게 볼 부분은 oBank 객체의 메서드를 호출한 모든 부분이 try 문으로 감싸져 있다는 사실이다❸. 모든 메서드 호출에서 오류가 발생해 AbortTransaction 예외가 발생하면 모든 메서드의 제어권이 except 문으로 넘어간다❹.

사실 예외(exception)도 객체다. except 문은 한 단계 하위(호출 중인 메서드)에서 발생한 Abort Transaction 예외를 처리한다. 이때 해당 예외 값은 as error 코드로 error 변수에 저장된다. 변수를 출력하면 해당 예외에 담긴 오류 메시지를 확인할 수 있다. except 문에서 예외를 출력하도록 처리해 오류가 발생해도 프로그램은 중단되지 않는다. 사용자 또한 메뉴를 계속 선택할 수 있다.

4.7 여러 객체를 담은 리스트에 동일한 메서드 호출하기

은행 예시와는 달리 객체들을 개별적으로 식별할 필요가 없다면 리스트에 객체를 저장하는 것도 좋은 방법이다. 게임에 여러 명/개의 악당, 우주선, 총알, 좀비 등이 필요하다고 가정해보자. 각 객체는 스스로 기억해야 할 데이터와 해당 데이터에 대해 작동하는 방법(메서드)을 알고 있다. 각 객체를 고유하게 식별해야 한다면 클래스로 여러 객체를 생성한 후 모두 하나의 리스트에 담을 수 있다.

```
objectList = []  # 빈 리스트로 시작
for i in range(nObjects):
    oNewObject = MyClass()  # 새로운 객체 생성
    objectList.append(oNewObject)  # 리스트에 객체 저장 및 보관
```

게임 예시는 스프레드시트처럼 거대한 격자로 세계를 구성한다. 몬스터는 격자의 특정 위치에 무작위로 배치된다. '코드 4.12'는 Monster 클래스의 일부다. __init__() 메서드와 move() 메서드를 보여준다. Monster 객체를 생성할 때 격자를 구성하는 행과 열 크기와 최대 속력을 __init__() 메서드의 매개변수로 입력해야 한다. 이 정보를 토대로 몬스터의 시작 위치와 속력이 무작위로 선택된다.

코드 4.12 **여러 몬스터를 생성하는 데 사용될 수 있는 Monster 클래스**   (File) MonsterExample.py

```python
import random


class Monster()
    def __init__(self, nRows, nCols, maxSpeed):
        self.nRows = nRows  # 행 크기 저장
        self.nCols = nCols  # 열 크기 저장
        self.myRow = random.randrange(self.nRows)  # 행 위치를 무작위로 선택
        self.myCol = random.randrange(self.nCols)  # 열 위치를 무작위로 선택
        self.mySpeedX = random.randrange(-maxSpeed, maxSpeed + 1)  # 횡 방향 속력 선택
        self.mySpeedY = random.randrange(-maxSpeed, maxSpeed + 1)  # 종 방향 속력 선택
        # 건강 상태(HP), 힘 등 다른 인스턴스 변수 설정

    def move(self):
        self.myRow = (self.myRow + self.mySpeedY) % self.nRows
        self.myCol = (self.myCol + self.mySpeedX) % self.nCols
```

정의한 Monster 클래스로 여러 Monster 객체를 생성하고 생성될 때마다 리스트에 저장할 수 있다.

```
N_MONSTERS = 20
N_ROWS = 100 # 원하는 크기를 고를 수 있다.
N_COLS = 200 # 원하는 크기를 고를 수 있다.
MAX_SPEED = 4
monsterList = [] # 빈 리스트로 시작
for i in range(N_MONSTERS):
    oMonster = Monster(N_ROWS, N_COLS, MAX_SPEED) # Monster 객체 생성
    monsterList.append(oMonster) # 생성된 Monster 객체를 리스트에 추가
```

루프는 20개의 Monster 객체를 생성한다. 각 객체는 각자만의 격자 내 위치와 속력을 가진다. 객체 리스트를 만든 후에는 다음과 같은 루프로 객체마다 특정 행동을 취하게 할 수 있다. 방법은 단순하다. 리스트에 저장된 모든 객체를 하나씩 접근해 매번 동일한 메서드를 호출한다.

```
for 객체_변수 in 객체_변수를담은_리스트:
    객체_변수.어떤_메서드()
```

각 Monster 객체를 움직이고 싶다면(move) 다음처럼 루프를 작성한다.

```
for oMonster in monsterList:
    oMonster.move()
```

각 Monster 객체는 각자 위치와 속력을 인스턴스 변수로 기억한다. move() 메서드는 각 몬스터를 이동시킨 다음 새로운 위치를 기억할 수 있다.

객체 리스트를 만들고 리스트 내 모든 객체에 동일한 메서드를 호출하는 것은 매우 유용한 방법이다. 유사한 객체 목록을 다루는 표준 접근법이기도 하다. 이 책에서도 파이게임Pygame을 사용해 게임을 만들 때 자주 사용할 방법이다.

4.8 인터페이스 vs. 구현

앞서 작성한 Account 클래스 메서드와 인스턴스 변수는 잘 작동했다. 코드가 잘 작동한다면 클래스의 세부 사항은 더 이상 고려하지 않아도 된다. 클래스가 원하는 일을 문제없이 수행한다면 해당 클래스가 제공하는 메서드만 기억하면 되기 때문이다. 클래스는 두 가지 측면으로 바라볼 수 있다. 첫째, 해당 클래스가 가능한 일(인터페이스)에만 초점을 두는 것이다. 둘째, 실제로 클래스가 내부적으로 작동하는 세부 사항(구현)에 초점을 두는 것이다.

인터페이스 클래스가 제공하는 메서드 집합(각 메서드를 사용하는 데 필요한 매개변수도 포함). 인터페이스는 클래스로 생성된 객체가 할 수 있는 일에는 무엇이 있는지 보여준다.

구현(implementation) 클래스를 구현하는 실제 코드. 객체가 할 수 있는 일이 실제로 작동하는 방법을 보여준다.

만약 클래스를 작성했거나 유지 및 보수하는 사람이라면 클래스의 모든 구현 사항을 이해해야 한다. 모든 메서드의 실제 코드가 인스턴스 변수에 어떻게 영향을 미치는지 정확히 알아야 한다. 반면 해당 클래스를 사용하는 코드 작성자라면 해당 클래스가 제공하는 메서드, 즉 인터페이스만 고려해도 좋다. 각 메서드를 호출하는 데 필요한 매개변수와 각 메서드가 반환하는 값 정도만 명확히 파악하면 된다. 만약 혼자 모든 개발을 담당한다면 클래스를 구현하는 사람이자 동시에 클래스의 인터페이스를 사용하는 사람이기도 하다.

클래스가 제공하는 인터페이스가 변하지 않는 한 클래스의 내부 구현은 언제든지 바뀔 수 있다. 즉 메서드가 더 빠르고 효율적인 방식으로 구현될 수 있다는 판단이 서면 이를 가능하게 하는 관련 코드를 변경해도 좋다. 물론 프로그램의 다른 부분에 나쁜 영향을 끼쳐서는 안 된다.

4.9 정리

객체를 관리하는 객체는 다른 객체들을 관리하는 객체다. 보통 하나 이상의 리스트 또는 딕셔너리 인스턴스 변수로 객체를 관리한다. 객체 관리자는 관리되는 모든 객체나 하나의 특정 객체의 메서드를 호출할 수 있다. 이 방식은 관리되는 모든 객체를 단일 객체 관리자가 제어할 수 있도록 해준다.

메서드나 함수에서 오류가 발생하면 예외를 발생시킬 수 있다. raise 문은 제어권을 메서드 및 함수를 호출한 곳으로 넘긴다. 호출한 곳에서는 try 문 내에서 함수를 호출해 발생하는 오류를 감지할 수 있다. 발생하는 오류는 except 문에서 잡아낼 수 있다.

클래스의 인터페이스는 클래스가 제공하는 모든 메서드와 관련 매개변수의 문서화라고 볼 수 있다. 구현은 해당 클래스의 실제 코드다. 여러분의 역할에 따라 둘 중 무엇을 이해해야 하는지 갈린다. 클래스 작성자나 유지보수자는 코드를 세부적으로 이해해야 한다. 클래스를 사용만 해도 된다면 클래스가 제공하는 인터페이스만 이해해도 충분하다.

Ⅱ

파이게임과
GUI

2부에서는 GUI(그래픽 사용자 인터페이스) 프로그램에 공통 기능을 추가하는 파이게임이라는 외부 패키지를 소개한다. 파이게임을 사용하면 윈도우를 가지고 키보드 및 마우스에 응답하고 소리를 재생하는 기능 등을 파이썬 프로그램에 부여할 수 있다.

5장은 파이게임의 기본 작동 방식을 이해하고 파이게임 기반의 프로그램을 만드는 데 필요한 기본 템플릿을 소개한다. 몇 가지 간단한 프로그램과 키보드로 이미지 제어 프로그램을 만든 후 공 팅기기 프로그램을 만든다.

6장은 객체지향이라는 패러다임 속에서 파이게임을 가장 잘 사용할 수 있는 방법을 다룬다. 객체지향 방법으로 공 팅기기 프로그램을 재작성하고 간단한 버튼 및 텍스트 입력 필드를 만드는 방법을 살펴본다.

7장은 pygwidgets(피그위젯) 모듈을 다룬다. OOP가 적용돼 구현된 버튼, 입력 및 출력 필드, 라디오 버튼, 체크 박스 등 많은 표준적인 사용자 인터페이스 위젯의 전체 코드가 포함됐다. 모든 코드는 열람할 수 있으니 여러분만의 애플리케이션을 만들 수 있다.

5

파이게임 시작하기

기본적으로 파이썬은 텍스트 입력과 출력을 다루도록 디자인된 언어다. 사용자가 입력한 텍스트 결과를 텍스트나 파일, 인터넷 등 알맞은 형태로 보낼 수 있다. 하지만 윈도우(창)window, 마우스 클릭, 소리 등 현대적인 개념을 다루는 기반 기능은 제공하지 않는다.

그렇다면 파이썬으로 현대적인 프로그램을 만들고 싶다면 어떻게 해야 할까? 5장은 파이썬의 기능을 확장해 게임을 개발할 수 있도록 도와주는 **파이게임**pygame이라는 외부 오픈소스 패키지를 다룬다. 파이게임을 사용하면 GUI를 도입해 대화형 프로그램을 개발하는 것도 가능하다. 윈도우 생성, 이미지 출력, 마우스 움직임과 클릭 인식, 소리 재생 등 기능을 활용할 수 있다. 현대의 컴퓨터 사용자에게 친숙한 애플리케이션이나 다양한 종류의 게임을 만드는 수단을 제공한다.

이 책의 목적은 독자를 게임 프로그래머로 만드는 것이 아니다. OOP 방법을 더욱 명확하게 시각적으로 확인할 수 있는 환경을 구축하고자 파이게임을 활용한다. 파이게임을 사용해 윈도우에 객체를 시각적으로 출력한다. 사용자와 객체의 상호작용을 처리하는 과정을 보면서 효과적인 객체 지향 사용 방법을 깊이 이해할 수 있을 것이다.

5장에서는 파이게임을 소개하며, 좀 더 쉽게 구현할 수 있도록 5장에서 다루는 대부분 내용과 예시는 절차적으로 작성됐다. 6장부터 파이게임에 객체지향을 효과적으로 사용하는 방법을 다루 겠다.

5.1 파이게임 설치하기

파이게임은 무료로 다운로드할 수 있는 패키지다. 파이썬 패키지 관리자인 pip을 사용해 설치할 수 있다. 5장은 이미 컴퓨터에 파이썬이 설치된 것을 가정한다. 파이썬이 설치됐다면 pip 프로그램 도 함께 있어 pip을 별도로 설치할 필요는 없다.

일반 애플리케이션과는 달리 pip은 명령줄에서 실행해야 한다. 맥 컴퓨터라면 Applications 폴더 밑의 Utilities 하위 폴더에 들어 있는 터미널Terminal 애플리케이션을 실행한다. 윈도우 사용자라면 윈도우 아이콘을 클릭한 후 cmd를 입력하고 엔터 키를 눌러 명령줄 프로그램을 실행한다.

노트 이 책은 리눅스 시스템에서 검증되지 않았다. 조금 수정하면 문제없이 작동한다. 리눅스에서 파이게임을 설치하 려면 리눅스에 내장된 터미널 프로그램을 실행해야 한다.

실행 후 두 명령어를 명령줄에 입력한다.[1]

```
python3 -m pip install -U pip --user
python3 -m pip install -U pygame --user[2]
```

첫 번째 명령어는 pip 프로그램을 최신 상태로 갱신한다. 두 번째 명령어는 최신 버전의 파이게임 패키지를 설치한다.

파이게임을 설치하는 데 문제가 있다면 파이게임의 공식 문서[3]를 보며 해결하자. 파이게임이 제 대로 설치됐는지 확인하려면 파이썬이 기본으로 제공하는 개발 환경 IDLEintegrated development environment을 실행한 후 한 줄의 코드를 입력한다.

---

1 옮긴이 최근 파이썬 3가 기본인 대부분의 환경에서는 `python -m pip install -U pip`와 `python -m pip install -U pygame` 명령어 를 사용하는 게 보편적이다.

2 옮긴이 이 책의 내용은 파이썬 3.9~3.10 버전을 사용하여 실습하는 것이 권장된다. 또한 3.11 버전을 사용하는 경우에는 `'python3 -m pip install -U pygame-ce --user'` 명령어로 `'pygame-ce'`를 별도로 추가 설치해야 한다.
    현재 사용 중인 파이썬 버전이 3.9 이하인 경우 파이게임 패키지의 버전을 2.3.0으로 낮추거나, `'python setup.py egg_info Check the logs for full command output'`와 같은 오류가 발생할 때는 `'pip install --U setuptools'`를 통해 문제를 해결할 수 있다.

3 https://www.pygame.org/wiki/GettingStarted

```
import pygame
```

"Hello from the pygame community" 같은 메시지가 출력되거나 메시지가 출력되지 않는다면 제대로 설치된 것이다.[4] 오류 메시지가 없다는 것은 파이썬이 파이게임 패키지를 찾아 불러왔으며 사용할 준비가 됐다는 것을 의미한다. 파이게임으로 작성된 샘플 게임을 확인하려면 다음 명령어를 명령줄에 입력한다. 〈스페이스 인베이더〉 게임을 실행할 수 있다.

```
python3 -m pygame.examples.aliens
```

파이게임을 사용하기 앞서 두 가지 중요한 개념을 설명해야 한다. 첫 번째는 GUI 사용 프로그램에 개별 픽셀이 표현되는 방식이다. 두 번째는 **이벤트 기반**event-driven 프로그램이란 무엇이며 기존 텍스트 기반 프로그램과 어떻게 다른지다. 지금부터 두 내용을 충분히 이해한 후 파이게임의 일부 기능을 확인하는 몇 가지 프로그램을 작성해보겠다.

5.2 윈도우 세부 사항

컴퓨터 화면은 픽셀이라는 수많은 작은 점의 행렬로 표현된다. 사용자는 하나 이상의 윈도우를 가진 GUI 프로그램과 상호작용한다. 각 윈도우는 화면의 특정 사각형 영역을 차지한다. 프로그램은 윈도우의 모든 개별 픽셀 색상을 제어할 수 있다. 여러 GUI 프로그램을 실행 중이라면 각 프로그램은 각자만의 윈도우를 갖는다. 이번 절에서는 윈도우의 개별 픽셀 표현 방법과 픽셀값 변경 방법을 살펴보는데, 모든 컴퓨터와 프로그래밍 언어에 공통적으로 적용되는 개념이어서 파이썬만의 것이라고는 할 수 없다.

5.2.1 윈도우의 좌표 시스템

우리는 격자로 표현된 데카르트 좌표Cartesian coordinate 시스템에 익숙하다(그림 5.1).

---

4 [옮긴이] 파이게임 버전에 따라 'Successfully Installed' 등 출력되는 텍스트가 다를 수 있다.

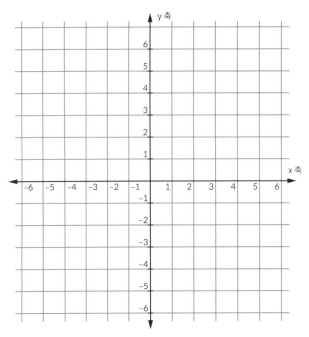

그림 5.1 **표준 데카르트 좌표 시스템**

데카르트 격자의 모든 점 위치는 x와 y축 값으로 결정된다. (0, 0)으로 표현되는 원점은 격자의 정중앙에 위치한 점을 의미한다.

컴퓨터 윈도우의 좌표도 유사한 방식으로 작동한다(그림 5.2).

그림 5.2 **컴퓨터 윈도우(창) 좌표 시스템**

몇 가지 다른 점이 있다.

- 윈도우의 좌측 상단 모서리가 원점(0, 0)이다.
- y축의 방향이 뒤집혀 있다. 즉 윈도우 최상단을 0으로, 아래로 내려올수록 y 값이 증가한다.

- x와 y의 값은 항상 정수다. 각 (x, y) 쌍은 윈도우의 특정 픽셀 위치를 나타낸다. 전체 화면이 아니라 윈도우 좌측 상단의 상대적인 값을 가진다. 즉 화면에서 윈도우의 위치를 바꿔도 윈도우에 출력된 요소의 좌표에는 영향을 주지 않는다.

컴퓨터 화면 전체 또한 모든 픽셀에 대한 좌표(x, y)를 가지며 동일 좌표 시스템을 따른다. 하지만 프로그램이 화면 좌표를 직접 건드리는 일은 매우 드물다. 각 프로그램은 별도의 격리된 좌표 시스템을 가진다.

파이게임으로 애플리케이션을 만들 때는 윈도우의 높이와 너비를 지정해야 한다. 생성된 윈도우 내에서 '그림 5.3'처럼 x와 y축 좌표를 사용해 원하는 픽셀을 표현할 수 있다.

'그림 5.3'은 (3, 5) 위치에 찍힌 하나의 픽셀을 보여준다. 즉 x축 값은 3(좌표가 0으로 시작하므로 네 번째 행), y축 값은 5(여섯 번째 열)이다. 윈도우의 각 픽셀을 **점**point이라고도 한다. 일반적으로 파이썬 **튜플**tuple로 윈도우의 특정 점을 가리킬 수 있다. 다음처럼 변숫값을 정할 수 있다(튜플의 첫 번째가 x 값이다).

```
pixelLocation = (3, 5)
```

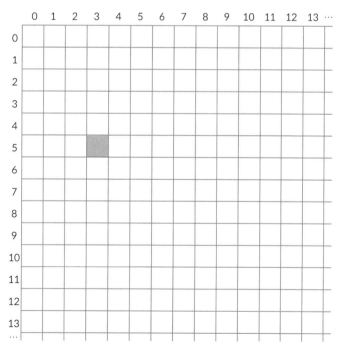

그림 5.3 **컴퓨터 윈도우에 찍힌 하나의 점**(하나의 픽셀)

윈도우에 이미지를 출력하려면 시작점 좌표를 (x, y)로 지정해야 한다. 이미지의 좌측 상단 모서리가 된다. '그림 5.4'는 (3, 5) 위치에 그려진 이미지의 예시다.

이미지 작업을 할 때 이미지의 모든 픽셀을 둘러싸는 **경계 사각형**bounding rectangle을 다루는 경우가 많다. 파이게임은 사각형을 네 개의 값(x, y, 너비, 높이)으로 표현한다. '그림 5.4' 이미지는 3, 5, 11, 7이라는 값으로 이루어져 있다. 사각형을 사용하는 방법은 뒤에서 다루겠다. 이미지가 사각형이 아니라도(예 원 또는 타원) 위치를 결정하고 충돌을 감지하려면 경계 사각형이 있어야 한다.

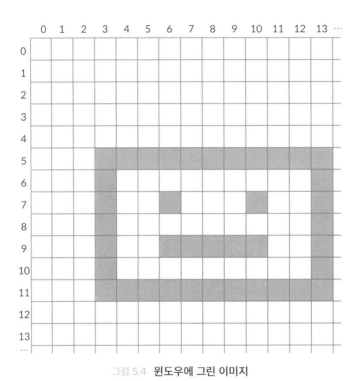

그림 5.4 **윈도우에 그린 이미지**

컴퓨터 화면의 색상이 표현되는 방식을 살펴보자. 포토샵처럼 그래픽을 다루는 프로그램을 사용해본 적이 있다면 이미 표현 방식을 알고 있으리라 생각한다. 알고 있어도 다시 한번 표현 방식을 알아보자.

화면의 각 픽셀은 세 가지 색(빨강, 초록, 파랑) 조합이다. 세 가지 색상은 **RGB**(Red, Green, Blue)라고 한다. 색마다 0부터 255까지 값을 가진다(0은 색이 없으며 255는 색이 가득 찬다는 것을 의미). 즉 256×256×256가지의 조합이다. 픽셀당 16,777,216(1천6백만 가지) 색을 가질 수 있다.

파이게임에서도 색상은 RGB로 표현된다. 세 가지 값은 튜플로 표현할 수 있다. 윈도우의 메인 색상을 표현한 상숫값은 다음과 같이 정의할 수 있다.

```
RED = (255, 0, 0)    # 완전한 빨강, 초록 없음, 파랑 없음
GREEN = (0, 255, 0)  # 빨강 없음, 완전한 초록, 파랑 없음
BLUE = (0, 0, 255)   # 빨강 없음, 초록 없음, 완전한 파랑
```

몇 가지 추가 예시를 보자. 0부터 255 사이의 값 세 개를 조합해 원하는 색상을 만들 수 있다.

```
BLACK = (0, 0, 0)         # 빨강 없음, 초록 없음, 파랑 없음
WHITE = (255, 255, 255)   # 완전한 빨강, 완전한 초록, 완전한 파랑
DARK_GRAY = (75, 75, 75)
MEDIUM_GRAY = (128, 128, 128)
LIGHT_GRAY = (175, 175, 175)
TEAL = (0, 128, 128)      # 빨강 없음, 중간 강도의 초록, 중간 강도의 파랑
YELLOW = (255, 255, 0)
PURPLE = (128, 0, 128)
```

파이게임에서는 윈도우 배경 색을 채우거나 색이 채워진 도형을 그리거나 특정 색상의 텍스트를 그리는 등 작업에서 색을 지정할 수 있다. 색의 값을 상수형 튜플로 미리 정의하면 접근성이 좋고 이후 값을 수정하는 것도 매우 편리하다.

5.3 이벤트 기반 프로그램

지금까지 프로그램 메인 코드는 while 루프를 가졌다. while 루프에 input() 함수를 둬 사용자 입력을 기다리도록 했고 작업 결과를 화면에 출력할 때는 print() 함수를 사용했다.

대화형 GUI 프로그램에서는 더 이상 해당 방식으로 프로그램을 만들 수 없다. 대신 GUI는 새로운 유형인 **이벤트 기반 모델**event-driven model 접근법을 제안한다. 이벤트 기반 프로그램은 input()과 print() 함수에 의존하지 않는 대신 키보드 및 마우스, 화면을 가리킬 수 있는 그 밖에 수단으로 윈도우의 구성 요소와 상호작용한다. 버튼이나 아이콘 클릭, 메뉴 선택, 텍스트 영역에 텍스트 입력, 윈도우에 나타난 아바타를 키보드로 조작하는 등 방식으로 사용자는 프로그램과 소통한다.

노트 print()는 상탯값 등 중간 결과를 출력하는 디버깅 목적으로 여전히 유용하게 사용할 수 있다.

이벤트 기반 프로그래밍 핵심은 이벤트라는 개념에 있다. 이벤트를 꼭 집어 정의 내리는 것은 어렵다. 대신 마우스 클릭, 키보드 조작 같은 예제로 가장 잘 설명할 수 있다(마우스 클릭은 버튼의 누름과 뗌, 키보드 조작은 키의 누름과 뗌인 사실상 두 종류의 이벤트로 구성된다). 이 책에서는 다음처럼 이벤트를 실용적으로 정의내렸다.

정의 이벤트 　프로그램이 실행 중일 때 발생하는 사건. 프로그램이 반드시 대응하거나 선택적으로 대응할 수 있다. 대부분 이벤트는 사용자 행동 때문에 발생한다.

이벤트 기반 GUI 프로그램은 끝나지 않는(무한) 반복 속에서 계속 실행된다. 반복할 때마다 프로그램은 대응해야 할 신규 이벤트 발생 여부를 확인하고 이벤트를 처리하는 적절한 코드를 수행한다. 또한, 프로그램은 반복할 때마다 프로그램은 사용자가 육안으로 보는 윈도우의 모든 요소를 다시 그려야만 한다.

'그림 5.5'처럼 두 개의 버튼이 배치된 간단한 GUI 프로그램을 상상해보자. 각 버튼은 'Bark(멍멍)'와 'Meow(야옹)'라고 표시했다. 버튼을 클릭했을 때 [Bark] 버튼은 강아지 짖는 소리를, [Meow] 버튼은 고양이 울음소리를 재생한다.

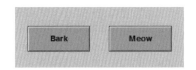

그림 5.5　두 개의 버튼으로 구성된 간단한 프로그램

사용자는 순서와 시간에 관계없이 버튼을 클릭할 수 있다. 버튼의 클릭을 다루려면 프로그램은 반복적으로 버튼의 클릭 여부를 확인한다. 마우스 버튼이 눌렸다는 이벤트를 감지했다면 프로그램은 그 사실을 기억하고 버튼 눌림을 표현하는 새로운 이미지를 화면에 나타낸다. 이어서 마우스 버튼의 눌림이 해제(뗌)된 이벤트를 감지하면 상태를 기억한 후 다시 원래 모습으로 버튼을 그리고 적절한 소리를 재생한다. 메인 루프는 매우 빠르게 반복된다. 사용자는 버튼이 클릭되는 것과 동시에 소리가 재생되는 것처럼 인지한다. 실제로는 반복될 때마다 각 버튼의 현재 상태에 맞는 이미지로 새로 그린다.

5.4 파이게임 사용하기

파이게임의 첫인상은 무수히 많은 기능을 제공하는 압도적인 큰 패키지다. 덩치가 큰 것은 사실이지만, 그렇다고 간단한 프로그램을 만들고 실행할 때 모든 것을 알 필요는 없다. 이 책은 파이게임으로 만드는 모든 종류의 프로그램을 제작할 때 활용할 수 있는 템플릿과 함께 파이게임을 소개한다. 템플릿 위에 기능을 조금씩 추가하며 원하는 프로그램을 완성시켜보자.

앞으로 다음의 방법을 다룬다.

- 빈 윈도우를 생성하고 화면에 띄우는 방법
- 이미지 출력 방법
- 마우스 클릭을 감지하는 방법
- 한 번의 키 눌림 또는 연속적인 키 눌림을 감지하는 방법
- 간단한 애니메이션을 만드는 방법
- 소리 효과 및 배경음악을 재생하는 방법
- 도형을 그리는 방법

6장은 다음의 내용을 통해 파이게임 이해도를 높인다.

- 여러 객체에 애니메이션을 적용하는 방법
- 버튼을 만들고 상호작용하는 방법
- 텍스트를 출력하는 영역을 만드는 방법

5.4.1 빈 윈도우를 화면에 띄우기

앞서 말한대로 파이게임으로 만든 프로그램은 이벤트 발생 여부를 지속적으로 검사하는 루프를 가진다. 애니메이션에 빗대어 생각하면 쉽게 이해할 수 있다. 애니메이션을 구성하는 프레임이 하나씩 루프에 전달된다고 가정해보자. 사용자가 특정 프레임에 배치된 요소를 클릭한다면 프로그램은 클릭 이벤트 응답뿐만 아니라 윈도우 내 새로 그려야 하는 모든 것을 추적 및 관리해야만 한다. 예를 들어 5장 후반부에서는 공을 움직이는 프로그램을 만든다. 이때 공은 프레임마다 조금씩 다른 위치에 그려진다.

'코드 5.1'은 모든 파이게임 프로그램의 시작점으로 활용될 수 있는 포괄적인 템플릿이다. 윈도우를 생성해 띄운 후 윈도우 전체를 검정색으로 채운다. 기본적으로 사용자는 해당 템플릿으로 닫힘 버튼을 클릭해 프로그램을 종료할 수 있다.

코드 5.1 **파이게임 프로그램을 만드는 템플릿**   `File` PygameDemo0_WindowOnly/PygameWindowOnly.py

```python
# 파이게임 데모 0: 윈도우만 존재

# 1: 패키지 불러오기
import pygame
from pygame.locals import *
import sys

# 2: 상수 정의하기
BLACK = (0, 0, 0)
WINDOW_WIDTH = 640
WINDOW_HEIGHT = 480
FRAMES_PER_SECOND = 30

# 3: 파이게임 환경 초기화하기
pygame.init()
window = pygame.display.set_mode((WINDOW_WIDTH, WINDOW_HEIGHT))
clock = pygame.time.Clock()

# 4: 이미지, 소리 등 애셋 불러오기

# 5: 변수 초기화하기

# 6: 무한 루프 수행하기
while True:

    # 7: 이벤트 발생 검사 및 처리하기
    for event in pygame.event.get():
        # 닫힘 버튼 클릭 시 파이게임 프로그램 종료하기
        if event.type == pygame.QUIT:
            pygame.quit()
            sys.exit()

    # 8: '프레임당' 처리해야 할 일 정의하기

    # 9: 윈도우 내 내용물 지우기
    window.fill(BLACK)

    # 10: 윈도우 내 모든 내용물(요소) 그리기

    # 11: 윈도우 갱신하기
    pygame.display.update()
```

```
# 12: 윈도우 갱신 주기 늦추기
clock.tick(FRAMES_PER_SECOND)
```

템플릿의 구성 방식을 하나씩 살펴보자.

1. **패키지 불러오기**

   템플릿 코드는 import 문으로 시작한다. 먼저 파이게임 패키지(pygame)를 불러온 후 프로그램에 사용될 일부 상수를 정의한다. 마지막 import 문이 불러오는 sys 패키지는 프로그램 종료 기능을 제공한다. 닫힘 버튼을 클릭하면 프로그램이 종료되도록 할 때 사용한다.

2. **상수 정의하기**

   프로그램에서 사용할 상수를 정의한다. 가장 먼저 정의한 상수는 검정색(BLACK)용 RGB 값이다. 윈도우 배경을 색칠할 때 사용한다. 픽셀 단위로 윈도우 너비와 높이 상수, 프로그램 화면재생률 refresh rate 상수를 정의한다. 화면재생률은 프로그램이 초당 반복을 몇 번 처리할지 결정한다. 즉 초당 윈도우를 다시 그리는 횟수다. 여기서는 화면재생률을 일반적인 30으로 설정했다. 반복할 때마다 처리될 일이 많다면 정한 횟수보다 느리게 작동할 수도 있다. 하지만 정해진 화면재생률보다 빠르게 처리되지 않도록 강제하는 수단이 될 수는 있다. 지나치게 높은 화면재생률은 작업을 지나치게 빠른 속도로 처리되도록 만들 수 있기 때문이다. 잠시 후 살펴볼 공을 움직이는 프로그램을 예로 들면 공이 움직이는 속도가 비정상적으로 빨라지는 것을 방지할 수 있다는 점이다.

3. **파이게임 환경 초기화하기**

   파이게임의 내장 초기화 함수를 호출한다. 다음으로 pygame.display.set_mode() 함수에 원하는 윈도우 너비와 높이 값을 전달해 윈도우를 생성한다. 루프 마지막에 화면재생률을 결정할 때 사용할 clock 객체를 생성하는 함수를 호출한다.

4. **이미지, 소리 등 애셋 불러오기**

   이후 외부 이미지, 소리 등을 불러오는 코드를 삽입할 목적으로 남겨둔 부분이다. 간단한 예시 프로그램은 애셋을 사용하지 않는 경우도 있어 빈 채로 남겨뒀다.

5. **변수 초기화하기**

   프로그램에서 사용될 모든 변수를 초기화한다. 현재는 사용될 변수가 없어 빈 채로 남겨뒀다.

6. 무한 루프 수행하기

메인 루프를 시작하는 부분이다. 무한 반복은 `while True`로 수행할 수 있다. 앞서 설명한 것처럼 해당 루프의 반복은 애니메이션의 각 프레임이 처리되는 과정에 빗대어 생각해볼 수 있다.

7. 이벤트 발생 검사 및 처리하기(이벤트 루프)

`pygame.event.get()`를 호출해 직전의 반복 이후 발생한 모든 이벤트 목록을 가져온 후 모든 이벤트에 하나씩 접근한다. 각 이벤트는 객체로 표현된다. 모든 이벤트 객체는 종류에 따라 상수로 정의된 자신만의 유형을 가진다. 이벤트가 발생하지 않았다면 이벤트 목록이 비어 있으니 프로그램은 이 부분을 건너뛴다.

윈도우를 닫는 것만 할 수 있는 최소한으로 구현된 프로그램은 `pygame.QUIT` 상수만 이벤트 유형으로 검사한다. 닫힘 버튼을 클릭했을 때 파이게임이 발행한다. 해당 이벤트 발생을 감지하면 파이게임에 프로그램 종료를 요청한다. 파이게임은 사용 중인 모든 자원을 해제한 뒤 프로그램을 종료한다.

8. '프레임당' 처리해야 할 일 정의하기

프레임마다 실행해야 할 코드를 작성하는 부분이다. 윈도우 내 무언가의 위치를 움직이거나 배치된 요소별 충돌을 검사하는 등 코드가 포함될 수 있다. 최소한 기능만 제공하는 템플릿 프로그램에서는 아무 작업도 처리하지 않아 빈 채로 남겨뒀다.

9. 윈도우 내 내용물(요소) 지우기

메인 루프의 반복마다 프로그램은 윈도우의 모든 요소를 다시 그려야 한다. 즉 먼저 윈도우 내 내용물을 모두 지워야 한다. 가장 간단한 접근법은 템플릿 프로그램처럼 `window.fill()`을 호출해 윈도우를 단색으로 꽉 채우는 것이다. 혹은 배경 그림을 그리는 것도 좋은 방법이다.

10. 윈도우 내 모든 요소 그리기

윈도우에 나타날 모든 것을 그리는 코드 작성 부분이다. 템플릿 프로그램은 아무것도 그리지 않아 빈 채로 남겨뒀다.

여기서 그려지는 것은 코드 순서대로 화면에 나타난다. 먼저 그려진 것일수록 뒤쪽에, 나중에 그려진 것일수록 앞쪽에 배치된다. 부분적으로 겹친 두 원 A와 B를 그린다고 가정해보자. A를 먼저 그린다면 A가 B보다 뒤쪽에 위치해 B에 A 일부분이 가려진다. B를 먼저 그렸다면 A에 B 일부분이 가려진다. 포토샵 같은 그래픽 프로그램의 레이어(층) 개념을 안다면 매우 자연스러운 현상이라는 것을 알 것이다.

11. 윈도우 갱신하기

윈도우에 포함될 모든 요소를 화면에 나타낼 것을 파이게임에 요청한다. 파이게임은 8, 9, 10단계에서 모든 요소를 그린다. 하지만 실제로 화면에 출력한 것은 아니다. 메모리상 버퍼에 저장했을 뿐이다. 그다음 윈도우 갱신 메서드를 호출하면 버퍼에 저장된 모든 요소를 실제 윈도우에 출력한다.

12. 윈도우 갱신 주기 늦추기

컴퓨터는 매우 빠르게 작동한다. 루프가 잠깐이라도 멈추지 않고 계속 처리된다면 기대한 화면 재생률보다 훨씬 더 빠르게 작동할 수 있다. 한 줄의 코드는 정해진 시간이 충족될 때까지 프로그램을 대기하도록 만들어 원하는 화면재생률로 프레임을 처리한다. 컴퓨터 성능에 상관없이 프로그램이 일정한 속도로 실행되도록 만드는 중요한 부분이다.

프로그램을 실행하면 검정색으로 채워진 빈 윈도우 화면이 뜬다. 타이틀 바에 위치한 닫힘 버튼을 클릭해 종료할 수 있다.

5.4.2 이미지 그리기

두 단계를 거쳐 윈도우에 이미지를 그릴 수 있다. 먼저 이미지를 컴퓨터 메모리로 불러온 후 해당 이미지를 애플리케이션 윈도우에 출력(그려야)한다.

파이게임에서는 모든 이미지(및 소리)가 외부 파일로 저장돼야 한다. .png, .jpg, .gif 등 다양한 표준 그래픽 파일 유형을 지원한다. 예시 프로그램은 ball.png 파일로 공 이미지를 불러온다. 이 책에 수록된 모든 코드와 애셋은 저장소[5]에서 다운로드할 수 있다.

예시 프로그램은 단일 그래픽 파일만 사용한다. 그래픽과 소리를 같은 방식으로 다루는 것이 좋다. 첫째, 프로젝트 폴더를 생성한 후 메인 프로그램용 코드와 메인 프로그램에서 사용할 클래스 및 함수가 정의된 파일을 프로젝트 폴더에 둔다. 둘째, 프로젝트 폴더에 하위 폴더로 images를 생성한다. images 폴더에는 프로그램에서 사용할 모든 이미지 파일을 저장한다. 프로그램에서 사용할 모든 소리 파일도 sounds 폴더를 생성해 저장한다.

---

5   https://nostarch.com/download/Object-Oriented-Python-Code.zip
     https://github.com/IrvKalb/Object-Oriented-Python-Code

프로젝트 폴더 구조는 '그림 5.6'과 같다. 이 책에서 볼 모든 예시 프로그램은 '그림 5.6'과 같은 구조를 따른다.

그림 5.6 **프로젝트 폴더 구조**

경로path는 컴퓨터 내 저장 파일 또는 폴더 위치를 식별할 수 있는 문자열을 의미한다. 프로그램에 그래픽이나 소리 파일을 불러오려면 원하는 파일의 경로를 지정해야 한다. 경로는 두 가지 유형이 있다. 상대 경로와 절대 경로다.

상대 경로relative path는 현재 폴더(일반적으로 **현재 작업 디렉터리**current working directory라고 한다)를 기준으로 정해진 상대적인 경로를 의미한다. IDLE 또는 파이참PyCharm 같은 IDE 프로그램은 메인 프로그램이 있는 곳을 현재 폴더로 설정한다. 손쉽게 상대 경로를 사용할 수 있다. 이 책은 IDE를 사용한다고 가정하며 모든 경로를 상대 경로로 표현한다.

메인 프로그램용 파일이 있는 폴더와 동일한 폴더에 그래픽 파일(예 ball.png)을 두면 해당 파일의 상대 경로는 단순히 파일명이 된다(예 'ball.png'). 제안된 프로젝트 구조를 따르면 그래픽 파일의 상대 경로는 'images/ball.png'이다.

상대 경로는 프로젝트 폴더 내 images 폴더가 있으며 images 폴더 내에는 ball.png 파일이 존재한다는 것을 의미한다. 문자열로 표현된 경로에서 각 폴더는 빗금(/) 문자로 구분된다.

만약 프로그램을 명령줄에서 실행한다면 모든 파일의 절대 경로가 필요하다. **절대 경로**absolute path는 파일 시스템의 루트(최상위 시작점)부터 원하는 파일이 위치한 곳까지 모든 폴더의 계층적 구조를 명시한 것이다. 특정 파일의 절대 경로를 구성하려면 다음과 같이 프로젝트 폴더 내 images 폴더의 ball.png 파일에 대한 경로(문자열)를 만들 수 있다.

```
from pathlib import Path

# 아래 코드를 상수를 정의하는 2단계에 삽입한다.
BASE_PATH = Path(__file__).resolve().parent
```

```
# images 폴더 내 파일 경로를 구성한다.
pathToBall = BASE_PATH / 'images/ball.png'
```

이제 공 프로그램의 코드를 작성할 차례다. 앞서 본 12단계의 템플릿 코드에 두 줄의 코드를 추가한다. '코드 5.2'처럼 작성한다.

코드 5.2 **단일 이미지를 불러온 후 프레임마다 그린다.**   (File) PygameDemo1_OneImage/PygameOneImage.py

```
# 파이게임 데모 1: 단일 이미지 그리기

--- 생략 ---
# 3: 파이게임 환경 초기화하기
pygame.init()
window = pygame.display.set_mode((WINDOW_WIDTH, WINDOW_HEIGHT))
clock = pygame.time.Clock()

# 4: 이미지, 소리 등 애셋 불러오기
ballImage = pygame.image.load('images/ball.png')  ❶

# 5: 변수 초기화하기

--- 생략 ---

    # 10: 윈도우 내 모든 내용물(요소) 그리기
    # 공 이미지를 (100, 200) 위치에 그린다.
    window.blit(ballImage, (100, 200))  ❷

    # 11: 윈도우 갱신하기
    pygame.display.update()

    # 12: 윈도우 갱신 주기 늦추기
    clock.tick(FRAMES_PER_SECOND)  # 파이게임이 대기하도록 한다.
```

먼저 파이게임이 메모리로 공 이미지 파일을 찾아 불러오도록 한다❶. ballImage 변수는 공 이미지를 참조한다. 해당 할당문은 단 한 번만 실행되도록 메인 루프(반복문)가 시작하기 전 작성한 사실에 유의하자.

노트 파이게임의 공식 문서에서는 애플리케이션 윈도우를 포함한 모든 이미지를 '서피스(surface)'라고 표현한다. 책에서는 좀 더 구체적으로 용어를 사용한다. 애플리케이션 윈도우는 윈도우, 외부 파일에서 불러온 모든 이미지는 이미지로 지칭한다. 서피스는 프로그램 실행 중 그려지는 모든 이미지를 말한다.

메인 루프가 반복할 때마다 공 이미지를 그린다❷. 이때 이미지가 그려질 사각형의 좌측 상단 모서리 x, y 위치를 지정해야 한다.

blit() 함수는 비트 블록 전송bit block transfer이라는 다소 옛날에 사용한 이름에서 유래했다. 단순히 '그리다'를 의미한다. 공 이미지를 사전에 불러왔기에 파이게임은 이미지 크기를 이미 안다. 공 이미지가 그려질 위치만 파이게임에 알려주면 된다. '코드 5.2'는 해당 위치로 x와 y를 각각 100과 200으로 지정했다.

프로그램을 실행하면 반복할 때마다(초당 30프레임) 윈도우의 모든 픽셀이 먼저 검정색으로 채운 후 공 이미지를 해당 배경 위에 그린다. 사용자는 아무 일도 일어나지 않은 것처럼 볼 수도 있다. 공이 계속 동일한 (100, 200) 위치의 사각형 영역 안에 그려진다면 내부적으로는 계속 지우고 그리기가 이뤄져도 겉으로는 변화가 없는 것처럼 보일 수 있기 때문이다.

5.4.3 마우스 클릭 감지하기

이제 마우스 클릭을 감지하고 적절한 반응을 해야 한다. 공 이미지를 클릭했을 때 공이 윈도우의 어딘가로 이동하도록 만들자. 사용자가 프로그램이 공을 클릭했다는 것을 감지하면 임의로 좌표를 선택하고 해당 좌표로 공을 이동하도록 해야 한다. 고정 좌표로 (100, 200)을 코드에 직접 작성하는 방법 대신 윈도우 내 공 위치를 나타내는 변수로 ballX와 ballY를 두겠다. '코드 5.3'처럼 구현할 수 있다.

코드 5.3 **마우스 클릭 감지 및 그에 따른 작업 수행하기**

File PygameDemo2_ImageClickAndMove/PygameImageClickAndMove.py

```
# 파이게임 데모 2: 단일 이미지, 클릭, 이동

# 1: 패키지 불러오기
import pygame
from pygame.locals import *
import sys
import random ❶

# 2: 상수 정의하기
BLACK = (0, 0, 0)
WINDOW_WIDTH = 640
WINDOW_HEIGHT = 480
FRAMES_PER_SECOND = 30
BALL_WIDTH_HEIGHT = 100 ❷
MAX_WIDTH = WINDOW_WIDTH - BALL_WIDTH_HEIGHT
```

```
MAX_HEIGHT = WINDOW_HEIGHT - BALL_WIDTH_HEIGHT

# 3: 파이게임 환경 초기화하기
pygame.init()
window = pygame.display.set_mode((WINDOW_WIDTH, WINDOW_HEIGHT))
clock = pygame.time.Clock()

# 4: 이미지, 소리 등 애셋 불러오기
ballImage = pygame.image.load('images/ball.png')

# 5: 변수 초기화하기
ballX = random.randrange(MAX_WIDTH)      ❸
ballY = random.randrange(MAX_HEIGHT)
ballRect = pygame.Rect(ballX, ballY, BALL_WIDTH_HEIGHT, BALL_WIDTH_HEIGHT)  ❹

# 6: 무한 루프 수행하기
while True:

    # 7: 이벤트 발생 검사 및 처리하기
    for event in pygame.event.get():
        # 닫힘 버튼 클릭 시 파이게임 프로그램 종료하기
        if event.type == pygame.QUIT:
            pygame.quit()
            sys.exit()

        # 마우스 버튼 클릭 여부 확인하기
        if event.type == pygame.MOUSEBUTTONUP:   ❺
            # mouseX, mouseY = event.pos # 필요하면 이런 것도 가능하다.

            # 클릭된 영역이 공의 사각형 내인 경우를 검사하기
            # 만약 그렇다면 새로운 위치를 임의로 선택하기
            if ballRect.collidepoint(event.pos):   ❻
                ballX = random.randrange(MAX_WIDTH)
                ballY = random.randrange(MAX_HEIGHT)
                ballRect = pygame.Rect(ballX, ballY, BALL_WIDTH_HEIGHT,
                                       BALL_WIDTH_HEIGHT)

    # 8: '프레임당' 처리해야 할 일 정의하기

    # 9: 윈도우 내 내용물 지우기
    window.fill(BLACK)

    # 10: 윈도우 내 모든 내용물(요소) 그리기
    # 공을 임의의 위치에 그리기
    window.blit(ballImage, (ballX, ballY))   ❼

    # 11: 윈도우 갱신하기
    pygame.display.update()
```

```
# 12: 윈도우 갱신 주기 늦추기
clock.tick(FRAMES_PER_SECOND) # 파이게임이 대기하도록 한다.
```

임의로 공이 새로 그려질 위치를 생성해야 한다. 임의의 수를 생성하는 random 패키지를 불러온다❶.

이미지 너비와 높이를 100픽셀로 표현하는 상수를 정의한다❷. 또한, 좌표의 최대 너비와 높이를 한정하는 두 상수도 함께 정의한다. 공 이미지를 윈도우 크기 대신 해당 상수로 항상 윈도우 범위를 벗어나지 않도록 할 수 있다. 이미지 위치란 좌측 상단 모서리의 좌표를 의미한다는 사실을 기억하자. 상수들은 공이 그려질 x와 y축 시작 값을 무작위로 선택하는 데 사용한다❸.

그다음 pygame.Rect()로 사각형을 생성한다❹. 이때 사각형을 정의하는 x 좌표, y 좌표, 너비, 높이의 매개변수가 필요하다.

```
<rect_객체> = pygame.Rect(<x>, <y>, <너비>, <높이>)
```

파이게임은 사각형을 표현하는 rect 객체를 반환한다. 이렇게 만든 사각형은 공 이미지 위치 및 영역을 나타낸다. 해당 사각형을 활용하면 공 이미지에 발생한 이벤트를 감지하고 처리할 수 있다.

또한, 마우스 버튼 클릭 여부를 확인하는 코드도 추가한다. 앞서 말한대로 마우스 클릭은 버튼 눌림과 뗌이라는 두 이벤트로 구성된다. 마우스 버튼이 눌렸다 떼질 때를 특정 작업을 처리하는 신호로 활용한다. 발생한 이벤트는 event.type으로 확인할 수 있다. 마우스 버튼이 떼졌다는 이벤트는 pygame.MOUSEBUTTONUP이라는 상수로 정의됐다❺. 두 가지를 비교해 어떤 이벤트가 발생했는지 검사할 수 있다. 마우스 버튼이 떼진 것이 확인되면 다음으로 클릭된 영역이 공 이미지가 그려진 사각형 속인지 확인한다.

이벤트가 발생했다는 사실을 감지하면 파이게임은 상당한 양의 데이터를 채워 해당 이벤트를 묘사한 이벤트 객체를 구성한다. 단 필요한 x, y 값만 고려한다. event 객체의 pos에 event.pos로 접근하면 클릭 이벤트가 발생한 (x, y) 값을 얻을 수 있다.

노트 클릭이 발생한 지점의 **x**와 **y** 좌표를 분리하고 싶다면 다음처럼 **언팩**(unpack) 기능을 활용해 두 값을 서로 다른 변수로 쉽게 할당할 수 있다.

```
mouseX, mouseY = event.pos
```

사각형 내 공 이미지의 마우스 클릭 여부는 collidepoint() 메서드로 확인할 수 있다❻. collide
point() 메서드는 다음처럼 사용할 수 있다.

<발생여부_불리언_변수> = <사각형_rect_객체>.collidepoint(<X_Y_좌표>)

collidepoint() 메서드는 불리언 값을 반환한다. 만약 특정 좌표가 사각형에 속한다면 True,
그렇지 않다면 False를 반환한다. collidepoint() 결과가 True라면 공이 새로 그려질 위치를 무
작위로 선택해 ballX와 ballY 변수에 저장한다.

마지막에는 새로 정해진 (ballX, ballY) 튜플로 공 이미지를 새로 그린다❼. 즉 사용자가 공 이미
지를 감싼 사각형 속을 클릭할 때마다 공 이미지는 무작위로 선택된 새로운 위치에 나타난다.

5.4.4 키보드 다루기

이번에는 키보드로 프로그램을 제어해보겠다. 키보드는 크게 두 가지 방식으로 활용한다. 그중 하
나는 개별 키를 한 번씩 누르는 것이고, 다른 하나는 특정 키를 계속 눌러 특정 작업을 지속하도
록 하는 것이다(**지속 모드**라고 한다).

1 개별 키의 입력 인식하기

마우스 클릭과 마찬가지로 키보드의 각 키를 누르면 실제로는 키 눌림과 떼짐이라는 이벤트가
발생한다. 각 이벤트는 pygame.KEYDOWN와 pygame.KEYUP이라는 서로 다른 상숫값으로 정의됐다.

'코드 5.4'는 키보드로 윈도우의 공 이미지를 움직이는 간단한 예시 프로그램이다. 공을 움직여야
할 목적지 사각형도 함께 표시한다.

코드 5.4 단일 키 입력을 감지하고 작업을 수행하는 코드

(File) PygameDemo3_MoveByKeyboard/PygameMoveByKeyboardOncePerKey.py

```
# 파이게임 데모 3(a): 단일 이미지, 키보드로 움직이기

# 1: 패키지 불러오기
import pygame
from pygame.locals import *
import sys
import random

# 2: 상수 정의하기
BLACK = (0, 0, 0)
```

```
WINDOW_WIDTH = 640
WINDOW_HEIGHT = 480
FRAMES_PER_SECOND = 30
BALL_WIDTH_HEIGHT = 100
MAX_WIDTH = WINDOW_WIDTH - BALL_WIDTH_HEIGHT
MAX_HEIGHT = WINDOW_HEIGHT - BALL_WIDTH_HEIGHT
TARGET_X = 400 ❶
TARGET_Y = 320
TARGET_WIDTH_HEIGHT = 120
N_PIXELS_TO_MOVE = 3

# 3: 파이게임 환경 초기화하기
pygame.init()
window = pygame.display.set_mode((WINDOW_WIDTH, WINDOW_HEIGHT))
clock = pygame.time.Clock()

# 4: 이미지, 소리 등 애셋 불러오기
ballImage = pygame.image.load('images/ball.png')
targetImage = pygame.image.load('images/target.jpg') ❷

# 5: 변수 초기화하기
ballX = random.randrange(MAX_WIDTH)
ballY = random.randrange(MAX_HEIGHT)
targetRect = pygame.Rect(TARGET_X, TARGET_Y, TARGET_WIDTH_HEIGHT, TARGET_WIDTH_HEIGHT)

# 6: 무한 루프 수행하기
while True:

    # 7: 이벤트 발생 검사 및 처리하기
    for event in pygame.event.get():
        # 닫힘 버튼 클릭 시 파이게임 프로그램 종료하기
        if event.type == pygame.QUIT:
            pygame.quit()
            sys.exit()

        # 사용자의 키보드 클릭 여부 검사하기
        elif event.type == pygame.KEYDOWN: ❸
            if event.key == pygame.K_LEFT:
                ballX = ballX - N_PIXELS_TO_MOVE
            elif event.key == pygame.K_RIGHT:
                ballX = ballX + N_PIXELS_TO_MOVE
            elif event.key == pygame.K_UP:
                ballY = ballY - N_PIXELS_TO_MOVE
            elif event.key == pygame.K_DOWN:
                ballY = ballY + N_PIXELS_TO_MOVE

    # 8: '프레임당' 처리해야 할 일 정의하기
    ballRect = pygame.Rect(ballX, ballY, ❹
                           BALL_WIDTH_HEIGHT, BALL_WIDTH_HEIGHT)
```

```
        if ballRect.colliderect(targetRect): ❺
            print('Ball is touching the target')

        # 9: 윈도우 내 내용물 지우기
        window.fill(BLACK)

        # 10: 윈도우 내 모든 내용물(요소) 그리기
        window.blit(targetImage, (TARGET_X, TARGET_Y)) # 목적지 사각형 그리기 ❻
        window.blit(ballImage, (ballX, ballY)) # 공 그리기

        # 11: 윈도우 갱신하기
        pygame.display.update()

        # 12: 윈도우 갱신 주기 늦추기
        clock.tick(FRAMES_PER_SECOND) # 파이게임이 대기하도록 한다.
```

먼저 목적지 사각형을 그리고자 해당 사각형의 좌측 상단 모서리 부분 x, y 좌표와 너비 및 높이 값을 상수로 정의한다❶. 그다음 목적지 사각형을 채울 이미지를 불러온다❷.

루프에서 pygame.KEYDOWN 유형의 이벤트를 대조해 키보드가 눌렸는지 여부를 검사한다❸. 파이게임은 모든 키에 대응된 상숫값을 정의한다. 모든 키 중 네 개의 화살표 키만 K_LEFT, K_RIGHT, K_UP, K_DOWN으로 필터링할 수 있다. 키마다 공 이미지의 x, y 값을 적절한 방향으로 조금씩 바꾼다.

x, y 좌표, 너비와 높이로 공 이미지의 rect 객체를 생성한다❹. 다음처럼 두 사각형의 충돌 여부를 colliderect() 메서드로 검사할 수 있다.

```
<불리언_변수> = <첫번째_rect>.colliderect(<두번째_rect>)
```

colliderect() 메서드는 두 사각형을 비교해 겹치는 부분이 있으면 True, 그렇지 않다면 False를 반환한다. 비교 대상은 공 이미지의 경계 사각형과 공이 최종적으로 도달해야 하는 목적지 사각형이다❺. 두 사각형이 겹치는 부분이 있다면 프로그램은 '공이 목적지에 도달했습니다Ball is touching the target'라는 메시지를 출력한다.

마지막으로 목적지와 공 이미지의 두 사각형을 화면에 그린다. 목적지 사각형을 먼저 그린다. 그래야만 두 사각형이 겹쳤을 때 공이 목적지 사각형 위에 표시된다❻.

프로그램이 실행되고 공을 목적지로 옮겨 두 사각형이 겹치면 메시지가 출력된다. 다시 공을 목적지에서 떨어뜨리면 출력된 메시지는 사라진다.

2 지속 모드로 반복되는 키 다루기

지속적으로 눌린 키를 다루는 방식을 알아보자. 파이게임에서는 현재 눌린 키 목록을 get_pressed() 함수로 파악할 수 있다. 프레임(반복)마다 현재 눌린 키 목록이 확인 가능하다.

```
<튜플> = pygame.key.get_pressed()
```

get_pressed() 함수는 각 키의 상태를 0과 1로 표현한 튜플을 반환한다. 특정 키가 눌렸다면 1을, 그렇지 않으면 0을 반환한다. **특정** 키 상태는 파이게임이 정의한 상수를 인덱스 번호로 사용해 접근할 수 있다. 다음처럼 키 A의 상태를 확인할 수 있다.

```
keyPressedTuple = pygame.key.get_pressed()
# 튜플 중 원하는 키의 상태를 알아내고자 pygame.K_a 상수를 사용
aIsDown = keyPressedTuple[pygame.K_a]
```

파이게임에 정의된 모든 키 상수는 관련 공식 문서[6]에서 확인할 수 있다.

'코드 5.5'는 지속 모드에서 이미지를 움직이는 방법을 소개한다. 키보드를 처리하는 부분을 7단계에서 8단계로 옮긴다. 나머지 코드는 '코드 5.4'와 동일하다.

코드 5.5 **지속적으로 눌린 키를 다루는 코드**

(File) PygameDemo3_MoveByKeyboard/PygameMoveByKeyboardContinuous.py

```
# 파이게임 데모 3(b): 단일 이미지, 계속 모드, 키가 눌린 한 계속 움직이기

--- 생략 ---
    # 7: 이벤트 발생 검사 및 처리하기
    for event in pygame.event.get():
        # 닫힘 버튼이 클릭됐다면 파이게임과 프로그램 종료하기
        if event.type == pygame.QUIT:
            pygame.quit()
            sys.exit()

    # 8: '프레임당' 처리해야 할 일 정의하기
    # 사용자의 키보드 클릭 여부 검사하기
    keyPressedTuple = pygame.key.get_pressed() ❶

    if keyPressedTuple[pygame.K_LEFT]: # 좌로 이동
        ballX = ballX - N_PIXELS_TO_MOVE
```

---

6 https://www.pygame.org/docs/ref/key.html

```
    if keyPressedTuple[pygame.K_RIGHT]: # 우로 이동
        ballX = ballX + N_PIXELS_TO_MOVE

    if keyPressedTuple[pygame.K_UP]: # 위로 이동
        ballY = ballY - N_PIXELS_TO_MOVE

    if keyPressedTuple[pygame.K_DOWN]: # 아래로 이동
        ballY = ballY + N_PIXELS_TO_MOVE

    # 공이 목적지와 충돌했는지 검사
    ballRect = pygame.Rect(ballX, ballY,
                           BALL_WIDTH_HEIGHT, BALL_WIDTH_HEIGHT)
    if ballRect.colliderect(targetRect):
        print('Ball is touching the target')
--- 생략 ---
```

키 입력을 처리하는 '코드 5.5'는 이벤트에 의존하지 않는다. 파이게임이 반환하는 모든 이벤트를 검사하는 for 루프 외부에 필요한 코드를 두었다❶.

프레임마다 해당 검사를 수행해 사용자가 키를 누르는 한 공이 연속적으로 움직이는 것처럼 보인다. 사용자가 오른쪽 화살표 키를 계속 누르면 프레임마다 ballX 값이 3씩 증가해 공은 오른쪽으로 부드럽게 움직인다. 더 이상 키를 누르지 않으면 공은 멈춘다.

해당 접근법은 여러 키를 동시에 검사한다. 사용자가 왼쪽과 아래쪽 화살표 키를 동시에 누르면 공은 왼쪽 아래 대각선으로 움직인다. 원하는 모든 키 조합에 대응하는 것이 가능하다. 현실적으로는 운영체제, 키보드 하드웨어 등 여러 가지 요인 때문에 동시 입력할 수 있는 키 개수가 제한될 수 있다. 일반적으로 네 개까지 허용되지만 환경에 따라 달라진다.

5.4.5 위치 기반 애니메이션 생성하기

이제 위치 기반 애니메이션을 만들어보자. 대각선으로 이미지를 움직이다 이미지가 윈도우 경계선에 다다르면 반대 방향으로 튕겨져 나가는 프로그램이다. CRT 모니터에서 정적 이미지 때문에 생기는 버닝burning 현상을 피하고자 화면 보호기에서 흔히 사용하던 방법 중 하나이기도 하다.

프레임마다 이미지 위치를 조금씩 바꾼다. 이미지 위치가 윈도우 경계면 바깥쪽으로 나가는지 검사한다. 경계면 바깥쪽으로 나간다면 이미지가 움직일 방향을 바꾼다. 이미지가 아래쪽으로 움직이다가 윈도우 하단 경계에 다다르면 이미지가 움직이는 방향을 바꿔서 위쪽으로 움직이도록 한다.

이번에도 동일한 템플릿 프로그램을 사용해보겠다. '코드 5.6'에서 전체 코드를 구현했다.

코드 5.6 윈도우 내에서 튕겨져 다니는 공 구현한 위치 기반 애니메이션

File PygameDemo4_OneBallBounce/PygameOneBallBounceXY.py

```python
# 파이게임 데모 4(a): (x, y)로 윈도우 경계면 사이에서 튕겨져 다니는 단일 이미지

# 1: 패키지 불러오기
import pygame
from pygame.locals import *
import sys
import random

# 2: 상수 정의하기
BLACK = (0, 0, 0)
WINDOW_WIDTH = 640
WINDOW_HEIGHT = 480
FRAMES_PER_SECOND = 30
BALL_WIDTH_HEIGHT = 100
N_PIXELS_PER_FRAME = 3

# 3: 파이게임 환경 초기화하기
pygame.init()
window = pygame.display.set_mode((WINDOW_WIDTH, WINDOW_HEIGHT))
clock = pygame.time.Clock()

# 4: 이미지, 소리 등 애셋 불러오기
ballImage = pygame.image.load('images/ball.png')

# 5: 변수 초기화하기
MAX_WIDTH = WINDOW_WIDTH - BALL_WIDTH_HEIGHT
MAX_HEIGHT = WINDOW_HEIGHT - BALL_WIDTH_HEIGHT
ballX = random.randrange(MAX_WIDTH)
ballY = random.randrange(MAX_HEIGHT)
xSpeed = N_PIXELS_PER_FRAME  ❶
ySpeed = N_PIXELS_PER_FRAME

# 6: 무한 루프 수행하기
while True:

    # 7: 이벤트 발생 검사 및 처리하기
    for event in pygame.event.get():
    # 닫힘 버튼이 클릭됐다면 파이게임과 프로그램 종료하기
    if event.type == pygame.QUIT:
        pygame.quit()
        sys.exit()
```

```
# 8: ‘프레임당’ 처리해야 할 일 정의하기
if (ballX < 0) or (ballX >= MAX_WIDTH): ❷
    xSpeed = -xSpeed # X 방향 뒤집기

if (ballY < 0) or (ballY >= MAX_HEIGHT):
    ySpeed = -ySpeed # Y 방향 뒤집기

# 두 방향의 속도로 공 위치 갱신하기
ballX = ballX + xSpeed ❸
ballY = ballY + ySpeed

# 9: 윈도우 내 내용물 지우기
window.fill(BLACK)

# 10: 윈도우 내 모든 내용물(요소) 그리기
window.blit(ballImage, (ballX, ballY))

# 11: 윈도우 갱신하기
pygame.display.update()

# 12: 윈도우 갱신 주기 늦추기
clock.tick(FRAMES_PER_SECOND) # 파이게임이 대기하도록 한다.
```

프레임마다 이미지가 움직여야 하는 거리와 방향을 결정하는 xSpeed와 ySpeed 변수를 생성하고 초기화한다❶. 두 변수는 프레임별 움직이는 픽셀의 개수 3으로 초기화해 처음에는 이미지가 오른쪽 아래 대각선으로 세 개의 픽셀만큼 움직이도록 한다.

눈여겨볼 부분은 x와 y 좌표를 따로 다룬다는 사실이다❷. 공 x 좌표가 0보다 작은지(윈도우 왼쪽 경계선을 넘어가는지) 또는 MAX_WIDTH보다 큰지(윈도우 오른쪽 경계선을 넘어가는지)를 검사한다. 두 조건 중 하나를 만족하면 x축 방향 속도 부호를 바꿔 뒤집는다. 예를 들어 공이 오른쪽으로 움직이다가 오른쪽 경계선을 지나친다면 xSpeed를 3에서 -3으로 바꿔 공이 왼쪽으로 움직이게끔 만든다. y 좌표도 마찬가지다. 공이 윈도우의 위쪽과 아래쪽 경계선에 도달하는 경우 방향을 반대로 뒤집는다.

마지막으로 xSpeed 값을 ballX 좌표에, ySpeed 값을 ballY 좌표에 더해 공 위치를 갱신한다❸. 공 위치는 두 축 모두 갱신된다.

루프 마지막에는 공을 화면에 그린다. 프레임마다 ballX와 ballY 값을 갱신하므로 부드럽게 공이 움직이는 것처럼 그려진다. 직접 해당 코드를 실행하고 공이 윈도우 경계선에 도달했을 때 튕겨져 나가는지 확인해보기를 바란다.

5.4.6 파이게임의 rect 사용하기

결과는 동일하지만 다른 접근법으로 코드를 재구성해보겠다. 공의 x와 y 좌표를 계속 추적하지 않고 공의 경계를 표시하는 rect 객체를 활용한다. 프레임마다 rect 값을 갱신하고 rect가 윈도우 경계선을 벗어나는지 확인한다. 이전보다 변수를 적게 사용하고 이미지에 대해 rect 객체를 생성하고 사용하기에 이미지 크기에 의존적이지 않은 프로그램을 만들 수 있다.

rect 객체는 사각형의 좌측 상단 좌표, 너비와 높이뿐만 아니라 그 밖의 다양한 속성을 손쉽게 관리할 수 있도록 해준다. rect 객체는 다양한 메서드를 제공해 사각형으로 할 수 있는 다양한 계산도 수행할 수 있다. 객체의 변수 이름 다음에 마침표(.)를 찍은 후 원하는 속성 및 메서드에 접근할 수 있다. '표 5.1'은 그중 일부를 나열해 보여준다(더 자세한 내용은 8장을 참고한다).

표 5.1 사용할 수 있는 rect 속성

종류	속성
`<rect>.x`	rect 좌측 모서리의 x 좌표
`<rect>.y`	rect 좌측 모서리의 y 좌표
`<rect>.left`	rect 좌측 모서리의 x 좌표(`<rect>.x`와 동일)
`<rect>.top`	rect 좌측 모서리의 y 좌표(`<rect>.y`와 동일)
`<rect>.right`	rect 우측 모서리의 x 좌표
`<rect>.bottom`	rect 우측 모서리의 y 좌표
`<rect>.topleft`	두 정수 튜플: rect 좌측 상단 모서리 좌표
`<rect>.bottomleft`	두 정수 튜플: rect 좌측 하단 모서리 좌표
`<rect>.topright`	두 정수 튜플: rect 우측 상단 모서리 좌표
`<rect>.bottomright`	두 정수 튜플: rect 우측 하단 모서리 좌표
`<rect>.midtop`	두 정수 튜플: rect 상단 선분의 중간 지점 좌표
`<rect>.midleft`	두 정수 튜플: rect 좌측 선분의 중간 지점 좌표
`<rect>.midbottom`	두 정수 튜플: rect 하단 선분의 중간 지점 좌표
`<rect>.midright`	두 정수 튜플: rect 우측 선분의 중간 지점 좌표
`<rect>.center`	두 정수 튜플: rect 정중앙 좌표
`<rect>.centerx`	rect 너비 중심의 x 좌표
`<rect>.centery`	rect 높이 중심의 y 좌표
`<rect>.size`	두 정수 튜플: rect (너비, 높이)
`<rect>.width`	rect 너비
`<rect>.height`	rect 높이
`<rect>.w`	rect 너비(`<rect>.width`와 동일)
`<rect>.h`	rect 높이(`<rect>.height`와 동일)

파이게임의 rect 객체는 네 가지 요소로 볼 수 있다. rect의 개별 요소는 인덱스를 통해 접근하고 설정할 수 있다. 예를 들어 ballRect라는 rect 객체의 개별 요소는 다음처럼 접근할 수 있다.

- ballRect[0]는 x 좌표 값이다(ballRect.left와 동일).
- ballRect[1]는 y 좌표 값이다(ballRect.top와 동일).
- ballRect[2]는 너비 값이다(ballRect.width와 동일).
- ballRect[3]는 높이 값이다(ballRect.height와 동일).

'코드 5.7'은 윈도우 내에서 공이 튕겨져 다니는 프로그램을 다른 방식으로 작성한 것이다. 공의 모든 정보를 rect 객체로 관리한다.

코드 5.7 rect 객체로 윈도우 내 튕겨져 다니는 공을 구현한 위치 기반 애니메이션

File) PygameDemo4_OneBallBounce/PygameOneBallBounceRects.py

```python
# 파이게임 데모 4(b): 단일 이미지, rect 객체로 윈도우에서 튕겨져 다니게 만들기

# 1: 패키지 불러오기
import pygame
from pygame.locals import *
import sys
import random

# 2: 상수 정의하기
BLACK = (0, 0, 0)
WINDOW_WIDTH = 640
WINDOW_HEIGHT = 480
FRAMES_PER_SECOND = 30
N_PIXELS_PER_FRAME = 3

# 3: 파이게임 환경 초기화하기
pygame.init()
window = pygame.display.set_mode((WINDOW_WIDTH, WINDOW_HEIGHT))
clock = pygame.time.Clock()

# 4: 이미지, 소리 등 애셋 불러오기
ballImage = pygame.image.load('images/ball.png')

# 5: 변수 초기화하기
ballRect = ballImage.get_rect() ❶
MAX_WIDTH = WINDOW_WIDTH - ballRect.width
MAX_HEIGHT = WINDOW_HEIGHT - ballRect.height
ballRect.left = random.randrange(MAX_WIDTH)
ballRect.top = random.randrange(MAX_HEIGHT)
xSpeed = N_PIXELS_PER_FRAME
ySpeed = N_PIXELS_PER_FRAME
```

```
# 6: 무한 루프 수행하기
while True:

    # 7: 이벤트 발생 검사 및 처리하기
    for event in pygame.event.get():
        # 닫힘 버튼이 클릭됐다면 파이게임과 프로그램 종료하기
        if event.type == pygame.QUIT:
            pygame.quit()
            sys.exit()

    # 8: '프레임당' 처리해야 할 일 정의하기
    if (ballRect.left < 0) or (ballRect.right >= WINDOW_WIDTH):     ❷
        xSpeed = -xSpeed # X 방향 뒤집기

    if (ballRect.top < 0) or (ballRect.bottom >= WINDOW_HEIGHT):
        ySpeed = -ySpeed # Y 방향 뒤집기

    # 두 방향에 대한 속도로 공의 위치 갱신하기
    ballRect.left = ballRect.left + xSpeed
    ballRect.top = ballRect.top + ySpeed

    # 9: 윈도우 내 내용물 지우기
    window.fill(BLACK)

    # 10: 윈도우 내 모든 내용물(요소) 그리기
    window.blit(ballImage, ballRect)     ❸

    # 11: 윈도우 갱신하기
    pygame.display.update()

    # 12: 윈도우 갱신 주기 늦추기
    clock.tick(FRAMES_PER_SECOND)
```

rect 객체를 사용한 해당 접근법이 여러 변수를 사용했던 것보다 좋다고 하는 것도 나쁘다고 하는 것도 아니다. 결과적으로 앞서 만든 것과 정확히 같다. rect 객체가 가진 다양한 속성을 사용하고 조작하는 이 방법에 익숙해지기 바란다.

공 이미지를 불러온 후 get_rect() 메서드❶를 호출해 이미지의 경계 사각형을 가져온다. get_rect() 메서드는 rect 객체를 반환하고 ballRect 변수에 저장한다. ballRect 객체의 width 및 height 속성으로 공 이미지의 너비와 높이 정보를 얻을 수 있다(이전 프로그램은 높이와 너비에 상숫값 100을 사용했다). 이미지를 불러온 후 속성 값을 얻는 방식은 어떤 크기의 이미지에서도 사용 가능해 훨씬 더 좋은 코드로 완성할 수 있다.

공의 사각형 영역이 윈도우 경계선을 벗어나는 것을 검사할 때도 사각형 속성을 사용한다(이전에는 변수로 검사). ballRect 객체의 left와 right 속성으로 ballRect 객체가 윈도우의 좌우 경계선을 벗어났는지 검사한다❷. 윈도우의 상하 경계선도 top과 bottom 속성으로 동일한 검사를 수행한다. x, y 값을 개별 변수로 관리하면 각 값을 개별적으로 갱신해야 한다. rect를 활용한 접근법은 left와 top 속성을 갱신해 ballRect 객체 하나만으로 관리할 수 있다.

또 하나 중요한 변화는 공을 그리는 함수 호출 부분이다❸. blit() 함수를 호출할 두 번째 매개변수로 (x, y) 튜플 대신 rect 객체를 입력한다. blit() 함수는 내부적으로 rect 객체의 left, top 속성을 x와 y 좌표로 해석해 사용한다.

5.5 소리 재생하기

프로그램에서 재생할 소리는 짧게 재생되는 소리 효과와 길게 재생되는 배경음악으로 구분할 수 있다.

5.5.1 소리 효과 재생하기

모든 소리 효과는 외부 파일로 제공돼야 한다. .wav 또는 .ogg 형식이어야 한다. 짧은 소리 효과는 2단계를 거쳐 재생된다. 먼저 외부 소리 파일을 불러온 후 원하는 횟수만큼 소리를 재생한다.

특정 소리 효과(파일)를 메모리로 불러오는 방법은 다음과 같다.

```
<소리_변수> = pygame.mixer.Sound(<소리파일_경로>)
```

소리 효과는 play() 메서드로 재생할 수 있다.

```
<소리_변수>.play()
```

'코드 5.7'을 수정해 공이 윈도우 경계선에서 튕겨질 때마다 '튕기는' 소리를 내도록 만들어보자. 해당 소리 효과 파일은 프로젝트 폴더 내 sounds 폴더에 저장한다. 공 이미지를 불러온 후 소리 파일도 불러온다.

```
# 4: 이미지, 소리 등 애셋 불러오기
ballImage = pygame.image.load('images/ball.png')
bounceSound = pygame.mixer.Sound('sounds/boing.wav')
```

'팅기는' 소리를 재생하고자 8단계를 다음처럼 수정한다.

```
# 8: '프레임당' 처리해야 할 일 정의하기
if (ballRect.left < 0) or (ballRect.right >= WINDOW_WIDTH):
    xSpeed = -xSpeed # X 위치 뒤집기
    bounceSound.play()

if (ballRect.top < 0) or (ballRect.bottom >= WINDOW_HEIGHT):
    ySpeed = -ySpeed # Y 위치 뒤집기
    bounceSound.play()
```

소리 효과를 재생할 조건에서 소리 객체의 `play()` 메서드를 호출한다. 소리 효과는 다양한 옵션으로 제어할 수 있다. 내용은 공식 문서[7]에서 확인하자.

5.5.2 배경음악 재생하기

배경음악은 `pygame.mixer.music` 모듈이 제공하는 두 개의 함수로 재생할 수 있다. 먼저 소리 파일을 메모리로 불러온다.

```
pygame.mixer.music.load(<소리_파일_경로>)
```

`<소리_파일_경로>`는 소리 파일이 저장된 경로를 나타낸 문자열이다. 여기서는 .mp3, .wav, .ogg 형식을 사용한다. 불러온 소리 파일은 다음처럼 재생할 수 있다.

```
pygame.mixer.music.play(<반복_횟수>, <시작_위치>)
```

`<반복_횟수>`에 -1 값을 입력하면 배경음악을 무한히 반복 재생할 수 있다. 일반적으로 `<시작_위치>`는 소리가 처음부터 재생되도록 0으로 둔다.

소리 효과와 배경음악을 적절히 불러온 후 배경음악을 재생하도록 수정한 프로그램은 이 책이 제공하는 링크에서 다운로드할 수 있다. 모든 코드를 확인하지는 않겠다. 바뀐 부분만 확인한다. 4단계 코드가 다음처럼 변경된다.

---

7   https://www.pygame.org/docs/ref/mixer.html

```
# 4: 이미지, 소리 등 애셋 불러오기
ballImage = pygame.image.load('images/ball.png')
bounceSound = pygame.mixer.Sound('sounds/boing.wav')
pygame.mixer.music.load('sounds/background.mp3')
pygame.mixer.music.play(-1, 0.0)
```

파이게임은 소개하는 것보다 훨씬 더 배경음악을 섬세하게 제어할 수 있다. 공식 문서[8]에서 확인해보기 바란다.

노트 앞으로 다룰 예시에서는 객체지향에 더 집중하고자 객체지향과는 크게 상관없는 소리 효과와 배경음악을 재생하는 메서드 호출 부분은 설명하지 않는다. 프로그램에 소리를 추가하면 게임의 사용자 경험을 대폭 개선할 수 있다. 프로그램에 소리 추가를 반드시 고려하기 바란다.

5.6 도형 그리기

파이게임은 선line, 원circle, 타원ellipse, 호arc, 다각형polygon, 직사각형rectangle 같은 **기본 도형**을 그리는 다양한 내장 함수를 제공한다. 제공 함수 목록은 '표 5.2'에 정리했다. **위신호 제거**anti-aliased 선[9]은 두 종류의 함수로 그릴 수 있다. 위신호 제거 선은 색을 뭉그러뜨려서 선을 부드럽게 보이도록 만든다. 해당 내장 함수를 사용했을 때는 크게 두 가지 이점이 있다. 첫째, 함수가 굉장히 빨리 실행된다. 둘째, 외부 이미지 파일 없이도 간단한 도형을 그릴 수 있다.

표 5.2 **도형을 그리는 함수 목록**

함수	설명
pygame.draw.aaline()	위신호 제거 선 그리기
pygame.draw.aalines()	위신호 제거 선 여러 개 그리기
pygame.draw.arc()	호 그리기
pygame.draw.circle()	원 그리기
pygame.draw.ellipse()	타원 그리기
pygame.draw.line()	선 그리기
pygame.draw.lines()	선 여러 개 그리기
pygame.draw.polygon()	다각형 그리기
pygame.draw.rect()	사각형 그리기

---

8 https://www.pygame.org/docs/ref/music.html#module-pygame.mixer.music

9 옮긴이 위신호 제거 선은 곡선을 화면에 표현할 때 나타날 수 있는 계단 현상을 최소화하는 기법이 적용된 선을 말한다.

'그림 5.7'은 기본 도형을 그리는 함수 사용 프로그램을 실행했을 때 결과다. 앞서 살펴본 12단계로 구성된 템플릿을 기반으로 '코드 5.8'을 작성했다.

코드 5.8 **원시 도형을 그리는 함수의 호출 결과를 보여주는 프로그램**　　　　(File) PygameDemo5_DrawingShapes.py

```python
# 파이게임 데모 5: 도형 그리기

--- 생략 ---
while True:

    # 7: 이벤트 발생 검사 및 처리하기
    for event in pygame.event.get():
        # 닫힘 버튼이 클릭됐다면 파이게임과 프로그램 종료하기
        if event.type == pygame.QUIT:
            pygame.quit()
            sys.exit()

    # 8: '프레임당' 처리해야 할 일 정의하기

    # 9: 윈도우 내 내용물 지우기
    window.fill(GRAY)

    # 10: 윈도우 내 모든 내용물(요소) 그리기 ❶
    # 사각형 그리기
    pygame.draw.line(window, BLUE, (20, 20), (60, 20), 4) # 위쪽 경계선
    pygame.draw.line(window, BLUE, (20, 20), (20, 60), 4) # 좌측 경계선
    pygame.draw.line(window, BLUE, (20, 60), (60, 60), 4) # 우측 경계선
    pygame.draw.line(window, BLUE, (60, 20), (60, 60), 4) # 아래쪽 경계선
    # 사각형 속 X 표시 그리기
    pygame.draw.line(window, BLUE, (20, 20), (60, 60), 1)
    pygame.draw.line(window, BLUE, (20, 60), (60, 20), 1)

    # 색을 입힌 원과 색이 없는 원 그리기
    pygame.draw.circle(window, GREEN, (250, 50), 30, 0) # 색을 입힘
    pygame.draw.circle(window, GREEN, (400, 50), 30, 2) # 두께가 2 픽셀인 경계선

    # 색을 입힌 사각형과 색이 없는 사각형 그리기
    pygame.draw.rect(window, RED, (250, 150, 100, 50), 0) # 색을 입힘
    pygame.draw.rect(window, RED, (400, 150, 100, 50), 1) # 두께가 1 픽셀인 경계선

    # 색을 입힌 타원과 색이 없는 타원 그리기
    pygame.draw.ellipse(window, YELLOW, (250, 250, 80, 40), 0) # 색을 입힘
    pygame.draw.ellipse(window, YELLOW, (400, 250, 80, 40), 2) # 두께가 2 픽셀인 경계선

    # 육각형 그리기
    pygame.draw.polygon(window, TEAL, ((240, 350), (350, 350),
                                       (410, 410), (350, 470),
                                       (240, 470), (170, 410)))
```

```
# 호 그리기
pygame.draw.arc(window, BLUE, (20, 400, 100, 100), 0, 2, 5)

# 위신호 제거 선 그리기: 단일 선과 여러 점을 이은 선
pygame.draw.aaline(window, RED, (500, 400), (540, 470), 1)
pygame.draw.aalines(window, BLUE, True,
                    ((580, 400), (587, 450),
                     (595, 460), (600, 444)), 1)

# 11: 윈도우 갱신하기
pygame.display.update()

# 12: 윈도우 갱신 주기 늦추기
clock.tick(FRAMES_PER_SECOND) # 파이게임이 대기하도록 한다.
```

모든 기본 도형은 10단계에서 그려진다❶. 파이게임이 제공하는 함수로 두 대각선을 가진 사각형 하나, 색이 채워진 원/사각형/타원 둘, 경계선만 가진 원/사각형/타원 둘, 육각형, 호, 위신호 제거 선 두 개를 그린다.

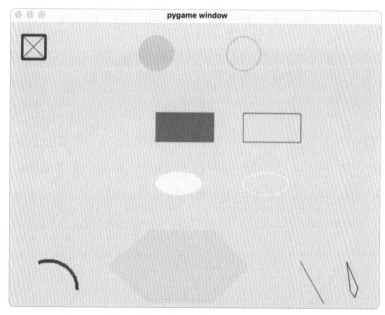

그림 5.7 **기본 모양을 그리는 방법을 보여주는 간단한 프로그램**

5.6.1 **기본 도형의 종류**

기본 도형을 그리는 데 도움이 되는 파이게임 제공 메서드다. 모든 메서드의 color 매개변수에는 RGB 값을 튜플로 구성해 입력해야 한다.

❶ 위신호 제거 선

```
pygame.draw.aaline(window, color, startpos, endpos, blend=True)
```

윈도우에 위신호 제거 선을 그린다. blend 매개변숫값이 True면 픽셀값 자체를 교체하는 대신 현재 픽셀에 음영 값이 블렌딩된다.

❷ 위신호 제거 선들

```
pygame.draw.aalines(window, color, closed, points, blend=True)
```

윈도우에 여러 개의 위신호 제거 선을 연속으로 그린다. closed 매개변수는 불리언 값이다. True로 설정됐을 때 첫 번째와 마지막 점을 연결해 도형을 완성한다. points 매개변수는 (x, y) 튜플로 구성된 좌표를 담은 리스트다. 각 좌표를 잇는 선이 그려진다(최소 두 개의 점이 필요하다). blend 매개 변숫값이 True면 픽셀값 자체를 교체하는 것 대신 현재 픽셀에 음영 값이 블렌딩된다.

❸ 호

```
pygame.draw.arc(window, color, rect, angle_start, angle_stop, width=1)
```

윈도우에 호를 그린다. 호는 주어진 사각형(rect)에 들어맞는 형태가 된다. 각도에 대한 매개변수 angle_start와 angle_stop은 처음과 끝 각도를 의미한다. 라디안으로 표현해야 한다. width 매개 변수는 호의 선 두께를 결정한다.

❹ 원

```
pygame.draw.circle(window, color, pos, radius, width=0)
```

윈도우에 원을 그린다. pos 매개변수는 원의 중심이며 radius는 원의 반지름을 의미한다. width 매개변수는 원의 선 두께를 결정한다. 값이 0일 때 원 전체에 색이 입혀진다.

5 타원

```
pygame.draw.ellipse(window, color, rect, width=0)
```

윈도우에 타원을 그린다. rect 매개변수는 타원이 그려질 영역의 사각형이다. width 매개변수는 원의 선 두께를 결정한다. 값이 0일 때 타원 전체에 색이 입혀진다.

6 선

```
pygame.draw.line(window, color, startpos, endpos, width=1)
```

윈도우에 선을 그린다. width 매개변수는 원의 선 두께를 결정한다.

7 선들

```
pygame.draw.lines(window, color, closed, points, width=1)
```

선들을 윈도우에 순서대로 그린다. closed 매개변수는 불리언 값이다. True로 설정됐을 때 첫 번째와 마지막 점을 연결해 도형을 완성한다. points 매개변수는 (x, y) 튜플로 구성된 좌표를 담은 리스트다. 각 좌표를 잇는 선이 그려진다(최소 두 개의 점이 필요하다). width 값을 1보다 크게 설정하면 선의 끝점도 두꺼워져 선이 매끄럽게 연결되지 않은 것처럼 보일 수 있으니 주의하자.

8 다각형

```
pygame.draw.polygon(window, color, pointslist, width=0)
```

윈도우에 다각형을 그린다. pointlist 매개변수는 다각형의 점을 담은 리스트다. width 매개변수는 원의 선 두께를 결정한다. 값이 0일 때 다각형 전체에 색이 입혀진다.

9 직사각형

```
pygame.draw.rect(window, color, rect, width=0)
```

윈도우에 사각형을 그린다. rect 매개변수는 사각형이 그려질 영역을 나타낸다. width 매개변수는 원의 선 두께를 결정한다. 값이 0일 때 직사각형 전체에 색이 입혀진다. 더 자세한 정보는 관련 공식 문서[10]를 확인해보기 바란다.

---

10 http://www.pygame.org/docs/ref/draw.html

기본 도형을 그리는 메서드로 원하는 도형을 그릴 수 있다. 메서드를 호출하는 순서가 중요하다. 순서를 레이어라고 생각하자. 답이 나온다. 즉 먼저 그려진 도형은 나중에 그려진 도형에 가려진다.

5.7 정리

5장은 파이게임의 기본 사항을 다뤘다. 파이게임을 설치하고 텍스트 기반 프로그램을 코딩하는 것과는 꽤 다른 이벤트 주도 프로그래밍 방법론과 이벤트 사용법을 알아봤다. 또한, 윈도우 내 픽셀의 좌표 시스템과 색상이 코드로 표현되는 방식을 살펴봤다.

프로그램을 파이게임으로 바로 만들 수 있도록 12단계 템플릿 코드도 다뤘다. 템플릿 코드는 단순히 빈 윈도우를 띄우는 것 외에는 아무 일도 하지 않지만 파이게임 기반의 다른 프로그램을 만들 때 포괄적으로 활용할 수 있다. 이를 토대로 blit()를 사용해 윈도우에 이미지 그리는 법, 마우스 이벤트를 감지하는 법, 키보드 입력을 다루는 법 등 간단한 프로그램을 만들었다. 위치 기반의 애니메이션을 만드는 예시도 함께 확인했다.

파이게임에서 사각형은 꽤 중요한 요소다. rect 객체의 속성을 사용하는 방법을 살펴봤다. 소리 효과와 배경음악을 재생하는 예시 코드로 사용자의 즐길 요소를 한층 강화하는 방법도 알아봤다. 파이게임이 제공하는 메서드로 기본적인 도형을 그리는 방법을 마지막으로 살펴봤다.

5장에서 소개한 파이게임의 여러 개념은 절차적 방식으로 작성했다. 다만 파이게임에 내장된 rect 객체는 객체지향 코드의 예시다. 6장에서는 객체지향적 방식으로 파이게임을 활용한 코드를 더욱 효과적으로 작성하는 방법을 다룬다.

6

객체지향 파이게임

6장은 파이게임으로 프로그램을 만들 때 객체지향을 효과적으로 사용하는 방법을 알아본다. 먼저 절차적으로 작성된 코드를 단일 클래스와 해당 클래스 메서드를 호출하는 메인 코드로 분리한다. 다음으로 기본적인 사용자 인터페이스를 SimpleButton과 SimpleText라는 두 클래스로 정의해 구현한다. 마지막에는 콜백을 소개하며 마무리한다.

6.1 객체지향 파이게임으로 튕기는 공 화면 보호기 만들기

5장에서는 윈도우 내에서 공을 튕기는 구식 화면 보호기를 만들었다('코드 5.6' 참고). 해당 코드는 잘 작동했지만 공의 상태 정보(데이터), 공 상태를 초기화하고 조작하는 코드, 공을 화면에 그리는 코드가 모두 12단계로 구성된 프레임워크에 내장됐다.

좀 더 모듈화된 접근은 코드를 공 클래스(Ball), 공 객체를 만들어 메서드를 호출하는 메인 프로그램으로 분리한다. 모듈화된 접근 방법과 Ball 클래스 하나로 여러 공 객체를 생성하는 방법을 살펴보겠다.

6.1.1 Ball 클래스 정의하기

모든 공 관련 코드를 Ball이라는 별도 클래스로 이전한다. 원본 코드를 살펴보면 다음과 같은 공 관련 사항이 있다.

- 공 이미지를 불러온 4단계
- 공과 관련된 모든 변수를 정의하고 초기화한 5단계
- 공을 움직이고 윈도우 경계선과 충돌을 검사하며 공 방향과 속도를 바꾼 8단계
- 공을 그린 10단계

Ball 클래스는 다음과 같은 메서드가 필요하다고 결론 내린다.

- 이미지를 불러오고 그려질 위치를 정하며 모든 인스턴스 변수를 초기화하는 create() 메서드
- x, y 방향의 속도에 따라 프레임마다 위치를 바꾸는 update() 메서드
- 윈도우에 그리는 draw() 메서드

프로젝트 폴더를 생성한 후 해당 폴더에 Ball 클래스를 정의할 Ball.py, 메인 코드가 담길 Main_BallBounce.py, 이미지 파일이 담길 images 폴더를 만든다. 그 후 images 폴더에 ball.png를 저장한다.

'코드 6.1'은 새롭게 정의된 Ball 클래스를 보여준다.

코드 6.1 Ball 클래스　　　　　　　　　　　　　File PygameDemo6_BallBounceObjectOriented/Ball.py

```python
import pygame
from pygame.locals import *
import random

# Ball 클래스
class Ball():

    def __init__(self, window, windowWidth, windowHeight): ❶
        self.window = window # 나중에 그릴 수 있도록 윈도우를 기억한다.
        self.windowWidth = windowWidth
        self.windowHeight = windowHeight
        self.image = pygame.image.load('images/ball.png') ❷

        # rect는[x, y, 너비, 높이]로 구성된다.
        ballRect = self.image.get_rect()
        self.width = ballRect.width
        self.height = ballRect.height
```

```
                self.maxWidth = windowWidth - self.width
                self.maxHeight = windowHeight - self.height

                # 시작점을 무작위로 선택한다.
                self.x = random.randrange(0, self.maxWidth)  ❸
                self.y = random.randrange(0, self.maxHeight)

                # x, y축 방향 속도를 -4~4 (0은 불포함) 사이에서 무작위로 선택한다.
                speedsList = [-4, -3, -2, -1, 1, 2, 3, 4]  ❹
                self.xSpeed = random.choice(speedsList)
                self.ySpeed = random.choice(speedsList)

        def update(self):  ❺
            # 경계면에 부딪혔는지 검사한다. 만약 그렇다면 방향을 바꾼다.
            if (self.x < 0) or (self.x >= self.maxWidth):
                self.xSpeed = -self.xSpeed

            if (self.y < 0) or (self.y >= self.maxHeight):
                self.ySpeed = -self.ySpeed

            # 두 방향 속도로 공의 x, y 값을 갱신한다.
            self.x = self.x + self.xSpeed
            self.y = self.y + self.ySpeed

        def draw(self):  ❻
            self.window.blit(self.image, (self.x, self.y))
```

Ball 객체는 __init__() 메서드에 공을 그릴 윈도우 자체와 윈도우 너비, 높이 값을 입력해 생성할 수 있다❶. 첫 번째 매개변수로 입력된 윈도우는 self.window 인스턴스 변수에 저장하고 이후 draw() 메서드가 활용할 수 있도록 한다. 나머지 매개변수는 self.windowHeight 및 self.windowWidth 인스턴스 변수에 저장한다. 그다음 이미지 파일의 경로를 지정한다. 공 이미지를 불러오고 공 이미지의 rect 객체를 생성한다❷. rect는 x와 y 최댓값을 계산해 공이 항상 윈도우 내 있도록 하고자 필요하다. 이제 공을 그릴 위치를 무작위로 선정한다❸. 마지막으로 공의 x와 y 방향 속도를 −4~4(0은 제외) 사이에서 무작위로 선정한다. 속도는 프레임마다 공이 한 번에 움직일 픽셀 수를 의미한다❹. 이 숫자는 프로그램을 시작할 때마다 무작위로 바뀌어 매번 공 속도가 달라질 수 있다. 모든 값은 인스턴스 변수로 저장하고 다른 메서드에서도 활용할 수 있도록 한다.

메인 프로그램의 루프는 프레임마다 Ball 객체의 update() 메서드를 호출하도록 작성해야 한다. update() 메서드는 공이 윈도우 경계면에 부딪혔는지 검사하는 코드를 구현한다❺. 만약 경계면에 부딪혔다면 현재 속도로 x, y 좌표를 그대로 뒤집어 공이 나아갈 방향을 전환한다.

draw() 메서드❻는 단순히 공을 현재 x, y 좌표에 그리는 blit()를 호출하는 역할을 한다. 메인 프로그램의 루프에서 매번 호출돼야 한다.

6.1.2 Ball 클래스 사용하기

공 관련 모든 내용이 Ball 클래스에 담겼다. 이제 메인 프로그램이 해야 할 일은 Ball 객체를 생성한 후 해당 객체의 update() 및 draw() 메서드를 프레임마다 호출하는 것뿐이다. 이를 간소화한 코드가 '코드 6.2'다.

코드 6.2 Ball 객체를 만든 후 각종 메서드를 호출하는 메인 프로그램

(File) PygameDemo6_BallBounceObjectOriented/Main_BallBounce.py

```
# 파이게임 데모 6(a): Ball 클래스로 공 한 개 튕기기

# 1: 패키지 불러오기
import pygame
from pygame.locals import *
import sys
import random
from Ball import * # Ball 클래스 코드 불러오기 ❶

# 2: 상수 정의하기
BLACK = (0, 0, 0)
WINDOW_WIDTH = 640
WINDOW_HEIGHT = 480
FRAMES_PER_SECOND = 30

# 3: 파이게임 환경 초기화하기
pygame.init()
window = pygame.display.set_mode((WINDOW_WIDTH, WINDOW_HEIGHT))
clock = pygame.time.Clock()

# 4: 이미지, 소리 등 애셋 불러오기

# 5: 변수 초기화하기
oBall = Ball(window, WINDOW_WIDTH, WINDOW_HEIGHT) ❷

# 6: 무한 루프 수행하기
while True:

    # 7: 이벤트 발생 검사 및 처리하기
    for event in pygame.event.get():
        if event.type == pygame.QUIT:
            pygame.quit()
            sys.exit()
```

```
# 8: '프레임당' 처리해야 할 일 정의하기
oBall.update() # 공 상태 갱신하기 ❸

# 9: 윈도우 내 내용물 지우기
window.fill(BLACK)

# 10: 윈도우 내 모든 내용물(요소) 그리기
oBall.draw() # 공 그리기 ❹

# 11: 윈도우 갱신하기
pygame.display.update()

# 12: 윈도우 갱신 주기 늦추기
clock.tick(FRAMES_PER_SECOND)
```

새로 작성된 메인 프로그램을 '코드 5.6'과 비교하면 훨씬 간결하고 명확해졌다. 먼저 import 문으로 앞서 정의한 Ball 클래스 코드를 불러온다❶. 생성한 윈도우와 함께 높이와 너비 정보로 Ball 객체를 만들어❷ oBall 변수에 해당 객체를 저장한다.

공을 움직이는 주체가 Ball 클래스로 바뀌었다. oBall 객체의 update() 메서드를 호출하면 공 위치를 바꿀 수 있다❸. Ball 객체는 윈도우 크기, 공 이미지 크기, 공 위치 및 속도를 알고 있어 윈도우 경계선에 부딪쳤을 때 튕겨내거나 공을 움직이는 데 필요한 모든 계산을 수행할 수 있다.

메인 코드가 oBall 객체의 draw() 메서드를 호출해 실제 공을 그리는 주체인 oBall 객체가 처리하도록 한다❹.

6.1.3 여러 Ball 객체 생성

메인 프로그램을 조금 변경해 여러 Ball 객체를 생성해보자. 객체지향의 진정한 능력 중 하나다. Ball 클래스로 Ball 객체를 세 번 만들면 공 세 개를 얻을 수 있다. 가장 기본적인 접근법을 활용해 Ball 객체들을 저장할 때 리스트를 사용한다. 프레임마다 모든 Ball 객체를 하나씩 접근해 위치를 갱신하고 다시 한번 모든 Ball 객체를 하나씩 접근해 각 공이 스스로 윈도우에 그리도록 요청한다. '코드 6.3'은 세 개의 Ball 객체를 만들고 다루는 수정된 메인 프로그램이다.

Ⓕⁱˡᵉ PygameDemo6_BallBounceObjectOriented/Main_BallBounceManyBalls.py

```python
# 파이게임 데모 6(b): Ball 클래스로 공 여러 개 튕기기

--- 생략 ---
N_BALLS = 3
--- 생략 ---

# 5: 변수 초기화하기
ballList = []  ①
for oBall in range(0, N_BALLS):
    # 반복할 때마다 Ball 객체를 생성한다.
    oBall = Ball(window, WINDOW_WIDTH, WINDOW_HEIGHT)
    ballList.append(oBall)  # 신규 Ball 객체를 Balls 리스트에 추가한다.

# 6: 무한 루프 수행하기
while True:

    --- 생략 ---

    # 8: '프레임당' 처리해야 할 일 정의하기
    for oBall in ballList:  ②
        oBall.update()  # 공 상태 갱신하기

    # 9: 윈도우 내 내용물 지우기
    window.fill(BLACK)

    # 10: 윈도우 내 모든 내용물(요소) 그리기
    for oBall in ballList:  ③
        oBall.draw()  # 공 그리기

    # 11: 윈도우 갱신하기
    pygame.display.update()

    # 12: 윈도우 갱신 주기 늦추기
    clock.tick(FRAMES_PER_SECOND)
```

Ball 객체를 담을 빈 리스트로 시작한다①. 세 개의 Ball 객체를 생성하고 ballList 리스트에 넣는 루프를 수행한다. 각 Ball 객체의 x, y 방향 속도 및 시작 위치는 무작위로 선택된다.

메인 루프는 모든 Ball 객체를 하나씩 접근한다. 각 객체의 update() 메서드를 호출해 공의 x, y 좌표를 갱신한다②. 다시 한번 Ball 객체에 하나씩 접근하며 draw() 메서드를 호출하고 공이 윈도우에 직접 그리도록 한다③.

프로그램을 실행하면 세 개의 공이 화면 속 임의의 위치에 나타난다. x와 y 방향에 임의의 속도로 움직인다. 각 공이 윈도우의 경계선에 맞닿을 때 반대 방향으로 튕겨져 나가는 것도 확인할 수 있다.

객체지향적 접근법을 사용하면 Ball 클래스 자체를 아무것도 바꾸지 않아도 된다. 단 메인 프로그램이 단일 Ball 객체 대신 리스트로 Ball 객체 목록을 관리하도록 바꾸면 된다. 객체지향적으로 작성된 코드의 장점이다. 잘 작성된 클래스는 변경하지 않고 여러 번 재사용할 수 있다.

6.1.4 수많은 Ball 객체 생성하기

직전 프로그램에서 정의한 N_BALLS 상숫값을 3보다 훨씬 크게 잡으면(예 300) 순식간에 공을 많이 생성할 수 있다(그림 6.1). 상숫값 하나를 바꿨을 뿐이지만 프로그램 행동에는 큰 변화가 생겼다. 각 공이 자신만의 속도와 위치 정보를 관리하고 스스로 화면에 그릴 줄 알기에 가능한 일이다.

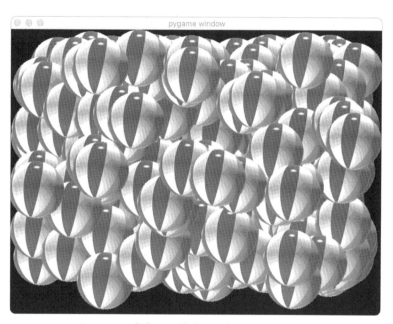

그림 6.1 **300개의 Ball 객체를 생성하며 갱신하고 그리기**

단일 스크립트로 원하는 만큼 객체를 만들 수 있다는 것은 우주선, 좀비, 총알, 보물 등 게임 속 사물을 정의하는 것뿐만 아니라 버튼, 체크 박스, 텍스트 입력 필드, 텍스트 출력 필드 같은 GUI 제어 장치를 만드는 데도 필수적이다.

6.2 객체지향적으로 재사용 가능한 버튼 만들기

GUI에서 쉽게 보는 요소 중 하나가 바로 기본 버튼이다. 기본 버튼은 버튼 이미지를 마우스로 클릭하고 클릭이 해제되는 두 가지 행동으로 정의할 수 있다.

버튼은 최소 두 개의 이미지로 구성한다. 하나는 버튼의 보통 상태(또는 **눌리지 않은 상태**)를 표현하는 것이고, 나머지 하나는 버튼이 **눌렸을 때**를 표현하는 것이다. 버튼이 눌리는 과정은 6단계로 나눌 수 있다.

1. 사용자가 버튼 위로 마우스 커서를 움직인다.
2. 사용자가 마우스로 버튼을 누른다.
3. 프로그램이 버튼을 누른 상태에 맞는 이미지로 바꾼다.
4. 사용자가 버튼에서 마우스를 뗀다.
5. 프로그램이 버튼을 뗀 상태에 맞는 이미지로 바꾼다.
6. 프로그램이 버튼 클릭에 알맞은 코드를 수행한다.

잘 만든 GUI는 사용자가 마우스로 버튼을 누른 채 버튼 영역 바깥으로 움직이면 버튼 눌림을 해제할 수도 있어야 한다. 이때 마우스 버튼을 누른 채 다시 버튼 영역으로 커서를 움직이면 다시 버튼이 눌린 것으로 처리한다. 또한, 버튼 영역 바깥으로 움직인 후 마우스 버튼에서 손을 떼면 클릭으로 간주하지 않는다. 즉 프로그램은 사용자가 마우스 버튼을 버튼 이미지 영역에서 눌렀다 뗐을 때만 버튼이 눌린 것으로 판단한다.

6.2.1 버튼 클래스 정의하기

모든 GUI 버튼은 일관적이며 공통 방식으로 작동해야 한다. 따라서 클래스 정의가 필요하다. 간단한 버튼 클래스를 만든 후에는 같은 방식으로 작동하는 여러 개 버튼을 쉽게 만들 수 있다.

버튼이 반드시 제공해야 하는 행동이 있다. 다음의 메서드가 필요하다.

- 버튼을 누르고 뗀 이미지를 불러온 후 버튼 상태를 추적하는 데 필요한 모든 인스턴스 변수를 초기화한다.
- 메인 프로그램에서 발생하는 모든 이벤트를 버튼에 알리고 그중 버튼이 반응 및 대응해야 하는 것이 있는지 검사한다.

- 현재 버튼 상태를 표현한 이미지를 그린다.

'코드 6.4'는 SimpleButton 클래스를 정의한다(더 복잡한 버튼은 7장에서 만든다). 해당 클래스는 __init__(), handleEvent(), draw() 메서드로 앞서 언급한 버튼 행동을 구현한다. handleEvent() 메서드는 구현이 약간 까다롭다. 하지만 일단 작동하게 하면 매우 쉽게 사용할 수 있다. 직접 구현해도 좋지만 구현 내용보다 서로 다른 메서드의 목적과 사용성을 이해하는 것이 더 중요하다는 것을 알아두자.

코드 6.4 SimpleButton 클래스　　　　　　　　　　　File PygameDemo7_SimpleButton/SimpleButton.py

```python
# SimpleButton 클래스
#
# '상태 머신' 접근법 사용
#

import pygame
from pygame.locals import *

class SimpleButton():
    # 버튼 상태 추적을 위해 사용한다.
    STATE_IDLE = 'idle' # 버튼이 눌리지 않았고 마우스가 버튼 위에 없을 때
    STATE_ARMED = 'armed' # 버튼이 눌렸고 마우스가 버튼 위에 있을 때
    STATE_DISARMED = 'disarmed' # 버튼이 클릭됐을 때

    def __init__(self, window, loc, up, down): ❶
        self.window = window
        self.loc = loc
        self.surfaceUp = pygame.image.load(up)
        self.surfaceDown = pygame.image.load(down)

        # 버튼의 rect를 구한다(마우스가 버튼 위에 있는지 검사하기 위한 용도).
        self.rect = self.surfaceUp.get_rect()
        self.rect[0] = loc[0]
        self.rect[1] = loc[1]

        self.state = SimpleButton.STATE_IDLE

    def handleEvent(self, eventObj): ❷
        # 사용자가 버튼을 클릭했을 때 True를 반환한다.
        # 그 밖의 이벤트는 False를 반환한다.

        if eventObj.type not in (MOUSEMOTION, MOUSEBUTTONUP, MOUSEBUTTONDOWN): ❸
            # 버튼은 마우스 이벤트에만 관심을 둔다.
            return False

        eventPointInButtonRect = self.rect.collidepoint(eventObj.pos)
```

```
        if self.state == SimpleButton.STATE_IDLE:
            if (eventObj.type == MOUSEBUTTONDOWN) and eventPointInButtonRect:
                self.state = SimpleButton.STATE_ARMED

        elif self.state == SimpleButton.STATE_ARMED:
            if (eventObj.type == MOUSEBUTTONUP) and eventPointInButtonRect:
                self.state = SimpleButton.STATE_IDLE
                return True # 클릭됨!

            if (eventObj.type == MOUSEMOTION) and (not eventPointInButtonRect):
                self.state = SimpleButton.STATE_DISARMED

        elif self.state == SimpleButton.STATE_DISARMED:
            if eventPointInButtonRect:
                self.state = SimpleButton.STATE_ARMED
            elif eventObj.type == MOUSEBUTTONUP:
                self.state = SimpleButton.STATE_IDLE

        return False

    def draw(self): ❹
        # 윈도우에 현재 버튼 모습을 그린다.
        if self.state == SimpleButton.STATE_ARMED:
            self.window.blit(self.surfaceDown, self.loc)

        else: # IDLE 또는 DISARMED 상태
            self.window.blit(self.surfaceUp, self.loc)
```

__init__() 메서드는 입력된 모든 매개변숫값을 인스턴스 변수에 저장해❶ 다른 메서드에서 활용할 수 있도록 조치한다. 그다음 내부적으로 활용되는 몇 가지 추가 인스턴스 변수를 초기화한다.

메인 프로그램은 이벤트 발생을 감지할 때마다 SimpleButton 클래스의 handleEvent() 메서드를 호출한다❷. handleEvent() 메서드가 가장 먼저 하는 일은 이벤트 종류가 MOUSEMOTION, MOUSEBUTTONUP, MOUSEBUTTONDOWN 중 하나인지 검사하는 것이다❸. 해당 메서드는 **상태 머신** state machine으로 작동하도록 구현됐다. 15장에서 상세히 다루겠다. 코드가 약간 복잡하다. 지금은 버튼이 클릭된 사실을 self.state 인스턴스 변수로 판단할 수 있다는 정도만 알아도 된다. handleEvent() 메서드는 사용자가 버튼을 마우스로 누른 후 뗄 때 까지를 완전한 버튼 클릭으로 간주한다. 이 행동이 이뤄졌을 때만 True를, 그렇지 않으면 False를 반환한다.

마지막으로 draw() 메서드는 객체의 인스턴스 변수인 self.state를 참조해 그려야 할 적절한 이미지(누름 또는 뗌 상태에 따른)를 화면에 그린다❹.

6.2.2 SimpleButton 클래스를 사용하는 메인 코드

메인 코드에서 SimpleButton을 사용하려면 먼저 메인 루프가 시작되기 전 SimpleButton 객체를 생성해야 한다.

```
oButton = SimpleButton(window, (150, 30),
                       'images/buttonUp.png',
                       'images/buttonDown.png')
```

그려야 할 위치(경계 사각형의 좌측 상단 모서리 좌표), 버튼의 누르고 뗀 이미지 경로를 제공해 SimpleButton 객체가 생성된다. 메인 루프는 이벤트가 발생할 때마다 handleEvent() 메서드를 호출해 버튼이 클릭됐는지 여부를 판단한다. 만약 버튼이 클릭됐다면 그에 따른 적절한 코드를 수행해야 한다. 메인 루프는 윈도우에 버튼을 그리고자 SimpleButton 객체의 draw() 메서드를 호출한다.

간단한 테스트용 프로그램을 만들어보자. '그림 6.2'처럼 단일 SimpleButton 객체를 가진 사용자 인터페이스를 만든다.

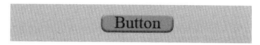

그림 6.2 **단일 SimpleButton 객체를 가진 UI 프로그램**

프로그램은 사용자가 버튼을 클릭할 때마다 터미널에 '버튼을 클릭했습니다'라는 텍스트를 출력한다. '코드 6.5'를 보자.

코드 6.5 **SimpleButton 객체를 생성하고 상호작용하는 메인 프로그램**

File PygameDemo7_SimpleButton/Main_SimpleButton.py

```
# 파이게임 데모 7: SimpleButton 테스트 코드

--- 생략 ---
# 5: 변수 초기화하기
# SimpleButton 객체 생성하기
oButton = SimpleButton(window, (150, 30), ❶
                       'images/buttonUp.png',
                       'images/buttonDown.png')

# 6: 무한 루프 수행하기
while True:
```

```
# 7: 이벤트 발생 검사 및 처리하기
for event in pygame.event.get():
    if event.type == pygame.QUIT:
        pygame.quit()
        sys.exit()

    # 버튼이 클릭됐는지 검사하기
    if oButton.handleEvent(event): ❷
        print('버튼을 클릭했습니다.') ❸

# 8: '프레임당' 처리해야 할 일 정의하기

# 9: 윈도우를 회색으로 채워 내용물 지우기(GRAY - 회색을 정의한 RGB 상수)
window.fill(GRAY)

# 10: 윈도우 내 모든 내용물(요소) 그리기
oButton.draw() # 버튼을 그린다. ❹

# 11: 윈도우 갱신하기
pygame.display.update()

# 12: 윈도우 갱신 주기 늦추기
clock.tick(FRAMES_PER_SECOND)
```

5장에서 소개한 파이게임 템플릿으로 시작한다. 메인 루프가 시작되기 전 버튼이 그려질 윈도우, 위치, 눌리고 뗐을 때 버튼 이미지 경로를 지정해 SimpleButton 객체를 생성한다❶.

메인 루프는 반복할 때마다 메인 프로그램이 감지한 이벤트를 처리한다. 감지한 이벤트를 SimpleButton 클래스의 handleEvent() 메서드❷에 입력해 호출한다.

handleEvent() 메서드는 사용자가 버튼에 하는 모든 행위(버튼을 누르고 떼고 누른 채 영역을 벗어났다가 들어오는 등)를 추적한다. handleEvent() 메서드는 클릭(버튼을 누른 후 뗐을 때)됐을 때 True를 반환한다. 이때 적절한 일을 수행하면 된다. '코드 6.5'에서는 메시지를 간단히 출력했다❸.

마지막으로 버튼의 draw() 메서드를 호출해❹ 현재 버튼 상태에 맞는 이미지를 윈도우에 그린다.

6.2.3 여러 버튼을 가진 프로그램 만들기

앞서 만든 SimpleButton 클래스를 활용하면 원하는 만큼 버튼을 만들 수 있다. 메인 프로그램을 조금 수정하면 '그림 6.3'처럼 세 개의 SimpleButton을 가진 프로그램을 만들 수 있다.

그림 6.3 **세 개의** SimpleButton **객체를 가진 프로그램**

SimpleButton 클래스를 정의한 파일은 아무것도 바뀌지 않는다. 단지 한 개 대신 세 개의 Simple Button 객체를 생성하도록 메인 프로그램을 수정한다.

(File) PygameDemo7_SimpleButton/Main_SimpleButton3Buttons.py

```
oButtonA = SimpleButton(window, (25, 30),
                        'images/buttonAUp.png',
                        'images/buttonADown.png')
oButtonB = SimpleButton(window, (150, 30),
                        'images/buttonBUp.png',
                        'images/buttonBDown.png')
oButtonC = SimpleButton(window, (275, 30),
                        'images/buttonCUp.png',
                        'images/buttonCDown.png')
```

각 버튼의 handleEvent() 메서드를 호출한다.

```
# 각 버튼에 이벤트를 전달해 클릭 여부 검사하기
if oButtonA.handleEvent(event):
    print('Button A를 클릭했습니다.')
elif oButtonB.handleEvent(event):
    print('Button B를 클릭했습니다.')
elif oButtonC.handleEvent(event):
    print('Button C를 클릭했습니다.')
```

마지막으로 각 버튼을 윈도우에 그린다.

```
oButtonA.draw()
oButtonB.draw()
oButtonC.draw()
```

프로그램을 실행하면 세 개의 버튼을 가진 윈도우를 확인할 수 있다. 세 버튼 각각 클릭하면 클릭된 버튼의 이름이 메시지로 출력된다.

예시 프로그램에서 알 수 있는 중요한 사실은 동일한 SimpleButton 클래스로 세 버튼을 만들었기에 모든 버튼이 동일한 방식으로 작동한다는 것이다. SimpleButton 클래스 코드만 수정하면 모든 버튼에 수정 내용이 자동으로 반영된다는 장점이 있다. 메인 프로그램은 버튼의 내부 작동 방식을 전혀 알지 못해도 된다. 단지 메인 루프에서 각 버튼의 handleEvent() 메서드를 호출하고 반환된 True 또는 False 값을 적절히 처리하면 된다.

6.3 객체지향적으로 재사용 가능한 텍스트 출력용 클래스 만들기

파이게임 프로그램은 출력용과 입력용 텍스트를 가진다. 출력용 텍스트는 프로그램이 출력하는 텍스트로 print() 함수를 호출한 것과 유사하다. 파이게임 원도우에 텍스트가 출력된다는 점이 다르다. 입력용 텍스트는 사용자가 입력하는 문자열이다. input() 함수를 호출한 것과 유사하다. 지금부터 출력용 텍스트를 다루겠다. 입력용 텍스트를 다루는 방법은 7장에서 다룬다.

6.3.1 텍스트를 출력하는 절차 알아보기

파이게임에서 원도우로 텍스트를 출력하는 과정은 생각보다 꽤 복잡하다. 단순히 터미널에 텍스트를 출력하는 것이 아니라 출력될 위치, 글자 폰트와 크기 등 다양한 속성을 제어해야 한다. 예를 들어 다음과 같은 코드가 필요하다.

```
pygame.font.init()

myFont = pygame.font.SysFont('Comic Sans MS', 30)
textSurface = myfont.render('Some text', True, (0, 0, 0))
window.blit(textSurface, (10, 10))
```

메인 루프가 시작되기 전 파이게임의 폰트 시스템을 초기화한다. 다음으로 폰트 이름을 지정해 파이게임이 특정 폰트를 불러오도록 요청한다. 여기서는 크기 30인 Comic Sans MS 폰트를 요청했다.

텍스트를 Comic Sans MS 폰트로 화면에 **렌더링**rendering한다. 여기서 그려지는 것은 텍스트를 그래픽 이미지로 표현한 것이다. 파이게임에서는 서피스surface라고 한다. 그려질 텍스트, 위신호 제거 선의 적용 여부를 결정하는 불리언 값, 텍스트 색상을 결정하는 RGB 값을 render() 메서드에 입력한다. 예시 코드는 텍스트 색상을 검정색 (0, 0, 0)으로 지정했다. 마지막으로 blit() 메서드를 호출해 (이미지로 표현된) 텍스트를 원도우 내 원하는 좌표 (x, y)에 그린다.

이 코드는 원하는 텍스트를 윈도우 내 원하는 위치에 잘 출력한다. 텍스트가 변하지 않는다면 메인 루프에서 textSurface를 매번 생성할 필요가 없지만 매번 생성하게 되는 불필요한 수고가 발생할 수 있다. 적절한 텍스트를 올바르게 출력하려면 수많은 세부 사항을 파악하고 관련 코드를 매번 작성해야 한다. 클래스로 포장하면 복잡한 세부 사항을 대부분 숨길 수 있다.

6.3.2 SimpleText 클래스 정의하기

클래스로 텍스트 출력을 다루는 핵심은 파이게임 폰트를 불러오고 텍스트를 그리는 행위를 메서드로 구현하는 데 있다. 구현의 모든 세부 사항을 이제 기억하지 않아도 된다. '코드 6.6'은 Simple Text 클래스로 구현한다.

코드 6.6 **텍스트를 출력하는 SimpleText 클래스**   (File) PygameDemo8_SimpleTextDisplay/SimpleText.py

```python
# SimpleText 클래스

import pygame
from pygame.locals import *

class SimpleText():

    def __init__(self, window, loc, value, textColor):  ❶
        pygame.font.init()  ❷
        self.window = window
        self.loc = loc
        self.font = pygame.font.SysFont(None, 30)  ❸
        self.textColor = textColor
        self.text = None  # None으로 설정하면 setValue가 호출됐을 때
                          # 무조건 텍스트 이미지를 그리게 된다.
        self.setValue(value)  # 그려질 초기 텍스트 설정

    def setValue(self, newText):  ❹
        if self.text == newText:
            return  # 텍스트에 변화가 없을 때

        self.text = newText  # 바뀐 신규 텍스트 설정
        self.textSurface = self.font.render(self.text, True, self.textColor)

    def draw(self):  ❺
        self.window.blit(self.textSurface, self.loc)
```

SimpleText 객체를 텍스트를 그릴 윈도우의 한 영역이라고 생각해도 좋다. SimpleText 객체는 변하지 않는 일종의 레이블이다. 텍스트를 출력하거나 프로그램 실행 중 바뀌는 텍스트 출력용으로도 사용할 수 있다.

SimpleText 클래스에는 세 개의 메서드가 있다. __init__() 메서드❶는 텍스트를 그릴 윈도우, 위치, 초기 텍스트 문자열, 텍스트 색상 정보를 입력받아 SimpleText 객체를 생성한다. pygame. font.init() 메서드❷는 파이게임의 폰트 시스템에 시동을 거는 역할이다. 첫 번째로 생성되는 SimpleText 객체의 pygame.font.init()가 초기화 작업을 수행한다. 이후 생성될 SimpleText 객체의 __init__() 메서드에서는 pygame.font.init() 메서드를 호출하지만 실제로는 아무 일도 일어나지 않는다. 다음으로 pygame.font.SysFont() 메서드❸를 호출해 폰트 객체를 생성한다. 여기서는 특정 폰트 이름 대신 None을 지정했다. 현재 시스템 표준 폰트가 자동으로 선택된다.

setValue() 메서드는 텍스트를 이미지로 만든 후 해당 이미지를 self.textSurface 인스턴스 변수에 저장한다❹. 프로그램을 실행한 후 텍스트 내용을 바꾸고 싶다면 다른 문자열로 setValue() 메서드를 호출한다. setValue() 메서드의 처리 과정은 최적화돼 있다. 직전에 그린 텍스트를 기억해 새로 입력한 텍스트와 동일한지 여부를 검사한다. 바뀌었다면 새로 텍스트를 그린다.

draw() 메서드❺는 self.textSurface 인스턴스 변수에 담긴 이미지를 정해진 윈도우 위치에 그린다. draw() 메서드는 프레임마다 호출돼야 한다.

해당 접근법은 다음과 같은 이점이 있다.

- 파이게임으로 텍스트를 그리는 모든 세부 사항을 감출 수 있다. 해당 클래스를 사용하면 파이게임에 특화된 함수를 다루는 방법을 알지 못해도 괜찮다.
- 모든 SimpleText 객체는 텍스트를 그릴 윈도우와 윈도우 내 위치, 텍스트 색상 정보를 기억한다. 메인 루프를 시작하기 전 SimpleText 객체를 생성할 때 이 값을 한 번만 설정하면 된다.
- 모든 SimpleText 객체는 마지막에 그린 텍스트와 이미지(self.textSurface)를 기억하도록 최적화돼 있다. 실제로 텍스트가 바뀌었을 때만 새로운 서피스가 생성된다.
- 윈도우에 여러 텍스트를 그리고 싶다면 단순히 여러 SimpleText 객체를 생성하면 된다. OOP의 주요 개념이자 이점 중 하나이다.

6.4 SimpleText와 SimpleButton으로 데모 프로그램 만들기

지금까지 내용을 마무리하는 차원에서 '코드 6.2'를 SimpleText 및 SimpleButton 클래스를 사용하도록 수정한다. 수정된 프로그램은 '코드 6.7'과 같다. 메인 루프가 처리된 횟수를 추적한다. 윈도우 상단에 출력하고 카운트된 횟수를 초기화하는 재시작 버튼으로 구성한다.

코드 6.7   Ball, SimpleText, SimpleButton **객체를 그리는 메인 프로그램 예시 코드**

(File) PygameDemo8_SimpleTextDisplay/Main_BallTextAndButton.py

```python
# 파이게임 데모 8: SimpleText, SimpleButton, Ball

# 1: 패키지 불러오기
import pygame
from pygame.locals import *
import sys
import random
from Ball import *  # Ball 클래스 코드 불러오기 ❶
from SimpleText import *
from SimpleButton import *

# 2: 상수 정의하기
BLACK = (0, 0, 0)
WHITE = (255, 255, 255)
WINDOW_WIDTH = 640
WINDOW_HEIGHT = 480
FRAMES_PER_SECOND = 30

# 3: 파이게임 환경 초기화하기
pygame.init()
window = pygame.display.set_mode((WINDOW_WIDTH, WINDOW_HEIGHT))
clock = pygame.time.Clock()

# 4: 이미지, 소리 등 애셋 불러오기

# 5: 변수 초기화하기
oBall = Ball(window, WINDOW_WIDTH, WINDOW_HEIGHT)  ❷
oFrameCountLabel = SimpleText(window, (60, 20),
                     'Program has run through this many loops: ', WHITE)
oFrameCountDisplay = SimpleText(window, (500, 20), '', WHITE)
oRestartButton = SimpleButton(window, (280, 60),
                     'images/restartUp.png', 'images/restartDown.png')
frameCounter = 0

# 6: 무한 루프 수행하기
while True:

    # 7: 이벤트 발생 검사 및 처리하기
    for event in pygame.event.get():
        if event.type == pygame.QUIT:
            pygame.quit()
            sys.exit()
```

```
        if oRestartButton.handleEvent(event): ❸
            frameCounter = 0 # 버튼이 클릭되면 카운터를 초기화한다.

    # 8: ‘프레임당’ 처리해야 할 일 정의하기
    oBall.update() # Ball 객체에 자신의 갱신 작업을 요청한다. ❹
    frameCounter = frameCounter + 1 # 프레임 횟수가 1 증가한다.
    oFrameCountDisplay.setValue(str(frameCounter)) ❺

    # 9: 윈도우 내 내용물 지우기
    window.fill(BLACK)

    # 10: 윈도우 내 모든 내용물(요소) 그리기
    oBall.draw() # Ball 객체에 직접 그리도록 요청한다. ❻
    oFrameCountLabel.draw()
    oFrameCountDisplay.draw()
    oRestartButton.draw()

    # 11: 윈도우 갱신하기
    pygame.display.update()

    # 12: 윈도우 갱신 주기 늦추기
    clock.tick(FRAMES_PER_SECOND)
```

시작 부분에서는 Ball, SimpleText, SimpleButton 클래스 코드를 불러온다❶. 메인 루프가 시작하기 전 하나의 Ball 객체❷, 두 개의 SimpleText 객체(변치 않는 레이블 출력을 위한 oFrameCountLabel과 프레임마다 변하는 텍스트를 위한 oFrameCountDisplay), 하나의 SimpleButton 객체(oRestartButton)를 생성한다. 메인 루프의 수행 횟수가 1씩 증가하며 추적하는 frameCounter 값을 0으로 초기화한다.

메인 루프는 재시작 버튼의 클릭 여부를 검사한다❸. 검사 결과가 True라면 frameCounter 값을 0으로 재설정한다.

다음으로 공 위치를 갱신한다❹. 프레임 카운터(반복 횟수)를 1만큼 증가시킨 후 setValue() 메서드를 호출해 갱신된 카운터를 텍스트로 그릴 준비를 한다❺. 마지막으로 공, 텍스트, 재시작 버튼 객체의 draw() 메서드를 호출해 각자 직접 윈도우에 그리도록 한다❻.

SimpleText 객체 생성 시 입력된 마지막 매개변수는 텍스트 색상이다. 여기서는 검정색(BLACK) 배경에 글씨가 보이도록 만들고자 텍스트 색상을 흰색(WHITE)으로 지정했다. 7장에서 SimpleText 클래스를 확장하고 인터페이스는 간단하게 유지하면서 텍스트의 더 많은 속성을 다룬다. 적절한 기본 속성 값으로 설정된 더욱 완전한 객체지만 각 속성 값을 원하는 대로 고칠 수 있도록 만들어보겠다.

6.5 인터페이스 vs. 구현

SimpleButton과 SimpleText 예시는 인터페이스와 구현이라는 중요한 주제를 떠올릴 수 있다. 4장에서 언급한 것처럼 인터페이스는 무언가의 사용 방법을, 구현은 무언의 (내부적) 작동 방법이다.

객체지향에서 인터페이스는 클래스가 제공하는 메서드와 각 메서드 호출 시 필요한 매개변수를 뜻한다. 이를 **애플리케이션 프로그래밍 인터페이스**application programming interface, API라고 한다. 구현은 클래스의 각 메서드를 구현한 실제 코드를 뜻한다.

일반적으로 파이게임 같은 외부 패키지는 사용 가능한 메서드와 호출 시 필요한 매개변수를 설명한 API 문서[1]를 만들어 제공한다.

파이게임 기능이 필요한 코드를 작성할 때 해당 기능이 구현된 방식은 걱정하지 않아도 된다. 이미지를 그릴 때 blit() 메서드를 호출할 경우 blit() 메서드가 이미지를 어떻게 그리는지 고민할 필요 없다. 해당 메서드를 호출할 때 필요한 매개변수와 메서드가 하는 일이 무엇인지 알면 된다. blit() 메서드를 구현한 사람(들)이 가장 효율적으로 blit()가 작동하도록 만드는 데 많은 고민과 노력을 기울였다는 것을 믿자.

프로그래밍 세계에서 기능을 구현한 사람과 기능을 사용하는 애플리케이션 개발자라는 서로 다른 두 역할을 맡게 될 때가 있다. 현재뿐만 아니라 나중에 우리 프로그램을 사용할 사람도 쉽게 쓸 수 있도록 API를 잘 설계해야 한다. 앞서 만든 SimpleButton 및 SimpleText 클래스가 하나의 좋은 예시다. 다양한 상황에서 통상적으로 사용할 수 있도록 만들었기에 쉽게 재사용될 수 있다. 인터페이스와 구현은 8장에서 더 살펴보겠다.

6.6 콜백

SimpleButton 객체를 사용할 때 버튼 클릭 여부와 처리돼야 할 코드를 다음처럼 작성했다.

```
if oButton.handleEvent(event):
    print('버튼을 클릭했습니다.')
```

---

1   https://www.pygame.org/docs

이 방식으로 SimpleButton 클래스는 이벤트를 잘 처리할 수 있다. 다른 파이썬 패키지 및 프로그래밍 언어는 보통 콜백callback 방식으로 이벤트를 처리한다.

정의 **콜백** 특정 행동, 이벤트, 조건 발생에 따라 호출되는 객체의 함수 또는 메서드

1984년에 히트한 영화 〈고스트 버스터즈〉를 생각해보자. 콜백을 이해하는 데 도움이 된다. '누구에게 연락할 것인가who you gonna call?'가 슬로건이다. 광고 속 〈고스트 버스터즈〉는 유령을 봤을 때(이벤트) 유령을 퇴치하고 싶다면 고스트 버스터즈에게 연락(콜백)하라는 메시지를 전달한다. 연락이 닿으면 고스트 버스터즈는 유령을 퇴치하려고 출동한다.

콜백을 가지도록 초기화된 버튼 객체를 가정해보자. 사용자가 버튼을 클릭하면 버튼은 콜백 함수 또는 메서드를 호출한다. 해당 함수나 메서드는 버튼이 클릭됐을 때 수행할 코드를 실행한다.

6.6.1 콜백 만들기

콜백을 설정하려면 객체를 생성하거나 객체 메서드를 호출할 때 콜백으로 호출될 함수 또는 메서드 이름을 전달해야 한다. 파이썬의 표준 GUI 패키지인 tkinter로 버튼을 생성하는 방식은 지금까지 우리가 봐 온 방식과 꽤 다르다.

```
import tkinter

def myFunction():
    print('myCallBackFunction이 호출됐습니다.')

    oButton = tkinter.Button(text='저를 눌러보세요.', command=myFunction)
```

tkinter로 버튼을 생성할 때는 버튼이 클릭됐을 때 호출될 함수나 메서드를 반드시 지정해야 한다. 여기서는 콜백 함수로 myFunction을 지정했다(키워드 매개변수로 지정됐다. 7장에서 자세히 다룬다). tkinter 버튼은 콜백 함수를 기억하고 사용자가 버튼을 클릭했을 때 myFunction() 함수를 호출한다.

콜백은 시간이 걸리는 작업을 할 때 사용한다. 시간이 오래 걸리는 작업이 끝나기를 기다리는 것보다 해당 작업이 끝날 때를 알려주는 콜백을 제공한다. 인터넷 요청 작업을 가정해보자. 요청을 보낸 후 응답이 오기까지 기다리지 말고 응답이 왔을 때 알려주는 콜백을 설정하면 편리하다. 프로그램은 작업이 완료되기를 기다릴 필요 없이 다른 일을 처리하다가 응답(콜백)이 왔을 때 해당 작업의 후속 조치를 취할 수 있다. 일반적으로 해당 접근법에는 여러 스레드thread와 관련 있다. 이

책에서는 관련 내용을 다루지 않는다. 일반적인 기법인 콜백을 다양한 상황에서 사용한다는 사실을 알아두기를 바란다.

6.6.2 SimpleButton에 콜백 적용하기

콜백 개념을 직접 확인하고자 SimpleButton 클래스를 약간 수정해보자. SimpleButton 클래스를 생성할 때 추가 매개변수를 둬 버튼을 클릭했을 때 처리할 함수 또는 메서드를 입력한다. 각 SimpleButton 객체는 콜백을 인스턴스 변수에 기억하고 사용자가 버튼을 클릭 했을 때 해당 콜백 함수를 호출된다.

'코드 6.8'은 세 개의 SimpleButton 객체를 생성한다. 각 버튼은 서로 다른 방식으로 클릭 이벤트를 처리한다. 첫 번째 버튼인 oButtonA는 콜백을 가지지 않으며, 두 번째 버튼인 oButtonB는 함수를 콜백으로 등록한다. 마지막 버튼인 oButtonC는 객체의 메서드를 콜백으로 등록한다.

코드 6.8 **버튼 클릭을 세 가지 방식으로 다루는 메인 프로그램**

File PygameDemo9_SimpleButtonWithCallback/Main_SimpleButtonCallback.py

```python
# 파이게임 데모 9: 콜백 시험을 위한 세 버튼

# 1: 패키지 불러오기
import pygame
from pygame.locals import *
from SimpleButton import *
import sys

#2: 상수 정의하기
GRAY = (200, 200, 200)
WINDOW_WIDTH = 400
WINDOW_HEIGHT = 100
FRAMES_PER_SECOND = 30

# 콜백으로 사용될 함수 정의하기
def myCallBackFunction():    ❶
    print('Button B를 클릭했습니다. myCallBackFunction 함수를 호출합니다.')

# 콜백으로 사용될 메서드를 가진 클래스 정의하기
class CallBackTest():    ❷
    --- 생략 ---

    def myMethod(self):
        print('Button C를 클릭했습니다. CallBackTest 객체의 myMethod 메서드를 호출합니다.')
```

```
# 3: 파이게임 환경 초기화하기
pygame.init()
window = pygame.display.set_mode((WINDOW_WIDTH, WINDOW_HEIGHT))
clock = pygame.time.Clock()

# 4: 이미지, 소리 등 애셋 불러오기

# 5: 변수 초기화하기
oCallBackTest = CallBackTest()  ❸
# SimpleButton 객체 생성하기
# 콜백이 없는 버튼
oButtonA = SimpleButton(window, (25, 30),  ❹
                        'images/buttonAUp.png',
                        'images/buttonADown.png')
# 함수로 콜백을 지정한 버튼
oButtonB = SimpleButton(window, (150, 30),
                        'images/buttonBUp.png',
                        'images/buttonBDown.png',
                        callBack=myCallBackFunction)
# 객체의 메서드로 콜백을 지정한 버튼
oButtonC = SimpleButton(window, (275, 30),
                        'images/buttonCUp.png',
                        'images/buttonCDown.png',
                        callBack=oCallBackTest.myMethod)
counter = 0

# 6: 무한 루프 수행하기
while True:

    # 7: 이벤트 발생 검사 및 처리하기
    for event in pygame.event.get():
        if event.type == pygame.QUIT:
            pygame.quit()
            sys.exit()

        # 버튼이 클릭됐는지 검사한다.
        if oButtonA.handleEvent(event):  ❺
            print('button A를 클릭했습니다. 메인 루프에서 처리됩니다.')

        # oButtonB 및 oButtonC는 콜백 함수를 가지고 있다.
        # 따라서 handleEvent() 메서드 결과를 검사할 필요가 없다.
        oButtonB.handleEvent(event)  ❻

        oButtonC.handleEvent(event)  ❼

    # 8: '프레임당' 처리해야 할 일 정의하기
    counter = counter + 1
```

```
# 9: 윈도우 내 내용물 지우기
window.fill(GRAY)

# 10: 윈도우 내 모든 내용물(요소) 그리기
oButtonA.draw()
oButtonB.draw()
oButtonC.draw()

# 11: 윈도우 갱신하기
pygame.display.update()

# 12: 윈도우 갱신 주기 늦추기
clock.tick(FRAMES_PER_SECOND)  # 파이게임이 대기하도록 한다.
```

먼저 간단한 `myCallBackFunction()` 함수를 정의한다❶. 해당 함수는 호출됐다는 메시지를 단순히 출력한다. `myMethod()` 메서드❷를 가진 `CallBackTest` 클래스를 정의한다. `myMethod()` 메서드도 호출된 사실을 메시지로 출력한다. `CallBackTest` 클래스❸로 객체를 생성해 버튼 객체로 전달한다. 이후 콜백을 담은 인스턴스 변수로 `oCallBackTest.myMethod()`처럼 콜백 함수를 호출할 수 있다.

다음으로 세 개의 `SimpleButton` 객체를 생성한다. 각 버튼은 서로 다른 방식으로 작동한다❹. `oButtonA`는 콜백이 없다. 두 번째 `oButtonB`는 `myCallBackFunction()` 함수를 콜백으로 등록했다. 마지막 `oButtonC`는 `oCallBackTest.myMethod()`를 콜백으로 등록했다.

메인 루프는 각 버튼의 `handleEvent()` 메서드를 호출해 각 버튼의 클릭 여부를 검사한다. `oButtonA`는 콜백이 없어 루프 내에서 반환 값이 `True`인지 확인해야 한다. `True`라면❺ 특정 메시지를 출력한다. `oButtonB`가 클릭됐다면❻ `myCallBackFunction()` 함수가 호출되고 메시지가 출력된다. `oButtonC`가 클릭됐다면❼ `oCallBackTest` 객체의 `myMethod()` 메서드가 호출되고 메시지가 출력된다.

많은 프로그래머는 객체를 생성할 때 호출해야 할 대상을 지정할 수 있어 콜백 방식을 선호한다. 특히 콜백 방식으로만 활용할 수 있는 패키지를 사용하는 경우 콜백 방식을 반드시 이해해야만 한다. 이 책의 데모용 코드에서는 `handleEvent()` 메서드의 반환 값을 검사하는 원래 방식을 활용한다.

6.7 정리

6장에서는 Ball 클래스를 작성하며 절차적으로 작성된 프로그램에서 서로 관련 있는 코드를 추출해 클래스 작성 방법을 살펴봤다. Ball 클래스를 만든 후 앞서 만들었던 메인 프로그램용 코드를 수정해 Ball 객체에 정의된 적절한 메서드를 호출했다. 별도의 클래스로 코드를 분리하면 원하는 만큼 객체를 생성하고 관리하기가 훨씬 용이해진다.

다음으로 구현상 복잡한 내용은 숨기고 재사용성이 좋은 형식으로 SimpleButton과 SimpleText 클래스를 정의했다. 7장에서는 두 클래스에 기반해 특정 작업에 '전문화된' 버튼과 텍스트 출력용 클래스를 구현한다.

마지막으로 함수나 객체 메서드를 기억했다가 필요한 순간에 호출되는 콜백 개념을 알아봤다. 콜백은 특정 작업이 완료되거나 이벤트가 발생했을 때 다시 불려지는 대상이다. 콜백을 등록할 때는 아무 일도 일어나지 않다가 특정 조건이 충족되면 등록된 함수 또는 메서드가 호출된다.

7

파이게임의 GUI 위젯

파이게임은 텍스트를 기반으로 한 파이썬 라이브러리지만, GUI 기반의 프로그램을 만들기 위해서는 윈도우(창), 포인터 기기, 클릭, 드래그, 소리 등이 반드시 필요하다. 기본적으로 텍스트 기반인 파이게임으로 GUI 프로그램을 만들기 위해서는 직접 GUI용 코드를 구현하거나, GUI 위젯 기능을 제공하는 pygwidgets 패키지를 활용해야만 한다.

7장은 이미지, 버튼, 입출력 영역 같은 표준 위젯이 클래스로 구현된 방식, 클라이언트에서 위젯을 사용하는 방법 위주로 진행한다. 각 위젯을 클래스로 구현하면 원하는 만큼 쉽게 위젯을 배치해 GUI를 만들 수 있다. 다만 당장 위젯을 만들기 전에 함수 및 메서드를 호출할 때 파이썬이 데이터를 전달하는 방식에 대해 알고 넘어가야 할 한 가지가 있다.

7.1 함수 또는 메서드로 매개변수 전달하기

함수를 호출할 때 입력된 매개변수와 함수를 정의할 때 명시한 매개변수 사이에는 일대일 관계가 성립한다. 함수를 호출할 때 입력된 첫 번째 값은 첫 번째로 정의된 매개변수가 받고 두 번째 값은 두 번째로 정의된 매개변수가 받는다.

3장에서도 살펴봤던 '그림 7.1'은 객체의 메서드를 호출할 때도 같다는 것을 보여준다. 첫 번째 매개변수는 항상 self여야 하며 메서드를 호출한 객체 자신이 된다.

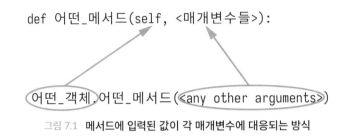

그림 7.1 **메서드에 입력된 값이 각 매개변수에 대응되는 방식**

파이썬(일부 다른 언어 포함)은 일부 매개변수를 선택 사항으로 만들 수 있다. 함수나 메서드를 호출할 때 선택 매개변수가 입력되지 않는 경우에 대비해 기본으로 쓸 값을 정할 수 있다. 버거킹에서 햄버거를 주문했다고 가정해보자. 주문에는 햄버거 외에도 케첩, 머스터드, 피클이 포함됐을 수 있다. 햄버거로 유명한 브랜드인 버거킹은 '원하는 방법으로 드세요You can have it your way'라는 슬로건으로 유명하다. 다른 조합의 향신료를 원하거나 원치 않는 게 있다면 주문할 때 요구하면 된다.

햄버거 주문을 시뮬레이션하는 orderBurgers() 함수를 만들어보자. 아직은 기본값을 구현하지 않고 지금까지의 방식처럼 함수를 정의한다.

```
def orderBurgers(nBurgers, ketchup, mustard, pickles):
```

주문할 때 햄버거 개수는 반드시 지정해야 한다. 사이드로 제공되는 케첩, 머스터드, 피클은 True 값으로 설정해놓는 것이 편리하다. 보통 세 개의 기본 조합을 원하는 사람이 많다. 세 개 모두 기본값이 True면 햄버거 개수만 입력하면 되는 것이다. 사이드는 기본으로 하고 햄버거 두 개를 주문하면 다음처럼 함수를 호출할 수 있다.

```
orderBurgers(2)  # 케첩, 머스터드, 피클의 기본 옵션
```

파이썬은 정의된 매개변수의 개수와 호출 시 입력된 값의 개수가 일치하지 않아 다음과 같은 오류가 발생한다.

```
TypeError: orderBurgers() missing 3 required positional arguments: 'ketchup', 'mustard',
and 'pickles'
```

선택적으로 매개변수를 입력할 수 있는 문법이 필요하다. 지금부터 그 방법을 알아보자.

7.1.1 위치 기반 또는 키워드 기반 매개변수

파이썬은 **위치 매개변수**positional parameter와 **키워드 매개변수**keyword parameter를 지원한다. 위치 매개변수는 이미 친숙하다. 함수를 호출할 때 입력된 값의 순서에 따라 각 값이 매개변수에 대응되는 방식이다.

키워드 매개변수를 사용하면 기본값을 지정할 수 있다. 다음처럼 변수 이름, 등호, 기본값을 나열해 작성할 수 있다.

```
def 어떤_함수(<키워드_매개변수>=<기본값>):
```

같은 방식으로 여러 개의 키워드 매개변수를 둘 수도 있다.

함수와 메서드는 위치 매개변수와 키워드 매개변수를 동시에 모두 가질 수도 있다. 다만 모든 위치 매개변수를 키워드 매개변수보다 **먼저** 정의해야 한다.

```
def 어떤_함수(위치_매개변수1, 위치_매개변수2, …,
            <키워드_매개변수1>=<기본값 1>,
            <키워드_매개변수2>=<기본값 2>, …):
```

다음처럼 orderBurgers() 함수가 위치 및 키워드 매개변수를 갖도록 바꿔보자.

```
def orderBurgers(nBurgers, ketchup=True, mustard=True, pickles=True):
```

orderBurgers() 함수를 호출할 때 위치 매개변수인 nBurgers에는 반드시 값을 입력해야 한다. 그 밖에 키워드 매개변수에는 기본값이 있어 값의 입력 여부는 선택 사항이다.

```
orderBurgers(2)
```

만약 기본값과 다른 값을 함수에 입력하고 싶다면 키워드 매개변수의 이름을 명시한 후 키워드마다 원하는 값을 대입할 수 있다. 케첩만 주문에 포함하고 싶다면 다음처럼 함수를 호출할 수 있다.

```
orderBurgers(2, mustard=False, pickles=False)
```

머스터드(mustard) 및 피클(pickles) 매개변숫값은 False가 돼 함수가 실행된다. 케첩(ketchup) 값은 그대로 뒀기에 기본값인 True를 가진다.

모든 매개변숫값을 입력하는 경우에 한해 대신 위치 매개변수 방식을 사용할 수도 있다. 내부적으로 파이썬이 지정된 값의 순서에 따라 각 매개변수에 올바른 값을 할당한다.

```
orderBurgers(2, True, False, False)
```

위 함수 호출은 두 개의 햄버거와 케첩을 주문했다. 이때 머스터드와 피클은 포함하지 않았다.

7.1.2 키워드 매개변수에 의미 부여하기

키워드 매개변수를 정의하고 키워드 매개변수에 값을 할당할 때는 키워드와 값 사이 등호에 공백을 두지 않는 것이 관례다. 통상적인 값 할당과는 다르다는 것을 표현하기 위한 것이다. 다음은 해당 방식으로 키워드 매개변수를 정의하고 사용한 예다.

```
def orderBurgers(nBurgers, ketchup=True, mustard=True, pickles=True): # 정의
orderBurgers(2, mustard=False) # 사용
```

다음 코드도 문제는 없지만 관례를 따르지 않았다. 가독성도 떨어진다.

```
def orderBurgers(nBurgers, ketchup = True, mustard = True, pickles = True): # 정의
orderBurgers(2, mustard = False) # 사용
```

위치 및 키워드 매개변수가 혼재하는 함수를 호출할 때는 모든 위치의 매개변숫값을 입력한다. 이후 선택적으로 키워드 매개변수의 값을 할당한다.

키워드 매개변수에는 순서가 없다. 다음처럼 다양한 방식으로 orderBurgers() 함수를 호출할 수 있다.

```
orderBurgers(2, mustard=False, pickles=False) # 케첩만 옵션에 추가
```

다른 방식도 있다.

```
orderBurgers(2, pickles=False, mustard=False, ketchup=False) # 옵션 추가하지 않음
```

모든 키워드 매개변수에는 순서와 상관없이 적절한 값이 담긴다.

예시처럼 orderBurgers() 함수의 모든 매개변수에는 불리언 값을 기본으로 할당했다. 무슨 데이터든 적용할 수 있다. 아이스크림 주문용 함수는 다음처럼 작성할 수 있다.

```
def orderIceCream(flavor, nScoops=1, coneOrCup='cone', sprinkles=False):
```

이 경우 함수를 호출할 때 맛(flavor)에 대한 매개변숫값은 반드시 입력해야 한다. 그리고 아이스크림 위에 뿌리는 스프링클은 없고 컵 대신 콘에 담는 기본 옵션으로 주문이 이루어진다. 물론 두 기본값도 언제든지 원하는 대로 바꿀 수 있다.

7.1.3 기본값으로 None 사용하기

함수를 호출할 때 키워드 매개변수에 값이 할당된 여부를 파악할 수 있는 것은 매우 유용하다. 피자를 주문한다고 해보자. 피자 크기는 반드시 지정해야 한다. 두 번째 매개변수는 피자 스타일이다. 피자 두께는 보통('regular')이 기본값이지만 두껍게('deepdish')도 할 수 있다. 세 번째 매개변수에는 원하는 토핑을 추가하는 것이며 추가 요금이 발생한다.

'코드 7.1'을 보자. 피자 크기는 위치 매개변수로, 스타일과 토핑은 키워드 매개변수로 둔 함수를 정의한다. 기본 스타일로 'regular' 문자열을 할당했고 토핑 추가는 선택 사항이기에 None을 기본값으로 한다. 원하는 토핑이 있다면 함수를 호출할 때 해당 매개변수에 원하는 값을 입력한다.

```python
def orderPizza(size, style='regular', topping=None):
    # 크기와 스타일에 따른 계산을 한다.
    # 토핑에 입력된 값이 있는지 검사한다.
    PRICE_OF_TOPPING = 1.50 # 모든 토핑 가격

    if size == 'small':
        price = 10.00
    elif size == 'medium':
        price = 14.00
    else: # 라지
        price = 18.00

    if style == 'deepdish':
        price = price + 2.00 # 두꺼운 피자의 경우 추가 요금이 발생한다.

    line = '피자 주문 내역) 크기: ' + size + ', 스타일: ' + style
    if topping is None: # 토핑에 입력된 값이 있는지 검사한다. ❶
        print(line + ', 토핑: 없음')
    else:
        print(line + ', 토핑: ' + topping)
        price = price + PRICE_OF_TOPPING

    print('총 가격은 $', price, '입니다.')
    print()

# 다음 방식으로 피자를 주문할 수 있다.
orderPizza('large') # 크기: large, 스타일: regular, 토핑: 없음 ❷

orderPizza('large', style='regular') # 위와 동일

orderPizza('medium', style='deepdish', topping='mushrooms') ❸

orderPizza('small', topping='mushrooms') # 스타일에는 기본값
```

첫 번째와 두 번째 함수 호출에서는 토핑 매개변숫값이 None(기본값)이다. 결과가 같다❷. 세 번째와 네 번째 함수 호출에서는 토핑 매개변수에 'mushrooms' 값을 입력했다❸. 'mushrooms'은 None이 아니므로 함수 내부에서 피자 토핑의 추가 비용을 더한다❶.

키워드 매개변수의 기본값으로 None을 두면 해당 매개변수에 값이 할당됐는지 여부를 검사할 수 있다. 키워드 매개변수 방법이 약간 모호하다. 계속되는 내용을 읽으면 유용성을 이해할 수 있을 것이다.

7.1.4 기본값과 키워드 선정하기

매개변수에 기본값을 두면 사용자는 더욱 편리하게 함수와 메서드를 사용할 수 있다. 한 가지 단점도 있다. 키워드 매개변수로 둘 키워드를 매우 신중히 골라야 한다. 기본값을 덮어써 함수를 호출하면 키워드를 바꾸는 것이 매우 힘들어진다. 키워드를 바꾸면 해당 함수를 사용하는 모든 코드를 수정해야만 한다. 만약 코드가 많고 여기저기 분산이라도 됐다면 굉장히 곤혹스러운 경험을 할 것이다. 정말 필요한 경우가 아니라면 키워드 매개변수의 이름을 바꾸지 말자. 안 좋은 생각이다. 처음부터 이름을 잘 고르도록 하자.

다양한 상황에서 범용적이면서 적절한 기본값을 두는 것도 매우 중요하다. 개인적으로 머스터드를 싫어하면 주문에서 제외해야 한다. 제외하지 못하면 먹지 못하는 햄버거를 주문한 것이 된다.

7.1.5 GUI 위젯의 기본값

이제 파이게임으로 버튼, 텍스트 영역 같은 GUI 요소를 쉽게 생성할 수 있는 클래스를 소개하겠다. 각 클래스를 생성하고 초기화하려면 위치 매개변수를 몇 가지 입력해야 한다. 키워드 매개변숫값을 덮어써 좀 더 커스터마이징할 수도 있다. 다만 GUI 위젯이 필요한 대부분 상황에 적절한 기본값을 가지므로 그냥 사용해도 좋다. 만약 GUI 요소를 더 정교하게 제어한다면 그때 키워드 매개변수의 기본값을 덮어쓰면 된다.

지금부터 애플리케이션 윈도우에 텍스트를 출력하는 위젯을 자세히 살펴보겠다. 텍스트는 다양한 폰트, 크기, 색상, 배경색 등으로 표현할 수 있다. 텍스트의 모든 속성을 기본값으로 채우고 경우에 따라 다른 값으로 덮어쓸 수 있는 DisplayText 클래스를 만든다.

7.2 pygwidgets 패키지

7장의 나머지는 두 목표를 유념해 작성된 pygwidgets 패키지에 집중하겠다.

1. 다양한 OOP 기법을 실증한다.
2. GUI 위젯을 파이게임 프로그램에 쉽게 만들고 사용할 수 있도록 돕는다.

피그위젯 패키지는 다음 클래스를 제공한다.

- TextButton: 텍스트 문자열을 담은 기본 버튼
- CustomButton: 사용자 정의 모양을 가진 버튼

- TextCheckBox: 텍스트 문자열을 담은 기본 체크 박스
- CustomCheckBox: 사용자 정의 모양을 가진 체크 박스
- TextRadioButton: 텍스트 문자열을 담은 기본 라디오 버튼
- CustomRadioButton: 사용자 정의 모양을 가진 라디오 버튼
- DisplayText: 출력용 텍스트를 표시하는 영역
- InputText: 사용자가 텍스트를 입력할 수 있는 영역
- Dragger: 이미지의 드래그 활성화
- Image: 특정 위치에 이미지 출력
- ImageCollection: 특정 위치에 여러 장의 이미지 출력
- Animation: 순서대로 이미지 출력
- SpriteSheetAnimation: 큰 이미지에서 부분 이미지를 선택해 순서대로 출력

7.2.1 설정하기

pygwidgets은 다음처럼 설치할 수 있다.

```
python3 -m pip install -U pip --user
python3 -m pip install -U pygwidgets --user[1]
```

위 명령어는 파이썬 패키지 인덱스$_{PyPI}$상 가장 최신 버전의 **pygwidgets**을 다운로드하고 설치한다. 설치된 패키지는 site-packages라는 특수 폴더에 저장돼 모든 파이썬 프로그램에서 활용할 수 있게 된다. 다음은 **pygwidgets**을 사용하기 위해 프로그램 시작 부분에 `import` 문을 작성하는 방법이다.

```
import pygwidgets
```

전체 **pygwidgets** 패키지를 불러온다. 이후부터 해당 패키지가 제공하는 객체를 만들고 각 객체의 메서드를 호출할 수 있다.[2]

---

1   옮긴이 이 방식으로 설치가 안되는 경우 'pip install -U pygwidgets' 명령어로 시도해보자. 되도록 가상 환경 설치를 통해 클린한 상태에서 설치를 시도하기 바란다.

2   가장 최신 pygwidgets 문서는 https://pygwidgets.readthedocs.io/en/latest 에서 찾아볼 수 있다. 소스 코드는 **pygwidgets**의 깃허브 저장소인 https://github.com/IrvKalb/pygwidgets에서 확인하기 바란다.

전체적인 설계

5장에서 본 것처럼 파이게임으로 작성된 모든 프로그램의 가장 첫 부분은 윈도우를 정의한다. 다음은 윈도우를 생성한 후 window 변수에 저장하는 코드다.

```
window = pygame.display.set_mode((WINDOW_WIDTH, WINDOW_HEIGHT))
```

위젯을 만들 때는 window를 매개변수로 입력해야 해당 위젯은 자신이 그려질 대상을 알 수 있다.

pygwidgets이 제공하는 대부분 위젯은 공통된 3단계로 동작한다.

1. 위젯 객체는 메인 루프가 시작되기 전 생성된다. 이때 초기화에 필요한 값을 매개변수로 입력한다.
2. 메인 루프에서 이벤트가 발생할 때마다 위젯의 handleEvent() 메서드를 호출한다. 이때 발생한 이벤트 객체를 메서드의 매개변수로 입력한다.
3. 메인 루프의 마지막 부분에서 위젯의 draw() 메서드를 호출한다.

모든 위젯은 1단계에서 다음 한 줄의 코드로 생성할 수 있다.

```
oWidget = pygwidgets.<위젯_클래스>(윈도우, 위치, <그 밖에 필요한 매개변수>)
```

첫 번째 매개변수는 윈도우다. 두 번째 매개변수는 (x, y)로 표현된 좌표로 윈도우 내 위젯이 그려질 위치 값이다.

2단계는 메인 루프에서 객체의 handleEvent() 메서드를 호출해 처리해야 할 모든 이벤트를 다룬다. 특정 이벤트(⑩ 마우스, 버튼 클릭)가 발생했고 해당 이벤트를 위젯이 처리했다면 handleEvent() 메서드는 True를 반환한다. 메인 루프의 상단 부분은 일반적으로 다음과 같은 형태를 보인다.

```
while True:
    for event in pygame.event.get():
        if event.type == pygame.QUIT:
            pygame.quit()
            sys.exit()

        if oWidget.handleEvent(event):
            # oWidget에서 대응해야 할 무언가를 사용자가 한 경우
            # 이를 처리하는 코드를 여기 추가한다.
```

3단계는 메인 루프의 하단 부분에서 위젯의 draw() 메서드를 호출해 위젯이 윈도우에 위젯 자신을 그리도록 요청한다.

```
oWidget.draw()
```

위젯이 그려질 윈도우, 위치, 1단계에서 지정한 위젯의 모양(외형)을 정했다. 별도의 매개변수 없이 draw() 메서드를 호출할 수 있다.

7.2.3 이미지 추가하기

지금부터 볼 프로그램은 윈도우에 이미지를 그리는 가장 간단한 위젯용 Image 클래스를 다룬다. Image 객체를 만들 때는 반드시 윈도우, 이미지가 그려질 윈도우 내 위치, 이미지 파일 경로를 매개변수로 입력해야 한다. Image 객체는 메인 루프가 시작되기 전 다음과 같이 생성한다.

```
oImage = pygwidgets.Image(window, (100, 200), 'images/SomeImage.png')
```

세 번째 매개변수로 입력된 이미지 파일 경로는 images/SomeImage.png이다. 즉 images 폴더에 SomeImage.png 파일이 존재해야 하며, images 폴더는 메인 프로그램이 포함된 폴더 내에 있어야 한다. 다음처럼 해당 객체의 draw() 메서드를 메인 루프의 마지막 부분에서 호출할 수 있다.

```
oImage.draw()
```

Image 클래스의 draw() 메서드는 이미지를 실제로 그리고자 내부적으로 blit() 함수를 호출한다. Image 클래스를 사용하는 사람이 blit() 함수를 직접 호출할 필요는 없다. 이미지 위치는 setLoc() 메서드로 변경할 수 있다. 매개변수로 변경될 위치 정보는 다음처럼 튜플로 입력한다.

```
oImage.setLoc((newX, newY))
```

이미지가 전과 다른 위치에 그려지게 된다. 공식 문서는 그 밖에도 유용한 메서드를 많이 소개한다. 이미지를 뒤집고, 회전하고, 크기를 조정하고, 현재 이미지 위치 및 사각형 영역을 알아내는 등 일을 할 수 있다.

파이게임은 윈도우에 이미지를 그리는 내장 모듈로 스프라이트(sprite)를 제공한다. 해당 모듈은 스프라이트 유형의 이미지를 다루는 데 특화됐다. Sprite 클래스는 개별 스프라이트를 다룰 수 있으며 여러 Sprite 객체를 Group 클래스로 다룰 수 있다. Sprite 클래스와 Group 클래스를 함께 사용하면 그럴듯한 파이게임 프로그램을 만들 수 있다. 두 클래스 내용을 꼭 읽어보기를 바란다. 하지만 객체지향 개념을 설명할 때 두 클래스를 사용하는 것은 부적절할 수 있다. 내용이 꽤 방대해서 방향성을 잃을 수 있다. 이 책은 기본 GUI 요소를 다뤄 객체지향 개념이 다른 환경과 언어에서도 적용될 수 있도록 한다. 스프라이트 모듈을 더 자세히 알고 싶다면 관련 튜토리얼 자료[3]를 읽어보기 바란다.

7.2.4 버튼, 체크 박스, 라디오 버튼 추가하기

pigwidgets의 버튼, 체크 박스, 라디오 버튼 위젯은 크게 두 가지 방식으로 만들 수 있다. 첫 번째 방식에서는 모양과 텍스트를 따로 제공한다. 두 번째 방식에서는 모양과 텍스트를 완전히 결합해 제공한다. '표 7.1'은 각 방식에 사용되는 클래스 목록이다.

표 7.1 pigwidgets이 제공하는 텍스트 버전과 사용자 정의 버전의 버튼 클래스 유형

	텍스트 버전(모양과 텍스트 분리)	사용자 정의 버전(모양과 텍스트 결합)
버튼	TextButton	CustomButton
체크 박스	TextCheckBox	CustomCheckBox
라디오 버튼	TextRadioButton	CustomRadioButton

텍스트 버전과 사용자 정의 버전은 초기화하는 측면에서만 다르다. 두 클래스로 객체를 생성하면 이후 사용할 수 있는 메서드 종류는 모두 동일하다. TextButton과 CustomButton 클래스로 좀 더 명확하게 설명해보겠다.

1 TextButtons

다음은 TextButton 클래스에 정의된 실제 __init__() 메서드를 보여주는 코드다.

```
def __init__(self, window, loc, text,
             width=None,
             height=40,
             textColor=PYGWIDGETS_BLACK,
             upColor=PYGWIDGETS_NORMAL_GRAY,
```

---

3 https://www.pygame.org/docs/tut/SpriteIntro.html

```
                overColor=PYGWIDGETS_OVER_GRAY,
                downColor=PYGWIDGETS_DOWN_GRAY,
                fontName=DEFAULT_FONT_NAME,
                fontSize=DEFAULT_FONT_SIZE,
                soundOnClick=None,
                enterToActivate=False,
                callback=None,
                nickname=None):
```

프로그래머는 클래스에 정의된 코드를 직접 읽는 것보다 pygwidgets이 제공하는 공식 문서[4]를 먼저 확인해보기 바란다. 다음처럼 파이썬 셸shell에서 help() 내장 함수를 사용하는 것도 공식 문서에서 확인할 수 있다.

```
>>> help(pygwidgets.TextButton)
```

TextButton 객체를 만들 때 필요한 매개변수는 윈도우, 위치, 버튼에 그려질 텍스트 문자열이다. 윈도우, 위치, 버튼의 위치 매개변수만 제공하면 기본 높이/너비, 버튼의 네 가지 상태에 대한 배경색(그늘진 회색), 폰트, 글자 크기를 가진 버튼을 만들 수 있다. 버튼이 클릭됐을 때는 아무 소리도 재생하지 않는 것이 기본 작동 방식이다.

기본 매개변숫값을 가진 TextButton 객체는 다음처럼 만들 수 있다.

```
oButton = pygwidgets.TextButton(window, (50, 50), 'Text Button')
```

TextButton의 __init__() 메서드는 파이게임이 제공하는 메서드를 사용해 네 가지 상태(누름, 뗌, 버튼 위 마우스 커서, 비활성화)에 따른 모양을 구성한다. 위 코드는 눌리지 않은 '뗌' 상태의 버튼을 생성하며 '그림 7.2'와 같다.

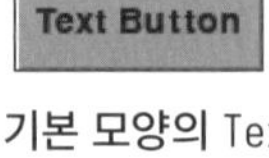

그림 7.2 **기본 모양의** TextButton

기본 매개변숫값을 다음처럼 덮어쓸 수도 있다.

---

4   https://pygwidgets.readthedocs.io/en/latest

```
oButton = pygwidgets.TextButton(window, (50, 50), 'Text Button',
                                width=200,
                                height=30,
                                textColor=(255, 255, 128),
                                upColor=(128, 0, 0),
                                fontName='Courier',
                                fontSize=14,
                                soundOnClick='sounds/blip.wav',
                                enterToActivate=True)
```

'그림 7.3'과 같은 모양의 버튼이 만들어진다.

그림 7.3 font, size, colors 등 키워드 매개변숫값을 덮어써 생성한 TextButton

두 버튼의 이미지가 바뀌는 과정은 같다. 상황마다 다른 이미지를 출력할 뿐이다.

❷ CustomButton

CustomButton 클래스는 이미지로 버튼을 만들 때 사용한다. CustomButton 객체는 윈도우, 위치, 버튼 눌림 여부에 대한 이미지 파일 경로를 매개변수로 입력해 생성할 수 있다.

```
restartButton = pygwidgets.CustomButton(window, (100, 430),
                                        'images/RestartButtonUp.png')
```

버튼이 눌렸을 때, 버튼 위에 마우스가 놓였을 때, 버튼이 비활성화된 상태 이미지는 키워드 매개변수를 통해 선택적으로 지정할 수 있다. 이를 지정하지 않으면 CustomButton은 버튼을 뗀 상태일 때로 지정된 이미지를 나머지 상태에도 적용한다. 일반적으로는 각 상태에 별도 이미지를 입힌다.

```
restartButton = pygwidgets.CustomButton(window, (100, 430),
                                        'images/RestartButtonUp.png',
                                        down='images/RestartButtonDown.png',
                                        over='images/RestartButtonOver.png',
                                        disabled='images/RestartButtonDisabled.png',
                                        soundOnClick='sounds/blip.wav',
                                        nickname='restart')
```

위 코드는 버튼이 클릭될 때 재생될 소리 효과의 파일 경로를 soundOnClick 매개변수로 입력했다. nickname 매개변수는 이후 버튼 객체를 쉽게 참조하고자 내부적으로 사용되는 일종의 식별자를 지정하는 데 사용한다.

3 버튼 사용하기

다음은 생성된 버튼 객체 oButton를 사용하는 일반적인 코드다.

```
while True:
    for event in pygame.event.get():
        if event.type == pygame.QUIT:
            pygame.quit()
            sys.exit()

        if oButton.handleEvent(event):
            # 버튼이 클릭된 경우
            <버튼이 클릭됐을 때 처리해야 할 코드>

 --- 생략 ---
    oButton.draw() # while 루프 마지막에 버튼을 그린다.
```

이벤트를 감지할 때마다 버튼 객체의 handleEvent() 메서드를 호출하고 사용자 행동에 따른 적절한 코드를 수행한다. handleEvent() 메서드는 대부분 False를 반환하지만 버튼이 완전히 클릭됐을 때는(누름 후 뗌) True를 반환한다. 메인 루프의 마지막은 버튼을 화면에 그리는 draw() 메서드를 호출한다.

7.2.5 텍스트 출력과 입력

6장에서 본 것처럼 파이게임에서 입력 및 출력용 텍스트를 다루는 것은 까다롭다. 이번에는 텍스트를 출력하고 입력받는 영역을 위한 새로운 클래스를 소개한다. 더욱 쉽게 텍스트 입출력을 다루는 방법을 알아본다. 두 클래스는 최소한으로 필요한 몇 가지 (위치) 매개변수를 가지진다. 그 밖에 속성(폰트, 글자 크기 등)은 적당한 기본값으로 설정돼 있다.

1 텍스트 출력

pygwidgets 패키지는 6장에서 본 SimpleText 클래스보다 풍부한 기능으로 화면에 텍스트를 출력하는 DisplayText 클래스를 제공한다. DisplayText 객체는 윈도우와 그려질 위치의 매개변수를 입력해 생성된다. 선택적으로 입력할 수 있는 몇 가지 키워드 매개변수도 알아보자. 첫 번째 키워드 매개변수는 화면에 출력될 텍스트 문자열이다. 일반적으로 프로그램 구동 중 변하지 않는 라벨이나 설명 같은 텍스트로 사용한다. 키워드 미개변수는 첫 번째 키워드 매개변수이기에 값을 키워드로 입력해도 된다. 하지만 다음처럼 위치 매개변수로서 값을 지정할 수도 있다.

```
oTextField = pygwidgets.DisplayText(window, (10, 400), 'Hello World')
```

위 코드와 다음 코드는 정확히 똑같다.

```
oTextField = pygwidgets.DisplayText(window, (10, 400), value='Hello World')
```

다음처럼 그 밖에 키워드 매개변수를 모두 활용하면 텍스트가 출력된 모양을 바꿀 수도 있다.

```
oTextField = pygwidgets.DisplayText(window, (10, 400),
                                    value='타이틀 텍스트',
                                    fontName='Courier',
                                    fontSize=40,
                                    width=150,
                                    justified='center',
                                    textColor=(255, 255, 0))
```

DisplayText 클래스는 다양한 메서드를 제공한다. 그중 가장 중요한 메서드는 그려질 텍스트를 변경하는 setValue()이다.

```
oTextField.setValue('새로 출력하고 싶은 텍스트')
```

이번에도 메인 루프의 마지막 부분에 draw() 메서드를 호출해 DisplayText 객체를 화면에 그린다.

```
oTextField.draw()
```

DisplayText 객체는 원하는 만큼 생성할 수 있다. 각 객체는 서로 다른 텍스트, 폰트, 텍스트 크기, 색상 등을 독립적으로 가진다.

2 텍스트 입력

텍스트 기반의 일반적인 파이썬 프로그램은 input() 함수로 사용자 입력을 받았다. input() 함수는 사용자가 텍스트를 입력할 때까지 잠시 프로그램을 멈췄다. 하지만 이벤트 중심 GUI 프로그램의 메인 루프는 항상 반복을 수행해야 한다. 멈춰서는 안 된다. 텍스트 기반과는 다른 접근법이 필요하다.

사용자가 타이핑할 수 있는 영역을 제공해 사용자에게 텍스트를 입력받는 것이 GUI 프로그램에서 쓰는 일반적인 방식이다. 입력 영역은 키보드의 모든 키를 다룰 수 있어야 한다. 대부분 키는 타이핑된 것과 동시에 화면에 출력돼야 한다. 일부 키는 해당 영역에서 커서를 움직이거나 편집하는 데 사용할 수 있다. 또한, 키를 지속적으로 누르는 경우 같은 키 문자를 반복적으로 화면에 표시할 수도 있어야 한다. pygwidgets의 InputText 클래스는 이 기능을 모두 제공한다.

InputText 객체는 그려질 윈도우와 위치를 매개변수로 입력받아 생성할 수 있다.

```
oInputField = pygwidgets.InputText(window, (10, 100))
```

선택적 키워드 매개변수로 InputText 객체의 속성을 원하는 대로 바꿀 수도 있다.

```
oInputField = pygwidgets.InputText(window, (10, 400),
                                   value='Starting Text',
                                   fontName='Helvetica',
                                   fontSize=40,
                                   width=150,
                                   textColor=(255, 255, 0))
```

다음은 메인 루프에서 생성된 InputText 객체를 사용하는 일반적인 코드다.

```
while True:
    for event in pygame.event.get():
        if event.type == pygame.QUIT:
            pygame.quit()
            sys.exit()

        if oInputField.handleEvent(event):
            # 엔터 키를 눌렀을 때
            userText = oInputField.getValue() # 입력된 텍스트를 가져온다.
            <사용자가 입력한 텍스트 값으로 하고 싶은 코드 >

    --- 생략 ---
    oInputField.draw()
```

모든 이벤트에 대한 InputText의 handleEvent() 메서드를 호출해 마우스 클릭과 키보드의 키가 눌렸을 때를 적절히 처리한다. 대부분 handleEvent() 메서드는 False를 반환하지만 사용자가 엔터 키를 누를 때는 True를 반환한다. 엔터 키가 눌렸을 때는 InputText의 getValue() 메서드로 현재 입력된 텍스트를 가져온다.

메인 루프의 마지막에 draw() 메서드를 호출해 InputText 객체를 화면에 그린다.

윈도우에 여러 개의 InputText 객체가 있다면 키보드의 키에 대한 이벤트는 현재 키보드의 커서가 위치한 InputText 객체에서만 다룬다. 사용자는 마우스를 클릭해 다른 InputText 객체의 영역으로 커서를 이동할 수 있다. 만약 초기에 키보드 커서를 특정 영역에 두고 싶다면 원하는 InputText 객체를 생성할 때 initialFocus라는 키워드 매개변숫값을 True로 설정한다. 윈도우에 여러 입력 영역이 존재한 경우에는 'OK' 또는 '제출' 같은 버튼을 따로 두는 것이 일반적이다. 해당 버튼이 클릭됐을 때 모든 InputText 객체의 getValue() 메서드를 호출해 각 텍스트를 가져온다.

노트 이 책을 쓴 시기에는 InputText 클래스가 마우스 드래그로 여러 문자를 강조(선택)하는 기능은 제공하지 않았다. 이후 버전에서 해당 기능이 추가돼도 지금까지 InputText 클래스를 사용한 코드를 변경할 필요는 없다. InputText의 모든 기능은 클래스 내부에 숨겨진 구현의 세부 사항일 뿐이다. 단순히 InputText 버전을 업그레이드하면 새로운 기능이 추가될 수 있다.

7.2.6 pygwidgets이 제공하는 다양한 클래스

앞서 본 것처럼 pygwidgets은 다양한 클래스를 제공한다. 그중 ImageCollection 클래스는 이미지 목록 중 특정 한 이미지를 화면에 그리고자 할 때 사용한다. 앞(front), 뒤(back), 좌(left), 우(right)를 보는 캐릭터 이미지가 있다면 다음처럼 모든 이미지를 딕셔너리로 관리할 수 있다.

```
imageDict = {'front':'images/front.png', 'left':'images/left.png',
             'back':'images/back.png', 'right':'images/right.png'}
```

이렇게 구성된 딕셔너리와 화면에 출력하고 싶은 첫 번째 이미지의 키(예 'front')를 매개변수로 입력하면 ImageCollection 객체를 생성할 수 있다. 다른 이미지로 바꾸고자 한다면 원하는 키를 매개변수로 입력해 replace() 메서드를 호출하면 된다. 단 내부적으로만 바뀐 것이다. 메인 루프의 마지막에 draw() 메서드를 호출해 이미지를 그리는 과정도 함께 이뤄져야 한다.

Dragger 클래스는 단일 이미지를 화면에 출력할 뿐이지만 이미지를 드래그해 원하는 위치로 움직일 수 있다. 메인 루프에서 handleEvent() 메서드를 호출한 후 드래그가 끝난 것을 의미하는 반환값 True를 검사하고 getMouseUpLoc() 메서드를 호출하면 드래그를 한 위치 정보를 얻을 수 있다.

Animation 클래스와 SpriteSheetAnimation 클래스는 애니메이션을 만들고 화면에 그리는 과정을 다룬다. 모두 반복적으로 이미지를 바꿔 애니메이션을 만든다. 일련의 이미지가 필요하다. 다른 점이 있다. Animation 클래스는 각 이미지를 개별 파일로 얻지만 SpriteSheetAnimation 클래스는 한 장의 큰 이미지를 부분적으로 쪼개 여러 이미지를 구축한다. 14장에서 자세히 다루겠다.

7.2.7 pygwidgets을 활용한 예제 프로그램

'그림 7.4'는 pygwidgets의 클래스 객체를 한 화면에 보여주는 예시 프로그램을 실행했을 때 화면이다. Image, DisplayText, InputText, TextButton, CustomButton, TextRadioButton, CustomRadioButton, TextCheckBox, CustomCheckBox, ImageCollection, Dragger 클래스를 사용했다.

예제 프로그램의 전체 소스 코드는 책이 제공하는 저장소[5]의 pygwidgets_test 폴더에서 찾아볼 수 있다.

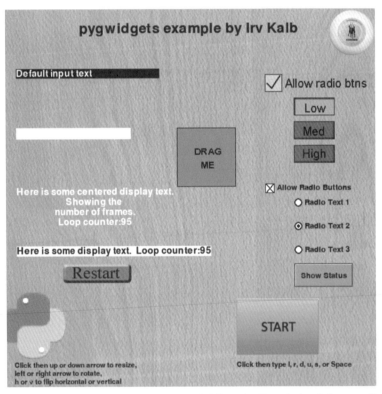

그림 7.4 pygwidgets 클래스가 제공하는 다양한 클래스를 보여주는 예시 프로그램

---

5 https://github.com/IrvKalb/pygwidgets

7.3 일관된 API의 중요성

여러 클래스를 아우르는 API를 구축할 때 한 가지 유념해야 할 것이 있다. 클래스가 서로 다르더라도 여러 메서드가 유사한 매개변수를 가지도록 설계해야 한다. `pygwidgets`이 제공하는 모든 클래스의 `__init__()` 메서드가 일관되게 윈도우 및 위치 정보에 매개변수를 요구한다는 것이 한 가지 좋은 예다. 만약 일부 클래스가 두 매개변수의 위치를 바꿔 메서드를 정의했다면 많은 혼란을 초래할 것이다.

서로 다른 클래스지만 같은 기능을 구현한 경우가 있을 수도 있다. 메서드 이름을 똑같이 만드는 것이 좋다. `pygwidgets`이 제공하는 여러 클래스는 공통적으로 `setValue()`와 `getValue()` 메서드가 있다. 8장과 9장에서는 일관성의 중요성을 더 알아보겠다.

7.4 정리

7장은 객체지향적으로 GUI를 다루는 `pygwidgets` 패키지를 다뤘다. 먼저 함수 및 메서드 매개변수의 기본값 개념을 살펴봤다. 명시되지 않은 키워드 매개변수에 메서드를 호출할 때 기본값이 사용되는 방식도 알아봤다.

다음으로 `pygwidgets` 모듈을 봤다. `pygwidgets` 모듈에 내장된 여러 GUI 위젯용 클래스 존재와 그중 일부의 사용법을 살펴봤다. 대부분 위젯을 포함한 예시 프로그램을 보여주는 것으로 마무리했다.

`pygwidgets`처럼 클래스를 작성하면 두 가지 장점이 있다. 첫째, 클래스의 구현 복잡성을 메서드 내에 숨길 수 있다. 클래스를 잘 작동하도록 하면 내부적으로 일어나는 세부 사항을 다시 고민하지 않아도 된다. 둘째, 클래스로 원하는 만큼 객체를 생성할 수 있다. 적절히 잘 선택된 기본값으로 채워진 키워드 매개변수를 활용해 기본 기능을 제공하는 것이 좋다. 기본 기능에 충실하면서 원할 때 일부 매개변숫값을 원하는 대로 덮어쓸 수 있다.

객체지향적으로 잘 만들어진 클래스의 인터페이스는 다른 프로그래머(자신도 포함)가 수행하는 다양한 프로젝트에서 빛을 발할 수 있다. 일관된 방식의 코드와 잘 작성된 문서로 클래스의 재사용성을 높일 수 있다.

Ⅲ

캡슐화,
다형성,
상속

OOP의 세 가지 주요 개념은 캡슐화, 다형성, 상속이다. 3부에서는 기본 개념과 파이썬에서 사용하는 구체적인 방법을 예시로 설명한다. OOP 언어라면 세 가지 핵심 기능을 모두 지원해야 한다(객체지향 언어 조건을 물어본다면 이 세 가지만 기억하면 된다).

8장은 세부 사항을 숨기고 모든 것을 한곳에서 관리하는 캡슐화를 다룬다.

9장은 다형성을 다룬다. 다형성은 여러 클래스가 동일한 이름의 메서드를 가지는 방법을 의미한다.

10장은 이미 존재하는 코드를 기반으로 무언가를 구축하는 상속을 다룬다.

11장은 8, 9, 10장에서 다루기에는 적합하지 않았지만 객체지향에서 유용한 여러 가지 주제(주로 메모리 관리)를 자세히 다룬다.

8

캡슐화

OOP의 세 가지 주요 개념 중 첫 번째로 살펴볼 것은 **캡슐화**encapsulation다. 캡슐화라고 하면 귀중한 내용물을 외부 환경에서 보호하는 우주 캡슐, 세포벽, 의약품 젤라틴 캡슐 같은 이미지를 연상시킨다. 프로그래밍에서 말하는 캡슐화도 비슷한데, 훨씬 더 구체적인 의미를 가진다. 상태 및 내부 작동 방식의 세부 사항에 담은 모든 코드를 한곳에 보관하고 이를 외부에 감추는 것을 의미한다.

8장은 함수와 객체의 메서드로 캡슐화를 다룬다. 직접 상태 변수에 접근하는 방식과 게터getter 및 세터setter로 접근하는 방식으로 캡슐화를 해석한다. 다음으로 인스턴스 변수를 비공개private로 만들어 클래스 외부에서 접근할 수 없도록 하는 방법과 프로퍼티 데커레이터property decorator에 대한 내용을 다룬다. 마지막에는 클래스를 설계 방법론 중 추상화abstraction 개념을 알아본다.

8.1 함수로 캡슐화해보기

함수는 캡슐화의 대표적인 예다. 함수를 호출할 때 내부에서 어떤 일이 일어나지는지 신경 쓰지 않고 사용할 수 있다. 잘 작성된 함수는 큰 작업을 여러 단계로 나눠 구현한다. 함수 이름은 내부 코드가 하는 일을 잘 설명하는 것으로 지어야 한다. 예를 들어 파이썬의 표준 라이브러리에 내장된 len() 함수는 문자열 길이나 리스트 길이를 파악할 때 사용한다. 이름에서 알 수 있듯이 함수가 하는 일을 간결하면서도 명확히 묘사한다. 그러나 실제 len() 함수의 작동 방식은 아무도 신경 쓰지 않는다. 단 두 줄로 구현했을지 아니면 2천 줄로 구현했을지, 지역 변수를 하나만 사용했을지, 100개를 사용했을지 등 알 필요가 없다. 알아야 할 것은 오직 len() 함수를 호출하는 데 필요한 매개변수와 반환될 값, 그 값을 활용할 방법이다.

숫자 목록의 평균을 계산하고 반환하는 다음 함수도 마찬가지다.

```
def calculateAverage(numbersList):
    total = 0.0
    for number in numbersList:
        total = total + number
    nElements = len(numbersList)
    average = total / nElements
    return average
```

함수가 제대로 작동한다면 더 이상 내부의 세부 구현 방식을 걱정하지 않아도 된다. 오직 함수를 호출할 때 필요한 매개변수와 반환 값만 알면 된다.

이후 평균을 훨씬 간단하면서 빠르게 계산하는 알고리즘이 발견된다면 함수 내부를 신규 알고리즘에 맞춰 재구현해야 할 수도 있다. 하지만 인터페이스(입출력)가 변경되지 않으면 함수는 바뀌지 않는다. 사용자 입장에서 달라질 것이 없다. 이 방식의 모듈화는 코드의 유지 및 보수를 매우 쉽게 해준다.

8.2 객체를 통한 캡슐화

함수에서 사용된 변수와 달리 객체 내 인스턴스 변수는 모든 메서드에서 접근할 수 있다. 객체가 소멸하지 않는 한 보존까지 된다. 지금부터 다룰 내용을 명확히 하고자 **클라이언트**client라는 용어를 먼저 소개한다(보통 사용자user라는 용어는 실제로 프로그램을 사용하는 사람을 지칭한다. 사용자 대신 클라이언트라는 용어를 사용한다).

정의 **클라이언트** 클래스로 객체를 만들고 해당 객체의 메서드를 호출하는 모든 종류의 프로그램

또 고려해야 할 한 가지는 클래스 및 객체 내부와 외부에 대한 **이원성**duality이다. 클래스를 구현할 때는 서로 다른 메서드가 인스턴스 변수를 공유하는 방식과 알고리즘 효율성을 고민해야 한다. 동시에 클래스가 제공해야 할 메서드, 각 메서드에 필요한 매개변수, 키워드 매개변수의 기본값을 선정하는 등 인터페이스적인 측면도 고려 대상이다. 즉 메서드의 설계와 구현을 모두 신경 써야 한다.

클라이언트 프로그램을 만드는 프로그래머는 클래스 제공의 인터페이스를 파악해야 한다. 각 메서드가 하는 일, 필요한 매개변수, 반환 값을 신경 써야 한다.

클래스는 다음처럼 캡슐화를 실현한다.

- 메서드와 인스턴스 변수의 구현 세부 사항을 숨긴다.
- 클라이언트가 필요한 모든 기능을 인터페이스(메서드)로 제공한다.

8.2.1 pygwidgets이 제공하는 또 다른 클래스

OOP에서는 객체가 객체 내 데이터를 소유한다. OOP 프로그래머들은 클라이언트가 클래스 제공 인터페이스에만 관심을 두며 내부 구현에는 관심을 두지 않는 것이 좋은 디자인 원칙이라는 데 동의한다. '코드 8.1'의 간단한 Person 클래스를 예로 살펴보자.

코드 8.1 Person **클래스와 데이터 소유권**

```python
class Person():

    def __init__(self, name, salary):
        self.name = name
        self.salary = salary
```

인스턴스 변수 self.name과 self.salary 값은 Person 객체를 만들 때마다 설정된다.

```python
oPerson1 = Person('Joe Schmoe', 90000)
oPerson2 = Person('Jane Smith', 99000)
```

각 Person 객체는 자신만의 두 인스턴스 변수를 가지게 된다.

8.3 캡슐화에 대한 견해

캡슐화는 논쟁의 여지가 있는데, 프로그래머마다 인스턴스 변수 접근의 견해가 다르다는 것이다.

파이썬은 간단히 마침표(.)을 찍는 것으로 직접 인스턴스 변수에 접근할 수 있어 다소 느슨하게 캡슐화를 해석할 수 있는 여지가 있다. 클라이언트 코드에서 **<객체>.<인스턴스_변수_이름>** 문법을 사용하면 이름으로 객체 변수에 합법적으로 접근할 수 있다.

캡슐화를 엄격하게 해석하는 사람들은 클라이언트 소프트웨어가 인스턴스 변수를 직접 접근하거나 값을 변경해서는 안 되며 오직 객체가 제공하는 메서드로만 값을 조회하거나 변경해야 한다고 주장한다.

두 가지 견해를 모두를 살펴보자.

8.3.1 직접 접근이란 무엇이고 왜 피해야 하는가

파이썬은 인스턴스 변수를 직접 접근할 수 있도록 한다. '코드 8.2'를 보자. 두 Person 객체를 생성한다. 이번에는 각 객체의 인스턴스 변수를 `.salary`로 직접 접근해보겠다.

코드 8.2 **인스턴스 변수를 직접 접근하는 메인 코드의 예**

File PersonGettersSettersAndDirectAccess/Main_PersonDirectAccess.py

```
# Person 객체의 인스턴스 변수에 직접 접근하는 메인 프로그램

from Person import *

oPerson1 = Person('Joe Schmoe', 90000)
oPerson2 = Person('Jane Smith', 99000)

# 직접 salary 변숫값 가져오기
print(oPerson1.salary) ❶
print(oPerson2.salary)

# 직접 salary 변숫값 변경하기
oPerson1.salary = 100000 ❷
oPerson2.salary = 111111

# 갱신된 salary 변숫값 출력하기
print(oPerson1.salary)
print(oPerson2.salary)
```

파이썬은 점을 찍는 표준 문법으로 객체의 인스턴스 변수를 직접 조회❶하거나 설정❷할 수 있다. 많은 파이썬 프로그래머는 해당 방식을 선호한다. 파이썬을 개발한 귀도 반 로섬Guido van Rossum은 유명한 말을 남겼다. "우리는 모두 성인입니다we are all adults here." 직접 인스턴스 변수에 접근하는 것이 유효하지만 그에 따른 위험은 오롯이 프로그래머가 감당해야 할 몫이라는 의미다.

직접 객체의 인스턴스 변수에 접근하는 것은 캡슐화의 핵심 가치를 무너뜨린다. 매우 위험하다. 위험성을 실제로 확인해보자. 인스턴스 변수에 직접 접근해 문제인 상황을 몇 가지 살펴보자.

❶ 인스턴스 변수의 이름을 변경해야 하는 상황

첫 번째 문제 상황은 인스턴스 변수의 이름을 변경하는 경우다. 원래 이름으로 인스턴스 변수에 접근하던 모든 클라이언트 코드는 작동하지 않게 된다. 특히 초기 버전에서 선택된 이름은 부적절하다고 판단되면 변경된다. 이유는 다음과 같다.

- 변수가 데이터를 명확히 묘사하지 못하는 경우
- 불리언 값을 뒤집어 표현한 경우(**예** 열림/닫힘, 허용/비허용, 활성/비활성)
- 원래 이름의 철자나 대소문자에 오타가 있는 경우
- 원래 불리언 변수였지만 두 종류 이상의 값이 필요해진 경우

인스턴스 변수 이름을 self.<원래_이름>에서 self.<새로운_이름>으로 수정하면 결국 이름으로 직접 인스턴스 변수에 접근하는 모든 클라이언트 소프트웨어는 작동하지 않게 된다.

❷ 인스턴스 변수를 계산된 값으로 만들어야 하는 상황

두 번째 문제 상황은 새로운 요구 사항에 따라 클래스 코드를 바꿔야 하는 경우다. 인스턴스 변수는 데이터를 담는 데 사용한다. 그런데 특정 값을 계산하는 등 단순히 데이터를 담는 것 이상의 일을 해야 할 수도 있다. 4장의 Account 클래스를 예로 보자. 더 현실성을 반영하고자 Account 클래스에 자율을 추가하고 싶다면 어떨까? 단순히 self.interestRate 같은 인스턴스 변수를 하나 더 두고 클라이언트가 다음처럼 해당 인스턴스 변수에 접근하면 문제가 해결된다고 생각할지도 모른다.

```
oAccount.interestRate
```

물론 한동안 작동할 수도 있다. 하지만 은행이 '현재 잔고에 따라 이자율은 달라진다' 같은 신규 정책을 수립한다면 다음처럼 이자율이 계산되도록 수정해야만 한다.

```python
def calculateInterestRate(self):
    # 다른 메서드에서 self.balance 값이 설정됐다고 가정한다.
    if self.balance < 1000:
        self.interestRate = 1.0
    elif self.balance < 5000:
        self.interestRate = 1.5
    else:
        self.interestRate = 2.0
```

self.interestRate로 단순히 이자율만 고려해서는 안 된다. 계좌 잔고에 따라 현재 이자율을 계산하는 calculateInterestRate() 메서드가 필요하다.

oAccount.interestRate처럼 인스턴스 변수를 직접 접근하던 모든 클라이언트 소프트웨어는 마지막으로 calculateInterestRate() 메서드가 호출된 시점에 계산된, 더 이상 유효하지 않은 값을 가질 공산이 있다. 또한, 새로운 이자율이 반영된 모든 클라이언트 소프트웨어는 계좌에 입출금이 일어날 때마다 호출된 calculateInterestRate() 메서드 때문에 이자율이 바뀌는 정확한 이유를 파악하기 어렵다.

방법을 바꿔서 이자율을 계산하는 getInterestRate() 메서드를 클라이언트 소프트웨어가 호출하면 필요할 때마다 이자율이 계산돼 잠재적인 오류를 피할 수 있다.

❸ 데이터 검증이 필요한 상황

세 번째 문제 상황은 클라이언트 소프트웨어에서 인스턴스 변수의 값을 실수로 건드리는 경우다. 이때는 해당 객체의 특정 메서드로만 값을 수정할 수 있도록 한다. 단순히 값을 대입하기보다는 값의 유효성을 검사하는 등 추가 코드를 포함시키면 된다. 클럽 회원 관리용 코드인 '코드 8.3'을 살펴보자.

코드 8.3 Club 클래스   File ValidatingData_ClubExample/Club.py

```python
# Club 클래스

class Club():

    def __init__(self, clubName, maxMembers):
```

```
        self.clubName = clubName ❶
        self.maxMembers = maxMembers
        self.membersList = []

    def addMember(self, name): ❷
        # 회원 가입에 충분한 자리가 남았는지 확인하기
        if len(self.membersList) < self.maxMembers:
            self.membersList.append(name)
            print(name, '님은 ', self.clubName, ' 클럽 회원으로 등록되셨습니다.')
        else:
            print('죄송합니다. ', name, '님은 ', self.clubName, ' 클럽 회원이 될 수 없습니다.')
            print('최대 회원 수 ', self.maxMembers, '명을 초과했습니다.')

    def report(self): ❸
        print()
        print(self.clubName, ' 클럽에는 총 ', len(self.membersList), ' 명의 회원이 있습니다.')
        for name in self.membersList:
            print(' ' + name)
        print()
```

클럽 이름, 최대 회원 수, 회원 목록을 모두 인스턴스 변수로 두고 추적한다❶. Club 객체를 생성한 후에는 회원을 추가하고❷ 회원 목록을 조회❸하는 메서드를 호출한다(회원을 삭제하고 클럽 이름을 변경하는 등 메서드도 쉽게 추가할 수 있지만 지금은 두 메서드를 그냥 두는 것만으로도 충분히 의미 있다).

다음은 Club 클래스를 사용하는 테스트 코드다.

(File) ValidatingData_ClubExample/Main_Club.py

```
# Club 클래스를 사용하는 테스트용 메인 프로그램

from Club import *

# 최대 다섯 명까지 수용할 수 있는 클럽 만들기
oProgrammingClub = Club('Programming', 5)

oProgrammingClub.addMember('Joe Schmoe')
oProgrammingClub.addMember('Cindy Lou Hoo')
oProgrammingClub.addMember('Dino Richmond')
oProgrammingClub.addMember('Susie Sweetness')
oProgrammingClub.addMember('Fred Farkle')
oProgrammingClub.report()
```

최대 다섯 명까지 수용할 수 있는 프로그래밍 클럽용 객체를 만든 후 다섯 명을 추가한다. 해당 코드는 잘 작동해 마지막에 회원 목록을 다음처럼 출력한다.

```
Joe Schmoe 님은 Programming 클럽 회원으로 등록되셨습니다.
Cindy Lou Hoo 님은 Programming 클럽 회원으로 등록되셨습니다.
Dino Richmond 님은 Programming 클럽 회원으로 등록되셨습니다.
Susie Sweetness 님은 Programming 클럽 회원으로 등록되셨습니다.
Fred Farkle 님은 Programming 클럽 회원으로 등록되셨습니다.
```

여섯 번째 회원을 추가해보자.

```
# 추가 회원 등록 시도
oProgrammingClub.addMember('Iwanna Join')
```

여섯 번째 회원을 추가하는 요청은 반려되고 다음의 메시지를 출력한다.

```
죄송합니다. Iwanna Join 님은 Programming 클럽 회원이 될 수 없습니다.
최대 회원 수 5명을 초과했습니다.
```

addMember() 메서드는 올바른 상황에서만 신규 회원이 추가될 수 있는 검증 작업을 수행한다. 그렇지 않으면 거절 메시지를 출력한다. 만약 클럽 회원의 인스턴스 변수에 직접 접근한다면 클라이언트 소프트웨어 Club 클래스가 추구해야 할 특성이 예상하지 못하게 변경될 수 있다. 클라이언트 소프트웨어는 고의든 실수든 이유가 무엇이 됐든 다음과 같이 최대 회원 수를 변경할 수 있다.

```
oProgrammingClub.maxMembers = 300
```

Club 클래스가 회원 관리에 리스트를 사용한다는 사실과 해당 리스트를 저장한 인스턴스 변수 이름을 안다고 가정해보자. 다음처럼 클라이언트 소프트웨어가 메서드를 호출하지 않아도 회원을 직접 리스트에 추가할 수 있다.

```
oProgrammingClub.memberList.append('Iwanna Join')
```

회원을 추가할 수 있는지 검사할 코드가 없어 제한된 회원 수를 넘어 더 많은 회원을 추가할 수 있다.

인스턴스 변수에 직접 접근하는 클라이언트는 Club 객체 내부에 심각한 오류를 초래할지도 모른다. 인스턴스 변수 self.maxMembers는 정수여야 하지만 클라이언트는 문자열로 변경할 수 있다.

이후 addMember() 메서드가 호출될 때 메서드의 현재 회원 수 및 최대 허용 회원 수를 비교하는 첫 번째 코드에서 오류가 발생하게 된다. 정수와 문자열을 서로 비교할 수 없기 때문이다.

외부 객체에서 인스턴스 변수를 직접 접근하는 것을 허용하면 객체 데이터를 보호하는 장치를 우회해 위험한 결과를 초래할 수 있다.

8.3.2 게터와 세터에 대한 엄격한 견해

캡슐화를 엄격하게 해석하는 사람들은 결코 클라이언트가 인스턴스 변수를 직접 접근해서는 절대 안 된다고 말한다. 만약 객체 정보에 클라이언트가 접근하고 싶다면 표준적인 접근법으로 클래스에 **게터**getter와 **세터**setter 메서드를 정의해야 한다.

> **정의** 게터   클래스로 만든 객체 데이터를 조회하는 메서드
> **정의** 세터   클래스로 만든 객체의 데이터 값을 할당하는 메서드

게터와 세터는 클라이언트가 클래스의 구현 방식을 몰라도 객체 데이터를 접근하고 설정하는 방법을 제공하는 메서드다. 인스턴스 변수의 존재를 알지 못해도 된다. '코드 8.1'의 Person 클래스에는 인스턴스 변수 self.salary가 있다. '코드 8.4'는 해당 클래스에 게터 메서드와 세터 메서드를 추가한다. 인스턴스 변수 self.salary를 직접 접근하지 않고도 급여salary를 조회하고 설정할 수 있도록 한다.

코드 8.4 **게터와 세터를 가진 Person 클래스의 예**   (File) PersonGettersSettersAndDirectAccess/Person.py

```python
class Person():
    def __init__(self, name, salary):
        self.name = name
        self.salary = salary

    # salary 값을 조회할 수 있게 해준다.
    def getSalary(self): ❶
        return self.salary

    # salary 값을 설정할 수 있게 해준다.
    def setSalary(self, salary): ❷
        self.salary = salary
```

게터❶와 세터❷ 메서드 이름에 반드시 **get**과 **set**을 넣을 필요는 없다. 다만 일종의 관례이기에 따르는 편이 좋다. get과 set 다음에는 일반적으로 접근할 데이터를 잘 묘사하는 단어를 선정하는

것이 좋다. '코드 8.4'에서는 Salary라는 단어를 사용했다. 인스턴스 변수의 이름을 그대로 사용하는 경우가 많지만 꼭 그래야 하는 것은 아니다.

'코드 8.5'는 두 개의 Person 객체를 생성한 후 게터 및 세터 메서드로 급여를 조회하고 설정한다.

코드 8.5 **게터 및 세터를 사용하는 메인 프로그램의 예**

File PersonGettersSettersAndDirectAccess/Main_PersonGetterSetter.py

```python
# Person 객체의 게터 및 세터를 사용하는 메인 프로그램의 예

from Person import *

oPerson1 = Person('Joe Schmoe', 90000) ❶
oPerson2 = Person('Jane Smith', 99000)

# 게터로 salary를 조회한 후 출력한다.
print(oPerson1.getSalary()) ❷
print(oPerson2.getSalary())

# 세터로 salary를 설정한다.
oPerson1.setSalary(100000) ❸
oPerson2.setSalary(111111)

# 다시 게터로 salary를 조회한 후 출력한다.
print(oPerson1.getSalary())
print(oPerson2.getSalary())
```

먼저 Person 클래스로 두 개의 객체를 생성한다❶. 그다음 각 Person 객체의 게터 및 세터 메서드를 호출해 급여 정보를 조회하고❷ 급여를 설정한다❸.

객체가 가진 값을 조회하고 설정하는 전형적인 방식이 바로 게터 메서드와 세터 메서드를 사용하는 것이다. 클래스를 설계자가 허용한 경우에만 인스턴스 변수에 접근할 수 있도록 일종의 보호 계층을 둔다.

노트 일부 파이썬을 다루는 자료는 게터 메서드에 접근자(accessor, 액세서), 세터 메서드에 변형자(mutator, 뮤테이터)라는 용어를 사용하기도 한다. 모두 같은 개념이다. 이 책에서는 더욱 널리 사용되는 게터 및 세터 용어를 사용한다.

8.3.3 안전한 직접 접근

인스턴스 변수를 직접 접근하는 편이 합리적으로 보이는 특수한 상황도 있다. 인스턴스 변수의 의미가 절대적으로 명확하다면 데이터 검증이 아예 또는 거의 필요 없다. 변수 이름이 바뀔 가능성이 낮아진다. 파이게임 패키지의 Rect 클래스가 좋은 예시다. 파이게임의 Rect 클래스는 다음처럼

x, y 좌표와 너비, 높이 값을 지정하도록 정의돼 있다.

```
oRectangle = pygame.Rect(10, 20, 300, 300)
```

인스턴스 변수는 `oRectangle.x`, `oRectangle.y`, `oRectangle.width`, `oRectangle.height`처럼 직접 접근되는 것을 허용한다.

8.4 인스턴스 변수를 더 비공개적으로 만들기

기본적으로 파이썬의 모든 인스턴스 변수는 외부로 공개된다(즉 클래스 외부에서 접근할 수 있다). 만약 일부 인스턴스 변수는 허용하되 일부는 허용하고 싶지 않다면 어떻게 해야 할까? 일부 객체지향 언어는 인스턴스 변수를 공개나 비공개로 만들고자 별도 키워드나 지시자를 제공한다. 하지만 파이썬에는 이런 키워드가 없다. 대신 파이썬은 다른 방식으로 해당 기능을 지원한다. 인스턴스 변수 및 메서드를 비공개로 만드는 방법을 알아보자.

8.4.1 묵시적인 비공개

인스턴스 변수를 외부에서 결코 접근할 수 없도록 하고 싶다면 인스턴스 변수의 이름 맨 앞에 다음처럼 언더스코어 문자를 붙여야 한다.

```
self._name
self._socialSecurityNumber
self._dontTouchThis
```

이와 같은 규칙을 가진 이름의 인스턴스 변수가 객체 내부에서만 사용될 비공개 데이터다. 클라이언트 소프트웨어가 결코 직접 접근해서는 안 된다는 사실을 표현한다. 물론 직접 인스턴스 변수에 접근할 방법은 있지만 반드시 잘 작동한다는 보장은 할 수 없다.

이 같은 규칙은 메서드 이름에도 그대로 적용된다.

```
def _internalMethod(self):

def _dontCallMeFromClientSoftware(self):
```

역시 강제가 아니라 일종의 관행이다. 클라이언트가 밑줄로 시작하는 이름의 메서드를 호출하는 것을 강제로 막을 수는 없지만 그럴 경우 예기치 못한 오류 발생 가능성이 높다. 내부에서만 다뤄지는 변수와 메서드이기에 작동 방식을 외부 사용자에게 노출시키지 않겠다는 의도로 정의된 것이기 때문이다. 개발자만 정확한 작동 방식을 안다고 할 수 있다.

8.4.2 명시적인 비공개

파이썬은 인스턴스 변수와 메서드를 더욱 명시적인 방식을 활용해 비공개로 만드는 것도 지원한다. 변수 이름 앞에 밑줄 두 개(__)를 붙이면 데이터의 직접 접근을 강제로 막을 수 있다.

외부에서 접근하면 안 되는 인스턴스 변수, self.__privateData를 가진 PrivatePerson 객체를 만든다고 가정해보자.

```
# PrivatePerson 클래스

class PrivatePerson():

    def __init__(self, name, privateData):
        self.name = name
        self.__privateData = privateData ❶

    def getName(self):
        return self.name

    def setName(self, name):
        self.name = name
```

비공개적으로 저장될 데이터를 입력해 PrivatePerson 객체를 생성한다❶. 그 후 클라이언트가 직접 __privateData 인스턴스 변수에 접근한다고 해보자.

```
usersPrivateData = oPrivatePerson.__privateData
```

다음과 같은 오류가 발생한다.

```
AttributeError: 'PrivatePerson' object has no attribute '__privateData'
```

밑줄 두 개로 시작하는 이름의 메서드도 정의할 수 있는데 클라이언트가 해당 메서드를 호출하면 동일한 오류가 발생한다.

파이썬은 내부적으로 해당 방식의 이름을 변경한다. 구체적으로 `__<이름>`처럼 두 개의 밑줄로 시작하는 이름을 `_<클래스명>__<이름>`으로 대체한다. PrivatePerson 클래스의 `self.__privateData` 인스턴스 변수의 이름은 `self._PrivatePerson__privateData`로 바뀐다. 클라이언트 소프트웨어에서 `oPrivateperson.__privateData`처럼 원래 이름으로 인스턴스 변수를 직접 접근하려고 한다면 해당 이름을 인식하지 못하는 오류가 발생한다.

직접 접근을 제한하는 일종의 규칙이지만 반드시 비공개성을 보장하는 것은 아니라는 사실에 유의하자. 클라이언트 프로그래머가 내부적으로 이름이 바뀌는 규칙을 안다면 클라이언트 소프트웨어는 `<객체>._<클래스명>__<이름>`으로 원하는 인스턴스 변수와 메서드에 직접 접근할 수 있다.

8.5 데커레이터와 @property

사용성만 봤을 때 데커레이터decorator는 메서드에 다른 메서드를 매개변수로서 주입하는 메커니즘이다(데커레이터는 함수나 메서드 모두에 적용할 수 있지만 메서드만 예시로 살펴본다). 이 책은 데커레이터를 깊게 살펴보지는 않는다. 하지만 게터 및 세터의 대안이 될 수 있는 내장 데커레이터 내용은 짚고 넘어가겠다.

데커레이터는 메서드를 정의하는 def 문 윗줄에 삽입할 수 있다. 이때 @(골뱅이) 기호로 시작해 데커레이터 이름을 지정한다. def 문으로 정의된 메서드에 데커레이터가 가진 기능을 추가로 적용할 수 있다.

```
@<데커레이터>
def <메서드>(self, <파라미터>)
```

여기서는 두 종류의 내장 데커레이터를 클래스의 두 메서드에 적용해 **프로퍼티**(속성)property를 구현한다.

정의 **프로퍼티** 클라이언트 입장에서 보면 인스턴스 같겠지만 사실은 접근할 때 특정 메서드를 대신 호출하는 클래스 속성이다.

프로퍼티는 일을 간접적으로 처리하는 수단을 제공한다. 즉 외부에서는 한 가지 사실만 보이지만 뒤에서는 사실과는 매우 다른 일이 일어난다. 프로퍼티가 필요한 클래스는 게터 및 세터 메서드를 작성한 후 각 메서드에 내장된 프로퍼티 데커레이터를 적용해 구현할 수 있다. 게터 메서드의 이름 위에 @property 데커레이터를 적는 식이다. 클라이언트는 메서드 이름을 인스턴스 변수인 것처럼 접근할 수 있게 된다. 세터 메서드의 이름 위에 @<프로퍼티_이름>.setter 데커레이터를 적으면 세터용 프로퍼티도 구현할 수 있다. 다음은 이를 보여주는 간단한 코드다.

```
class Example():
    def __init__(self, startingValue):
        self._x = startingValue

    @property
    def x(self): # 데커레이션된 게터 메서드
        return self._x

    @x.setter
    def x(self, value): # 데커레이션된 세터 메서드
        self._x = value
```

Example 클래스의 x는 프로퍼티 이름이다. __init__() 메서드를 제외해도 프로퍼티 같은 이름의 메서드를 두 개나 정의했다는 것이 꽤 독특해 보일 수 있다. 그중 첫 번째는 게터 메서드, 두 번째는 세터 메서드다. 세터 메서드를 정의하는 것은 선택 사항이다. 정의되지 않으면 해당 프로퍼티는 읽기 전용이 된다.

다음은 Example 클래스를 활용하는 클라이언트 코드다.

```
oExample = Example(10)
print(oExample.x)
oExample.x = 20
```

Example 클래스로 객체를 만든 후 print() 함수를 호출하고 마지막에는 값을 할당했다. 클라이언트 입장에서는 꽤 가독성이 높은 코드다. oExample.x처럼 코드를 작성하면 클라이언트는 x라는 인스턴스 변수에 직접 접근하는 것처럼 보이기 때문이다. 실제로는 해당 객체의 프로퍼티 값에 접근해 게터 메서드를 호출한 것이다. 프로퍼티 접근 코드가 할당문 좌측에 위치한다면 세터 메서드가 호출된다. 게터 및 세터 메서드는 실제 인스턴스 변수 self._x에 영향을 미친다.

'코드 8.6'은 더 현실적인 예시다. Student 클래스는 학년 grade라는 프로퍼티를 가진다. 실제 인스턴스 변수는 비공개(__grade) 처리가 됐으며 이를 적절히 다루는 게터 및 세터 메서드를 정의한다.

코드 8.6 **프로퍼티 데커레이터를 가진 Student 클래스** File PropertyDecorator/Student.py

```python
# 프로퍼티로 객체 데이터에 간접적으로 접근하는 예

class Student():

    def __init__(self, name, startingGrade=0):
        self.__name = name
        self.grade = startingGrade        ❶

    @property                             ❷
    def grade(self):                      ❸
        return self.__grade

    @grade.setter                         ❹
    def grade(self, newGrade):            ❺
        try:
            newGrade = int(newGrade)
        except (TypeError, ValueError) as e:
            raise type(e)('학년: ' + str(newGrade) + '은 유효하지 않습니다.')
        if (newGrade < 0) or (newGrade > 100):
            raise ValueError('학년: ' + str(newGrade) + '의 값은 반드시 0~100 사이여야 합니다.')
        self.__grade = newGrade
```

새로운 기법을 적용한 __init__() 메서드는 잠시 뒤로 하고 먼저 다른 메서드를 살펴보자. 먼저 grade로 이름 지은 두 개의 메서드가 있다. 그중 첫 번째 grade() 메서드에는 @property 데커레이터를 추가했다❷. 해당 클래스로 만든 객체는 grade라는 프로퍼티를 가진다. grade() 메서드❸는 게터로 self.__grade 인스턴스 변수에 저장된 현재 학년의 정보 값을 반환한다. 원한다면 특정 값을 계산하도록 일련의 코드를 추가할 수도 있다.

두 번째 grade() 메서드에는 @grade.setter 데커레이터를 추가했다❹. 매개변수로 신규 값을 입력받아 유효성을 검사한 후 self.__grade 값을 설정한다.

__init__() 메서드는 학생 이름을 먼저 인스턴스 변수에 저장한다. 다음 줄❶은 단순해 보이지만 약간 특이하다. 지금까지 배운 대로라면 다음처럼 매개변숫값을 인스턴스 변수에 저장하는 것이 일반적이다.

```python
self.__grade = startingGrade
```

이번에는 대신 프로퍼티로 정의된 grade로 학년 값을 설정했다. grade는 프로퍼티다. 파이썬은 해당 할당문이 호출됐을 때 세터 메서드❺를 호출한다. 즉 인스턴스 변수 self.__grade에 값을 저장하기 앞서 값을 검증하는 이점을 얻을 수 있다.

'코드 8.7'은 Student 클래스를 사용하는 테스트 코드다.

코드 8.7 **Student 객체를 생성하고 프로퍼티에 접근하는 메인 프로그램**   File PropertyDecorator/Main_Property.py

```
# Student 객체의 프로퍼티를 사용하는 예

oStudent1= Student('Joe Schmoe') ❶
oStudent2= Student ('Jane Smith')

# grade 프로퍼티로 학생의 학년을 조회한 후 출력한다.
print(oStudent1.grade) ❷
print(oStudent2.grade)
print()

# grade 프로퍼티를 통해 값을 설정한다.
oStudent1.grade = 85 ❸
oStudent2.grade = 92

print(oStudent1.grade) ❹
print(oStudent2.grade)
```

테스트 코드는 먼저 두 Student 객체를 만든 후❶ 각 객체의 grade 프로퍼티로 값을 출력한다❷. 코드만 보면 각 객체의 grade 인스턴스 변수를 직접 접근하는 것처럼 보인다. 실제로 grade는 프로퍼티여서 게터 메서드가 호출되고 반환한 값을 얻는다.

그다음 각 Student 객체의 grade 프로퍼티로 새로운 값을 설정한다❸. 각 객체 데이터에 직접 값을 설정하는 것처럼 보인다. 하지만 이번에도 grade는 프로퍼티다. 세터 메서드가 호출된다. 세터 메서드는 값을 할당하기 전 새로운 값의 유효성을 검사한다. 테스트 코드는 새로 할당된 값을 grade 프로퍼티로 출력하며 끝난다❹.

테스트 코드를 실행하면 다음과 같은 결과를 얻는다.

```
0
0

85
92
```

@property 및 @<프로퍼티_이름>.setter 데커레이터는 게터 및 세터 방식과 직접 접근 방식에 모두 이롭다. 클라이언트는 인스턴스 변수를 직접 접근하는 것처럼 코드를 작성할 수 있다. 클래스를 구현한 프로그래머는 실제 인스턴스 변수의 값을 설정하고 가져올 때 추가로 일련의 검증 작업이 이뤄지도록 만들 수 있다. 인스턴스 변수에 대한 직접 접근을 허용하지 않아 캡슐화로도 볼 수 있다.

많은 파이썬 전문가가 프로퍼티 방식을 사용한다. 그러나 필자는 이 방식이 적용된 다른 개발자의 코드를 읽을 때 인스턴스 변수에 직접 접근하는지 아니면 프로퍼티로 접근하는지가 불분명해 모호하다고 생각한다. 개인적으로 표준 게터 및 세터 메서드를 활용하는 방식을 선호한다. 프로퍼티라는 유용한 방식을 소개했지만 앞으로는 게터 및 세터 메서드를 명시적으로 활용하겠다.

8.6 pygwidgets 클래스로 캡슐화 살펴보기

캡슐화는 내부의 세부 사항을 감추고 관련된 모든 코드를 한곳에서 관리한다는 두 가지 주요 의미를 가졌다. pygwidgets이 제공하는 모든 클래스는 두 가지 의미를 염두에 두고 작성됐다. TextButton과 CustomButton 클래스를 예로 보자.

두 클래스가 제공하는 메서드는 GUI 버튼의 모든 기능을 캡슐화한다. 소스 코드를 직접 확인해봐도 좋다. 그러나 클라이언트 프로그래머가 효과적으로 클래스를 사용하는 데 소스 코드를 직접 확인할 필요는 없다. 인스턴스 변수를 직접 접근할 필요도 없다. 버튼의 모든 기능은 제공된 메서드를 호출해 사용할 수 있다. 이는 곧 객체의 메서드로만 객체의 데이터에 접근해야 한다고 엄격하게 캡슐화를 해석한 결과다. 클라이언트 프로그래머는 이런 클래스를 일종의 블랙박스로 취급한다. 실제로 처리되는 작업의 내부 사정은 전혀 신경 쓰지 않는다.

> 노트 프로그래머가 실제 코드를 보지 않고 클래스를 테스트하는 방식은 **블랙박스 테스트** 방식으로 발전됐다. 즉 테스트를 진행하는 사람은 오직 인터페이스 문서만 보고 문서가 설명한 것처럼 모든 메서드가 작동하는지 시험한다. 테스트 코드는 문서가 설명한 대로 코드가 작동한다는 사실을 확인한다. 이뿐만 아니라 이후 코드가 클래스에 새로 추가돼도 문제없이 작동한다는 사실을 확인할 수 있도록 작성해야 한다.

8.7 실제 사례로 캡슐화 살펴보기

수년 전 필자는 매크로미디어Macromedia(현 어도비)의 **디렉터**Director라는 환경으로 구축된 초대형 교육 프로젝트 설계와 개발에 참여한 적이 있다. 이때 객체지향 언어인 **링고**Lingo를 사용했다. 디렉터는 브라우저에 플러그인이 추가되는 것과 유사한 방식으로 기능을 추가할 수 있는 XTRA를 통해 확장될 수 있도록 설계된 환경을 제공한다. XTRA는 여러 공급 업체가 구매하고 개발했다. 필자의 계획은 지도 관련 정보를 데이터베이스에 저장하는 것이었다. 데이터베이스용으로 사용할 수 있는 XTRA 목록을 살펴봤고 그중 하나인 XTRA1을 구매했다.

각 XTRA는 API 문서도 함께 제공했다. 필자가 구매한 XTRA1은 문서에 SQL 언어로 데이터베이스를 쿼리할 수 있는 방법이 있었다. 이를 참고로 XTRA1의 API로 데이터베이스의 모든 기능에 접근 가능한 Database 클래스를 만들기로 결정했다. XTRA와 직접 통신하는 모든 코드는 Database 클래스로 캡슐화됐고 구조는 '그림 8.1'과 같았다.

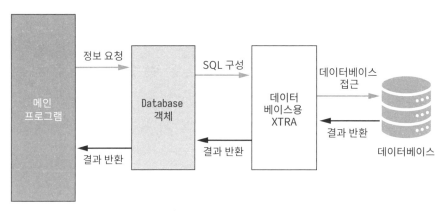

그림 8.1 **XTRA와 객체로 데이터베이스에 접근하는 구조**

프로그램을 시작할 때 Database 객체 하나를 생성했다. 메인 코드는 해당 Database 객체의 클라이언트 역할을 했다. 메인 코드가 데이터베이스 정보에 접근할 때마다 SQL 문법으로 작성된 문자열을 보내는 방법 대신 필요한 매개변수를 입력해 Database 객체가 제공하는 메서드를 호출했다. Database 객체는 내부적으로 SQL 쿼리를 구성하고 XTRA1으로 해당 쿼리를 보내 데이터베이스에 접근한다. Database 객체의 코드만 XTRA에 접근하는 방법을 알도록 설계했다.

프로그램은 잘 작동했고 고객들은 제품을 문제없이 사용했다. 때때로 데이터베이스에서 가져온 데이터에 오류가 발생했다. XTRA1을 개발한 사람에게 연락해 해당 문제를 재현하는 다양한 예제 코드를 제공했다. 하지만 문제를 해결할 수는 없었다.

결국 해당 문제를 해결하고자 다른 데이터베이스용 XTRA인 XTRA2를 구매하기로 했다. XTRA2가 XTRA1과 유사한 방식으로 작동했지만 초기화 방법과 일부 세부 사항에서 차이를 보였다.

Database 클래스는 XTRA와 통신하는 모든 세부 사항을 캡슐화했기에 Database 클래스의 내용만 XTRA2와 잘 작동하게끔 수정했다. 마치 모든 것이 그대로인 것처럼 작동하도록 했다. 메인 프로그램(클라이언트) 코드는 전혀 변경하지 않았다.

필자는 Database 클래스를 개발한 동시에 클라이언트 개발자이기도 했다. 클라이언트 코드가 클래스의 인스턴스 변수를 직접 접근하도록 구현했다면 클라이언트 코드 전체를 스크롤하며 관련 부분을 모두 수정해야 했을지도 모른다. 클래스에 캡슐화를 적절한 도입으로 재작업과 테스트에 들어가는 수많은 시간과 노력을 절약할 수 있었다.

XTRA2가 잘 작동하기는 했지만, XTRA2를 개발한 회사는 결국 사업을 그만뒀다. XTRA1에서 XTRA2로 옮겼던 것과 정확히 같은 과정을 다시 거쳐 XTRA3로 옮겼다. 캡슐화 덕분에 Database 클래스 코드만 수정할 수 있었고 문제없이 잘 작동했다.

8.8 추상화

추상화abstraction는 캡슐화와 밀접하게 관련된 OOP의 또 다른 주요 개념이다. 많은 개발자가 네 번째로 중요한 OOP 개념이라고 생각한다.

캡슐화는 구현과 관련 있다. 캡슐화가 클래스 코드와 데이터의 세부 사항을 숨기는 것이라면 추상화는 클래스를 바라보는 클라이언트 관점으로 외부에서 클래스를 인식하는 것과 관련 있다.

> **정의** 추상화 불필요한 세부 사항을 숨겨서 복잡도를 낮추는 기법

추상화는 기본적으로 시스템 사용자의 관점을 가능한 단순하게 만드는 기법이다.

추상화는 소비자 제품에서 많이 찾아볼 수 있다. 많은 사람은 매일 TV, 컴퓨터, 전자레인지, 자동차 등을 사용한다. 소비자 제품의 UI에 익숙하다. 제어 장치는 제품이 제공하는 기능을 추상화한다. 자동차의 가속페달을 밟으면 앞으로 나아간다. 전자레인지에 시간을 설정하고 시작 버튼을 누르면 음식을 데울 수 있다. 그러나 제품의 내부 작동 방식을 정확히 아는 사람은 거의 없다.

컴퓨터 과학에서도 추상화의 다양한 예가 있다. **스택**stack은 가장 나중에 저장된 데이터를 가장 먼저 내보내는 메커니즘(후입선출)을 가진 자료구조다. 깨끗하게 닦은 접시를 차례대로 쌓고 필요할 때마다 하나씩 상단에서 가져오는 상황을 생각해보자. 스택은 두 종류의 표준 연산(작업)을 제공

한다. 그중 첫 번째는 입력된 요소를 스택 상단에 추가하는 푸시(push)이며 나머지는 스택의 최상단에서 하나의 요소를 제거하여 얻는 팝(pop)이다.

스택은 프로그램이 탐색할 때 특히 유용하다. 경로의 되돌아가는 지점을 기록하는 데 사용할 수 있다. 코드에서 함수 및 메서드가 호출되는 순서를 추적하는 방법에도 프로그래밍 언어를 쓴다. 함수나 메서드를 호출하면 반환점은 스택에 푸시되고 메서드가 종료될 시점에 반환돼야 할 위치를 검색한다. 스택의 최상단에서 가장 최신 정보를 팝하는 방식으로 코드는 원하는 만큼 깊게 함수 및 메서드 호출을 연속적으로 처리하고 하나씩 다시 되돌아올 수 있다.

클라이언트 프로그램에 정보를 푸시하고 팝하는 기능의 스택이 필요하다고 가정해보자. 스택이 클래스로 만들어졌다면 다음처럼 스택 객체를 생성할 수 있다.

```
oStack = Stack()
```

push() 메서드로 정보를 추가할 수도 있다.

```
oStack.push(<someData>)
```

다음처럼 pop() 메서드로 가장 최근 데이터를 가져올 수도 있다.

```
<someVariable> = oStack.pop()
```

클라이언트는 각 메서드 구현 방식과 데이터 저장 방식을 알아야 할 필요는 없다. Stack이 제공하는 메서드에 완전히 의존하면 된다.

클라이언트 입장에서 Stack 클래스는 블랙박스처럼 보인다. Stack 클래스를 구현하는 것은 크게 어렵지 않다. '코드 8.8'은 Stack 클래스를 구현한 예다.

코드 8.8 **파이썬으로 구현한 Stack 클래스**   (File) Stack/Stack.py

```
# Stack 클래스

class Stack():
    ''' 후입선출 알고리즘을 구현한 Stack 클래스'''
    def __init__(self, startingStackAsList=None):
        if startingStackAsList is None:
```

```
                self.dataList = [ ]  ❶
        else:
            self.dataList = startingStackAsList[:]  # 복사본을 만든다.

    def push(self, item):  ❷
        self.dataList.append(item)

    def pop(self):  ❸
        if len(self.dataList) == 0:
            raise IndexError
        element = self.dataList.pop()
        return element

    def peek(self):  ❹
        # 최상단 요소를 가져온 후 스택에서는 제거한다.
        item = self.dataList[-1]
        return item

    def getSize(self):  ❺
        nElements = len(self.dataList)
        return nElements

    def show(self):  ❻
        # 수직으로 스택에 담긴 요소를 출력한다.
        print('스택에 담긴 요소:')
        for value in reversed(self.dataList):
            print(' ', value)
```

Stack 클래스는 리스트 self.dataList❶ 인스턴스 변수로 모든 데이터를 추적한다. 물론 클라이언트는 세부 사항을 알지 못해도 된다. 다만 push()❷가 리스트의 append() 메서드로 요소를 추가하며, pop()❸은 마지막 요소를 꺼낸 후 제거하는 리스트의 pop() 메서드를 사용한다는 사실은 알아두면 좋다. Stack 클래스는 그 밖에도 세 종류의 메서드를 추가로 제공한다.

- peek() 메서드❹는 스택의 최상단 데이터를 제거하지 않고 조회만 한다.
- getSize() 메서드❺는 스택에 담긴 요소의 개수를 반환한다.
- show() 메서드❻는 스택에 담긴 내용물을 출력한다. 데이터가 수직으로 쌓인 것처럼 표현하며 가장 윗부분에 출력된 데이터가 가장 최근 데이터가 된다. push()와 pop()을 여러 차례 호출하는 클라이언트를 디버깅할 때 유용하다.

클래스 작성 경험이 쌓일수록 코드는 더 복잡해진다. 그 과정에서 프로그래머들은 일부 메서드를 더 효율적인 방식으로 다시 작성하거나 가독성이 더 높아지도록 정리할 수 있는 방법을 발견하기도 한다. 객체는 캡슐화와 추상화를 모두 아우른다. 클래스가 외부로 노출한 인터페이스가 변하지 않으면 데이터와 이를 다루는 내부 코드를 자유롭게 수정할 수 있다. 물론 수정한 결과가 성능, 효율 등 클라이언트에 나쁜 영향을 줘서는 안 된다. 또한, 캡슐화와 추상화로 클라이언트에 어떤 영향도 주지 않고 변경이 가능하도록 설계하는 것이 좋다. 클라이언트 코드는 그대로 유지가 돼도 메서드의 내부 구현이 개선되면서 클라이언트 코드의 성능 또한 향상되는 긍정적인 결과로 이어질 수 있다.

프로퍼티는 추상화의 훌륭한 한 가지 예다. 앞서 본 것처럼 프로퍼티는 클라이언트 코드의 의도를 명확하게 만들어준다. 프로퍼티는 메서드다. 내부에서 훨씬 복잡한 일이 일어나도 클라이언트는 그 사실을 알지 못한다.

8.9 정리

캡슐화는 OOP의 첫 번째 주요 개념이다. 클래스 내부 구현과 데이터를 클라이언트에 숨기고 한곳에서 클라이언트가 원하는 모든 기능을 제공한다.

OOP의 핵심 개념은 객체가 데이터를 소유한다는 것이다. 게터 및 세터 메서드를 만들어 클라이언트가 인스턴스 변수에 접근하도록 하는 것이 좋다. 파이썬은 마침표 문법으로 인스턴스 변수에 직접 접근을 허용하지만 본문에서 설명한 이유처럼 이 방식은 지양하는 편이 바람직하다.

인스턴스 변수나 메서드는 원하는 수준에 따라 변수명 앞에 밑줄을 하나 또는 두 개를 둬 비공개로 만들 수 있다. 또 다른 절충안은 @property 데커레이터를 사용하는 것이다. 클라이언트가 인스턴스 변수에 직접 접근하는 것처럼 보이지만 실제로는 @property 데커레이터가 달린 게터 및 세터 메서드가 내부적으로 호출된다.

pygwidgets 패키지로 캡슐화의 여러 가지 예를 살펴봤다. 클라이언트 개발자는 클래스 밖에서 클래스가 제공하는 인터페이스를 참조하며 작업한다. 클래스 개발자가 봤을 때 추상화(세부 사항을 숨겨 복잡성을 낮추는 기법)는 클라이언트 관점에서 클래스가 외부로 노출해야 할 인터페이스를 고려해 잘 디자인할 수 있도록 해준다. 때로는 내부 구현 방식을 보고 싶겠지만 객체지향적으로 프로그램을 만들 때는 유념해야 한다.

CHAPTER

9

다형성

9장은 OOP에서 두 번째로 중요한 개념인 **다형성**polymorphism을 다룬다. 그리스어에 기반한 단어로 접두사 '다poly'는 '많음', '형성morphism'은 '모양', '형태' 또는 '구조'를 의미한다.

즉 '많은 형태'라는 의미를 가진다. 영화 〈스타트렉〉에서 생김새를 바꾸는 외계인 같은 것을 말하는 것이 아니라 정반대다. OOP에서 다형성은 하나가 다양한 형태를 띄는 것이 아니라 동일한 이름의 메서드를 여러 클래스가 보유하는 방법을 말한다. 클래스 집합의 각 클래스 작동법을 매우 직관적으로 이해할 수 있도록 해준다.

많은 객체지향 프로그래머는 클라이언트가 객체의 메서드를 호출하는 행위를 두고 '메시지를 보낸다'는 말로 표현한다. 메시지를 수신했을 때 객체가 해야 할 일은 해당 객체에 달려 있다. 다형성은 같은 메시지를 여러 객체로 보낼 수 있도록 해준다. 각 객체는 설계 방식에 따라 서로 다른 방식으로 수신된 메시지에 작동한다.

9장은 다형성으로 쉽게 확장하고 사용법을 쉽게 예측할 수 있는 클래스 구축 방법을 다룬다. 데이터 유형에 따라 같은 연산자라도 서로 다른 일을 하도록 만드는 것도 다형성을 사용한다. print() 함수로 객체 정보를 디버깅하는 방법을 살펴보며 9장을 마무리하겠다.

9.1 현실 속 물체로 알아보는 메시지 보내기

현실 속 자동차를 예로 다형성을 알아보자. 모든 자동차에는 가속페달이 있다. 운전자가 페달을 밟으면 '가속'이라는 메시지를 자동차에 보낸다. 자동차는 내연기관, 전기모터, 하이브리드 엔진 중 한 가지 방식으로 작동한다. 자동차는 '가속' 메시지를 받았을 때 내부적으로 구현된 자기만의 방식으로 가속을 수행한다.

다형성은 신기술을 더 쉽게 도입할 수 있도록 해준다. 원자력 자동차를 개발했다고 가정해보자. 그렇지만 운전자가 페달을 밟아 '가속' 메시지를 보내는 방식에는 변화가 없다. 그러나 내부적으로 가속하는 과정은 다른 자동차와 비교해 매우 다르게 구현된다.

다양한 조명을 제어하는 스위치 더미로 가득 찬 방을 상상해보자. 일부 전구는 구식 백열전구, 다른 일부는 형광등, 또 다른 일부는 최신 LED 전구로 구성됐다. 모든 스위치를 위로 올리면 모든 전구에 '켜기'라는 메시지를 보낸다. 백열등, 형광등, LED 전구는 각자 매우 다른 방식으로 빛을 만들지만 사용자가 작동시키는 방법은 '스위치를 켜는 행위'로 모두 같다.

9.2 프로그래밍에서 사용하는 고전적인 다형성 예시

OOP에서 다형성은 동일한 이름의 메서드를 가진 서로 다른 클래스 객체의 해당 메서드를 호출하는 것이다. 이때 각 객체의 메서드가 이름은 같지만 내부는 완전히 다른 방식으로 구현된 것을 의미한다.

고전적인 예로 서로 다른 종류의 반려동물을 표현한 코드를 보자. 강아지, 고양이, 새가 있고, 모두 간단한 명령을 알아듣는다고 가정한다. 반려동물에게 말하라고 요청하면('말해'라는 메시지를 보낸다), 강아지는 '멍멍', 고양이는 '야옹', 새는 '짹짹'이라는 목소리를 내는 식이다. '코드 9.1'에서 구현했다.

```python
# Pets 다형성
# speak 메서드를 가진 서로 다른 세 클래스

class Dog():
    def __init__(self, name):
        self.name = name

    def speak(self):    ❶
        print(self.name, 'says bark, bark, bark!')

class Cat():
    def __init__(self, name):
        self.name = name

    def speak(self):    ❷
        print(self.name, 'says meeeooooow')

class Bird():
    def __init__(self, name):
        self.name = name

    def speak(self):    ❸
        print(self.name, 'says tweet')

oDog1 = Dog('Rover')
oDog2 = Dog('Fido')
oCat1 = Cat('Fluffy')
oCat2 = Cat('Spike')
oBird = Bird('Big Bird')

petsList = [oDog1, oDog2, oCat1, oCat2, oBird]    ❹

# 모든 반려 동물에게 동일한 메시지를 보낸다(같은 메서드를 호출한다).
for oPet in petsList:
    oPet.speak()    ❺
```

각 클래스는 speak()라는 동일한 이름의 메서드를 가지지만 실제로 각 메서드가 구현된 방식은 상이하다❶❷❸. 이름만 같을 뿐 클래스마다 각자 특성에 맞는 일을 하도록 구현됐다.

모든 동물 객체를 리스트에 담는데❹ 모든 객체에 '말해'라는 메시지를 쉽게 보낼 수 있다. 단순히 리스트에 담긴 객체를 하나씩 접근하며 객체 유형은 신경쓰지 않은 채 동일한 이름의 메서드를 호출하면 된다❺.

9.3 파이게임의 도형을 사용한 예

이번에는 파이게임으로 다형성 개념을 탐구해보겠다. 이미 5장에서 파이게임으로 직사각형, 원, 다각형, 타원, 선 같은 기본 도형을 그렸다. 이번에는 무작위로 윈도우 내 다양한 도형을 생성하는 프로그램을 만들어보자. 그다음 사용자가 특정 도형을 클릭하면 해당 도형의 영역 및 유형을 사용자에게 알려준다. 무작위로 생성되므로 프로그램이 실행될 때마다 도형의 크기, 위치, 개수는 달라질 수 있다. '그림 9.1'은 해당 프로그램이 실행된 결과의 예다.

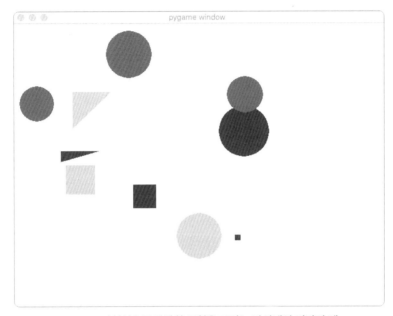

그림 9.1 **다형성으로 다양한 도형을 그리는 파이게임 기반의 예**

프로그램은 Square, Circle, Triangle 등 다양한 도형 클래스를 정의해 구현할 수 있다. 이때 세 클래스 모두 __init__(), draw(), getType(), getArea(), clickedInside()처럼 동일한 이름의 메서드를 가져야 한다는 점을 주의해야 한다. 메서드 목적은 같지만 클래스마다 다른 도형을 표현하므로 실제 내부는 다른 방식으로 구현해야 한다.

9.3.1 Square 클래스

가장 먼저 간단한 도형인 정사각형(Square) 클래스를 '코드 9.2'처럼 정의한다.

```python
# Square 클래스

import pygame
import random

# 색상 설정
RED = (255, 0, 0)
GREEN = (0, 255, 0)
BLUE = (0, 0, 255)

class Square():
    def __init__(self, window, maxWidth, maxHeight):  ❶
        self.window = window
        self.widthAndHeight = random.randrange(10, 100)
        self.color = random.choice((RED, GREEN, BLUE))
        self.x = random.randrange(1, maxWidth - 100)
        self.y = random.randrange(25, maxHeight - 100)
        self.rect = pygame.Rect(self.x, self.y, self.widthAndHeight,
                                self.widthAndHeight)
        self.shapeType = 'Square'

    def clickedInside(self, mousePoint):  ❷
        clicked = self.rect.collidepoint(mousePoint)
        return clicked

    def getType(self):  ❸
        return self.shapeType

    def getArea(self):  ❹
        theArea = self.widthAndHeight * self.widthAndHeight
        return theArea

    def draw(self):  ❺
        pygame.draw.rect(self.window, self.color,
                         (self.x, self.y, self.widthAndHeight,
                          self.widthAndHeight))
```

__init__() 메서드❶는 클래스 내 여러 메서드에서 사용될 다양한 인스턴스 변수를 설정한다.
다른 메서드의 코드를 매우 간결하고 담백하게 만든다. __init__() 메서드는 정사각형을 이루는
정보를 저장한다. clickedInside() 메서드❷는 해당 정보를 토대로 사용자가 마우스 클릭했을 때
그 위치가 사각형 내인지 여부를 판단해 True 또는 False를 반환한다.

getType() 메서드❸는 선택된 도형 정보를 반환한다. 정사각형의 경우 square(정사각형) 값을 반환한다. getArea() 메서드❹는 너비와 높이를 곱해 영역 크기를 반환한다. 마지막으로 draw() 메서드는 파이게임의 draw.rect() 메서드를 호출해 __init__()에서 무작위로 설정한 색상으로 화면에 도형을 그린다❺.

9.3.2 Circle과 Triangle 클래스

원(Circle)과 삼각형(Triangle) 클래스 코드를 살펴보자. Square 클래스와 동일한 이름의 메서드를 정의하지만 구현 방식이 매우 다르다는 점에 주의하자(특히 clickedInside()와 getArea()). '코드 9.3'은 Circle 클래스를, '코드 9.4'는 좌측 상단에 직각이 위치하면서 모서리가 x축과 y축에 평행한 임의의 크기를 가진 직각 삼각형의 Triangle 클래스를 구현한다.

코드 9.3 Circle 클래스   (File) Shapes/Circle.py

```
# Circle 클래스

import pygame
import random
import math

# 색상 설정
RED = (255, 0, 0)
GREEN = (0, 255, 0)
BLUE = (0, 0, 255)

class Circle():

    def __init__(self, window, maxWidth, maxHeight):
        self.window = window

        self.color = random.choice((RED, GREEN, BLUE))
        self.x = random.randrange(1, maxWidth - 100)
        self.y = random.randrange(25, maxHeight - 100)
        self.radius = random.randrange(10, 50)
        self.centerX = self.x + self.radius
        self.centerY = self.y + self.radius
        self.rect = pygame.Rect(self.x, self.y,
                                self.radius * 2, self.radius * 2)
        self.shapeType = 'Circle'

    def clickedInside(self, mousePoint):  ❶
        distance = math.sqrt(((mousePoint[0] - self.centerX) ** 2) +
                             ((mousePoint[1] - self.centerY) ** 2))
```

```
            if distance <= self.radius:
                return True
            else:
                return False

        def getArea(self): ❷
            theArea = math.pi * (self.radius ** 2) # ** 2는 제곱을 의미
            return theArea

        def getType(self):
            return self.shapeType

        def draw(self): ❸
            pygame.draw.circle(self.window, self.color,
                              (self.centerX, self.centerY),
                              self.radius, 0)
```

코드 9.4 Triangle 클래스   (File) Shapes/Triangle.py

```
# Triangle 클래스

import pygame
import random

# 색상 설정
RED = (255, 0, 0)
GREEN = (0, 255, 0)
BLUE = (0, 0, 255)

class Triangle():

    def __init__(self, window, maxWidth, maxHeight):
        self.window = window
        self.width = random.randrange(10, 100)
        self.height = random.randrange(10, 100)
        self.triangleSlope = -1 * (self.height / self.width)

        self.color = random.choice((RED, GREEN, BLUE))
        self.x = random.randrange(1, maxWidth - 100)
        self.y = random.randrange(25, maxHeight - 100)
        self.rect = pygame.Rect(self.x, self.y,
                                self.width, self.height)
        self.shapeType = 'Triangle'

    def clickedInside(self, mousePoint): ❹
        inRect = self.rect.collidepoint(mousePoint)
        if not inRect:
```

```
            return False

        # 마우스 포인터(점)가 삼각형 속에 있는지를 확인하기 위한 계산
        xOffset = mousePoint[0] - self.x
        yOffset = mousePoint[1] - self.y
        if xOffset == 0:
            return True

        # 기울기 계산(변화 정도: y 증가량을 x 증가량으로 나눔)
        pointSlopeFromYIntercept = (yOffset - self.height) / xOffset
        if pointSlopeFromYIntercept < self.triangleSlope:
            return True
        else:
            return False

    def getType(self):
        return self.shapeType

    def getArea(self):  ❺
        theArea = .5 * self.width * self.height
        return theArea

    def draw(self):  ❻
        pygame.draw.polygon(self.window, self.color,
                            ((self.x, self.y + self.height),
                             (self.x, self.y),
                             (self.x + self.width, self.y)))
```

다형성의 작동 방식을 이해하고자 각 도형의 clickedInside() 메서드를 살펴보자. Square 클래스의 clickedInside() 메서드는 매우 간단하다. 단순히 사각형 내에서 마우스 클릭 이벤트가 발생했는지 확인한다. 반듯한 사각형 영역은 쉽게 판단할 수 있다. Circle 및 Triangle 클래스의 clickedInside() 메서드가 내부적으로 수행하는 복잡한 계산을 모두 이해할 필요는 없다. 다만 세 종류의 클래스가 같은 목적을 다른 방식으로 계산한다는 것을 이해해야 한다. Circle 클래스의 clickedInside() 메서드❶는 도형을 채운 색상의 픽셀이 클릭된 경우에만 True를 반환한다. 즉 원의 경계 사각형으로 클릭을 감지하지만 실제 클릭의 유효성은 원의 반경 속 픽셀로 판단한다. Triangle 클래스의 clickedInside() 메서드❹는 경계 사각형의 색상이 지정된 삼각형 범위 중 픽셀이 클릭됐는지 확인해 True 또는 False를 반환한다. 세 클래스의 clickedInside() 메서드가 가진 공통점은 인터페이스 규격이다. 마우스가 클릭된 위치를 매개변수로 해 True나 False 값을 반환한다.

getArea()❷❺와 draw() 메서드❸❻ 또한 Square 클래스에서 정의한 것과 같은 이름이다. 도형마다 면적을 계산하는 방식이 달라 내부적으로는 모두 다르게 작동한다.

9.3.3 도형을 생성하는 메인 프로그램

'코드 9.5'는 무작위로 생성된 도형의 객체 목록을 생성하는 메인 프로그램이다.

코드 9.5 세 클래스를 사용해 도형을 무작위로 선택해 생성하는 메인 프로그램 　(File) Shapes/Main_ShapesExample.py

```python
import pygame
import sys
from pygame.locals import *
from Square import *
from Circle import *
from Triangle import *
import pygwidgets

# 상수 설정
WHITE = (255, 255, 255)
WINDOW_WIDTH = 640
WINDOW_HEIGHT = 480
FRAMES_PER_SECOND = 30
N_SHAPES = 10

# 윈도우 설정
pygame.init()
window = pygame.display.set_mode((WINDOW_WIDTH, WINDOW_HEIGHT), 0, 32)
clock = pygame.time.Clock()

shapesList = []
shapeClassesTuple = (Square, Circle, Triangle)
for i in range(0, N_SHAPES):    ❶
    randomlyChosenClass = random.choice(shapeClassesTuple)
    oShape = randomlyChosenClass(window, WINDOW_WIDTH, WINDOW_HEIGHT)
    shapesList.append(oShape)

oStatusLine = pygwidgets.DisplayText(window, (4,4),
                                     'Click on shapes', fontSize=28)

# 메인 루프
while True:
    for event in pygame.event.get():
        if event.type == QUIT:
            pygame.quit()
            sys.exit()

        if event.type == MOUSEBUTTONDOWN:    ❷
```

```
        # 마지막에 그린 도형을 먼저 확인하고자 순서를 뒤집는다.
        for oShape in reversed(shapesList):  ❸
            if oShape.clickedInside(event.pos):  ❹
                area = oShape.getArea()  ❺
                area = str(area)
                theType = oShape.getType()
                newText = '클릭된 도형(' + theType + ')의 영역 크기는 ' + area + '입니다.'
                oStatusLine.setValue(newText)
                break  # 가장 위에 그려진 도형만 처리한다.

# 각 도형 그리기
window.fill(WHITE)
for oShape in shapesList:
    oShape.draw()
oStatusLine.draw()

pygame.display.update()
clock.tick(FRAMES_PER_SECOND)
```

4장에서 말했던 것처럼 관리할 객체가 많으면 객체 관리 리스트를 만드는 것이 보편적인 방식이다. 메인 루프가 시작되기 전 먼저 Circle, Square, Triangle 클래스 중 하나를 무작위로 선택해 shapesList(도형 목록) 리스트❶에 저장한다. 이후 리스트에 담긴 객체를 하나씩 접근해 일관된 방식으로 모든 객체가 가진 동일한 이름의 메서드를 호출할 수 있도록 한다❻.

메인 루프는 마우스 버튼을 클릭할 때 발생하는 MOUSEBUTTONDOWN 이벤트를 검사한다❷. 이벤트가 발생했다면 shapesList 리스트에 담긴 객체를 하나씩 접근해❸ clickedInside() 메서드를 호출한다❹. 다형성 덕분에 각 객체를 만든 클래스 유형은 중요하지 않다. 핵심은 모든 객체가 clicked Inside() 메서드를 가지고 있다는 것이다. 각자 알맞게 해당 메서드를 구현한다.

clickedInside() 메서드가 True를 반환하면❺ 해당 객체의 getArea() 및 getType() 메서드를 호출해 해당 도형의 정보를 조회한다. 클릭된 객체 유형은 전혀 고려하지 않아도 된다.

다음은 다른 모양을 가진 도형을 클릭했을 때 출력된 결과를 보여준다.

```
클릭된 도형(Circle) 영역 크기는 5026.544입니다.
클릭된 도형(Square) 영역 크기는 1600입니다.
클릭된 도형(Triangle) 영역 크기는 1982.5입니다.
클릭된 도형(Square) 영역 크기는 1600입니다.
클릭된 도형(Square) 영역 크기는 100입니다.
클릭된 도형(Triangle) 영역 크기는 576.0입니다.
클릭된 도형(Circle) 영역 크기는 3019.06799입니다.
```

9.3.4 패턴 확장하기

공통된 이름의 메서드를 가진 클래스를 만들면 일관된 패턴이 생겨 프로그램을 쉽게 확장할 수 있다. 타원은 getArea(), clickedInside(), draw(), getType() 메서드를 구현하는 Ellipse 클래스로 만들 수 있다(타원용 clickedInside() 메서드 내부 구현은 어려울 수 있다!).

Ellipse 클래스를 만들었다면 Ellipse도 선택할 도형 유형에 포함하기만 하면 된다. 클릭 이벤트를 감지하고 특정 도형이 클릭됐는지 판단한다. 해당 도형의 유형 및 면적을 조회하는 메인 루프의 코드는 바꾸지 않아도 된다.

예시를 보면서 다형성의 두 가지 중요한 특징을 알 수 있다.

- 다형성은 8장에서 다룬 추상화의 개념을 클래스 집합까지 확장한다. 여러 클래스가 공통 메서드(인터페이스 규격)를 가지는 경우 클라이언트는 모든 클래스가 해당 메서드를 어떻게 구현하는지 세부 사항까지 알지 못해도 된다.
- 다형성으로 클라이언트를 더 쉽게 만들 수 있다. 하나 이상의 클래스 사용에 익숙해졌다면 다른 클래스를 사용하는 것도 완전히 동일하거나 유사하므로 매우 간단하다.

9.4 다형성에 기초한 pygwidgets

pygwidgets의 모든 클래스는 다형성에 기초해 두 개의 공통 메서드를 가지도록 설계됐다. 그중 하나는 6장에서 본 이벤트 객체를 매개변수로 입력받는 handleEvent() 메서드다. 각 클래스는 파이게임에서 발생하는 모든 이벤트를 처리하고자 해당 메서드를 구현해야만 한다. 클라이언트는 메인 루프에서 pygwidgets으로 만든 모든 객체의 handleEvent() 메서드를 호출해야 한다.

나머지 하나는 윈도우에 위젯을 그리는 draw() 메서드다. pygwidgets을 사용하는 프로그램이 무언가를 그리는 전형적인 방식은 다음과 같다.

```
inputTextA.draw()
inputTextB.draw()
displayTextA.draw()
displayTextB.draw()
restartButton.draw()
checkBoxA.draw()
checkBoxB.draw()
radioCustom1.draw()
```

```
radioCustom2.draw()
radioCustom3.draw()
checkBoxC.draw()
radioDefault1.draw()
radioDefault2.draw()
radioDefault3.draw()
statusButton.draw()
```

각 줄은 클라이언트 관점에서 매개변수 없이 draw() 메서드를 호출한다. 내부 관점에서는 각 메서드의 구현 방식이 매우 다를 수도 있다. TextButton 클래스와 InputText 클래스는 완전히 다른 방식으로 draw() 메서드를 구현한다.

모든 위젯은 setValue() 메서드와 선택적으로 getValue() 메서드를 구현해 자신을 표현할 값을 관리한다. InputText 위젯에 입력된 텍스트 및 라디오 버튼이나 체크 박스 위젯의 현재 값은 getValue()라는 게터 메서드로 조회할 수 있다. DisplayText가 출력할 텍스트 및 라디오 버튼, 체크 박스 위젯이 선택해야 할 항목은 setValue()라는 세터 메서드로 설정할 수 있다.

수많은 클래스를 활용하는 클라이언트 프로그래머는 다형성 덕분에 편해진다. handleEvent() 및 draw() 같은 메서드가 사용되는 일관된 패턴에 익숙해지면 새로운 클래스가 생겨도 사용 방법을 쉽게 예상할 수 있다.

이 책을 쓴 시점에 pygwidgets 패키지는 숫자 범위를 쉽게 선택할 수 있는 (수평 또는 수직 형태의) Slider 클래스 위젯은 제공하지 않는다. 이후 Slider 클래스가 생기더라도 사용자와의 상호작용에는 handleEvent() 메서드, 현재 값의 설정 및 조회에는 setValue()와 getValue() 메서드, 그리고 화면에 그릴 때는 draw() 메서드를 사용할 것이 충분히 예상된다.

9.5 연산자와 다형성

다형성은 연산자에도 적용될 수 있다. 다음은 + 연산자가 사용되는 예다.

```
value1 = 4
value2 = 5
result = value1 + value2
print(result)
```

출력은 다음과 같다.

+ 연산자는 '덧셈'이라는 수학적 의미를 가진다. + 연산자를 사이에 둔 두 변수가 정수이기 때문이다. 다음 코드를 살펴보자.

```
value1 = 'Joe'
value2 = 'Schmoe'
result = value1 + value2
print(result)
```

출력은 다음과 같다.

JoeSchmoe

result = value1 + value2는 직전 예제와 정확히 똑같이 작성됐지만 완전히 다른 연산을 수행한다. + 연산자를 사이에 둔 두 변수가 문자열인 경우 문자열을 '이어 붙이는 연산이 수행된다. 연산자는 같지만 서로 다른 방식으로 작동한 것이다.

한 연산자가 여러 가지 의미를 갖는 기법을 **연산자 오버로딩**operator overloading이라고 한다. 일부 상황에서 매우 유용한 기법이다. 코드 가독성도 매우 높아진다.

9.5.1 매직 메서드

파이썬은 다음처럼 밑줄 두 개, 문자열, 밑줄 두 개 형식의 이름으로 작성된 특수 메서드를 제공한다.

```
__<문자열_이름>__()
```

공식적으로 **특수 메서드**special method라고 하지만, 일반적으로는 **매직 메서드**magic method라고 부른다. 이런 종류의 메서드는 여러 개 존재한다. 그중 하나로 객체를 생성할 때마다 호출되는 __init__() 이 있다. '매직'이라고 부르는 이유는 파이썬이 특정 연산자, 특수 함수 호출, 일부 특수 상황을 감지했을 때 내부적으로 자동 호출하기 때문이다(클라이언트가 직접 호출하는 것은 지양해야 한다).

노트 매직 메서드의 이름을 발음하는 것은 약간 어렵다(예 __init__()은 '밑줄 두 개 이닛 밑줄 두 개'). 파이썬 프로그래머는 던더 메서드(dunder method)라고 부른다. __init__() 메서드는 '던더 이닛' 메서드로 발음한다.

앞선 + 연산자 예시로 작동 방식을 알아보자. 정수, 부동소수, 문자열, 불리언 같은 내장 자료형은 클래스로 구현돼 있다. 객체와 클래스를 매개변수로 입력받아 해당 객체가 해당 클래스 유형일 경우 True를 반환하는 내장 isinstance() 함수로 확인할 수 있다. 다음 두 줄의 코드는 모두 True를 출력한다.

```
print(isinstance(123, int))
print(isinstance('some string', str))
```

내장 자료형 클래스는 기본적인 산술 연산자를 포함한 일련의 매직 메서드를 포함한다. 정수를 다룰 때 + 연산자가 사용된 것을 파이썬이 감지하면 정수 클래스는 내부적으로 정수를 더하는 __add__() 매직 메서드를 호출한다. 정수 대신 문자열이 사용됐다면 __add__() 매직 메서드가 호출되지만 내부적으로는 문자열을 이어 붙이는 작업을 처리한다.

일반화된 메커니즘이다. 파이썬이 특정 객체의 작업을 수행할 때 + 연산자를 만난다면 해당 클래스에 __add__() 메서드가 정의됐는지 파악한다. 정의됐다면 __add__() 메서드를 호출한다. 클래스 개발자는 원하는 연산자를 원하는 방식대로 작동하게끔 코드를 짤 수 있다.

연산자마다 연결된 매직 메서드가 있다. 그 밖에도 많은 매직 메서드가 있지만 일단 비교 연산자로 시작해보자.

9.5.2 비교 연산자 매직 메서드

'코드 9.2'의 Square 클래스로 돌아가자. 클라이언트가 두 Square 객체 간 동일성을 비교하려고 한다고 가정하자. 두 객체를 비교할 때 '같음'의 의미는 개발자가 결정해야 한다. 색상, 위치, 크기를 모두 비교해 같은지 또는 다른지 정할 수 있다. 간단한 예로 두 Square 객체의 측면 길이가 같을 때 같다고 하고 싶다면 두 객체의 self.heightAndWidth 인스턴스 변숫값을 비교해 불리언 값을 반환하도록 구현하면 된다. 이 같은 일을 하는 equals() 메서드를 구현한 후 다음처럼 호출해보자.

```
if oSquare1.equals(oSquare2):
```

원하는 대로 잘 작동한다. 표준 비교 연산자인 ==를 사용할 수 있다면 훨씬 더 자연스럽게 비교할 수 있다.

```
if oSquare1 == oSquare2:
```

코드를 실행하면 파이썬은 == 연산자를 기준으로 좌측 객체의 __eq__() 매직 메서드를 호출한다. Square 클래스에서 __eq__() 메서드를 찾고 호출한다. '표 9.1'은 모든 비교 연산자에 대응되는 매직 메서드 종류다.

표 9-1 비교 연산자의 기호, 의미, 매직 메서드 이름

기호	의미	매직 메서드 이름
==	같음	__eq__()
!=	같지 않음	__ne__()
<	작음	__lt__()
>	큼	__gt__()
<=	작거나 같음	__le__()
>=	크거나 같음	__ge__()

== 비교 연산자가 두 Square 객체의 같음을 비교하도록 하려면 다음처럼 Square 클래스에 __eq__() 메서드를 구현해야 한다.

```
def __eq__(self, oOtherSquare):
    if not isinstance(oOtherSquare, Square):
        raise TypeError('Second object was not a Square')
    if self.heightAndWidth == oOtherSquare.heightAndWidth:
        return True  # 같음
    else:
        return False  # 같지 않음
```

파이썬이 == 비교 연산자를 발견하고 좌측의 객체 유형이 Square라는 것을 알아챘다면 Square 클래스의 __eq__() 메서드를 호출하는 식이다. 파이썬은 느슨한 타입loosely typed 언어[1]다. 사실상 __eq__() 메서드에 입력된 두 번째 매개변수는 어떤 자료형도 수용될 수 있다. 하지만 비교가 올바

---

1   변수의 자료형을 지정할 필요가 없음을 의미한다.

르게 작동하려면 두 번째 매개변수도 Square 객체여야 한다. 그 사실은 내장 함수인 isinstance()로 검사할 수 있다. 위 코드도 두 번째 매개변수의 객체 유형이 Square가 아닌 경우 예외를 발생시키도록 작성됐다.

두 번째 매개변수의 자료형 검사를 문제 없이 통과하면 자기 자신(self)과 두 번째 객체(oOther Square)의 heightAndWidth 값을 비교한다. 다만 객체의 해당 인스턴스 변수에 직접 접근할 수 있고 두 객체 모두 heightAndWidth 인스턴스 변수를 가질 때만 유효한 구현이다.

9.5.3 매직 메서드를 품은 Rectangle 클래스

실제로 구현하고자 기존 프로그램을 확장해보자. 다양한 모양의 사각형을 그릴 수 있는 Rectangle 클래스를 만든다. 사용자가 원하는 두 사각형을 클릭할 수 있도록 해 두 사각형의 면적을 비교한다. 그다음 두 사각형이 같은지, 첫 번째 사각형이 두 번째보다 큰지 작은지를 알려주도록 프로그램을 수정한다. 면적 크기는 ==, <, > 연산자로 비교한다. 비교 결과는 True 또는 False 불리언 값으로 반환한다. '코드 9.6'은 세 개의 매직 메서드를 구현한 Rectangle 클래스다.

코드 9.6 Rentangle 클래스   (File) MagicMethods/Rectangle/Rectangle.py

```python
# Rectangle 클래스

import pygame
import random

# 색상 설정
RED = (255, 0, 0)
GREEN = (0, 255, 0)
BLUE = (0, 0, 255)

class Rectangle():

    def __init__(self, window):
        self.window = window
        self.width = random.choice((20, 30, 40))
        self.height = random.choice((20, 30, 40))
        self.color = random.choice((RED, GREEN, BLUE))
        self.x = random.randrange(0, 400)
        self.y = random.randrange(0, 400)
        self.rect = pygame.Rect(self.x, self.y, self.width, self.height)
        self.area = self.width * self.height

    def clickedInside(self, mousePoint):
```

```
            clicked = self.rect.collidepoint(mousePoint)
            return clicked

        # 두 Rentangle 객체를 == 연산자로
        # 비교할 때 호출되는 매직 메서드
        def __eq__ (self, oOtherRectangle): ❶
            if not isinstance(oOtherRectangle, Rectangle):
                raise TypeError('두 번째 객체는 Rectangle 유형이 아닙니다.')
            if self.area == oOtherRectangle.area:
                return True
            else:
                return False

        # 두 Rentangle 객체를 < 연산자로
        # 비교할 때 호출되는 매직 메서드
        def __lt__(self, oOtherRectangle): ❷
            if not isinstance(oOtherRectangle, Rectangle):
                raise TypeError('두 번째 객체는 Rectangle 유형이 아닙니다.')
            if self.area < oOtherRectangle.area:
                return True
            else:
                return False

        # 두 Rentangle 객체를 > 연산자로
        # 비교할 때 호출되는 매직 메서드
        def __gt__(self, oOtherRectangle): ❸
            if not isinstance(oOtherRectangle, Rectangle):
                raise TypeError('두 번째 객체는 Rectangle 유형이 아닙니다.')
            if self.area > oOtherRectangle.area:
                return True
            else:
                return False

    def getArea(self):
        return self.area

    def draw(self):
        pygame.draw.rect(self.window, self.color, (self.x, self.y, self.width, self.height))
```

__eq__()❶, __lt__()❷, __gt__()❸ 메서드는 클라이언트가 두 Rectangle 객체 간 표준(수학적인)
비교 연산자를 사용할 수 있도록 만들어준다. 다음과 같이 두 Rectangle 객체를 비교할 수 있다.

```
if oRectangle1 == oRectangle2:
```

코드가 실행되면 연산자를 기준으로 좌측 객체의 `__eq__()` 메서드가 호출된다. 이때 우측 객체가 두 번째 매개변수로 입력된다. 마지막으로 `__eq__()` 메서드는 True나 False 값을 반환해 두 객체의 동일성 검사 결과를 알려준다. 유사한 방식으로 작음은 다음처럼 비교할 수 있다.

```
if oRectangle1 < oRectangle2:
```

`__lt__()` 메서드는 UI에서 첫 번째로 선택된 사각형(oRectangle1) 면적이 두 번째로 선택된 사각형 면적보다 작은지 검사한다. 만약 큰지 여부를 검사하려면 > 연산자를 사용한다. 내부적으로 `__gt__()` 메서드가 호출된다.

9.5.4 매직 메서드를 사용하는 메인 프로그램

'코드 9.7'은 작성한 세 개의 매직 메서드 기능을 검사하는 메인 프로그램이다.

코드 9.7 **사각형을 화면에 그리고 Rectangle 객체를 비교하는 메인 프로그램**

(File) MagicMethods/Rectangle/Main_RectangleExample.py

```python
import pygame
import sys
from pygame.locals import *
from Rectangle import *

# 상수 설정하기
WHITE = (255, 255, 255)
WINDOW_WIDTH = 640
WINDOW_HEIGHT = 480
FRAMES_PER_SECOND = 30
N_RECTANGLES = 10
FIRST_RECTANGLE = 'first'
SECOND_RECTANGLE = 'second'

# 윈도우 설정하기
pygame.init()
window = pygame.display.set_mode((WINDOW_WIDTH, WINDOW_HEIGHT), 0, 32)
clock = pygame.time.Clock()

rectanglesList = []
for i in range(0, N_RECTANGLES):
    oRectangle = Rectangle(window)
    rectanglesList.append(oRectangle)

whichRectangle = FIRST_RECTANGLE
```

```
# 메인 루프
while True:
    for event in pygame.event.get():
        if event.type == QUIT:
            pygame.quit()
            sys.exit()

        if event.type == MOUSEBUTTONDOWN:
            for oRectangle in rectanglesList:
                if oRectangle.clickedInside(event.pos):
                    print('클릭된 사각형: ', whichRectangle)

                    if whichRectangle == FIRST_RECTANGLE:
                        oFirstRectangle = oRectangle      ❶
                        whichRectangle = SECOND_RECTANGLE

                    elif whichRectangle == SECOND_RECTANGLE:
                        oSecondRectangle2 = oRectangle ❷
                        # 두 사각형이 선택됐으니 비교한다.
                        if oFirstRectangle == oSecondRectangle: ❸
                            print('두 사각형의 크기는 같습니다.')
                        elif oFirstRectangle < oSecondRectangle: ❹
                            print('첫 번째 사각형이 두 번째 사각형보다 작습니다.')
                        else: # 반드시 더 커야 한다. ❺
                            print('첫 번째 사각형이 두 번째 사각형보다 큽니다.')
                        whichRectangle = FIRST_RECTANGLE

    # 윈도우를 지운 뒤 모든 사각형을 그린다.
    window.fill(WHITE)
    for oRectangle in rectanglesList: ❻
        oRectangle.draw()

    pygame.display.update()

    clock.tick(FRAMES_PER_SECOND)
```

프로그램 사용자는 두 사각형을 클릭하고 면적을 비교할 수 있다. 면적 비교를 위해 '코드 9.7'은 먼저 선택된 사각형을 차례대로 두 변수에 담는다❶❷.

두 변수가 같은지 == 연산자로 검사한다❸. 이는 내부적으로 Rectangle 클래스에 구현된 __eq__() 메서드를 호출한다. 만약 두 사각형의 크기가 같다면 적절한 메시지를 출력한다. 그렇지 않다면 첫 번째로 선택된 사각형이 두 번째로 선택된 사각형보다 작은지 < 연산자로 검사한다❹. 결국 Rectangle 클래스에 구현된 __lt__() 메서드를 호출한다. 비교한 것이 True를 반환하면 첫 번째로 선택된 사각형이 더 작다는 메시지를, False를 반환하면 더 크다는 메시지를 출력한다❺. 사실상

> 연산자를 사용하지 않아도 되지만 코드의 완전성을 위해 `__gt__()` 메서드도 함께 포함했다. 마지막으로 리스트에 담긴 모든 사각형을 화면에 그린다❻.

Rectangle 클래스에 `__eq__()`, `__lt__()`, `__gt__()` 메서드를 구현했기에 표준 비교 연산자를 사용할 수 있다. 또한, 코드의 가독성과 직관적인 이해도가 높아졌다.

다음은 다른 모양의 사각형을 여러 개 클릭했을 때 얻은 출력 결과다.

```
클릭된 사각형: first
클릭된 사각형: second
두 사각형 크기는 같습니다.
클릭된 사각형: first
클릭된 사각형: second
첫 번째 사각형이 두 번째 사각형보다 작습니다.
클릭된 사각형: first
클릭된 사각형: second
첫 번째 사각형이 두 번째 사각형보다 큽니다.
```

9.5.5 산술 연산자 매직 메서드

비교 연산자 외 다른 산술 연산자용 매직 메서드도 추가로 구현할 수 있다. '표 9.2'는 기본 산술 연산자가 사용될 때 호출되는 메서드 목록이다.

표 9.2 **산술 연산자의 기호, 의미, 매직 메서드 이름**

기호	의미	매직 메서드 이름
+	덧셈	`__add__()`
-	뺄셈	`__sub__()`
*	곱셈	`__mul__()`
/	나눗셈(결과로 부동소수 값을 얻음)	`__truediv__()`
//	나눗셈(결과로 정수 값을 얻음)	`__floordiv__()`
%	나머지	`__mod__()`
abs	절댓값	`__abs__()`

모든 매직 메서드 목록은 공식 문서[2]에서 확인하기 바란다.

---

2   https://docs.python.org/3/reference/datamodel.html

벡터

수학에서 **벡터**vector는 x와 y 값 쌍으로 구성된다. 그래프에서 방향성을 가진 선분으로 표현되곤 한다. 많은 산술 연산자가 벡터에 적용될 수도 있다. 여기서는 산술 연산자용 매직 메서드를 사용해 벡터를 다루는 클래스를 만든다. '그림 9.2'는 두 벡터를 더한 예다.

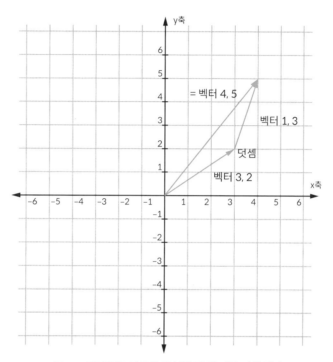

그림 9.2 **데카르트 좌표에 표현된 두 벡터를 더한 결과**

두 벡터를 더하면 두 벡터의 x를 더한 값과 두 벡터의 y를 더한 값으로 구성된 새로운 벡터가 생성된다. 예를 들어 '그림 9.2'의 (3, 2)와 (1, 3) 벡터를 더하면 (4, 5) 벡터가 만들어진다.

두 벡터의 x와 y 값이 같다면 두 벡터는 일치한다. 벡터 크기는 x와 y를 두 변으로 둔 직각삼각형의 빗변 길이를 계산해 구할 수 있다. 피타고라스 정리Pythagorean theorem로 각 벡터의 크기를 계산할 수 있다. 이를 통해 벡터 간 크기를 비교할 수 있다.

'코드 9.8'은 벡터 간 비교 및 산술 연산을 수행하는 데 적합한 매직 메서드를 구현한 Vector 객체 클래스다. 두 번째 객체의 유형이 Vector인지 확인하고자 isinstance() 함수를 호출하는 코드도 포함했지만 지면 관계상 '코드 9.8'은 이를 생략했다. 저장소에서는 해당 부분을 확인할 수 있다.

```python
# Vector 클래스

import math

class Vector():
    '''Vector 클래스는 두 값을 가진 벡터를 표현하며,
       벡터에 적용될 수 있는 여러 산술 계산을 지원한다.'''
    def __init__(self, x, y):
        self.x = x
        self.y = y

    def __add__(self, oOther): # + 연산자로 호출한다. ❶
        return Vector(self.x + oOther.x, self.y + oOther.y)

    def __sub__(self, oOther): # - 연산자로 호출한다.
        return Vector(self.x - oOther.x, self.y - oOther.y)

    def __mul__(self, oOther): # * 연산자로 호출한다. ❷
        # 벡터 또는 스칼라로 곱할 수 있도록 해주는 특수 코드
        if isinstance(oOther, Vector): # 두 벡터를 곱한다.
            return Vector((self.x * oOther.x), (self.y * oOther.y))
        elif isinstance(oOther, (int, float)): # 벡터에 스칼라를 곱한다.
            return Vector((self.x * oOther), (self.y * oOther))
        else:
            raise TypeError('두 번째 값은 벡터 또는 스칼라여야 합니다.')

    def __abs__(self):
        return math.sqrt((self.x ** 2) + (self.y ** 2))

    def __eq__(self, oOther): # == 연산자로 호출한다.
        return (self.x == oOther.x) and (self.y == oOther.y)

    def __ne__(self, oOther): # != 연산자로 호출한다.
        return not (self == oOther) # __eq__ 메서드 호출

    def __lt__(self, oOther): # < 연산자로 호출한다.
        if abs(self) < abs(oOther): # __abs__ 메서드 호출
            return True
        else:
            return False

    def __gt__(self, oOther): # > 연산자로 호출한다.
        if abs(self) > abs(oOther): # __abs__ 메서드 호출
            return True
        else:
            return False
```

Vector 클래스는 산술 및 비교 연산자용 매직 메서드를 구현한다. 클라이언트는 표준 수학 기호로 두 벡터 간 산술 및 비교 연산을 수행할 수 있다. '그림 9.2'의 두 벡터를 더하는 연산은 다음처럼 표현한다.

```
oVector1 = Vector(3, 2)
oVector2 = Vector(1, 3)
oNewVector = oVector1 + oVector2  # 두 벡터를 더하는 데 + 연산자 사용
```

세 번째 줄이 실행되면 + 연산자 좌측에 위치한 oVector1의 __add__() 메서드❶가 호출된다. 이때 해당 메서드의 두 번째 매개변수로 oVector2 객체가 입력된다. 그 결과 두 벡터를 더한 새로운 벡터를 반환한다. * 연산자에 대응된 __mul__() 메서드❷는 곱할 대상이 또 다른 벡터인지 아니면 스칼라 값인지 검사하는 조건 분기문을 둬 두 가지 방식의 벡터 곱셈 연산을 지원한다.

9.6 객체 값을 표현하는 문자열 생성하기

print() 함수로 결과를 출력하는 것이 가장 기본적인 디버깅 방법이다.

```
print('myVariable 변숫값: ', myVariable)
```

객체를 print() 함수로 출력하면 유의미한 정보를 얻을 수 없다. 예를 들어 앞서 만든 Vector 객체를 print() 함수로 출력해보자.

```
oVector = Vector(3, 4)
print(oVector)
```

다음과 같은 결과가 출력된다.

```
<Vector object at 0x10361b518>
```

oVector가 Vector 클래스로 만들어진 객체라는 사실과 해당 객체에 할당된 메모리 주소를 알 수 있다. 이보다는 해당 객체의 인스턴스 변숫값을 파악하는 것이 훨씬 더 의미 있다. 다행히 파이썬은 해당 객체의 인스턴스 변숫값을 파악하는 매직 메서드도 제공한다.

객체 정보를 문자열 형식으로 만들 때 크게 두 종류의 매직 메서드를 활용한다.

* __str__() 메서드는 객체 정보를 사람이 쉽게 읽을 수 있는 문자열로 만드는 데 사용한다. 클라이언트에서 str() 내장 함수에 객체를 입력해 호출할 때 실행되는 매직 메서드다.
* __repr__() 메서드는 객체 정보를 명확하면서도 기계(프로그램)가 읽을 수 있는 문자열로 만드는 데 사용한다. 클라이언트에서 repr() 내장 함수에 객체를 입력해 호출하는 경우 실행되는 매직 메서드다.

여기서는 디버깅에 적합한 __str__() 메서드를 구현하도록 한다. print() 함수에 객체를 입력하는 경우 파이썬은 str() 함수에 자동으로 해당 객체를 입력하고 문자열로 변환하는 시도를 하기 때문이다. 만약 객체의 클래스가 __str__() 메서드를 구현하지 않는다면 앞서 본 것처럼 객체 유형과 메모리 주소를 문자열로 만들어 반환한다.

코드를 디버깅하는 데 유용한 문자열이 구성되도록 자신만의 __str__() 메서드를 구현하는 것이 좋다. __str__() 메서드를 구현하는 가장 보편적인 방법은 모든 인스턴스 변숫값을 담은 문자열을 만든 후 반환하는 것이다. 예를 들어 다음은 Vector 객체 정보를 문자열로 얻을 수 있도록 '코드 9.8'의 Vector 클래스에 __str__() 메서드를 구현한 방식이다.

```python
class Vector():
    --- 생략 ---
    def __str__(self):
        return '벡터 값(' + str(self.x) + ', ' + str(self.y) + ')'
```

이제 Vector 객체를 만들면 해당 객체를 print() 함수에 입력해 호출할 수 있다.

```python
oVector = Vector(10, 7)
print(oVector)
```

이번에는 Vector 객체가 저장된 메모리 주소를 출력하는 것 대신 다음처럼 해당 객체에 저장된 두 인스턴스 변숫값을 읽기 좋은 형식으로 출력했다.

```
벡터 값(10, 7)
```

'코드 9.9'의 메인 코드는 몇 개의 Vector 객체를 생성하고 일부 벡터 연산을 수행한 후 결과를 출력했다.

코드 9.9 두 Vector 객체를 생성하고 비교하며 산술 연산을 수행한 결과를 출력하는 샘플 코드

(File) Vectors/Main_Vectors.py

```
# Vector 테스트 코드

from Vector import *

v1 = Vector(3, 4)
v2 = Vector(2, 2)
v3 = Vector(3, 4)

# 다음은 불리언 또는 숫자 값을 출력한다.
print(v1 == v2)
print(v1 == v3)
print(v1 < v2)
print(v1 > v2)
print(abs(v1))
print(abs(v2))
print()

# 다음은 Vector 객체를 출력한다(__str__() 메서드 호출).
print('Vector 1:', v1)
print('Vector 2:', v2)
print('Vector 1 + Vector 2:', v1 + v2)
print('Vector 1 - Vector 2:', v1 - v2)
print('Vector 1 times Vector 2:', v1 * v2)
print('Vector 1 times 5:', v1 * 5)
```

'코드 9.9'의 실행 결과는 다음과 같다.

```
False
True
False
True
5.0
2.8284271247461903

Vector 1: 벡터 값(3, 4)
Vector 2: 벡터 값(2, 2)
Vector 1 + Vector 2: 벡터 값(5, 6)
Vector 1 - Vector 2: 벡터 값(1, 2)
Vector 1 times Vector 2: 벡터 값(6, 8)
Vector 1 times 5: 벡터 값(15, 20)
```

print() 함수들을 호출한 첫 부분은 산술 및 비교 연산자를 수행한 결과를 불리언과 숫자 값으로 출력한다. 두 번째 부분은 두 Vector 객체를 출력한 후 두 객체에 대한 일부 계산을 수행한 결과도 출력한다. 내부적으로 파이썬은 print() 함수에 입력된 객체에 str() 내장 함수를 덧씌운다. 결국 Vector 객체의 __str__() 매직 메서드가 호출되고 그 결과 객체 정보가 읽기 좋은 형태로 출력된다.

9.7 매직 메서드를 품은 Fraction 클래스

좀 더 복잡한 예로 매직 메서드를 다뤄보자. '코드 9.10'은 Fraction(분수) 클래스를 정의했다. 각 Fraction 객체는 분모, 분자와 함께 대략적인 나눗셈 결과를 십진수로 저장하는 인스턴스 변수를 가진다. Fraction에는 분수의 각 구성 요소를 최대공약수greatest common divisor로 나누어 기약분수를 얻고 부동소수점을 포함해 분수를 출력한다. 또한, 두 분수의 같음을 비교하고 두 Fraction 객체를 더하는 메서드를 가진다.

코드 9.10 **다양한 매직 메서드를 구현한 Fraction 클래스**   File MagicMethods/Fraction.py

```python
# Fraction 클래스

import math

class Fraction():
    def __init__(self, numerator, denominator): ❶
        if not isinstance(numerator, int):
            raise TypeError('분자: ', numerator, '는 반드시 정수여야 합니다.')
        if not isinstance(denominator, int):
            raise TypeError('분모: ', denominator, '는 반드시 정수여야 합니다.')
        self.numerator = numerator
        self.denominator = denominator

        # math 패키지로 최대공약수 찾기
        greatestCommonDivisor = math.gcd(self.numerator, self.denominator)
        if greatestCommonDivisor > 1:
            self.numerator = self.numerator // greatestCommonDivisor
            self.denominator = self.denominator // greatestCommonDivisor
            self.value = self.numerator / self.denominator

        # 분모와 분자 부호 정규화하기
        self.numerator = int(math.copysign(1.0, self.value)) * abs(self.numerator)
        self.denominator = abs(self.denominator)

    def getValue(self): ❷
        return self.value
```

```python
        def __str__(self): ❸
            '''분수를 표현한 문자열 생성'''
            output = ' 분수: ' + str(self.numerator) + '/' + \
                     str(self.denominator) + '\n' + \
                     ' 값: ' + str(self.value) + '\n'
            return output

        def __add__(self, oOtherFraction): ❹
            '''두 Fraction 객체 더하기'''
            if not isinstance(oOtherFraction, Fraction):
                raise TypeError('더하려는 두 번째 값의 유형이 Fraction이 아닙니다.')
            # math 패키지로 최소공배수 찾기
            newDenominator = math.lcm(self.denominator, oOtherFraction.denominator)

            multiplicationFactor = newDenominator // self.denominator
            equivalentNumerator = self.numerator * multiplicationFactor

            otherMultiplicationFactor = newDenominator // oOtherFraction.denominator
            oOtherFractionEquivalentNumerator = \
                    oOtherFraction.numerator * otherMultiplicationFactor
            newNumerator = equivalentNumerator + oOtherFractionEquivalentNumerator

            oAddedFraction = Fraction(newNumerator, newDenominator)
            return oAddedFraction

        def __eq__(self, oOtherFraction): ❺
            '''같음의 비교'''
                if not isinstance(oOtherFraction, Fraction):
                    return False # 두 번째 값의 유형이 Fraction이 아니다.
                if (self.numerator == oOtherFraction.numerator) and \
                  (self.denominator == oOtherFraction.denominator):
                    return True
                else:
                    return False
```

Fraction 객체 생성 시 분자와 분모를 1로 설정하면❶ __init__() 메서드는 즉시 기약분수 및 해당 부동소수점 값을 계산한다. 클라이언트는 getValue() 메서드로 언제든지 해당 값을 얻을 수 있다❷. print() 함수에 Fraction 객체를 입력하면 파이썬이 내부적으로 Fraction 객체에 정의된 __str__() 메서드로 읽기 좋은 문자열을 얻어 출력한다❸.

서로 다른 두 Fraction 객체는 + 연산자로 더할 수 있다. 이 경우 __add__() 매직 메서드가 호출된다❹. 해당 메서드는 최소 공통분모를 math.lcm() 메서드로 계산한다.[3] 더해진 분수 정보를 담은

---

3   (옮긴이) math.lcm()은 Python 3.9 이상에서만 지원됩니다.

Fraction 객체가 최소한의 공통분모를 갖도록 한다.

마지막으로 == 연산자를 사용해 두 Fraction 객체의 같음 여부를 판단할 수 있다. == 연산자는 결국 __eq__() 메서드를 호출해❺ 두 분수의 값을 확인하고 True 또는 False 값을 반환한다.

다음은 Fraction 객체를 만든 후 다양한 매직 메서드를 테스트하는 코드다.

```
# 테스트 코드

oFraction1 = Fraction(1, 3) # Fraction 객체 생성
oFraction2 = Fraction(2, 5)
print('Fraction1\n', oFraction1) # 객체의 __str__ 메서드가 호출된다.
print('Fraction2\n', oFraction2)

oSumFraction = oFraction1 + oFraction2 # 객체의 __add__ 메서드가 호출된다.
print('더한 결과\n', oSumFraction)

print('fractions 1과 2는 같나요?', (oFraction1 == oFraction2)) # 기댓값: False
print()

oFraction3 = Fraction(-20, 80)
oFraction4 = Fraction(4, -16)
print('Fraction3\n', oFraction3)
print('Fraction4\n', oFraction4)
print('fractions 3과 4는 같나요?', (oFraction3 == oFraction4)) # 기댓값: True
print()

oFraction5 = Fraction(5, 2)
oFraction6 = Fraction(500, 200)
print('5/2와 500/200을 더한 결과\n', oFraction5 + oFraction6)
```

다음은 위 코드를 실행한 출력 결과다.

```
Fraction1
  분수: 1/3
  값: 0.3333333333333333

Fraction2
  분수: 2/5
  값: 0.4

더한 결과
  분수: 11/15
  값: 0.7333333333333333
```

```
fractions 1과 2는 같나요? False

Fraction3
   분수: -1/4
   값: -0.25

Fraction4
   분수: -1/4
   값: -0.25

fractions 3과 4는 같나요? True

5/2와 500/200을 더한 결과
   분수: 5/1
   값: 5.0
```

9.8 정리

9장은 OOP의 핵심 개념 중 하나인 다형성을 다뤘다. 다형성은 여러 클래스가 같은 이름을 가진 메서드를 구현하는 것을 말한다. 인터페이스(메서드)만 같을 뿐 각 클래스는 각자의 목적에 맞는 형태로 메서드를 구현한다. `__init__()`, `getArea()`, `clickedInside()`, `draw()`라는 공통 메서드를 가진 서로 다른 도형 클래스를 구현하면서 확인했다. 해당 메서드들은 외부에서 보면 생김새는 같지만 내부적으로 구현한 코드 내용은 도형 유형에 따라 다르다.

다형성으로 크게 두 가지 이점을 얻을 수 있다. 첫째, 객체지향의 또 다른 중요 개념인 추상화를 클래스 집합으로 확장해 클라이언트가 실제 내부 구현 방식을 무시할 수 있도록 해준다. 모든 클래스는 공통된 메서드를 가진다. 오직 외부로 노출된 메서드만 알면 된다. 둘째, 모든 클래스가 동일한 메서드 형태를 제공한다. 이후 새로운 클래스가 추가된다고 해도 사용 방식을 예측하는 것이 쉽다.

또한, 연산자 다형성도 다뤘다. 동일한 연산자가 서로 다른 자료형에 따라 다르게 작동하도록 했다. 연산자 다형성은 파이썬이 제공하는 매직 메서드로 실현할 수 있다. 자신만의 클래스에 매직 메서드를 직접 구현하면서 방법을 알아봤다. `Vector` 및 `Fraction` 클래스를 만들고 각 클래스에 각종 연산자를 위한 매직 메서드를 구현했다. 객체에 담긴 내용을 확인해 디버깅에 유용하게 쓸 수 있는 `__str__()` 매직 메서드를 다루는 방법도 함께 살펴봤다.

10

상속

객체지향에서 세 번째로 중요한 개념은 이미 존재하는 클래스에 기초해 신규 클래스를 파생하는 **상속**inheritance이라는 메커니즘이다. 모든 것을 처음부터 구현한다면 나 또는 다른 사람이 만든 클래스와 중복이 발생할 가능성이 높다. 대신 상속을 활용하면 기존에 존재하는 클래스를 확장하거나 더 차별화된 클래스로 쉽게 고도화할 수 있다.

한 가지 실제 예시로 상속의 기본을 이해해보자. 요리 학교를 다닌다고 가정하자. 어떤 수업은 철저한 시연으로 햄버거 만드는 방법을 가르친다. 다양한 고기 조각, 다진 고기, 빵, 상추, 토마토, 조미료 등 상상할 수 있는 거의 모든 재료의 다루는 방법을 배운다. 햄버거를 요리하는 가장 좋은 방법, 요리 시간, 뒤집는 시기와 뒤집는 빈도 같은 내용도 배운다.

햄버거 만들기 수업이 끝난 후에는 치즈버거 만들기 수업이다. 물론 이 수업의 강사가 모든 것을 처음부터 시작해 햄버거와 관련된 모든 재료 및 요리 방법을 다시 살펴볼 수도 있다. 그러나 이전 수업에서 이미 어느 정도 지식을 배웠고 햄버거 만드는 방법을 안다고 가정하는 게 일반적이다.

치즈버거 만들기 수업은 사용해야 할 치즈 종류, 치즈를 추가해야 할 시점, 사용해야 할 치즈의 양 등에만 집중할 수 있다.

이야기의 요점은 이것이다. '바퀴의 재발명reinvent the wheel'은 필요 없다는 것이다. 이미 아는 지식을 토대로 새로운 것을 쉽게 추가할 수 있다.

10.1 객체지향의 상속

객체지향에서 상속이란 기존 클래스에 기반해 새로운 클래스로 확장 및 생성하는 것을 의미한다. 큰 규모의 프로그램을 개발할 때는 유용하면서도 일반화된 기능의 클래스를 자주 사용한다. 이미 존재하는 클래스와 유사하지만 일부 기능을 다른 방식으로 수행하는 클래스를 만들고 싶은 경우도 있다. 상속은 기존 클래스의 모든 메서드 및 인스턴스 변수 위에 새로운 메서드와 인스턴스 변수를 추가한 신규 클래스를 만들 수 있도록 해준다.

상속은 매우 강력한 개념이다. 클래스를 올바르게 설계할 수만 있다면 상속을 활용하는 것도 굉장히 쉬워진다. 클래스를 제대로 설계하는 능력을 배우는 것은 매우 어렵다. 꾸준히 연습하면서 적절하고 효율적으로 상속을 활용하는 방법을 익혀야만 한다.

상속을 다루려면 가장 기본으로 **기반 클래스**base class, **하위 클래스**subclass, 그리고 기반 클래스와 하위 클래스 간 관계를 먼저 짚고 넘어가야 한다.

> **정의** **기반 클래스**   상속할 클래스. 하위 클래스 기능의 기반이 된다.
> **정의** **하위 클래스**   상속하는 클래스. 기반 클래스를 강화한다.

두 용어는 파이썬에서 매우 보편적으로 사용한다. 같은 의미지만 다른 용어를 사용하기도 한다.

- **슈퍼 클래스**superclass와 **하위 클래스**
- **기반 클래스**와 **파생 클래스**derived class
- **부모 클래스**parent class와 **자식 클래스**child class

'그림 10.1'은 두 클래스의 전형적인 관계를 묘사한다.

그림 10.1 기반 클래스를 상속하는 하위 클래스

하위 클래스는 기반 클래스에 정의된 모든 인스턴스 변수 및 메서드를 상속한다.

'그림 10.2'는 두 클래스 사이의 관계를 다른 방식으로 묘사했다. 경우에 따라 '그림 10.1'보다 정확하게 관계를 보여줄 때도 있다.

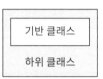

그림 10.2 하위 클래스의 일부로 포함된 기반 클래스

개발자가 볼 때는 기반 클래스가 하위 클래스에 통합된 것으로 보일 수 있다. 기반 클래스는 더 큰 하위 클래스의 일부가 된다. 하위 클래스를 사용하는 클라이언트는 기반 클래스 존재를 알지 못해도 된다. 하위 클래스의 존재만 알아도 된다.

상속에서는 종종 기반 클래스와 하위 클래스 사이에 관계가 있다고 한다. 학생은 사람, 오렌지는 과일, 자동차는 차량인 것처럼 말이다. 하위 클래스는 기반 클래스의 모든 속성과 행동 방식을 상속하지만 이것에 기초해 추가 기능과 세부 사항을 덧씌워 탄생한 버전으로 볼 수도 있다.

가장 중요한 사실은 하위 클래스가 다음의 두 방식으로 기반 클래스를 확장한다는 것이다.

- 하위 클래스는 기반 클래스에 정의된 메서드를 재정의할 수 있다. 기반 클래스에 정의된 것과 이름은 같지만 실제 내부 기능은 다른 메서드를 제공할 수 있다. 보통 메서드를 재정의한다고 한다. 클라이언트에서 재정의된 메서드를 호출하면 기반 클래스의 본래 메서드 대신 재정의된 메서드가 호출된다. 한 가지 중요한 사실은 하위 클래스의 해당 메서드가 기반 클래스의 메서드도 호출해 기반 클래스 기능을 그대로 재사용할 수도 있다는 점이다.
- 하위 클래스는 기반 클래스에 없는 신규 메서드 및 인스턴스 변수를 더 가질 수 있다.

하위 클래스는 '**차이에 대한 코딩**'으로 이해할 수 있다. 하위 클래스는 기반 클래스의 모든 인스턴스 변수 및 메서드를 상속한다. 이를 다시 반복해 중복 구현할 필요가 없다. 오직 기반 클래스와 차별화된 코드만 포함하도록 확장하면 된다. 하위 클래스에는 새롭게 추가할 인스턴스 변수와 초기화하는 코드, 재정의된 메서드, 완전히 새로운 메서드만 포함한다.

10.2 상속 구현하기

상속을 위한 파이썬 문법은 간결하면서도 우아하다. 기반 클래스는 자신이 기반 클래스라는 사실을 **몰라도 된다**. 오직 하위 클래스에만 상속 대상인 기반 클래스를 명시하면 된다. 파이썬에서 상속을 하는 데 사용하는 기본적인 문법은 다음과 같다.

```
class <기반_클래스_이름>():
    # 기반 클래스에서 제공하는 메서드

class <하위_클래스_이름>(<기반_클래스_이름>):
    # 하위 클래스에서 제공하는 메서드
```

하위 클래스는 class <하위_클래스_이름> 다음에 상속하고 싶은 기반 클래스 이름을 괄호 내 넣어 상속할 수 있다. 즉 앞선 코드에서 <하위_클래스_이름>을 가진 하위 클래스는 <기반_클래스_이름>의 기반 클래스를 상속한다. 다음은 실제 이름을 사용한 예시다.

```
class Widget():
    # Widget 클래스가 제공하는 메서드

class WidgetWithFrills(Widget):
    # WidgetWithFrills 클래스가 제공하는 메서드
```

Widget 클래스는 일반적인 기능을 제공한다. WidgetWithFrills 클래스는 Widget 클래스가 가진 모든 것을 포함할 뿐만 아니라 좀 더 특정 상황에서 구체적인 기능을 하는 메서드 및 인스턴스 변수도 포함한다.

10.3 Employee와 Manager 클래스로 상속 알아보기

상속 개념을 좀 더 확실히 이해하고자 간단한 예시를 들겠다. 그다음 실용적인 예시를 살펴본다.

10.3.1 기반 클래스: Employee

'코드 10.1'은 Employee라는 기반 클래스를 정의한다.

코드 10.1 **기반 클래스로 활용될 Employee 클래스** File EmployeeManagerInheritance/EmployeeManagerInheritance.py

```python
# 기반 클래스로 활용될 Employee 클래스
#
# 기반 클래스로 활용될 Employee 클래스를 정의한다.

class Employee():
    def __init__(self, name, title, ratePerHour=None):
        self.name = name
        self.title = title
        if ratePerHour is not None:
            ratePerHour = float(ratePerHour)
        self.ratePerHour = ratePerHour

    def getName(self):
        return self.name

    def getTitle(self):
        return self.title

    def payPerYear(self):
        # 52주 * 주당 5일 * 일별 8시간
        pay = 52 * 5 * 8 * self.ratePerHour
        return pay
```

Employee 클래스는 __init__() 및 getName(), getTitle(), payPerYear() 메서드를 정의한다. __init__() 메서드는 self.name, self.title, self.ratePerHour 인스턴스 변수를 만들고 초기화한다. 게터 메서드인 getTitle()과 getName()은 제목과 이름을 조회한다. 고용인(Employee) 급여는 시급으로 계산한다. self.payPerYear() 메서드는 시급으로 고용인이 받아야 할 연봉을 계산한다. 해당 클래스의 모든 것은 이미 꽤 익숙한 내용일 것이다. 이렇게 정의된 Employee 클래스로는 객체를 만들 수 있으며 해당 객체는 자체만으로도 완전히 작동한다.

하위 클래스: Manager

Employee 클래스를 상속한 Manager(관리자) 클래스를 만든다. 두 클래스 간에는 큰 차이점이 있다. 관리자는 직원을 관리하는 고용인이다. 관리자가 일을 잘하면 연봉 10% 수준의 인센티브를 추가로 받는다. 관리자는 일반 고용인보다 책임과 역량이 좀 더 필요할 뿐이다. 관리자도 한 명의 고용인이므로 Manager 클래스는 Employee 클래스를 상속한다.

'코드 10.2'는 Manager 클래스를 구현한다. Employee 클래스와 차별화된 부분만 구현한다. getName() 및 getTitle() 메서드가 없다. Manager에는 없지만 Employee에는 있는 메서드가 필요하다면 Employee 클래스의 메서드를 호출된다.

코드 10.2 Employee 클래스의 하위 클래스로 구현된 Manager 클래스

File EmployeeManagerInheritance/EmployeeManagerInheritance.py

```python
# Employee를 상속한 Manager 하위 클래스를 정의한다.

class Manager(Employee):  ❶
    def __init__(self, name, title, salary, reportsList=None):
        self.salary = float(salary)  ❷
        if reportsList is None:
            reportsList = []
        self.reportsList = reportsList
        super().__init__(name, title)  ❸

    def getReports(self):  ❹
        return self.reportsList

    def payPerYear(self, giveBonus=False):  ❺
        pay = self.salary
        if giveBonus:
            pay = pay + (.10 * self.salary) # 10% 추가 보너스
            print(self.name, ' 님은 일을 잘해 보너스를 받으셨습니다. ')  ❻
        return pay
```

class 문❶에서는 Employee 클래스를 괄호 속에 넣어 Manager가 Employee 클래스를 상속한다.

Employee 클래스의 __init__() 메서드는 이름과 직책을 필수로, 시급을 선택적으로 입력하도록 만들어졌다. Manager 클래스는 여러 명의 직원을 관리해야 한다. __init__() 메서드로 이름, 직책, 급여, 관리 대상 직원 목록을 입력받는다. 차별점만 코딩한다는 원칙에 따라서 __init__() 메서드는 Employee 클래스가 __init__() 메서드에서 초기화하지 않은 인스턴스 변수만 초기화한다. 즉 salary(연봉)과 reportsList(부하 목록)이 인스턴스 변수만 초기화하면 된다❷.

그다음 __init__() 메서드는 Employee 기반 클래스의 __init__() 메서드를 호출한다❸. 이때 파이썬의 내장 함수인 super()를 호출해 파이썬이 현재 클래스가 상속한 클래스 존재를 알아내도록 한다. super().__init__()처럼 기반 클래스가 가진 __init__() 메서드를 호출할 수 있다. 실제 Employee 클래스 내 __init__() 메서드의 첫 번째 매개변수로는 self가 필요했다. 하지만 상속받은 하위 클래스 Manager가 자동으로 삽입되는 등의 일이 내부적으로 일어난다. 즉 원래라면 다음과 같은 형식의 메서드가 호출된다.

```
Employee.__init__(self, name, title)
```

실제로 이 코드처럼 작성해도 잘 작동한다. 다만 super()를 사용하면 이름을 명시적으로 지정하지 않아도 깔끔하게 기반 클래스에 접근할 수 있다.

그 결과 Manager 클래스의 __init__() 메서드는 Employee 클래스에는 없는 두 인스턴스 변수(self.salary, self.reportsList)를 초기화하는 데만 집중할 수 있다. Employee 클래스에서 상속한 나머지 인스턴스 변수(self.name, self.title)를 초기화하는 것은 Employee 클래스의 __init__() 메서드에 맡길 수 있다. Manager는 연봉 정보를 처음부터 입력받는다. 시급을 뜻하는 self.ratePerHour 인스턴스 변수를 None으로 설정했다.

노트 이전 파이썬에서는 super()를 사용하는 또 다른 방식이 있었다. 예전에 작성된 프로그램 및 문서에 다음처럼 작성된 코드를 볼 수도 있다.

```
super(Employee, self).__init__(name, salary)
```

정확히 같은 일을 하는 코드지만 단순히 super()만 적어도 되는 신규 문법이 훨씬 더 기억하기 쉽다. 기반 클래스의 이름에 의존하지 않아 코드의 유지 및 보수가 훨씬 더 용이하다.

Manager 클래스는 관리 대상인 Employee 목록을 조회하는 getReports() 메서드❹를 추가로 정의한다. 연봉을 계산해 반환하는 payPerYear() 메서드❺를 재정의한다.

Employee 및 Manager 클래스는 모두 payPerYear() 메서드를 가진다. Employee 객체의 payPerYear() 메서드를 호출하면 Employee 클래스의 payPerYear() 메서드가 호출돼 시급에 기반한 연봉을 계산한다. 반면 Manager 객체의 payPerYear() 메서드를 호출하면 Manager 클래스의 payPerYear() 메서드가 기반 클래스의 payPerYear() 메서드를 대신 호출된다. 이를 **메서드 오버라이딩**overriding이라고 한다. 하위 클래스에서 오버라이딩(재정의)된 메서드는 기반 클래스와 비교해 좀 더 구체적인 일을 수행한다. 메서드를 재정의해야 한다면 기반 클래스에 정의된 클래스와 정확히 같은 이름의 클래스를 정의 및 구현해야 하며 재정의된 메서드에서는 다음과 같은 일을 한다.

- 기반 클래스에 정의된 메서드를 완전히 대체할 수 있다. 이 방식은 Manager 클래스에 정의된 payPerYear() 메서드를 예시로 살펴본다.
- 기반 클래스와는 다른 일부 작업을 수행한 후 일부 작업은 기반 클래스에 정의된 메서드로 위임한다. 이 방식은 Manager 클래스에 정의된 __init__() 메서드를 예시로 살펴본다.

재정의된 메서드는 상황에 따라 다를 수 있다. 하위 클래스에 없는 메서드를 호출하면 기반 클래스로 전달된다. Manager 클래스는 getName() 메서드를 따로 정의하지 않지만 기반 클래스인 Employee는 getName() 메서드를 정의한다. 클라이언트가 Manager 객체의 getName() 메서드를 호출하면 기반 클래스인 Employee가 대신 해당 메서드 호출을 처리한다.

다음은 Manager 클래스의 payPerYear() 메서드의 일부 코드다.

```
if giveBonus:
    pay = pay + (.10 * self.salary) # 10% 추가 보너스
    print(self.name, ' 님은 일을 잘해 보너스를 받으셨습니다. ') ❻
```

인스턴스 변수 self.name은 Employee 클래스에 정의됐다. Manager 클래스는 해당 인스턴스 변수를 따로 정의하지 않았다. 위 예시를 보면 하위 클래스도 기반 클래스의 인스턴스 변수에 접근할 수 있다는 사실을 보여준다. payPerYear() 메서드는 자체 클래스 내부에 정의된 인스턴스 변수(self.salary)에 접근해 관리자에 특화된 연봉을 계산한다. 또한, 기반 클래스에 정의된 인스턴스 변수(self.name❻)에 접근해 관리자 이름을 출력한다.

10.3.3 테스트 코드

Employee 및 Manager 객체의 각 메서드를 호출하는 테스트 코드를 작성해보자.

(File) EmployeeManagerInheritance/EmployeeManagerInheritance.py

```
# 객체 생성
oEmployee1 = Employee('Joe Schmoe', 'Pizza Maker', 16)
oEmployee2 = Employee('Chris Smith', 'Cashier', 14)
oManager = Manager('Sue Jones', 'Pizza Restaurant Manager',
                   55000, [oEmployee1, oEmployee2])
```

```python
# Employee 객체의 메서드 호출
print('고용인 이름:', oEmployee1.getName())
print('고용인 연봉:', '{:,.2f}'.format(oEmployee1.payPerYear()))
print('고용인 이름:', oEmployee2.getName())
print('고용인 연봉:', '{:,.2f}'.format(oEmployee2.payPerYear()))
print()

# Manager 객체의 메서드 호출
managerName = oManager.getName()
print('Manager name:', managerName)

# 해당 매니저에게 보너스 상여하기
print('매니저 연봉:', '{:,.2f}'.format(oManager.payPerYear(True)))
print(managerName, '(' + oManager.getTitle() + ')', '의 관리 대상 고용인:')
reportsList = oManager.getReports()
for oEmployee in reportsList:
    print(' ', oEmployee.getName(),
          '(' + oEmployee.getTitle() + ')')
```

다음과 같이 출력된다.

```
고용인 이름: Joe Schmoe
고용인 연봉: 33,280.00
고용인 이름: Chris Smith
고용인 연봉: 29,120.00

매니저 이름: Sue Jones
Sue Jones 님은 일을 잘해 보너스를 받으셨습니다.
매니저 연봉: 60,500.00
Sue Jones(Pizza Restaurant Manager)의 관리 대상 고용인:
    Joe Schmoe(Pizza Maker)
    Chris Smith(Cashier)
```

10.4 클라이언트 관점에서 바라본 하위 클래스

지금까지는 클래스를 구현하는 입장에서 설명했다. 클래스를 설계 및 구현하는 개발자나 클래스를 활용하는 개발자에 따라 클래스는 다르게 보일 수 있다. 이번에는 클라이언트 개발자의 시각으로 상속을 바라보자. 하위 클래스는 기반 클래스의 모든 기능을 가질 뿐만 아니라 하위 클래스에 추가로 정의된 내용을 더 가진다. 메서드 집합을 벽에 칠해진 페인트의 층으로 생각하면 이해하기 쉽다. '그림 10.3'처럼 클라이언트는 Employee 클래스에 정의된 모든 메서드를 볼 수 있다.

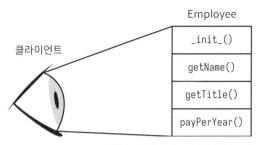

그림 10.3 Employee 객체로 클라이언트가 바라보는 것

Manager 클래스는 Employee 클래스를 상속했다. 추가 또는 변경하고 싶은 메서드 위치 위에 페인트를 덧씌우는 것과 같다. 변경을 원치 않는 메서드에는 '그림 10.4'에서 볼 수 있는 것처럼 이전에 칠한 페인트 층을 그대로 유지한다.

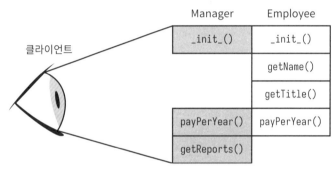

그림 10.4 Manager 클래스의 인터페이스로 클라이언트가 바라보는 것

클래스 개발자는 Manager 클래스가 Employee 클래스를 상속하고 일부 메서드를 재정의한다는 사실을 안다. 클라이언트 개발자는 Manager 클래스가 다섯 개의 메서드를 제공한다는 사실만 안다. Manager의 일부 메서드가 재정의됐거나 Employee 클래스가 제공하는 것을 그대로 상속받았다는 사실을 전혀 알지 못해도 된다.

10.5 상속의 실제 예

상속의 두 가지 실제 예를 살펴보자. 첫 번째는 숫자만 입력할 수 있는 입력 필드를 만드는 방법이다. 두 번째는 화폐 형식의 값을 출력하는 필드를 만드는 방법이다.

10.5.1 InputNumber 클래스

지금부터 사용자가 숫자만 입력할 수 있는 입력 필드를 만들겠다. UI를 디자인하는 일반 원칙에 따라 선 입력 후 검증보다 사용자가 입력하는 동안 올바른 형식의 데이터만 허용하도록 입력을 제한하는 것이 훨씬 바람직하다. 오직 숫자만, 즉 문자나 기호 입력을 제한하고 올바른 형식(소수점 여러 개 또는 음수 부호 여러 개가 입력되는 것을 허용하지 않도록)의 숫자만 허용해야 한다.

pygwidgets 패키지는 어떤 문자든 입력할 수 있는 InputText 클래스를 제공한다. 지금 필요한 InputNumber 클래스는 유효한 숫자만 입력할 수 있어야 한다. InputNumber 클래스는 InputText 를 상속하고 __init__(), handleEvent(), getValue() 메서드를 재정의한다. '코드 10.3'은 세 개의 메서드를 재정의한 InputNumber 클래스를 보여준다.

코드 10.3 **오직 숫자 데이터의 입력만 허용하는** InputNumber　　　　　File MoneyExamples/InputNumber.py

```python
# InputNumber class: 오직 숫자만 입력 가능
#
# 상속 예

import pygame
from pygame.locals import *
import pygwidgets

BLACK = (0, 0, 0)
WHITE = (255, 255, 255)
# 허용된 편집 키를 정의한 튜플
LEGAL_KEYS_TUPLE = (pygame.K_RIGHT, pygame.K_LEFT, pygame.K_HOME,
                    pygame.K_END, pygame.K_DELETE, pygame.K_BACKSPACE,
                    pygame.K_RETURN, pygame.K_KP_ENTER)
# 허용된 키
LEGAL_UNICODE_CHARS = ('0123456789.-')


#
# InputNumber는 InputText를 상속한다.
#
class InputNumber(pygwidgets.InputText):

    def __init__(self, window, loc, value='', fontName=None, ❶
                 fontSize=24, width=200, textColor=BLACK,
                 backgroundColor=WHITE, focusColor=BLACK,
                 initialFocus=False, nickName=None, callback=None,
                 mask=None, keepFocusOnSubmit=False,
                 allowFloatingNumber=True, allowNegativeNumber=True):
        self.allowFloatingNumber = allowFloatingNumber
        self.allowNegativeNumber = allowNegativeNumber
```

```python
                # 기반 클래스의 __init__ 메서드를 호출한다.
        super().__init__(window, loc, value, fontName, fontSize,    ❷
                         width, textColor, backgroundColor,
                         focusColor, initialFocus, nickName, callback,
                         mask, keepFocusOnSubmit)

    # handleEvent를 오버라이딩해서 입력된 키 값을 적절히 필터링한다.
    def handleEvent(self, event):    ❸
        if (event.type == pygame.KEYDOWN):
            # 편집 키 또는 숫자 키가 아닌 경우에는 무시한다.
            # unicode 값은 오직 키가 눌렸을 때만 접근 가능하다.
            allowableKey = (event.key in LEGAL_KEYS_TUPLE) or
                           (event.unicode in LEGAL_UNICODE_CHARS))
            if not allowableKey:
                return False

            if event.unicode == '-': # 음수 부호를 입력한 경우
                if not self.allowNegativeNumber:
                    # 음수가 허용되지 않는 경우 음수 부호 입력을 무시한다.
                    return False
                if self.cursorPosition > 0:
                    return False # 숫자 입력 후 음수 부호를 입력할 수 없다.
                if '-' in self.text:
                    return False # 음수 부호를 두 개 이상 입력할 수 없다.

            if event.unicode == '.':
                if not self.allowFloatingNumber:
                    # 부동소수가 허용되지 않는 경우 부동소수 입력을 무시한다.
                    return False
                if '.' in self.text:
                    return False # 소수점을 두 개 이상 입력할 수 없다.

        # 기본적으로 키 입력은 기반 클래스가 처리한다.
        result = super().handleEvent(event)
        return result

    def getValue(self):    ❹
        userString = super().getValue()
        try:
            if self.allowFloatingNumber:
                returnValue = float(userString)
            else:
                returnValue = int(userString)
        except ValueError:
            raise ValueError('입력이 숫자가 아닙니다. 적어도 하나의 숫자를 포함해야 합니다.')

        return returnValue
```

__init__() 메서드는 InputText 기반 클래스와 동일한 매개변수에 두 개의 불리언 값을 추가로 더 입력받는다❶. 첫 번째로 추가된 allowFloatingNumber는 부동소수점의 입력 허용 여부를 결정한다. 두 번째로 추가된 allowNegativeNumber는 숫자 첫 부분의 음수 부호 입력 허용 여부를 결정한다. 만약 해당 값들이 모두 False라면 사용자는 양의 정수 값만 입력할 수 있다. __init__() 메서드는 두 추가 매개변숫값을 인스턴스 변수에 저장한 후 super()로 기반 클래스의 __init__() 메서드를 호출한다❷.

상속 개념이 적용된 중요한 부분은 handleEvent() 메서드다❸. 0~9 범위의 숫자, 음수 부호, 소수점용 마침표, 엔터 및 일부 편집 키처럼 허용되는 키를 작은 하위 집합으로 나눠 제한한다. 키보드의 키를 누르면 KEYDOWN 또는 KEYUP 이벤트를 입력해 handleEvent() 메서드를 호출한다. handleEvent() 메서드는 먼저 눌린 키가 허용된 키 집합에 속하는지 여부를 검사한다. 허용되지 않은 키(예 보통 문자)가 입력됐다면 False를 반환하고 해당 키 입력은 무시한다.

허용된 키가 입력된 경우 handleEvent() 메서드는 추가로 현재까지 입력된 숫자가 올바른 형식을 따르는지 검사한다(예 두 개 이상의 소수점, 두 개 이상의 음수 부호가 입력되는 등). 기반 클래스 InputText 역할은 유효 키가 입력될 때마다 해당 키를 화면에 출력하거나 키가 입력 중임을 표시하는 등 일을 처리한다. 이는 재정의된 handleEvent() 메서드의 super().handleEvent() 메서드가 호출된 부분에서 확인할 수 있다.

리턴이나 엔터 키를 누른 경우 클라이언트는 getValue() 메서드❹를 호출해 입력 내용을 가져온다. getValue()도 재정의된 메서드다. 먼저 기반 클래스인 InputText의 getValue() 기능으로 입력 필드에 입력된 문자열을 가져온 후 숫자 형식으로 변환한다. 변환이 실패하면 예외가 발생한다.

메서드 재정의로 InputText 클래스 기능을 확장해 재사용 가능한 새로운 클래스를 만들었다. 기반 클래스 코드는 건드릴 필요조차 없었다. InputText는 기능을 변경하지 않아도 그 자체로 계속 작동한다.

10.5.2 DisplayMoney 클래스

이제 숫자를 화폐 형식으로 출력하는 필드를 만들어보자. 다양한 통화에 적용할 수 있도록 일반화하고자 선택된 통화 기호에 따라 알맞은 형식의 출력을 지원한다. 통화 기호를 텍스트 좌측 또는 우측에 위치시키고 세 개의 숫자마다 콤마(,)를 추가한다. 마침표 이후 소수점을 두 자릿수까지 보여준다. 예를 들어 1234.56를 미국 달러로 표시하면 $1,234.56이 된다.

pygwidgets 패키지는 이미 DisplayText 클래스를 제공한다. 해당 클래스 객체는 다음처럼 만들 수 있다.

```
def __init__(self, window, loc=(0, 0), value='',
            fontName=None, fontSize=18, width=None, height=None,
            textColor=PYGWIDGETS _BLACK, backgroundColor=None,
            justified='left', nickname=None):
```

적절한 매개변수를 입력해 DisplayText 객체를 생성하고 oSomeDisplayText 변수에 담았다고 가정해보자. 출력할 텍스트를 갱신해야 할 때마다 다음처럼 DisplayText 객체의 setValue() 메서드를 호출한다.

```
oSomeDisplayText.setValue('1234.56')
```

DisplayText 객체로 숫자를 (문자열로) 출력하는 기능은 이미 잘 작동한다. 여기서 지금 만들고자 하는 것은 DisplayMoney 클래스다. DisplayText와 많은 부분 닮았지만 일부 기능을 더 추가했다. 가장 먼저 DisplayText 클래스를 상속해야 한다.

DisplayMoney 클래스는 기반 클래스의 setValue() 메서드를 재정의해 기능을 추가한다. 즉 통화 기호를 추가하고 콤마를 추가하며 선택적으로 소수점 이하를 두 자리로 자르는 등 방식을 지원한다. 마지막에는 DisplayText 기반 클래스의 setValue() 메서드에 출력될 서식화된 텍스트(문자열)을 입력해 윈도우에 해당 내용을 출력한다.

다음 매개변수를 __init__() 메서드에 추가로 입력할 수 있도록 구성한다.

- 통화 기호(기본은 $)
- 통화 기호의 출력 위치(기본은 좌측)
- 소수점 출력 여부(기본은 출력)

'코드 10.4'는 DisplayMoney 클래스 코드다.

코드 10.4 **통화에 따라 돈의 양을 적절히 출력하는 DisplayMoney 클래스** (File) MoneyExamples/DisplayMoney.py
```
# DisplayMoney 클래스: 특정 화폐 형식에 맞춰 돈의 양을 출력한다.
#
# 상속 예
```

```
Import pygwidgets

BLACK = (0, 0, 0)

#
# DisplayMoney 클래스는 DisplayText 클래스를 상속한다.
#
class DisplayMoney(pygwidgets.DisplayText): ❶

    def __init__(self, window, loc, value=None, ❷
                 fontName=None, fontSize=24, width=150, height=None,
                 textColor=BLACK, backgroundColor=None,
                 justified='left', nickname=None, currencySymbol='$',
                 currencySymbolOnLeft=True, showCents=True):

        self.currencySymbol = currencySymbol ❸
        self.currencySymbolOnLeft = currencySymbolOnLeft
        self.showCents = showCents
        if value is None:
            value = 0.00

        # 기반 클래스의 __init__ 메서드를 호출한다.
        super().__init__(window, loc, value, ❹
                         fontName, fontSize, width, height,
                         textColor, backgroundColor, justified)

    def setValue(self, money): ❺
        if money == '':
            money = 0.00

        money = float(money)

        if self.showCents:
            money = '{:,.2f}'.format(money)
        else:
            money = '{:,.0f}'.format(money)

        if self.currencySymbolOnLeft:
            theText = self.currencySymbol + money
        else:
            theText = money + self.currencySymbol

        # 기반 클래스의 setValue 메서드를 호출한다.
        super().setValue(theText) ❻
```

먼저 `pygwidgets.DisplayText`를 상속한다❶. `DisplayMoney` 클래스는 오직 두 개의 메서드만 (`__init__()`, `setValue()`) 정의한다. 두 메서드는 기반 클래스에 존재하는 동일한 이름의 메서드를 재정의한 것이다.

클라이언트는 다음처럼 `DisplayMoney` 객체를 만들 수 있다.

```
oDisplayMoney = DisplayMoney(window, (100, 100), 1234.56)
```

`DisplayMoney`의 `__init__()` 메서드❷가 호출된다. 이는 기반 클래스의 `__init__()` 메서드를 재정의한 것이다. 해당 메서드는 통화 기호, 통화 기호가 출력될 위치(좌측/우측), 소수점 이하 표현을 포함한 모든 인스턴스 변수를 초기화하는 작업을 수행한다❸. 마지막에는 기반 클래스인 `DisplayText`의 `__init__()` 메서드를 호출해 기반 클래스에 정의된 인스턴스 변수가 초기화될 수 있도록 한다❹.

클라이언트는 다음처럼 `setValue()` 메서드로 출력값을 설정할 수 있다.

```
oDisplayMoney.setValue(12233.44)
```

`DisplayMoney` 클래스의 `setValue()` 메서드❺는 입력된 액수를 현재 통화에 알맞은 형식으로 바꾼다. 바꾼 후 기반 클래스인 `DisplayText`의 `setValue()` 메서드를 호출해 해당 내용을 화면에 출력한다❻.

`DisplayMoney` 객체로 그 밖에 메서드를 호출하면 대신 기반 클래스인 `DisplayText`가 제공하는 메서드가 호출된다. 한 가지 잊지 말아야 할 중요한 점이 있다. 클라이언트가 메인 루프에서 `oDisplayMoney.draw()` 메서드를 호출해야 한다는 점이다. 해당 메서드를 호출해야 윈도우에 갱신된 내용이 그려진다. 코드상 `DisplayMoney` 클래스는 `draw()` 메서드가 없지만 해당 메서드를 호출하면 기반 클래스인 `DisplayText`의 `draw()` 메서드가 대신 호출된다.

10.5.3 사용 예

'그림 10.5'는 앞서 만든 `InputNumber` 및 `DisplayMoney` 클래스를 활용한 예시 프로그램의 출력이다. 사용자는 `InputNumber`로 만들어진 필드에 숫자를 입력할 수 있다. 'OK' 버튼 또는 엔터 키를 누르면 입력된 값이 `DisplayMoney`로 만든 두 필드에 출력된다. 첫 번째 출력 필드는 소수점을 포함한 값까지, 두 번째 출력 필드는 소수점 이하를 반올림한 값을 출력한다.

'코드 10.5'는 메인 프로그램의 전체 코드다. 하나의 InputNumber 객체, 두 개의 DisplayMoney 객체를 생성하는 부분을 집중해 살펴보자.

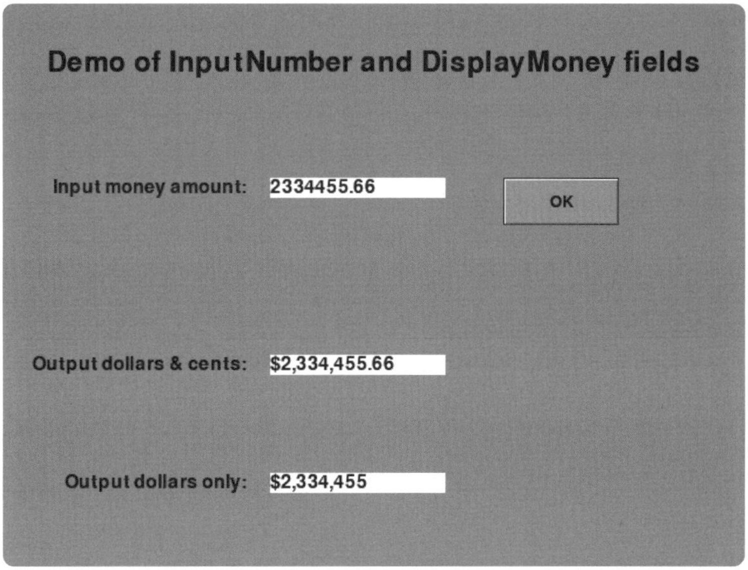

Demo of InputNumber and DisplayMoney fields

Input money amount: `2334455.66`   OK

Output dollars & cents: `$2,334,455.66`

Output dollars only: `$2,334,455`

그림 10.5 사용자가 InputNumber로 만들어진 필드에 숫자를 입력하면
DisplayMoney로 만든 두 필드에 해당 숫자를 출력하는 클라이언트 프로그램

코드 10.5 InputNumber 및 DisplayMoney 클래스 사용법을 다루는 메인 프로그램

File MoneyExamples/Main_MoneyExample.py

```
# Money 예
#
# 상속해서 만든 DisplayText와 InputText 클래스가 오버라이딩한 메서드 사용

# 1: 패키지 불러오기
import pygame
from pygame.locals import *
import sys
import pygwidgets
from DisplayMoney import *
from InputNumber import *

# 2: 상수 정의하기
BLACK = (0, 0, 0)
BLACKISH = (10, 10, 10)
GRAY = (128, 128, 128)
WHITE = (255, 255, 255)
```

```python
BACKGROUND_COLOR = (0, 180, 180)
WINDOW_WIDTH = 640
WINDOW_HEIGHT = 480
FRAMES_PER_SECOND = 30

# 3: 파이게임 환경 초기화하기
pygame.init()
window = pygame.display.set_mode([WINDOW_WIDTH, WINDOW_HEIGHT])
clock = pygame.time.Clock()

# 4: 이미지, 소리 등 애셋 불러오기

# 5: 변수 초기화하기
title = pygwidgets.DisplayText(window, (0, 40),
                              'Demo of InputNumber and DisplayMoney fields',
                              fontSize=36, width=WINDOW_WIDTH, justified='center')

inputCaption = pygwidgets.DisplayText(window, (20, 150),
                                      'Input money amount:', fontSize=24,
                                      width=190, justified='right')
inputField = InputNumber(window, (230, 150), '', width=150)
okButton = pygwidgets.TextButton(window, (430, 150), 'OK')

outputCaption1 = pygwidgets.DisplayText(window, (20, 300),
                                        'Output dollars & cents: ', fontSize=24,
                                        width=190, justified='right')
moneyField1 = DisplayMoney(window, (230, 300), '', textColor=BLACK,
                           backgroundColor=WHITE, width=150)

outputCaption2 = pygwidgets.DisplayText(window, (20, 400),
                                        'Output dollars only: ', fontSize=24,
                                        width=190, justified='right')
moneyField2 = DisplayMoney(window, (230, 400), '', textColor=BLACK,
                           backgroundColor=WHITE, width=150,
                           showCents=False)

# 6: 무한 루프 수행하기
while True:

    # 7: 이벤트 발생 검사 및 처리하기
    for event in pygame.event.get():
        # 닫힘 버튼에 대한 클릭 이벤트인 경우 파이게임과 프로그램을 종료한다.
        if event.type == pygame.QUIT:
            pygame.quit()
            sys.exit()

        # 리턴 및 엔터 키 또는 OK를 클릭했을 때
        if inputField.handleEvent(event) or okButton.handleEvent(event): ❶
            try:
```

```
            theValue = inputField.getValue()
        except ValueError: # 발생하는 모든 오류(예외) 처리
            inputField.setValue('(not a number)')
        else: # OK를 클릭한 경우
            theText = str(theValue)
            moneyField1.setValue(theText)
            moneyField2.setValue(theText)

# 8: '프레임당' 처리해야 할 일 정의하기

# 9: 윈도우 내 내용물 지우기
window.fill(BACKGROUND_COLOR)

# 10: 윈도우 내 모든 내용물(요소) 그리기
title.draw()
inputCaption.draw()
inputField.draw()
okButton.draw()
outputCaption1.draw()
moneyField1.draw()
outputCaption2.draw()
moneyField2.draw()

# 11: 윈도우 갱신하기
pygame.display.update()

# 12: 윈도우 갱신 주기 늦추기
clock.tick(FRAMES_PER_SECOND) # 파이게임이 대기하도록 한다.
```

사용자는 InputNumber로 만든 필드에 숫자를 입력한다. 숫자가 입력되는 동안 부적절한 문자는 handleEvent() 메서드가 필터링한다. OK 버튼을 클릭하면❶ 지금까지 입력된 값을 조회해 DisplayMoney 객체로 만든 두 필드로 전달한다. 첫 번째 필드는 달러와 센트(소수점 둘째 자리) 정보까지 보여준다. 두 번째 필드는 달러 정보만 출력한다. 두 필드 모두 통화 기호로 $를 좌측에 출력하며 숫자 세 개마다 콤마를 넣어 서식화한다.

10.6 동일 기반 클래스를 상속하는 다양한 클래스

하나의 기반 클래스를 여러 종류의 클래스가 상속할 수 있다. 매우 일반적인 상황을 고려해 기반 클래스를 설계한다. 이를 상속해 좀 더 구체적인 일을 수행하도록 하는 것이 좋다. '그림 10.6'이 이를 보여준다.

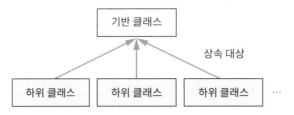

그림 10.6 **공통 기반 클래스를 상속하는 하나 이상의 하위 클래스**

서로 다른 하위 클래스는 서로 다른 버전의 기반 클래스로도 볼 수 있다. 원한다면 기반 클래스에 정의된 모든 메서드를 재정의할 수 있다. 여기에서 각 하위 클래스 간 차별화 포인트가 생긴다.

9장에서 살펴본 원, 정사각형, 삼각형을 그리는 도형(Shapes) 프로그램에서 한 가지 예를 들겠다. 해당 프로그램은 사용자가 현재 화면에 그려진 모든 도형을 클릭할 수 있다. 세 개의 도형인 원 (Circle), 정사각형(Square), 삼각형(Triangle)을 서로 다른 세 개의 클래스로 만들어 구현한 프로그램이었다. 각 클래스는 모두 다음 메서드를 공통적으로 정의했다.

```
def getType(self):
    return self.shapeType
```

또한, 각 클래스의 __init__() 메서드는 도형을 그려야 할 윈도우 정보, 무작위로 선택된 색상 정보, 무작위로 선택된 그려질 위치를 초기화하는 코드가 다음처럼 구현됐다.

```
self.window = window
self.color = random.choice((RED, GREEN, BLUE))
self.x = random.randrange(1, maxWidth - 100)
self.y = random.randrange(1, maxHeight - 100)
```

마지막으로 각 클래스는 self.shapeType 인스턴스 변수를 각기 알맞은 도형을 표현하는 문자열로 설정했다.

정확히 동일한 메서드나 일부 유사한 코드가 여러 클래스에서 발견된다면 상속을 도입할 좋은 신호다. '코드 10.6'처럼 세 종류의 클래스에서 공통 코드를 추출해 Shape라는 공통 기반 클래스를 만들어보자.

```python
# Shape 클래스: 기본

import random

# 색상 설정
RED = (255, 0, 0)
GREEN = (0, 255, 0)
BLUE = (0, 0, 255)

class Shape():

    def __init__(self, window, shapeType, maxWidth, maxHeight):  ❶
        self.window = window
        self.shapeType = shapeType
        self.color = random.choice((RED, GREEN, BLUE))
        self.x = random.randrange(1, maxWidth - 100)
        self.y = random.randrange(25, maxHeight - 100)

    def getType(self):  ❷
        return self.shapeType
```

기반 클래스는 __init__() 및 getType() 두 개의 메서드만 가진다. __init__() 메서드❶는 매개변수로 입력된 데이터를 인스턴스 변수에 저장한 후 무작위로 색상과 위치(self.x, self.y)를 고른다. getType() 메서드❷는 단순하다. 초기화 때 부여된 도형의 유형을 표현한 문자열을 반환한다.

이제 Shape를 상속하는 다양한 하위 클래스를 작성할 수 있다. 세 개의 하위 클래스를 만든다. 각각 Shape 기반 클래스의 __init__() 메서드에 윈도우 크기 및 도형의 유형 정보를 입력해 호출한다. getType() 메서드는 Shape 클래스에만 정의됐다. 클라이언트가 도형별 클래스의 getType() 메서드를 호출하면 Shape 클래스가 이를 처리한다. 먼저 Square 클래스 코드를 작성해보자(코드 10.7).

```python
# Square 클래스

import pygame
from Shape import *

class Square(Shape):  ❶

    def __init__(self, window, maxWidth, maxHeight):
        super().__init__(window, 'Square', maxWidth, maxHeight)  ❷
        self.widthAndHeight = random.randrange(10, 100)
```

```
        self.rect = pygame.Rect(self.x, self.y,
                                self.widthAndHeight, self.widthAndHeight)

    def clickedInside(self, mousePoint):  ❸
        clicked = self.rect.collidepoint(mousePoint)
        return clicked

    def getArea(self):  ❹
        theArea = self.widthAndHeight * self.widthAndHeight
        return theArea

    def draw(self):  ❺
        pygame.draw.rect(self.window, self.color,
                         (self.x, self.y, self.widthAndHeight, self.widthAndHeight))
```

Square 클래스는 Shape 클래스를 상속한다❶. __init__() 메서드는 기반 클래스의 __init__() 메서드를 호출해❷ 도형 유형을 정사각형으로 지정하고 크기를 무작위로 선택한다.

그다음 Square 클래스에 특화된 세 가지 메서드를 구현한다. clickedInside() 메서드는 마우스 클릭이 사각형 내에서 발생했는지 결정하고자 파이게임이 제공하는 Rect 클래스의 rect.collidepoint() 메서드를 호출한다❸. getArea() 메서드는 단순히 widthAndHeight와 widthAndHeight를 곱한 값을 반환한다❹. 마지막으로 draw() 메서드는 widthAndHeight 값을 사용해 사각형을 화면에 그린다❺.

'코드 10.8'은 Shape 클래스를 상속하도록 변경된 Circle 클래스를 보여준다.

코드 10.8 **Shape 클래스를 상속한 Circle 클래스**   (File) InheritedShapes/Circle.py

```
# Circle 클래스

import pygame
from Shape import *
import math


class Circle(Shape):

    def __init__(self, window, maxWidth, maxHeight):
        super().__init__(window, 'Circle', maxWidth, maxHeight)
        self.radius = random.randrange(10, 50)
        self.centerX = self.x + self.radius
        self.centerY = self.y + self.radius
        self.rect = pygame.Rect(self.x, self.y, self.radius * 2, self.radius * 2)
```

```
    def clickedInside(self, mousePoint):
        theDistance = math.sqrt(((mousePoint[0] - self.centerX) ** 2) +
                                ((mousePoint[1] - self.centerY) ** 2))
        if theDistance <= self.radius:
            return True
        else:
            return False

    def getArea(self):
        theArea = math.pi * (self.radius ** 2)
        return theArea

    def draw(self):
        pygame.draw.circle(self.window, self.color, (self.centerX, self.centerY),
                           self.radius, 0)
```

Circle 클래스는 원 도형에 특화된 방식이다. clickedInside(), getArea(), draw() 메서드를 구현한다.

마지막으로 '코드 10.9'는 Triangle 클래스가 구현된 방식을 보여준다.

코드 10.9 Shape 클래스를 상속한 Triangle 클래스   (File) InheritedShapes/Triangle.py

```
# Triangle 클래스

import pygame
from Shape import *

class Triangle(Shape):

    def __init__(self, window, maxWidth, maxHeight):
        super().__init__(window, 'Triangle', maxWidth, maxHeight)
        self.width = random.randrange(10, 100)
        self.height = random.randrange(10, 100)
        self.triangleSlope = -1 * (self.height / self.width)
        self.rect = pygame.Rect(self.x, self.y, self.width, self.height)

    def clickedInside(self, mousePoint):
        inRect = self.rect.collidepoint(mousePoint)
        if not inRect:
            return False

        # 마우스 포인터가 삼각형 내부에 있는지 검사하는 산술 연산
        xOffset = mousePoint[0] - self.x
        yOffset = mousePoint[1] - self.y
```

```
            if xOffset == 0:
                return True

            pointSlopeFromYIntercept = (yOffset - self.height) / xOffset # 기울기 계산
            if pointSlopeFromYIntercept < 1:
                return True
            else:
                return False

        def getArea(self):
            theArea = .5 * self.width * self.height
            return theArea

        def draw(self):
            pygame.draw.polygon(self.window, self.color, (
                            (self.x, self.y + self.height),
                            (self.x, self.y),
                            (self.x + self.width, self.y)))
```

세 개의 클래스를 다른 방식으로 구현했다. 9장에서 사용한 클라이언트 코드는 바꿀 필요가 없다. 구현 방식은 신경 쓰지 않고 단순히 Square, Circle, Triangle 객체를 생성해 사용하면 된다. 세 개가 Shape 클래스를 상속했다는 사실조차 알 필요 없다.

10.7 추상 클래스와 메서드

한 가지 아쉬운 점이 있다. 기반 클래스인 Shape에 잠재적인 버그가 존재한다. Shape 객체를 생성할 수 있지만 해당 객체의 getArea() 메서드는 지나치게 포괄적이다. Shape 클래스를 상속하는 모든 클래스가 반드시 clickedInside(), getArea(), draw() 메서드를 구현하도록 강제할 수단이 필요하다. 이 문제는 **추상 클래스**abstract class와 **추상 메서드**abstract method로 해결할 수 있다.

정의 추상 클래스   직접 객체를 생성할 의도로 작성되지 않은 클래스. 하나 이상의 하위 클래스를 위한 기반 클래스로만 쓴다(일부 언어에서는 가상 클래스라고도 한다).

정의 추상 메서드   모든 하위 클래스가 재정의해야 하는 메서드

기반 클래스가 특정 추상화 메서드를 알맞게 구현할 수 없는 경우가 종종 있다. 작동해야 할 대상 데이터의 실체를 알 수 없거나 매우 일반화된 알고리즘을 구현하는 것이 불가능하기 때문이다. 하위 클래스를 두고 각 상황에 맞게 해당 메서드를 구현해야 한다.

도형 프로그램을 예로 들겠다. 클라이언트가 Shape 클래스로 객체를 만들 수 없도록 강제하고자 Shape 클래스를 추상 클래스로 만든다. Shape 클래스는 clickedInside(), getArea(), draw() 메서드를 모든 하위 클래스가 구현하도록 강제하는 것이 좋다.

파이썬은 클래스나 메서드를 추상(abstract)으로 명시할 수 있는 문법이 없다. 대신 **추상 기반 클래스** abstract base class 및 메서드를 구성하는 능력의 abc~abstract base class~ 모듈을 제공한다.

추상 메서드를 가진 추상 클래스를 구성하는 절차를 살펴보자. 먼저 abc 모듈에서 필요한 ABC, abstractmethod 서브 모듈을 불러온다.

```
from abc import ABC, abstractmethod
```

그다음 추상 기반 클래스가 될 클래스로 ABC 클래스를 상속한다. 방법은 전과 동일하다. 클래스 이름 다음의 괄호 속에 ABC를 넣는다.

```
class <classWeWantToDesignateAsAbstract>(ABC):
```

모든 하위 클래스가 재정의해야 하는 메서드에 @abstractmethod라는 특수한 데커레이터를 붙여 준다.

```
@abstractmethod
def <someMethodThatMustBeOverwritten>(self, …):
```

'코드 10.10'은 Shape 클래스를 추상화 기반 클래스로 정하고 포함된 메서드를 추상화 메서드로 정하는 방법을 보여준다.

코드 10.10 **ABC를 상속하고 추상화 메서드를 가진 Shape 기반 클래스** (File) InheritedShapes/Shape.py

```
# Shape 클래스
#
# 다른 클래스의 기반 클래스로 사용될 Shape 클래스

import random
from abc import ABC, abstractmethod

# 색상 설정
RED = (255, 0, 0)
```

```
GREEN = (0, 255, 0)
BLUE = (0, 0, 255)

class Shape(ABC): # 추상화 기반 클래스로 정의 ❶

    def __init__(self, window, shapeType, maxWidth, maxHeight): ❷
        self.window = window
        self.shapeType = shapeType
        self.color = random.choice((RED, GREEN, BLUE))
        self.x = random.randrange(1, maxWidth - 100)
        self.y = random.randrange(25, maxHeight - 100)

    def getType(self): ❸
        return self.shapeType

    @abstractmethod ❹
    def clickedInside(self, mousePoint):
        raise NotImplementedError

    @abstractmethod ❺
    def getArea(self):
        raise NotImplementedError

    @abstractmethod ❻
    def draw(self):
        raise NotImplementedError
```

Shape 클래스는 ABC 클래스를 상속한다❶. Shape 객체를 직접 생성될 수 없도록 강제한다. 만약 Shape 객체를 만드는 시도를 하면 다음과 같은 오류가 발생한다.

```
TypeError: Can't instantiate abstract class Shape with abstract methods clickedInside,
draw, getArea
```

__init__()❷과 getType()❸ 메서드는 모든 하위 클래스가 공통적으로 가져야 할 코드로 구현됐다.

clickedInside()❹, getArea()❺, draw()❻ 메서드는 모두 @abstractmethod 데커레이터를 달고 있다. 반드시 하위 클래스가 재정의해야 한다는 사실을 명시한다. 추상화 클래스인 Shape의 세 메서드는 반드시 재정의돼야 한다. 구현하지 않으면 오류를 반환한다는 의미의 NotImplementedError 예외를 발생시킨다.

변경된 프로그램이 문제 없이 실행하는지 확인하고자 '코드 10.11'처럼 Rectangle이라는 새로운 하위 클래스를 추가하자. Rectangle 클래스는 추상화 클래스인 Shape을 상속하므로 clickedInside(), getArea(), draw() 메서드를 반드시 구현해야 한다. '코드 10.11'은 세 메서드를 구현하지 않았을 때 발생하는 오류를 확인하려고 구현하지 않은 경우를 보여준다.

코드 10.11 clickedInside() 및 getArea()는 구현하지만 draw()는 구현하지 않은 Rectangle 클래스

File InheritedShapes/Rectangle.py

```python
# Rectangle 클래스

import pygame
from Shape import *

class Rectangle(Shape):

    def __init__(self, window, maxWidth, maxHeight):
        super().__init__(window, 'Rectangle', maxWidth, maxHeight)
        self.width = random.randrange(10, 100)
        self.height = random.randrange(10, 100)
        self.rect = pygame.Rect(self.x, self.y, self.width, self.height)

    def clickedInside(self, mousePoint):
        clicked = self.rect.collidepoint(mousePoint)
        return clicked

    def getArea(self):
        theArea = self.width * self.height
        return theArea
```

일부러 draw() 메서드는 구현하지 않았다. '코드 10.12'에서는 정의된 Rectangle 객체를 생성하도록 메인 프로그램의 코드를 수정했다.

코드 10.12 **무작위로 정사각형, 원, 삼각형, 사각형을 생성하는 메인 프로그램 코드**

File InheritedShapes/Main_ShapesWithRectangle.py

```python
shapesList = []
shapeClassesTuple = ('Square', 'Circle', 'Triangle', 'Rectangle')
for i in range(0, N_SHAPES):
    randomlyChosenClass = random.choice(shapeClassesTuple)
    oShape = randomlyChosenClass(window, WINDOW_WIDTH, WINDOW_HEIGHT)
    shapesList.append(oShape)
```

'코드 10.12'에서 Rectangle 객체를 생성하려는 시도를 하면 다음 오류가 발생한다.

```
TypeError: Can't instantiate abstract class Rectangle with abstract method draw
```

즉 Rectangle 클래스가 draw() 메서드를 구현하지 않아 Rectangle 객체를 생성할 수 없다는 의미다. 추가로 draw() 메서드를 구현하면 더 이상 오류는 발생하지 않는다.

10.8 pygwidgets이 상속을 사용하는 방식

pygwidgets 모듈은 공통 코드를 공유하고자 상속을 사용한다. 7장의 TextButton과 CustomButton라는 버튼 클래스를 상기해보자. TextButton 클래스는 버튼 위에 출력될 라벨에 적을 내용으로 문자열이 필요했지만, CustomButton 클래스는 버튼 위에 출력될 그림이 필요했다. 이 차이 때문에 각 클래스의 객체를 만드는 방식도 달랐다(각자 다른 종류의 매개변수). 일단 두 종류의 객체를 만들면 모두 공통 기반 클래스인 PygWidgetsButton을 상속해 같은 공통 메서드를 가진다.

PygWidgetsButton은 추상화 클래스다. 클라이언트가 해당 클래스로 객체를 생성하면 안 된다. 만약 그런 시도를 하면 오류가 발생한다.

그림 10.7 pygwidgets이 제공하는 TextButton 및 CustomButton 클래스는
모두 PygWidgetsButton 추상화 클래스를 상속한다

대신 PygWidgetsButton을 상속하는 TextButton 및 CustomButton 클래스가 있다. 두 클래스는 각 유형의 버튼을 초기화하는 데 필요한 __init__() 메서드를 제공한다. 유형에 맞는 초기화 작업을 수행한 후 __init__() 메서드는 마지막에 기반 클래스인 PygWidgetsButton의 __init__() 메서드를 호출한다.

TextButton 클래스는 그래픽 요소를 최소화한 텍스트 기반 버튼을 만들 때 사용된다. 프로토타입용 프로그램을 빠르게 만들고 실행하는 데 유용하다.

다음은 TextButton 객체를 생성하는 인터페이스다.

```
def __init__(self, window, loc, text, width=None, height=40,
             textColor=PYGWIDGETS_BLACK,
             upColor=PYGWIDGETS_NORMAL_GRAY,
             overColor=PYGWIDGETS_OVER_GRAY,
             downColor=PYGWIDGETS_DOWN_GRAY,
             fontName=None, fontSize=20, soundOnClick=None,
             enterToActivate=False, callBack=None, nickname=None)
```

여러 매개변수에 적절한 기본값이 부여됐다. 버튼 위에 출력 텍스트를 담을 text 매개변수는 반드시 명시적으로 값이 입력돼야 한다. __init__() 메서드는 버튼을 화면에 출력할 때 사용될 '서피스'를 생성한다.

다음은 TextButton 객체를 만드는 기본 방식이다.

```
oButton = pygwidgets.TextButton(window, (50, 50), 'Text Button')
```

'그림 10.8'은 버튼이 화면에 출력된 모습이다.

그림 10.8 **기본 TextButton 예**

CustomButton은 제공된 그림으로 버튼을 구성할 때 사용하는 클래스다.

다음은 CustomButton 객체를 생성하는 인터페이스다.

```
def __init__(self, window, loc, up, down=None, over=None,
             disabled=None, soundOnClick=None,
             nickname=None, enterToActivate=False):
```

TextButton과의 주요 차이점은 up이라는 매개변수에 값을 입력해야 한다는 것이다(여기서 up은 버튼의 네 가지 상태 up, down, disabled, over 중 하나를 의미). 물론 나머지 상태의 이미지도 선택해서 설정할 수 있다. 다만 나머지 이미지를 별도로 설정하지 않은 경우 모두 up용 이미지를 복사한다.

TextButton 및 CustomButton 클래스의 __init__() 메서드 마지막은 다음과 같이 공통 기반 클래스인 PygWidgetsButton의 __init__() 메서드를 호출한다. 버튼의 상태에 대한 이미지(서피스) 정보와 함께 그 밖에 매개변수가 입력된다.

```
super().__init__(window, loc, surfaceUp, surfaceOver,
                 surfaceDown, surfaceDisabled, buttonRect,
                 soundOnClick, nickname, enterToActivate, callBack)
```

클라이언트는 여러 메서드를 제공하는 완전히 다른 클래스가 존재하는 것처럼 볼 수도 있다(물론 대부분 메서드는 같다). 클래스를 구현하는 개발자가 볼 때 상속은 기반 클래스의 공통 __init__() 메서드를 재정의할 수 있도록 해준다. 클라이언트는 여기에서 유사한 방식으로 다른 버튼을 생성할 수 있다. 재정의한 __init__() 메서드를 제외한 나머지 메서드는 두 클래스가 모두 공통적으로 공유한다. 버튼 작동 방식, 그 밖에 메서드(handleEvent(), draw(), disable(), enable() 등)를 호출하는 방식은 모두 동일하다.

상속에는 여러 가지 이점이 있다. 먼저 클라이언트 코드 및 사용자에게 일관성을 제공한다. TextButton과 CustomButton 객체는 같은 방식으로 작동한다. 둘째, 쉽게 버그를 고칠 수 있다. 기반 클래스에 내재된 버그를 수정하면 이를 상속한 모든 하위 클래스의 버그도 함께 고쳐진다. 마지막으로 기반 클래스에 기능을 추가하면 이를 상속한 모든 하위 클래스도 자동으로 해당 기능이 추가된다.

10.9 계층적 클래스

어떤 클래스라도 기반 클래스로 사용할 수 있다. 이미 어떤 클래스를 상속했던 하위 클래스도 또 다른 클래스를 위한 기반 클래스로 사용할 수 있다. 이를 계층적 클래스class hierarchy라고 한다. '그림 10.9'가 이 관계를 보여준다.

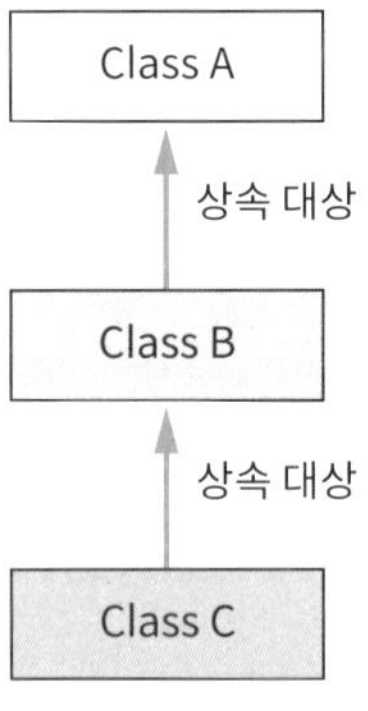

'그림 10.9' 클래스 C는 B를 상속하며 클래스 B는 A를 상속한다. 클래스 C가 볼 때 클래스 B는 기반 클래스다. 클래스 A는 클래스 B 또한 하위 클래스이므로 B는 기반 클래스이자 하위 클래스가 된다. 이 경우 클래스 C는 B의 모든 인스턴스 변수와 메서드뿐만 아니라 A의 모든 인스턴스 변수와 메서드도 상속한다. 이 유형의 계층구조는 더 구체적인 클래스를 계속 설계할 때 유용하다. A는 매우 일반적인 상황, B는 약간 더 구체적인 상황, C는 그보다 더 구체적인 상황에 대한 클래스로 볼 수 있다.

'그림 10.10'은 클래스의 계층 관계를 다른 시각으로 바라봤다.

Class A

↑ 상속 대상

Class B

↑ 상속 대상

Class C

그림 10.9
클래스 계층도

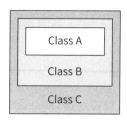

그림 10.10 다른 방식으로 표현된 클래스 계층도

'그림 10.10'은 클라이언트가 오직 클래스 C만 사용할 수 있는 상황을 가정한다. 하지만 클래스 C는 C, B, A에 정의된 모든 인스턴스 변수와 메서드를 포함한다.

pygwidgets 패키지의 모든 위젯은 이 같은 계층 구조로 설계됐다. 그중 최상위 클래스인 PygWidget은 pygwidgets 패키지의 모든 위젯이 공통적으로 필요한 기능을 정의한다. 위젯을 내부적으로 식별하는 이름, 화면에 출력된 위치 정보 설정 및 조회, 활성화 및 비활성화, 나타내기 및 숨기기 같은 행동의 메서드를 가진다.

PygWidget 외에도 TextButton 및 CustomButton 기반 클래스로 역할을 한 PygWidgetsButton 같이 추상화 클래스로 설계된 클래스도 존재한다. '그림 10.11'은 이를 보여준다.

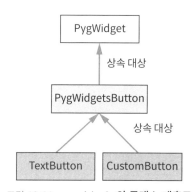

그림 10.11 pygwidgets**의 클래스 계층도**

'그림 10.11'을 보면 알 수 있듯이 PygWidgetsButton은 PygWidget의 하위 클래스지만 TextButton과 CustomButton 클래스가 보면 기반 클래스다.

【10.10】 상속을 활용한 프로그래밍의 어려움

상속은 강력한 기능이다. 그러나 클래스 간 관계를 명확히 정의하는 것은 쉽지 않다. 기반 클래스에 선언해야 할 인스턴스 변수로는 무엇이 있을까? 기반 클래스에 메서드를 두기에 충분할만큼 하위 클래스에서 공통 코드가 발견될까? 하위 클래스들이 공통 메서드를 가진다면 어떤 매개변수를 두는 것이 좋을까? 하위 클래스가 재정의하거나 호출할 기반 클래스 메서드는 어떤 매개변수를 가져야 하며 각 매개변수는 어떤 기본값을 가져야 할까?

계층적 클래스 구조에서 모든 변수와 메서드 사이의 상호작용을 이해하는 것은 매우 어렵고 까다로워서 좌절감을 맛보기도 한다. 다른 프로그래머가 개발한 계층적 클래스 코드를 읽을 때 특히 더 이런 느낌을 받을 수 있다. 다른 프로그래머가 개발한 내용을 이해하려면 계층적 구조의 모든 단계마다 존재하는 기반 클래스 코드에 익숙해져야 한다.

클래스 D가 C를 상속하며 클래스 C는 A를 상속하는 상황을 가정해보자. 인스턴스 변숫값에 따라 분기해 작동하는 코드를 발견했지만 해당 변수는 클래스 D에서 설정되지 않았다. 이 경우 클래스 C에서 해당 인스턴스 변수를 찾아야 한다. 클래스 C에서도 발견할 수 없다면 클래스 A를 살펴본다. 이 같은 분석은 계층을 따라 올라가며 계속해야 한다.

계층적 클래스의 구조를 설계할 때 해당 문제를 피하는 가장 좋은 방법은 계층적으로 한 단계 위에서 상속한 클래스의 인스턴스 변수와 메서드만 사용하는 것이다. 앞 예시를 보며 그 방법을 살펴보자. 클래스 D 코드는 C의 메서드만 호출하고 클래스 C는 A의 메서드만 호출하도록 만든다. 일종의 **데메테르 법칙**Law of Demeter[1]을 따르자는 것이다. 사람을 객체에 비유해보겠다. 여러분(객체)은 바로 옆에 있는 친구(객체)랑만 소통해야 하며 낯선 사람(객체)과 소통하는 것은 피해야 한다. 더 깊게 살펴보지는 않겠다. 더 알고 싶다면 인터넷에서 다양한 참고 자료가 있으니 참고하자.

4장에서 이야기한 또 다른 방식은 객체가 내부적으로 하나 이상의 다른 객체를 만들고 보유하는 것이었다. 상속은 'is a(~이다)' 관계를 모델링하지만 보유는 'has(가지다)' 관계를 모델링한다. 스핀박스 위젯(위아래 화살표로 숫자를 조정할 수 있는 텍스트 필드)이 필요하다면 숫자를 표시하는 `DisplayNumber`와 화살표를 표시하는 두 개의 `CustomButton` 객체를 보유한 `SpinBox`를 만들 수 있다. 각 내부 객체는 사용자와 상호작용을 처리하는 방법을 안다.

---

1 [옮긴이] 모듈은 자신이 조작하는 객체의 속사정을 몰라야 한다는 법칙이다.

지금까지 클래스가 다른 클래스를 상속하는 방법을 살펴봤다. 파이썬은 하나 이상의 클래스를 한 번에 상속하는 메커니즘도 제공한다. 이를 다중 상속(multiple inheritance)이라고 한다. 다음은 이를 위한 파이썬 문법이다.

```
class 어떤_클래스(<기반_클래스1>, <기반_클래스2>, …):
```

상속할 기반 클래스에 동일한 이름의 인스턴스 변수 및 메서드가 존재하는 경우 충돌이 발생할 수 있다는 점을 알아두자. 파이썬은 이런 잠재적인 문제를 해결하는 규칙(메서드 해결 순서, method resolution order, MRO)이 있지만 굉장히 어려운 내용으로 책에서 다루지는 않는다. 자세히 살펴보고 싶다면 https://www.python.org/download/releases/2.3/mro 에서 확인하기를 바란다.

10.11 정리

10장은 '차이에 대한 프로그래밍'을 실현하는 상속을 주제로 했다. 상속의 기본 개념은 어떤 클래스(기반 클래스)의 모든 인스턴스 변수 및 메서드를 다른 클래스(하위 클래스)에 통합해 기존 코드를 재사용할 수 있도록 하는 것이다. 하위 클래스는 기반 클래스의 메서드를 그대로 활용하거나 일부 기능을 추가해 재정의하거나 완전히 자신만의 새로운 메서드를 정의할 수 있다. 하위 클래스 메서드는 기반 클래스에 super()를 호출해 직접 접근할 수도 있다.

특히 10장에서는 pygwidgets 패키지가 제공하는 재사용성이 높으면서 기반 클래스를 상속하는 InputNumber와 DisplayMoney라는 두 개의 하위 클래스를 만들었다. 이를 통해 상속을 구현하는 방법을 배웠다.

하위 클래스를 사용하는 모든 클라이언트는 하위 클래스가 제공하는 것뿐만 아니라 기반 클래스가 제공하는 모든 인터페이스(메서드)를 통합적으로 활용할 수 있다. 하나의 공통 기반 클래스에서 원하는 만큼 수많은 하위 클래스를 파생시킬 수 있다. 추상화 클래스는 클라이언트에서 객체화할 수 없는 대신 하위 클래스가 상속하는 용도로만 활용할 수 있다. 기반 클래스의 추상화 메서드는 각 하위 클래스가 반드시 재정의해야 하는 메서드를 말한다.

TextButton 및 CustomButton이 모두 하나의 공통된 기반 클래스인 PygWidgetsButton을 상속하는 구조를 포함해 pygwidgets 패키지로 하는 상속의 다양한 예를 살펴봤다.

마지막으로 계층적 클래스를 구성하는 방법을 알아봤다. 클래스가 다른 클래스를 상속하고 두 번째 클래스가 또 다른 세 번째 클래스를 상속하는 연쇄적인 상속 관계를 의미한다.

상속을 도입하면 코드가 꽤 복잡해진다. 특히 다른 사람이 작성한 코드를 읽을 때 혼란에 빠질지도 모른다. 그러나 상속은 매우 강력한 기능을 제공하기도 한다. 상속을 남용하지 않고 적절히 사용한다면 꽤 좋은 무기가 될 것이다.

11

객체가 사용하는
메모리 관리

11장은 클래스 변수, 객체 생성부터 삭제까지 앞에서 다루기 애매했던 파이썬 및 객체지향의 몇 가지 중요한 개념을 설명한다. 모든 개념을 묶어 설명하고자 간단한 게임을 만들겠다. 또한, 객체의 메모리 관리 기술인 슬롯slot도 살펴본다. 11장을 통해 내가 작성한 코드가 객체의 메모리 사용에 어떤 영향을 미치는지 잘 이해할 수 있게 될 것이다.

11.1 객체의 생명 주기

2장에서는 객체를 '데이터 및 지속적으로 해당 데이터에 작용하는 코드'라고 정의했다. 지금까지 데이터(인스턴스 변수)와 해당 데이터에 작용하는 코드(메서드)를 다뤘다. 시간적 측면에서 모델을 바라본 설명은 많지 않았는데 이에 대해 다루겠다.

객체는 언제든지 만들 수 있다. 프로그램은 종종 시작될 때 하나 이상의 객체를 생성한 후 프로그램이 구동하는 동안 그 객체를 사용한다. 하지만 대부분 필요할 때마다 객체를 생성하고 역할이 끝나면 객체가 사용한 자원(메모리, 파일, 네트워크 연결 등)을 해제한다. 몇 가지 예를 보자.

- 사용자가 인터넷에서 구매하는 동안 사용되는 '트랜잭션' 객체는 구매가 완료될 때 삭제된다.
- 인터넷 통신을 다루는 객체는 통신이 종료될 때 삭제된다.
- 게임에는 잠깐 존재하는 객체가 많다. 프로그램은 악당, 외계인, 우주선 같은 객체의 복사본을 여러 개 만들 수 있다. 플레이어가 각 객체를 물리치면 프로그램은 해당 객체를 삭제한다.

객체가 만들어지고 삭제되는 기간을 **객체의 생명 주기**object's lifetime이라고 한다. 객체의 생명 주기를 이해하는 첫 번째 단계는 파이썬(그리고 일부 다른 객체지향 언어)이 객체를 구현한 방식에 관련된 기본 개념인 참조 카운트를 아는 것이다.

11.1.1 참조 카운트

파이썬은 다양한 방식으로 구현된다. 지금부터 다룰 참조 카운터는 파이썬 소프트웨어 재단Python Software Foundation이 공개한 **C파이썬**Cpython으로 알려진 공식 버전[1]에 해당한다. 다른 파이썬 구현체는 다른 접근 방식을 사용할 수도 있다는 사실을 알아두기를 바란다.

파이썬 철학 중에는 프로그래머는 메모리가 관리되는 세부 사항을 걱정하지 않아도 된다는 것이 있다. 파이썬이 알아서 메모리를 관리해준다는 의미다. 다만 기본적인 수준이라도 파이썬의 메모리 관리 방식을 이해하면 객체 생성 및 해제 시기, 그 방법을 이해하는 데 큰 도움이 된다.

프로그램이 특정 클래스의 객체를 생성할 때마다 파이썬은 클래스에 정의된 인스턴스 변수를 저장하는 메모리를 할당한다. 각 객체는 내부적으로 자신(객체)을 참조하는 변수의 개수를 추적하고자 **참조 카운트**reference count라는 추가 인스턴스 변수를 둔다. '코드 11.1'은 참조 카운트의 작동 방식을 보여준다.

코드 11.1 **참조 카운트를 확인하는 간단한 Square 클래스**   (File) ReferenceCount.py

```
# 참조 카운트 예

class Square():  ❶
    def __init__(self, width, color):
        self.width = width
        self.color = color
```

---

1   https://www.python.org에서 다운로드할 수 있다.

```
# 객체 생성
oSquare1 = Square(5, 'red') ❷
print(oSquare1)
# Square 객체의 참조 카운트는 1이다.

# 동일한 객체를 또 다른 변수에 할당한다.
oSquare2 = oSquare1 ❸
print(oSquare2)
# Square 객체의 참조 카운트는 2이다.
```

파이썬 튜터Python Tutor[2]를 사용하면 각 코드의 단계별 실행 결과를 확인할 수 있다. 먼저 몇 가지 인스턴스 변수를 가진 매우 간단한 Square 클래스를 정의한다❶. 그다음 해당 클래스로 객체를 만들고 이를 oSquare1 변수에 할당한다❷. '그림 11.1'은 객체를 처음 생성한 직후의 모습은 '그림 11.1'에서 확인 가능하다. oSquare1 변수가 Square 클래스로 만든 객체를 참조한다.

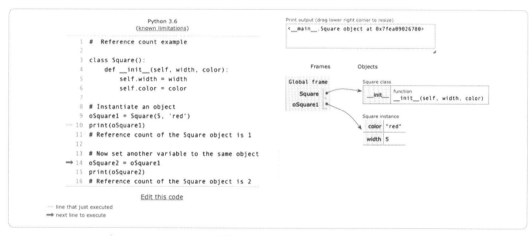

그림 11.1 **객체를 참조하는 단일 변수**(oSquare1)

이제 같은 객체를 또 다른 변수에 할당해 해당 객체를 참조한다❸. 각 변수의 값을 출력한다. oSquare2 = oSquare1 코드가 객체를 복사하지 않는다는 사실에 유의하자. '그림 11.2'는 두 줄의 코드를 실행한 직후 모습이다.

---

2   http://pythontutor.com

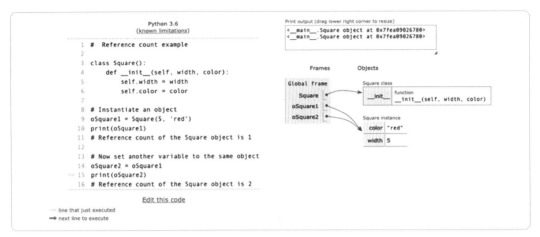

그림 11.2 **같은 객체를 참조하는 두 변수**

oSquare1과 oSquare2 변수는 모두 같은 Square 객체를 참조한다. print() 함수로 우측 상단의 네모 박스에 출력된 내용으로 두 변수가 동일한 메모리 주소를 가리킨다는 사실을 알 수 있다. 해당 객체의 참조 카운트는 2이다. 만약 다음처럼 또 다른 변수에도 해당 객체를 할당(참조)한다면 참조 카운트가 3이 되는 식으로 계속 증가한다.

```
oSquare3 = oSquare2 # 또는 oSquare1
```

객체의 참조 카운트를 이해하는 것이 중요하다. 참조 카운트가 0이 될 때 파이썬이 해당 객체에 할당한 메모리가 더 이상 사용되지 않는다고 표시한다. **가비지**garbage**(쓰레기)로 표시한다**고 한다. 파이썬은 이렇게 표시된 쓰레기의 메모리 블록을 환원하는 가비지 컬렉터garbage collector[3]가 있다. 가비지 컬렉터는 11장 후반에 다룬다.

파이썬 표준 라이브러리Python Standard Library가 제공하는 getrefcount() 함수는 특정 객체를 참조하는 변수의 개수를 반환한다. 다음은 Square 클래스로 객체를 생성한 후 하나의 변수에 할당했을 때 getrefcount() 함수로 참조 카운트를 출력하는 코드다.

```
oSquare1 = Square(5, 'red')
print('참조 카운트: ', sys.getrefcount(oSquare1))
```

---

3 옮긴이 쓰레기 수집기처럼 직관적으로 말해도 되지만 가비지 컬렉터는 고유명사처럼 사용되는 업계 용어다.

출력 결과가 1이라고 예상했을텐데 2를 출력한다는 사실에 놀랐을 것이다. 함수의 공식 문서는 '예상한 것보다 1이 큰 값을 반환합니다. 그 이유는 getrefcount() 함수에 조사 대상이 될 객체가 입력될 때 이것도 참조 카운트에 포함시키기 때문입니다'라고 설명한다.

▌1 참조 카운트 증가시키기

객체의 참조 카운트를 증가시키는 방법은 다음과 같다.

1. 동일 객체를 가리키는 추가 변수가 할당되면 참조 카운트는 증가한다.

    ```
    oSquare2 = oSquare1
    ```

2. 객체가 함수의 매개변수로 전달될 때 매개변수는 해당 객체를 참조하는 (함수에서만 존재하는) 지역적 변수의 역할을 해 참조 카운트는 증가한다.

    ```
    def 함수_또는_메서드(oLocalSquareParam):
        # oLocalSquareParam은 매개변수가 참조하는 곳을 참조한다.
        <함수_또는_메서드의 본체 부분>

    함수_또는_메서드(oSquare1) # 객체를 입력해 함수를 호출한다.
    ```

3. 참조 카운트는 객체가 리스트, 딕셔너리처럼 객체를 포괄하는 객체에 소속될 때 증가한다.

    ```
    myList = [oSquare1, someValue, someOtherValue]
    ```

    만약 oSquare1이 이미 특정 객체를 참조해도 위 코드를 실행하면 리스트는 동일한 Square 객체를 참조하는 변수를 추가적으로 둔다.

▌2 참조 카운트 감소시키기

객체의 참조 카운트를 감소시킬 수도 있다. 먼저 객체를 만들어 참조 카운트를 증가시키자.

```
oSquare1 = Square(20, BLACK)
oSquare2 = oSquare1
myList = [oSquare1]
함수_또는_메서드(oSquare1) # 객체를 입력해 함수를 호출한다.
```

함수_또는_메서드()가 호출되면 입력된 객체는 지역적 매개변수에 복사돼 함수 내에서 사용할 수 있다. 코드를 실행했을 때 참조 카운트의 최종 값은 4이다. 방금 설명한 경우를 제외해도 두 개의 변수와 리스트로 동일한 객체를 참조하기 때문이다. 이렇게 증가된 참조 카운트는 다음과 같은 방법으로 감소될 수 있다.

1. 객체를 참조하는 변숫값이 재할당되면 참조 카운트는 감소한다.

   ```
   oSquare2 = 5
   ```

2. 객체를 참조하는 지역적 변수가 스코프scope를 벗어날 때 참조 카운트는 감소한다. 함수 또는 메서드 내에서 변수가 생성되면 해당 변수의 스코프는 해당 함수 또는 메서드로 한정된다. 함수나 메서드 호출이 종료되면 해당 변수는 사라진다. 앞서 참조 카운트를 4로 증가시켰던 코드를 예로 들자면 함수_또는_메서드() 함수의 호출이 종료될 때 Square 객체를 참조하던 함수 내 지역적 변수는 제거된다.

3. 객체가 리스트, 튜플, 딕셔너리 등 객체를 포괄하는 객체에서 제거될 때 참조 카운트는 감소한다.

   ```
   myList.pop()
   ```

   리스트의 remove() 메서드를 호출해도 참조 카운트는 감소한다.

4. 객체를 참조하는 변수를 del 문을 사용해 명시적으로 삭제하는 경우 참조 카운트는 감소한다. 객체를 참조하는 변수 자체를 제거하므로 참조 카운트도 감소한다.

   ```
   del oSquare3 # 변수 삭제
   ```

5. 객체를 포괄하는 객체(리스트 등)의 참조 카운트가 0이 될 때 해당 객체에 포함된 객체의 참조 카운트는 감소한다.

   ```
   del myList # myList에는 다른 객체를 참조하는 변수가 있다.
   ```

객체를 참조하는 변수가 있을 때 해당 변수는 유지하되 참조 카운트만 감소시키고 싶다면 다음처럼 코드를 작성할 수 있다.

```
oSquare1 = None
```

변수 이름은 보존되지만 해당 변수가 참조하던 객체의 참조 카운트는 감소한다.

❸ 사망 통지

특정 객체의 참조 카운트가 0이 될 때 파이썬은 해당 객체를 안전하게 삭제할 수 있다고 판단한다. 객체를 삭제하기 전 파이썬은 해당 객체가 가진 `__del__()`이라는 매직 메서드를 호출해 끝이 임박했다는 것을 알린다.

매직 메서드인 `__del__()`도 재정의될 수 있다. 객체가 완전히 삭제되기 직전에 해야 할 작업이 있다면 `__del__()` 매직 메서드를 재정의해 구현하는 것이 좋다. 파일을 닫거나 네트워크 연결을 차단하는 등이다.

객체가 삭제될 때 파이썬은 해당 객체의 인스턴스 변수 중 다른 객체를 참조하는 것이 있는지 확인한다. 만약 그런 인스턴스 변수가 있다면 참조 대상 객체의 참조 카운트 또한 감소한다. 그 결과, 인스턴스 변수가 참조하는 객체의 참조 카운트가 0이 된다면 해당 객체 또한 삭제된다. 체이닝chaining 또는 **연속적인**cascading 삭제 과정은 더 이상 삭제할 대상이 없을 때까지 계속된다. '코드 11.2'는 이와 관련된 예를 보여준다.

코드 11.2 `__del__()` 메서드의 작동 방식을 보여주는 클래스 　　　(File) DeleteExample_Teacher_Student.py

```python
# Student 클래스

class Student():
    def __init__(self, name):
        self.name = name
        print('Student 객체(', self.name, ')를 생성합니다.')

    def __del__(self):      ❶
        print('Student(', self.name, ') 의 __del__ 메서드가 호출됐습니다.')

# Teacher 클래스
class Teacher():
    def __init__(self):
        print('Teacher 객체를 생성합니다.')
        self.oStudent1 = Student('Joe')      ❷
        self.oStudent2 = Student('Sue')
        self.oStudent3 = Student('Chris')

    def __del__(self):      ❸
        print('Teacher의 __del__ 메서드가 호출됐습니다.')

# Teacher 객체 생성(내부적으로 Student 객체도 생성)
oTeacher = Teacher()      ❹

# Teacher 객체 삭제
del oTeacher      ❺
```

Student와 Teacher 클래스가 있다. Teacher 객체를 생성하면❹ Teacher 객체의 __init__() 메서드는 내부에서 세 개의 Student 객체를 생성한다(Joe, Sue, Chris)❷. 프로그램을 시작하면 Teacher 객체는 각 Student 객체를 참조하는 세 개의 인스턴스 변수를 가진다. 다음의 결과가 출력된다.

```
Teacher 객체를 생성합니다.
Student 객체(Joe)를 생성합니다.
Student 객체(Sue)를 생성합니다.
Student 객체(Chris)를 생성합니다.
```

그다음 del 문으로 Teacher 객체를 삭제한다❺. Teacher 클래스는 __del__() 메서드를 **재정의**했으므로❸ __del__() 메서드는 추가로 메시지를 출력한다.

Teacher 객체가 삭제될 때 파이썬은 해당 객체에 또 다른 객체(Student 객체들)가 포함된 사실을 파악한다. 파이썬은 해당 객체의 참조 카운트를 1에서 0으로 줄인다. Student 객체에서도 재정의된 __del__() 메서드가 호출된다. 결국 세 개의 모든 Student 객체가 사용하던 메모리는 쓰레기로 마킹된다.

다음은 프로그램 마지막 부분이 실행된 출력 결과다.

```
Teacher의 __del__ 메서드가 호출됐습니다.
Student(Joe)의 __del__ 메서드가 호출됐습니다.
Student(Sue)의 __del__ 메서드가 호출됐습니다.
Student(Chris)의 __del__ 메서드가 호출됐습니다.
```

파이썬은 모든 객체의 참조 카운트를 추적한다. 프로그래머가 직접 메모리 관리에 신경 쓸 필요는 없다. 직접 del 문으로 객체를 삭제할 상황이 드물다. 대용량 데이터를 여러 객체에 나눠 담는 경우 더 이상 활용되지 않는 데이터를 가진 객체는 del 문으로 삭제하는 것이 바람직하다. 데이터베이스에 저장된 수많은 기록, 이미지 등을 담은 객체를 다 사용하면 삭제하는 것이 좋다. 한 가지 알아야 할 것이 있다. 프로그램이 종료된다고 파이썬이 __del__() 메서드를 반드시 호출한다는 보장은 없다. __del__() 메서드를 재정의하더라도 매우 중요한 코드를 __del__() 메서드에 포함하는 것은 피하는 것이 좋다.

객체가 삭제되면 참조 카운트가 0이 되거나 del 문을 명시적으로 사용해 프로그래머가 객체에 더이상 접근할 수 없다고 해야 한다.

하지만 가비지 컬렉션garbage collection(쓰레기 수거)을 구현한 다양한 사례가 있다. 실제 작동 방식은 사용하는 파이썬에 따라 다를 수 있다. 가비지 컬렉션이 실행되는 시점을 결정하는 알고리즘을 깊이 이해하는 것은 프로그래머에게 별로 중요하지 않을 수 있다. 프로그램이 객체를 생성할 때, 파이썬이 메모리를 할당할 때, 특정 스케줄링된 시간 또는 무작위로 실행될지도 모른다. 파이썬 버전이 변경되면서 알고리즘 작동 방식에도 변경이 있을 수 있다. 프로그래머는 파이썬이 가비지 컬렉션을 잘 다룬다고 믿고 구체적인 내용은 걱정하지 말자.

11.2 **클래스 변수**

지금까지 클래스 내 인스턴스 변수를 정의하고 각 객체가 자신만의 인스턴스 변수를 가지는 방식을 폭넓게 다뤘다. 또한, 인스턴스 변수는 self.라는 특별한 접두사를 붙여 식별한다는 것도 배웠다. 클래스 수준에서 클래스 단위로 사용되는 변수를 만들 수도 있다.

정의 **클래스 변수** 클래스가 소유하는 변수. 객체 수와 상관없이 클래스 변수는 오직 하나만 존재한다.

클래스 변수class variable는 할당 문(=)으로 생성할 수 있다. 일반적으로 class 문과 처음으로 등장하는 def 문 사이에서 정의하는 것이 관례다.

```
class MyDemoClass():
    클래스_변수 = 0 # 클래스 변수 생성 뒤에 0을 할당한다.
    def __init__(self, <기타_매개변수>):
        # 그 밖의 코드
```

클래스 변수는 클래스가 소유한다. 클래스의 메서드가 이를 참조하려면 MyDemoClass.클래스_변수처럼 접근해야 한다. 특정 클래스로 만든 모든 객체는 해당 클래스의 모든 클래스 변수에 같은 방식으로 접근할 수도 있다.

일반적으로 클래스 변수는 상수를 정의하거나 숫자를 세는(카운트) 목적으로 사용한다.

상수로 사용될 클래스 변수를 만드는 방법은 다음과 같다.

```
class MyClass():
    DEGREES_IN_CIRCLE = 360 # 클래스 변수 상수의 생성
```

클래스에 정의된 메서드는 MyClass.DEGREES_IN_CIRCLE처럼 상수용 클래스 변수에 접근할 수 있다.

사실 파이썬에는 상수라는 개념이 없다. 다만 이름이 모두 대문자(밑줄로 단어 구분)로 구성된 변수를 상수로 취급하자는 일종의 관례가 있을 뿐이다. 이런 식으로 명명된 변숫값은 결코 변경하면 안 된다.

리소스를 저장할 때도 상수용 클래스 변수를 사용한다. SpaceShip(우주선) 클래스로 여러 우주선 객체를 찍어내는 게임을 제작한다고 상상해보자. 이때 우주선을 표현할 그림 파일은 모두 images 폴더에 저장한다. 클래스 변수를 고려하지 않으면 SpaceShip 클래스의 __init__() 메서드는 다음처럼 이미지 객체를 생성해야 한다.

```
class SpaceShip():
    def __init__(self, window, …):
        self.image = pygwidgets.Image(window, (0, 0),
                                    'images/ship.png')
```

이렇게 하면 작동은 하지만 다만 SpaceShip 객체를 만들 때마다 이미지를 불러와야 할 뿐만 아니라 같은 이미지를 모든 객체마다 따로 저장하기 때문에 메모리 공간이 낭비된다. 대신 클래스 차원에서 이미지를 한 번만 불러온다. 각 SpaceShip 객체가 모두 같은 이미지를 사용하는 편이 좋다.

```
class SpaceShip():
    SPACE_SHIP_IMAGE = pygame.image.load('images/ship.png')
    def __init__(self, window, …):
        self.image = pygwidgets.Image(window, (0, 0),
                                    SpaceShip.SPACE_SHIP_IMAGE)
```

pygwidgets 패키지의 Image 객체는 이미지 경로(예시에서 사용된 방식) 또는 이미 불러온 이미지로 생성될 수 있다. 단 한 번만 이미지를 불러오도록 하면 프로그램의 시작 속도도 빨라지며 메모리 사용량도 줄일 수 있다.

숫자를 세기 위한 클래스 변수

클래스 변수는 클래스로 만든 객체를 추적할 때도 사용된다. '코드 11.3'을 보자.

코드 11.3 **객체 수를 세는 목적으로 사용된 클래스 변수의 예**   Ⓕⁱˡᵉ ClassVariable.py

```python
# Sample 클래스

class Sample():
    nObjects = 0 # Sample 클래스의 클래스 변수 ❶
    def __init__(self, name):
        self.name = name
        Sample.nObjects = Sample.nObjects + 1 ❷

    def howManyObjects(self):
        print('현재 존재하는 Sample 객체 수는 ', Sample.nObjects, '입니다.') ❸

    def __del__(self):
        Sample.nObjects = Sample.nObjects - 1 ❹

# 객체 네 개를 생성한다.
oSample1 = Sample('A')
oSample2 = Sample('B')
oSample3 = Sample('C')
oSample4 = Sample('D')

# 그중 하나를 삭제한다.
del oSample3

# 남은 객체 수를 출력한다.
print('Number of objects:', Sample.nObjects)
```

Sample 클래스는 nObjects라는 클래스 변수를 가진다❶. 해당 변숫값을 0으로 초기화했다. 해당 변수는 Sample 클래스로 만든 객체 수를 추적하는 데 사용했으며 Sample.nObjects 방식으로 모든 메서드가 접근할 수 있다. 객체가 생성될 때마다 nObjects 값이 1씩 증가하며❷ 객체를 삭제할 때마다 nObjects 값은 1씩 감소한다❸. howManyObjects() 메서드는 현재 nObjects 값을 출력한다❹.

'코드 11.3'은 네 개의 Sample 객체를 생성한 후 그중 하나를 삭제한다. 프로그램 실행 결과는 다음과 같다.

> 현재 존재하는 Sample 객체 수는 3입니다.

11.3 풍선 프로그램으로 여러 개념 종합하기

지금까지 다룬 여러 개념을 모두 포함한 간단한 게임을 만들어보자. 세 가지 크기의 풍선을 화면에 그린 후 각 풍선을 화면 위로 이동시킨다. 풍선이 윈도우 윗쪽 경계선을 넘어가기 전 가능한 많이 터뜨리는 것이 게임 목표다. 작은 풍선은 30점, 중간 크기 풍선은 20점, 큰 풍선은 10점을 부여한다.

풍선의 이동 속도에 따른 레벨을 추가해 게임을 확장할 수도 있다. 당장은 단 하나의 레벨만 만들도록 한다. 풍선 크기와 처음에 등장할 위치는 무작위로 선택된다. 게임이 종료되면 [Start(시작)] 버튼이 활성화돼 게임을 재시작할 수 있도록 한다. '그림 11.3'은 실제 게임이 구동된 화면이다.

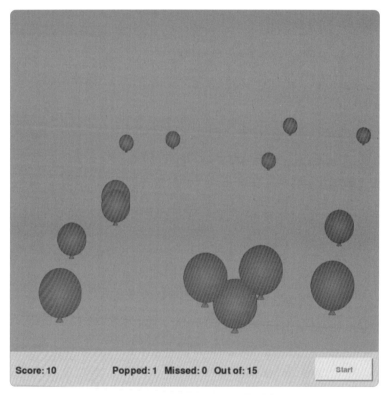

그림 11.3 풍선 게임의 스크린샷

'그림 11.4'는 풍선 게임 프로젝트의 폴더 구조다.

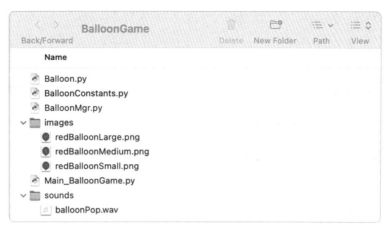

그림 11.4 **풍선 게임 프로젝트의 폴더 구조**

풍선 게임은 네 개의 파이썬 소스 파일로 구현됐다.

- Main_BalloonGame.py: 메인 루프를 실행하는 메인 코드(클라이언트)
- BalloonMgr.py: Balloon(풍선) 객체를 관리하는 BalloonMgr 클래스 정의
- Balloon.py: Balloon 클래스와 이를 상속한 BalloonSmall, BalloonMedium, BalloonLarge 하위 클래스 정의
- BalloonConstants.py: 하나 이상의 파일에서 사용되는 상수 정의

'그림 11.5'는 게임 구현에 대한 객체 다이어그램이다.

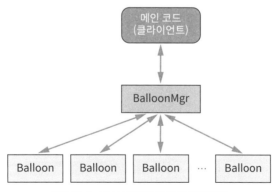

그림 11.5 **풍선 게임의 객체 다이어그램**

Main_BalloonGame.py 파일의 클라이언트는 BalloonMgr 클래스로 단일 풍선 관리자 객체를 생성한다. 풍선 관리자는 BalloonSmall, BalloonMedium, BalloonLarge 클래스 중 하나를 무작위로

선택해 풍선 객체를 생성한다. 생성된 풍선 객체들은 객체 목록을 관리하는 리스트 인스턴스 변수에 저장된다. 각 풍선 객체는 자신만의 속도, 방향, 윈도우 하단에서 떨어진 거리의 값을 가진다.

이 구조에서 클라이언트는 전반적인 UI를 표현하고 풍선 객체를 관리하는 oBalloonMgr 객체와만 상호작용한다. oBalloonMgr 객체가 모든 Balloon 객체와 소통하는 중간자 역할을 한다. 클라이언트가 직접 Balloon 객체의 존재를 알 필요는 없다. Balloon 객체는 오로지 객체 관리자가 관리한다. 프로그램 구성 부분을 하나씩 살펴보자.

11.3.1 상수 모듈

풍선 프로젝트 구조는 여러 개의 파이썬 파일로 작업한다. 이때 각 파이썬 파일이 모듈이다. 만약 동일한 상숫값이 필요한 여러 개의 파이썬 모듈이 있다면 상수 모듈을 만들고 이를 다른 모듈이 불러와 사용하는 것이 좋다. '코드 11.4'는 BalloonConstants.py에 정의된 일부 상수를 보여준다.

코드 11.4 다른 모듈에서 불러와 사용하는 상수 모듈   (File) BalloonGame/BalloonConstants.py

```
# 하나 이상의 파이썬 모듈에서 사용되는 상수

N_BALLOONS = 15 # 게임 한판당 등장할 풍선 개수
BALLOON_MISSED = 'Missed' # 윈도우 윗쪽 경계선을 벗어났을 때
BALLOON_MOVING = 'Balloon Moving' # 풍선이 움직일 때
```

하나 이상의 모듈이 공유하는 상숫값을 정의한 파이썬 파일에 불과하다. 클라이언트는 게임 한판당 화면에 출력할 풍선 개수를 알아야 한다. 풍선 관리자도 실제 Balloon 객체를 만들어야 해 개수를 인지해야 한다. 이 방식을 사용하면 풍선 개수를 매우 쉽게 바꿀 수 있다. 만약 게임에 레벨을 추가하고 싶다면 레벨당 출현할 풍선 개수를 표현하는 리스트나 딕셔너리를 정의한다.

나머지 두 상수는 풍선이 윈도우 윗쪽 경계선을 넘어갔는지 아닌지 상태를 표시한다. 각 Balloon 객체에서 사용된다. 잠시 후 게임 플레이를 살펴볼 때 풍선 관리자(oBalloonMgr)가 풍선 상태를 Balloon 객체에 물어보고 각 객체는 두 상숫값 중 하나를 반환한다는 사실을 알아본다. 공유할 수 있는 상수를 모듈로 만들고 이것이 필요한 모듈이 상수 모듈을 불러오는 것은 매우 간단하고 효과적이다. 프로그램은 여러 조각(파일)으로 이루어졌지만 각 조각이 일관된 값을 사용할 수 있도록 해준다. 이는 '똑같은 일을 여러 번 반복하지 말라don't repeat yourself, DRY' 원칙이 적용된 좋은 예다.

11.3.2 **메인 프로그램 코드(클라이언트)**

'코드 11.5'는 풍선 게임을 구동하는 클라이언트가 구현된 방식이다. 책 전반에 걸쳐 사용된 12단계
템플릿에 기반한다. 플레이어의 현재 점수, 게임 상태, 윈도우 하단의 [Start] 버튼을 화면에 나타
내고 [Start] 버튼이 클릭되면 게임을 실행한다.

코드 11.5 **풍선 게임의 클라이언트 코드**   ⓕⁱˡᵉ BalloonGame/Main_BalloonGame.py

```python
# 풍선 게임의 메인 코드

# 1: 패키지 불러오기
from pygame.locals import *
import pygwidgets
import sys
import pygame
from BalloonMgr import *

# 2: 상수 정의하기
BLACK = (0, 0, 0)
GRAY = (200, 200, 200)
BACKGROUND_COLOR = (0, 180, 180)
WINDOW_WIDTH = 640
WINDOW_HEIGHT = 640
PANEL_HEIGHT = 60
USABLE_WINDOW_HEIGHT = WINDOW_HEIGHT - PANEL_HEIGHT
FRAMES_PER_SECOND = 30

# 3: 파이게임 환경 초기화하기
pygame.init()
window = pygame.display.set_mode((WINDOW_WIDTH, WINDOW_HEIGHT))
clock = pygame.time.Clock()

# 4: 이미지, 소리 등 애셋 불러오기
oScoreDisplay = pygwidgets.DisplayText(window, (10, USABLE_WINDOW_HEIGHT + 25),
                            'Score: 0', textColor=BLACK,
                            backgroundColor=None, width=140, fontSize=24)
oStatusDisplay = pygwidgets.DisplayText(window, (180, USABLE_WINDOW_HEIGHT + 25),
                            '', textColor=BLACK, backgroundColor=None,
                            width=300, fontSize=24)
oStartButton = pygwidgets.TextButton(window,
                            (WINDOW_WIDTH - 110, USABLE_WINDOW_HEIGHT + 10),
                            'Start')

# 5: 변수 초기화하기
oBalloonMgr = BalloonMgr(window, WINDOW_WIDTH, USABLE_WINDOW_HEIGHT)
playing = False # [Start] 버튼을 클릭할 때까지 기다린다. ❶

# 6: 무한 루프 수행하기
```

```
while True:
    # 7: 이벤트 발생 검사 및 처리하기
    nPointsEarned = 0
    for event in pygame.event.get()
        if event.type == pygame.QUIT:
            pygame.quit()
            sys.exit()

        if playing: ❷
            oBalloonMgr.handleEvent(event)
            theScore = oBalloonMgr.getScore()
            oScoreDisplay.setValue('Score: ' + str(theScore))
        elif oStartButton.handleEvent(event): ❸
            oBalloonMgr.start()
            oScoreDisplay.setValue('Score: 0')
            playing = True
            oStartButton.disable()

    # 8: '프레임당' 처리해야 할 일 정의하기
    if playing: ❹
        oBalloonMgr.update()
        nPopped = oBalloonMgr.getCountPopped()
        nMissed = oBalloonMgr.getCountMissed()
        oStatusDisplay.setValue('Popped: ' + str(nPopped) +
                                ' Missed: ' + str(nMissed) +
                                ' Out of: ' + str(N_BALLOONS))

        if (nPopped + nMissed) == N_BALLOONS: ❺
            playing = False
            oStartButton.enable()

    # 9: 윈도우 내 내용물 지우기
    window.fill(BACKGROUND_COLOR)

    # 10: 윈도우 내 모든 내용물(요소) 그리기
    if playing: ❻
        oBalloonMgr.draw()

    pygame.draw.rect(window, GRAY, pygame.Rect(0,
                    USABLE_WINDOW_HEIGHT, WINDOW_WIDTH, PANEL_HEIGHT))
    oScoreDisplay.draw()
    oStatusDisplay.draw()
    oStartButton.draw()

    # 11: 윈도우 갱신하기
    pygame.display.update()

    # 12: 윈도우 갱신 주기 늦추기
    clock.tick(FRAMES_PER_SECOND) # 파이게임이 대기하도록 한다.
```

게임의 시작 여부는 playing이라는 불리언 변수가 결정한다. 기본값은 False이며 플레이어가 [Start] 버튼을 누르면 True로 바꾼 후 게임을 시작한다❶.

playing 변숫값이 True가 되면 풍선 관리자 객체인 oBaloonMgr의 handleEvent() 메서드❷가 호출돼 모든 이벤트를 처리한다. 풍선 관리자 객체의 getScore() 메서드는 현재 점수를 반환한다. 이 정보는 점수를 표시하는 필드의 텍스트를 갱신할 때 사용한다.

게임이 종료되면 프로그램은 플레이어가 [Start] 버튼을 다시 누를 때까지 기다린다❸. 버튼을 클릭하면 풍선 관리자 객체에 게임 시작을 요청한다. 그 결과 UI 내용은 갱신된다.

게임이 진행 중이라면 클라이언트는 프레임마다 풍선 관리자 객체의 update() 메서드를 호출한다❹. update() 메서드는 결국 모든 Balloon 객체의 update() 메서드를 호출한다. 그다음 풍선 관리자 객체로 터뜨린 풍선과 잔여 풍선의 개수를 파악한다. 이 정보는 UI를 갱신하는 데 사용한다.

사용자가 모든 풍선을 터뜨리거나 마지막 풍선까지 모두 윈도우 상단의 경계선을 벗어나면 playing 변숫값을 False로 설정하고 [Start] 버튼을 다시 활성화한다❺.

화면에 그리는 코드는 매우 간단하다. 풍선 관리자 객체에 그릴 것을 요청한다. 차례대로 모든 Balloon 객체에 스스로 화면에 그려질 것을 요청하는 메서드를 호출한다❻. 윈도우 하단의 상태 표시줄과 [Start] 버튼을 그리는 코드는 풍선을 그리는 코드 다음에 처리된다.

11.3.3 풍선 관리자

풍선 관리자는 모든 풍선을 추적한다. 즉 Balloon 객체를 생성하고 각 객체가 화면에 그려질 것을 요청한다. 각 객체 위치를 움직이라고 요청하며, 터뜨렸거나 놓친 풍선 개수를 추적한다. '코드 11.6' 은 BalloonMgr 클래스 코드다.

코드 11.6 BalloonMgr 클래스　　　　　　　　　　　　　File　BalloonGame/BalloonMgr.py

```
# BalloonMgr 클래스

import pygame
import random
from pygame.locals import *
import pygwidgets
from BalloonConstants import *
from Balloon import *
```

```
# BalloonMgr 클래스는 Balloon 객체 목록을 관리한다.
class BalloonMgr():
    def __init__(self, window, maxWidth, maxHeight): ❶
        self.window = window
        self.maxWidth = maxWidth
        self.maxHeight = maxHeight

    def start(self): ❷
        self.balloonList = []
        self.nPopped = 0
        self.nMissed = 0
        self.score = 0

        for balloonNum in range(0, N_BALLOONS): ❸
            randomBalloonClass = random.choice((BalloonSmall,
                                                BalloonMedium,
                                                BalloonLarge))
            oBalloon = randomBalloonClass(self.window, self.maxWidth,
                                          self.maxHeight, balloonNum)
            self.balloonList.append(oBalloon)

    def handleEvent(self, event):
        if event.type == MOUSEBUTTONDOWN: ❹
            # 리스트의 가장 마지막 Ballon 객체부터 확인하고자 순서를 뒤집는다.
            for oBalloon in reversed(self.balloonList):
                wasHit, nPoints = oBalloon.clickedInside(event.pos)
                if wasHit:
                    if nPoints > 0: # 해당 풍선을 제거한다.
                        self.balloonList.remove(oBalloon)
                        self.nPopped = self.nPopped + 1
                        self.score = self.score + nPoints
                    return # 그 밖에 검사할 내용은 없다.

    def update(self): ❺
        for oBalloon in self.balloonList:
            status = oBalloon.update()
            if status == BALLOON_MISSED:
                # 풍선이 윈도우 상단 경계선을 넘어갔으므로 제거한다.
                self.balloonList.remove(oBalloon)
                self.nMissed = self.nMissed + 1

    def getScore(self): ❻
        return self.score

    def getCountPopped(self): ❼
        return self.nPopped

    def getCountMissed(self): ❽
```

```
        return self.nMissed

    def draw(self): ❾
        for oBalloon in self.balloonList:
            oBalloon.draw()
```

BalloonMgr 객체를 생성하려면 윈도우의 너비와 높이 정보가 필요하다❶. 두 정보가 제공되면 인스턴스 변수에 저장된다.

start() 메서드❷ 내 내포된 개념을 이해하는 것이 중요하다. start() 메서드는 게임 한판을 플레이하는 데 필요한 모든 인스턴스 변수를 초기화하는 것이 목적이다. 사용자가 새로 게임을 시작할 때마다 호출된다. 풍선 게임에 한정해 더 구체적으로 설명해보겠다. start() 메서드는 터뜨린 풍선과 놓친 풍선의 개수를 추적하는 변숫값을 0으로 재설정한다. 모든 Balloon 객체를 반복적으로 생성(세 개의 다른 클래스로 서로 다른 크기의 풍선을 무작위로 선택)하며 리스트에 담는다❸. Balloon 객체가 생성될 때마다 __init__() 메서드에는 윈도우 너비와 높이 정보가 전달된다.

클라이언트는 메인 루프로 BalloonMgr 객체의 handleEvent() 메서드를 호출한다. 이때 사용자가 클릭한(터뜨린) 풍선 유무를 검사한다❹. 이 과정은 MOUSEDOWNEVENT가 감지될 때마다 수행한다. 모든 Balloon 객체에 반복적으로 접근해 마우스 클릭이 각자의 영역 내에서 발생했는지 clickedInside() 메서드로 묻는다. 각 Balloon 객체는 해당 여부를 표현하는 불리언 값을 반환한다. 만약 True 값이면 플레이어는 해당 풍선에 해당하는 점수를 취득한다. 그다음 BalloonMgr 객체는 remove() 메서드로 해당 Balloon 객체를 리스트에서 삭제하며 터뜨린 풍선 개수를 증가시키고 현재 점수를 갱신한다.

또한, 메인 루프로 BalloonMgr 객체의 update() 메서드❺도 호출된다. 해당 메서드 BalloonMgr 객체가 관리하는 모든 Balloon 객체의 update() 메서드를 호출해 각 풍선이 스스로 상태를 갱신하도록 요청한다. 각 풍선은 설정된 속도만큼 화면 위로 움직인다. 현재 상태(움직이는 중이라면 BALLOON_MOVING, 윈도우 상단 부분을 벗어나면 BALLOON_MISSED)를 반환한다. 만약 BALLOON_MISSED 상태라면 BalloonMgr 객체는 해당 풍선을 리스트에서 삭제하고 놓친 풍선 수를 하나 증가시킨다.

BalloonMgr 객체는 세 개의 게터 메서드를 제공한다. 각각 현재 점수 조회❻, 터뜨린 풍선 개수 조회❼, 놓친 풍선 개수 조회❽를 위한 것이다.

메인 루프로 BalloonMgr 객체의 draw() 메서드❾도 호출된다. BalloonMgr 객체 자체는 그릴 만한 것이 없다. 관리 중인 모든 Balloon 객체에 하나씩 접근하며 draw() 메서드를 호출해 각자 화면에 그려지도록 요청한다(이 부분에서 다형성이 적용된 사실을 알아두자. 풍선 관리자 객체는 draw() 메서드를 가지고 각 Balloon 객체도 draw() 메서드를 가진다).

노트 직접 MegaBalloon이라는 새로운 유형의 풍선을 추가해 풍선 게임을 확장해보기 바란다. 목표를 더 추가하고 싶다면 MegaBalloon은 세 번 클릭됐을 때만 터뜨릴 수 있도록 만들어보자. 코드에만 집중할 수 있도록 해당 풍선 이미지는 이 책의 깃허브 저장소에서 제공한다.

11.3.4 Balloon 클래스와 객체

마지막으로 Balloon 객체를 살펴본다. 10장에서 배운 상속 개념을 보강하고자 Balloon이라는 추상화 기반 클래스와 이를 상속한 BalloonSmall, BalloonMedium, BalloonLarge라는 세 개의 하위 클래스를 Balloon.py 모듈에 정의한다. 풍선 관리자 BalloonMgr 객체는 세 가지 유형의 클래스 중 하나를 선택해 객체를 생성한다. 세 개의 하위 클래스들은 각자 __init__() 메서드를 가진다. 이는 Balloon 클래스의 추상화 메서드인 __init__()을 재정의한 것이다. 또한, 추상화 메서드지만 공통 작업을 처리해 세 클래스의 __init__() 메서드는 내부적으로 Balloon 기반 클래스의 추상화 메서드인 __init__()을 호출한다. 각 풍선의 이미지가 그려질 위치(x축)는 시작할 때 무작위로 선택된다. 처음에는 모두 윈도우 하단의 상태바 아래에 배치돼 보이지 않는다. 프레임마다 일정 픽셀씩 위로 움직인다. '코드 11.7'은 Balloon 클래스와 이를 상속한 하위 클래스다.

코드 11.7 Balloon 클래스와 이를 상속한 하위 클래스   File BalloonGame/Balloon.py

```
# Balloon 기반 클래스와 세 개의 하위 클래스

import pygame
import random
from pygame.locals import *
import pygwidgets
from BalloonConstants import *
from abc import ABC, abstractmethod

class Balloon(ABC):  ❶

    popSoundLoaded = False
    popSound = None  # 첫 번째 풍선을 불러올 때 생성된다.

    @abstractmethod
    def __init__(self, window, maxWidth, maxHeight, ID,  ❷
                 oImage, size, nPoints, speedY):
```

```
            self.window = window
            self.ID = ID
            self.balloonImage = oImage
            self.size = size
            self.nPoints = nPoints
            self.speedY = speedY
            if not Balloon.popSoundLoaded: # 최초 한 번만 불러온다.
                Balloon.popSoundLoaded = True
                Balloon.popSound = pygame.mixer.Sound('sounds/balloonPop.wav')

            balloonRect = self.balloonImage.getRect()
            self.width = balloonRect.width
            self.height = balloonRect.height
            # 풍선 위치를 결정한다. 윈도우 범위를 벗어나지 않으면서
            # 시작 시에는 화면 아래에 배치돼 보이지 않도록 한다.
            self.x = random.randrange(maxWidth - self.width)
            self.y = maxHeight + random.randrange(75)
            self.balloonImage.setLoc((self.x, self.y))

    def clickedInside(self, mousePoint): ❸
        myRect = pygame.Rect(self.x, self.y, self.width, self.height)
        if myRect.collidepoint(mousePoint):
            Balloon.popSound.play()
            return True, self.nPoints # True는 풍선을 터뜨렸다는 것을 의미한다.
        else:
            return False, 0 # 아무것도 터뜨리지 못했으므로 점수는 0이다.

    def update(self): ❹
        self.y = self.y - self.speedY # 속도 만큼 y의 위치를 갱신한다.
        self.balloonImage.setLoc((self.x, self.y))
        if self.y < -self.height: # 윈도우의 윗쪽 경계를 벗어났다.
            return BALLOON_MISSED
        else:
            return BALLOON_MOVING

    def draw(self): ❺
        self.balloonImage.draw()

    def __del__(self): ❻
        print(self.size, ' 크기의 풍선(', self.ID, ')이 제거됐습니다.')

class BalloonSmall(Balloon): ❼
    balloonImage = pygame.image.load('images/redBalloonSmall.png')
    def __init__(self, window, maxWidth, maxHeight, ID):
        oImage = pygwidgets.Image(window, (0, 0),
                                  BalloonSmall.balloonImage)
        super().__init__(window, maxWidth, maxHeight, ID,
                         oImage, 'Small', 30, 3.1)
```

```
class BalloonMedium(Balloon):  ❽
    balloonImage = pygame.image.load('images/redBalloonMedium.png')
    def __init__(self, window, maxWidth, maxHeight, ID):
        oImage = pygwidgets.Image(window, (0, 0),
                                    BalloonMedium.balloonImage)
        super().__init__(window, maxWidth, maxHeight, ID,
                        oImage, 'Medium', 20, 2.2)

class BalloonLarge(Balloon):  ❾
    balloonImage = pygame.image.load('images/redBalloonLarge.png')
    def __init__(self, window, maxWidth, maxHeight, ID):
        oImage = pygwidgets.Image(window, (0, 0),
                                    BalloonLarge.balloonImage)
        super().__init__(window, maxWidth, maxHeight, ID,
                        oImage, 'Large', 10, 1.5)
```

Balloon 클래스는 추상화 클래스❶다. 실제 객체는 BalloonSmall❼, BalloonMedium❽, Balloon
Large❾ 클래스로만 만들 수 있다. 내부적으로 pygwidgets의 Image 객체를 생성한 다음 기반 클래
스인 Balloon의 __init__() 메서드를 호출한다. 같은 클래스로 만든 풍선의 모습을 다르게 표
현하고자 이미지, 크기, 점수, 속도 정보를 객체 생성 시 매개변수로 입력한다.

Balloon 클래스의 __init__() 메서드❷는 풍선 정보를 인스턴스 변수로 저장한다. 풍선 이미지의
사각형 정보로 높이와 너비를 저장한다. 풍선 이미지가 윈도우 내 들어오는 한도 내에서 x축 위치
를 무작위로 설정한다.

MOUSEDOWNEVENT 이벤트가 발생할 때마다 BalloonMgr 객체는 관리 대상인 Balloon 객체를 하나
씩 접근하며 clickedInside() 메서드❸를 호출한다. clickedInside() 메서드는 MOUSEDOWNEVENT
이벤트가 현재 풍선의 영역 내에서 발생했는지 판단한다. 만약 그렇다면 각 Balloon 객체는 풍선
이 터지는 소리를 재생한 후 클릭 발생을 표현한 불리언 값과 자신에게 부여된 점수를 반환한다.
MOUSEDOWNEVENT 이벤트가 풍선 영역 내에서 발생하지 않았다면 False와 0을 반환한다.

BalloonMgr 객체는 프레임마다 각 Balloon 객체의 update() 메서드❹를 호출한다. update() 메
서드는 풍선을 윈도우 윗쪽으로 이동시키고자 현재 y 위치에 속도 값을 뺀 후 위치를 갱신한다.
BALLOON_MISSED(완전히 윈도우 상단 부분을 벗어났음) 또는 BALLOON_MOVING(아직 유효타를 날릴 수 있
음)을 반환한다.

draw() 메서드는 단순히 각 풍선을 적절한 위치(x, y)에 그리는 역할이다❺. y 위치를 부동소수로

표현하지만 파이게임은 자동으로 부동소수 값을 정수로 변환해 픽셀 위치를 특정할 수 있다.

마지막 메서드인 __del__() ❻은 디버깅 및 향후 개발에 도움을 주는 목적으로 추가됐다. BalloonMgr 객체가 특정 풍선을 제거할 때마다 해당 풍선 객체의 __del__() 메서드가 호출된다. __del__() 코드는 단순히 풍선 크기와 ID를 출력한다.

프로그램을 실행해 게임이 시작된 후 게임을 플레이하면 셸이나 콘솔 창에 다음과 같은 메시지가 출력된다.

```
Small 크기의 풍선(2)이 제거됐습니다.
Small 크기의 풍선(8)이 제거됐습니다.
Small 크기의 풍선(3)이 제거됐습니다.
Small 크기의 풍선(7)이 제거됐습니다.
Small 크기의 풍선(9)이 제거됐습니다.
Small 크기의 풍선(12)이 제거됐습니다.
Small 크기의 풍선(11)이 제거됐습니다.
Small 크기의 풍선(6)이 제거됐습니다.
Medium 크기의 풍선(14)이 제거됐습니다.
Large 크기의 풍선(1)이 제거됐습니다.
Medium 크기의 풍선(10)이 제거됐습니다.
Medium 크기의 풍선(13)이 제거됐습니다.
Medium 크기의 풍선(0)이 제거됐습니다.
Medium 크기의 풍선(4)이 제거됐습니다.
Large 크기의 풍선(5)이 제거됐습니다.
```

게임이 종료되면 프로그램은 플레이어가 [Start] 버튼을 클릭하기를 기다린다. [Start] 버튼을 클릭하면 BalloonMgr 객체가 Balloon 객체 목록을 다시 생성하고 인스턴스 변수를 재설정한 후 새로운 게임을 시작한다.

11.4 메모리 관리 기법: 슬롯

파이썬은 객체가 생성될 때마다 클래스에 정의된 인스턴스 변수를 저장하는 메모리 공간을 할당한다. 이미 배운 내용이다. 파이썬은 __dict__ 이라는 특별한 이름의 딕셔너리 변수로 메모리 공간을 관리한다. __init__() 메서드 끝에 __dict__ 인스턴스 변수를 출력해보면 알 수 있다.

```
print(self.__dict__)
```

딕셔너리는 모든 인스턴스 변수를 훌륭한 방식으로 표현한다. 파이썬이 인스턴스 변수를 발견할 때마다 딕셔너리는 동적으로 커질 수 있기 때문이다. 이 책은 모든 인스턴스 변수를 __init__() 메서드에서 초기화할 것을 권장했다. 어느 메서드나 인스턴스 변수를 만들고 초기화할 수 있다. 해당 인스턴스 변수는 메서드가 최초로 실행될 때 생성돼 관리 대상에 추가된다(즉 메서드의 최초 실행 전까지는 인스턴스 변수가 아니다). 코드를 다음처럼 작성하는 것은 권장하지 않지만 인스턴스 변수가 동적으로 추가될 수 있다는 사실을 잘 보여준다.

```
myObject = MyClass()
myObject.someInstanceVariable = 5
```

동적으로 인스턴스 변수를 추가하는 기능은 초기에 __dict__ 딕셔너리에 일정 공간을 부여해 어느 정도 인스턴스 변수를 담을 수 있도록 하는 것으로 실현된다(정확한 크기는 파이썬 내부의 세부 구현에 따라 다르다).

신규 인스턴스 변수를 발견할 때마다 __dict__에 추가된다. 만약 딕셔너리 공간이 꽉 차면 파이썬은 추가로 더 많은 공간을 할당한다. 일반적으로 해당 방식은 잘 작동하므로 프로그래머가 불편을 겪을 만한 상황은 발생하지 않는다.

다음처럼 __init__() 메서드가 생성한 두 인스턴스 변수를 가진 클래스에 더 이상 인스턴스 변수가 추가될 일이 없다고 가정해보자.

```
class Point():
    def __init__(self, x, y):
        self.x = x
        self.y = y

    # 그 밖에 메서드
```

해당 클래스로 수많은 객체를 만든다고 생각해보자(수백, 수천, 또는 수백만 개). 꽤 많은 메모리 공간이 낭비된다.

메모리 공간 낭비가 예상되는 경우를 위해 파이썬은 인스턴스 슬롯이라는 변수의 다른 표현 방법을 제공한다. 슬롯이란 프로그래머가 파이썬에 미리 모든 인스턴스 변수의 목록을 알리는 개념이다. 파이썬은 정확히 필요한 만큼 메모리 공간을 사전에 할당할 수 있다. 슬롯은 __slots__이라는 특수 클래스 변수를 정의해 사용한다.

```
__slots__ = [<인스턴스_변수1>, <인스턴스_변수2>, … <인스턴스_변수N>]
```

직전 코드에 슬롯을 적용하면 다음과 같다.

```python
class PointWithSlots():
    # 두 인스턴스 변수만 가지는 슬롯을 정의한다.
    __slots__ = ['x', 'y']

    def __init__(self, x, y):
        self.x = x
        self.y = y
        print(x, y)
```

직전과 현 버전의 클래스는 결과가 같다. PointWithSlots 클래스로 생성한 객체는 직전보다 훨씬 더 적은 메모리를 사용한다. 두 버전의 클래스 내 __init__() 메서드 가장 하단에 다음 코드 한 줄을 추가해 차이를 확인해보자.

```python
# 추가 인스턴스 변수를 생성한다.
self.color = 'black'
```

두 클래스로 객체를 각각 만들어보자. Point 클래스는 또 다른 인스턴스 변수를 추가하는 데 아무 문제가 없다. PointWithSlots 클래스는 다음과 같은 오류를 출력하며 실패한다.

```
AttributeError: 'PointWithSlots' object has no attribute 'color'
```

슬롯을 사용하면 인스턴스 변수를 동적으로 추가하는 기능을 잃는 대신 높은 메모리 효율성을 얻을 수 있다. 정말 많은 객체를 다뤄야 한다면 트레이드오프는 고민해볼 만하다.

11.5 정리

11장은 앞서 다루기 애매했던 몇 가지 개념에 집중했다. 가장 먼저 객체를 삭제하는 상황을 이야기하며 참조 카운트 개념, 동일 객체를 참조하는 변수 추적 방식을 알아봤다. 자연스럽게 객체의 생명 주기와 가비지 컬렉션으로 이어졌다. 특정 객체의 참조 카운트가 0이 될 때 해당 객체는 가비지 컬렉션이 수집 및 제거 대상이 된다. __del__() 메서드를 재정의하면 메모리 객체가 메모리 공간에서 제거될 때 필요한 정리 작업을 수행할 수 있다.

다음으로 클래스 변수와 인스턴스 변수의 차이를 살펴봤다. 모든 객체는 자신만의 격리된 인스턴스 변수를 가진다. 클래스 변수는 클래스당 오직 하나만 존재한다. 해당 클래스로 생성한 모든 객체가 공유 및 접근할 수 있다. 일반적으로 클래스 변수는 상수와 숫자를 세는 용도, 그리고 모든 객체가 동일하게 활용해야 하는 큰 덩치의 리소스를 불러올 때 사용된다.

지금까지 배운 개념과 방법을 모두 합친 형식으로 다루고자 풍선 터뜨리기 게임을 만들었다. 다른 파일(모듈)에서 참조할 상수만 담은 파일을 따로 만들었다. 그리고 클라이언트는 메인 루프, 상태 표시, Balloon 객체를 관리하는 풍선 객체 관리자 BalloonMgr로 구성됐다. 역할을 명확히 나눠 프로그램을 작성하면 게임을 좀 더 작고 논리적인 단위로 분리할 수 있다. 각 부분의 역할이 잘 정의돼 전체 프로그램을 더욱 잘 관리할 수 있다.

마지막에는 메모리 효율을 고려해 인스턴스 변수를 표현하는 슬롯 개념과 사용 방법도 살펴봤다.

IV

게임 개발에
객체지향 프로그래밍
사용하기

4부는 pygwidgets으로 몇 가지 간단한 게임을 만든다. 게임 프로그램을 만드는 데 유용하게 쓸 수 있는 클래스 및 함수를 가진 pyghelpers 모듈도 소개한다.

12장은 1장 'Higher or Lower' 게임을 다시 살펴본다. 이번에는 GUI 기반으로 해당 게임을 재구성하고 다양한 카드 게임 프로그램이 재사용할 수 있는 카드 덱 및 카드 클래스를 만든다.

13장은 타이머를 집중적으로 살펴본다. 특정 제한을 확인하면서 동시에 프로그램 실행은 계속 유지하는 다양한 타이머 클래스를 만들어본다.

14장은 일련의 이미지를 표현하는 다양한 애니메이션 클래스를 다룬다. 더욱 근사한 게임과 프로그램을 쉽게 구축할 수 있다.

15장은 시작 및 플레이, 종료처럼 많은 장면을 포함한 프로그램을 만들어본다. 또한, 장면 수와 상관없이 관리하고 서로 상호작용할 수 있는 장면 관리자 SceneMgr 클래스를 살펴본다. 이를 '가위바위보' 게임을 만드는 데 사용한다.

16장은 여러 유형의 다이얼로그를 만들고 사용자가 상호작용하는 방법을 살펴본다. 그다음 완벽하게 작동하는 애니메이션 게임을 구축하고자 지금까지 배운 모든 지식을 총동원한다.

17장은 모델-뷰-컨트롤러 패턴을 중심으로 디자인 패턴의 개념을 소개한다. 마지막으로 책을 짧게 정리하며 마무리한다.

12

카드 게임

지금부터 파이게임과 `pygwidgets` 패키지로 몇 가지 프로그램을 만든다. 각 프로그램을 만들 때마다 하나 이상의 재사용 가능한 클래스를 설계 및 구현하고 프로그램이 이를 어떻게 활용하는지 살펴본다.

1장에서는 텍스트 기반으로 구현된 'Higher or Lower' 카드 게임을 만들었다. 이번에는 같은 게임을 '그림 12.1'을 보면 알 수 있듯이 바뀐 GUI 버전으로 재구성한다.

게임 규칙을 간단히 정리해보자. 먼저 일곱 장의 카드가 뒷면으로 놓여 있고 한 장의 카드만 앞면으로 놓인 상태에서 게임은 시작된다. 플레이어는 다음에 뒤집힐 카드가 앞면으로 놓인 직전 카드보다 큰지 작은지 [Lower] 또는 [Higher] 버튼을 클릭해 추측한다. 게임을 계속 진행하면서 모든 카드가 모두 앞면으로 뒤집히면 게임이 종료된다. 다시 게임을 시작하고 싶다면 [New Game] 버튼을 클릭한다. 100점으로 시작해 추측이 맞으면 15점을 얻고 추측이 틀리면 10점을 잃는다.

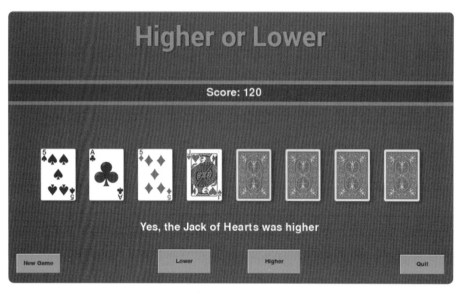

그림 12.1 'Higher or Lower'의 UI

12.1 Card 클래스

1장의 텍스트 기반 구현의 카드 덱 코드는 다른 프로젝트에서 재사용하는 것이 쉽지 않았다. 이를 해결하고자 Card 클래스로 생성한 모든 카드를 관리하고 재사용성이 높은 Deck 클래스를 만든다.

파이게임으로 카드를 표현하려면 각 Card 객체에 인스턴스 변수에 알맞은 데이터를 저장해야 한다.

- 등급rank(에이스, 2, 3, ⋯ 10, 잭, 퀸, 킹)
- 문양suit(클럽, 하트, 다이아몬드, 스페이드)
- 숫자value(1, 2, 3 ⋯ , 12, 13)
- 이름name(등급과 문양 조합: **예** 숫자 7의 클럽)
- 카드 뒷면 이미지(모든 Card 객체가 공유하는 단일 이미지)
- 카드 앞면 이미지(Card 객체별 고유 이미지)

각 카드는 다음과 같은 일을 할 수 있어야 한다(메서드).

- 감추기(뒷면으로 뒤집음)
- 드러내기(앞면으로 뒤집음)

- 이름 조회하기

- 값 조회하기

- 윈도우 내 위치 설정 및 조회하기

- 화면에 그리기(앞면 또는 뒷면)

다음은 게임에서 사용하지는 않지만 다른 카드 게임에서 필요한 기능이다. 함께 추가하겠다.

- 등급 조회

- 문양 조회

'코드 12.1'을 보자. Card 클래스를 정의한다.

코드 12.1 Card **클래스**　　　　　　　　　　　　　　　　　　　　　 (File) HigherOrLower/Card.py

```python
# Card 클래스

import pygame
import pygwidgets

class Card():

    BACK_OF_CARD_IMAGE = pygame.image.load('images/BackOfCard.png')  ❶

    def __init__(self, window, rank, suit, value):  ❷
        self.window = window
        self.rank = rank
        self.suit = suit
        self.cardName = rank + ' of ' + suit
        self.value = value
        fileName = 'images/' + self.cardName + '.png'  ❸
        # 시작 위치를 설정한다. 위치는 아래에서 정의한 setLoc 메서드로 변경할 수 있다.
        self.images = pygwidgets.ImageCollection(window, (0, 0),  ❹
                    {'front': fileName,
                     'back': Card.BACK_OF_CARD_IMAGE}, 'back')

    def conceal(self):  ❺
        self.images.replace('back')

    def reveal(self):  ❻
        self.images.replace('front')

    def getName(self):  ❼
        return self.cardName
```

```
    def getValue(self):
        return self.value

    def getSuit(self):
        return self.suit

    def getRank(self):
        return self.rank

    def setLoc(self, loc):  # ImageCollection의 setLoc 메서드를 호출한다. ❽
        self.images.setLoc(loc)

    def getLoc(self):  # ImageCollection의 getLoc 메서드를 호출한다. ❾
        loc = self.images.getLoc()
        return loc

    def draw(self):  ❿
        self.images.draw()
```

Card 클래스는 52장의 카드 개별 이미지와 모든 카드가 함께 사용할 뒷면 이미지가 하위 폴더 images에 있다고 가정한다. 12장 관련 파일을 다운로드한 후 png 형식의 파일로 가득찬 images 폴더를 찾아보기 바란다.[1]

Card 클래스는 모든 카드의 뒷면에 공통으로 쓸 이미지를 불러온다. 이를 클래스 변수로 저장한다❶. 객체마다 매번 저장하는 것은 메모리가 비효율적이다. 클래스 변수로 한 번만 저장하면 모든 객체가 접근할 수 있다.

Card 객체를 생성하는 __init__() 메서드❷는 카드가 그려질 윈도우 정보를 저장하는 것으로 시작한다. 카드 이름을 구성 및 저장하고 등급과 값, 문양 정보를 인스턴스 변수로 저장한다. 그다음 카드를 화면에 그리고자 images 폴더의 특정 이미지 파일 경로를 구성한다❸. 등급과 문양이 에이스와 스페이드인 카드를 예로 들면 해당 카드의 이미지 경로는 images/Ace of Spades.png이다. 앞면과 뒷면의 이미지 경로는 ImageCollection 객체로 함께 관리한다❹. 해당 객체를 사용하면 이미지 목록을 딕셔너리로 저장할 수 있을 뿐만 아니라 이미지가 그려질 위치 정보도 함께 관리할 수 있다. 마지막에 입력한 'back' 매개변수는 최초에 뒷면을 보여주라고 요청한다.

---

1   다음이 깃허브 저장소에서 확인하기 바란다. https://github.com/IrvKalb/Object-Oriented-Python-Code/tree/master/Chapter_12/HigherOrLower/images

conceal() 메서드❺는 ImageCollection에 뒷면 이미지로 카드 이미지를 설정하고 요청한다. reveal() 메서드❻는 ImageCollection에 앞면 이미지로 카드 이미지를 설정하라고 요청한다.

네 개의 게터 메서드 getName(), getValue(), getSuit(), getRank()❼는 Card 객체를 활용할 코드가 카드의 이름, 값, 문양, 등급을 조회할 수 있도록 한다.

setLoc() 메서드❽는 카드가 그려질 위치를 설정한다. getLoc() 메서드❾는 현재 그려진 위치를 조회한다. 해당 위치 정보는 ImageCollection 객체가 관리한다.

마지막으로 draw() 메서드❿는 실제로 카드 이미지를 그린다. 구체적으로 보자면 ImageCollection 객체에 ImageCollection 객체가 기억하는 현재 위치에 현재 선택된 이미지를 그리도록 요청한다.

12.2 Deck 클래스

Deck 클래스는 객체를 관리하는 객체의 전형적인 예다. 52개의 Card 객체를 생성하고 관리한다. '코드 12.2'는 Deck 클래스를 정의한다.

코드 12.2 **52개의 Card 객체를 관리하는 Deck 클래스**   (File) HigerOrLower/Deck.py

```
# Deck 클래스

import random
from Card import *

class Deck():
    SUIT_TUPLE = ('Diamonds', 'Clubs', 'Hearts', 'Spades')  ❶
    # 각 카드의 등급과 값을 표준 카드 덱에 맞춰 매핑한 딕셔너리
    STANDARD_DICT = {'Ace':1, '2':2, '3':3, '4':4, '5':5,
                     '6':6, '7':7, '8': 8, '9':9, '10':10,
                     'Jack':11, 'Queen':12, 'King':13}

    def __init__(self, window, rankValueDict=STANDARD_DICT):  ❷
        # rankValueDict 기본값은 STANDARD_DICT이지만
        # 다른 딕셔너리를 입력해도 된다(⓾ 블랙잭용 딕셔너리).
        self.startingDeckList = []
        self.playingDeckList = []
        for suit in Deck.SUIT_TUPLE:
            for rank, value in rankValueDict.items():  ❸
                oCard = Card(window, rank, suit, value)
                self.startingDeckList.append(oCard)
```

```
        self.shuffle()

    def shuffle(self):  ❹
        # 초기 카드 덱을 복사한 후 플레이용 카드 덱(playingDeckList)에 저장한다.
        self.playingDeckList = self.startingDeckList.copy()
        for oCard in self.playingDeckList:
            oCard.conceal()
        random.shuffle(self.playingDeckList)

    def getCard(self):  ❺
        if len(self.playingDeckList) == 0:
            raise IndexError('No more cards')
        # 카드 덱에서 한 장의 카드를 꺼낸 후 반환한다.
        oCard = self.playingDeckList.pop()
        return oCard

    def returnCardToDeck(self, oCard):  ❻
        # 카드를 다시 카드 덱에 돌려 놓는다.
        self.playingDeckList.insert(0, oCard)
```

먼저 문양과 값 등 52장의 카드를 생성하는 데 사용될 몇 가지 클래스 변수❶를 정의한다. Deck 클래스에는 네 개의 메서드가 정의됐다.

__init__() 메서드❷에는 윈도우 정보와 선택적으로 카드 등급 및 값이 매핑된 딕셔너리가 매개변수를 입력한다. 만약 딕셔너리 값을 None으로 입력하면 미리 정의된 기본(표준 카드 덱) 값을 사용한다. 중첩 루프로 모든 문양과 등급 및 값에 접근해 52장의 카드 덱을 self.startingDeckList 인스턴스 변수에 저장한다. 중첩 루프의 안쪽 루프❸는 딕셔너리의 items() 메서드로 키와 값(등급과 값)을 쉽게 조회할 수도 있다. 안쪽 루프가 실행될 때마다 등급 및 문양, 값 정보로 신규 Card 객체를 생성하고 생성된 Card 객체는 self.startingDeckList 리스트에 추가된다. 중첩 루프가 끝나면 52장 카드를 모두 보유한 리스트가 구축된다.

마지막 단계는 shuffle() 메서드❹다. 카드 덱의 카드 순서를 뒤섞는다. 메서드 목적은 매우 단순하게 보이지만 약간의 묘수가 숨어 있다. __init__() 메서드는 초기 카드 덱인 self.starting DeckList를 만들었다. 이 과정은 단 한 번만 하는 것이 좋다. 카드 덱을 뒤섞을 때마다 모든 Card 객체를 다시 생성하지 않았다. __init__() 메서드에서 만든 카드 덱의 복사본을 만들어 self. playingDeckList에 저장하고 복사본을 뒤섞었다. 실제 게임에서 사용하는 복사본이다. 즉 self. playingDeckList에 속한 카드를 제거할 수 있으며 동시에 원본은 그대로 유지된다. 제거된 카드를 다시 카드 덱에 담는 방법을 걱정하지 않아도 된다. 두 카드 덱은 모두 52개의 같은 Card 객체를 참조한다.[2]

두 번째 게임부터는 shuffle() 메서드가 호출할 때 일부 Card 객체 상태가 'revealed(드러남)'일 수 있다. 두 번째 게임을 시작하기 전 카드 덱의 카드를 하나씩 접근한다. conceal() 메서드를 호출해 뒷면이 보이는 초기 상태로 되돌려놓아야 한다. 마지막으로 shuffle() 메서드는 random.shuffle() 함수로 카드 순서를 뒤섞는다.

getCard() 메서드❺는 카드 덱의 카드 한 장을 선택한다. 먼저 카드 덱이 비었는지 검사해 빈 경우 예외가 발생한다. 그렇지 않으면 카드 덱은 이미 뒤섞였기 때문에 카드 한 장을 카드 덱에서 가져온 후 반환한다.

Deck과 Card는 대부분 카드 게임에서 사용될 수 있고 재사용성이 높은 클래스다. 'Higher or Lower' 게임은 게임을 한 번 할 때마다 여덟 장의 카드만 사용하며 게임마다 전체 카드 덱을 뒤섞는다. Deck 객체의 카드가 바닥날 일은 없다. 만약 모든 카드를 사용하는 카드 게임을 만든다면 getCard() 메서드 호출 부분을 try 문으로 감싼 후 해당 메서드가 발생시키는 예외를 잡도록 코드를 수정하는 것이 좋다.

'Higher or Lower' 게임에서는 사용하지 않지만 returnCardToDeck() 메서드❻는 카드를 카드 덱에 되돌려 집어넣는 기능을 제공한다.

12.3 Higher or Lower 게임

지금까지 만든 클래스를 활용하면 꽤 쉽게 게임을 만들 수 있다. 게임 규칙을 담은 Game 클래스를 구현한 후 이를 활용하는 메인 루프를 작성한다.

12.3.1 메인 프로그램(클라이언트)

'코드 12.3'은 'Higher or Lower' 게임 세계를 설정하고 메인 루프를 담은 클라이언트를 구현한다. 실제 게임을 실행하는 Game 객체도 생성한다.

---

2   [옮긴이] 원본 카드 덱은 항상 Card 객체를 참조한다. 참조 카운터가 0이 되지 않는다.

```
# Higher or Lower: 파이게임 버전
# 메인 프로그램

--- 생략 ---
# 4: 이미지, 소리 등 애셋 불러오기
background = pygwidgets.Image(window, (0, 0), ❶
                             'images/background.png')
newGameButton = pygwidgets.TextButton(window, (20, 530),
                                'New Game', width=100, height=45)
higherButton = pygwidgets.TextButton(window, (540, 520),
                                'Higher', width=120, height=55)
lowerButton = pygwidgets.TextButton(window, (340, 520),
                                'Lower', width=120, height=55)
quitButton = pygwidgets.TextButton(window, (880, 530),
                                'Quit', width=100, height=45)


# 5: 변수 초기화하기
oGame = Game(window) ❷

# 6: 무한 루프 수행하기
while True:

    # 7: 이벤트 발생 검사 및 처리하기
    for event in pygame.event.get():
        if ((event.type == QUIT) or
            ((event.type == KEYDOWN) and (event.key == K_ESCAPE)) or
            (quitButton.handleEvent(event))):
            pygame.quit()
            sys.exit()

        if newGameButton.handleEvent(event): ❸
            oGame.reset()
            lowerButton.enable()
            higherButton.enable()

        if higherButton.handleEvent(event):
            gameOver = oGame.hitHigherOrLower(HIGHER)
            if gameOver:
                higherButton.disable()
                lowerButton.disable()

        if lowerButton.handleEvent(event):
            gameOver = oGame.hitHigherOrLower(LOWER)
            if gameOver:
                higherButton.disable()
                lowerButton.disable()
```

```
# 8: '프레임당' 처리해야 할 일 정의하기

# 9: 윈도우 내 내용물 지우기
background.draw()  ❹

# 10: 윈도우 내 모든 내용물(요소) 그리기
# 게임 스스로 그리도록 요청한다.
oGame.draw()  ❺
# 나머지 사용자 인터페이스 구성 요소 그리기
newGameButton.draw()
higherButton.draw()
lowerButton.draw()
quitButton.draw()

# 11: 윈도우 갱신하기
pygame.display.update()

# 12: 윈도우 갱신 주기 늦추기
clock.tick(FRAMES_PER_SECOND)
```

메인 프로그램은 배경 이미지를 불러오고 네 개의 버튼을 구성한 후❶ Game 객체를 생성한다❷.

메인 루프는 버튼 클릭 여부를 검사한다❸. 만약 특정 버튼을 클릭했다면 해당 버튼을 알맞게 처리할 Game 객체의 메서드를 호출한다.

메인 루프의 마지막 부분은 배경을 시작으로 윈도우에 표시될 각 요소를 화면에 그린다❹. 한 가지 중요한 점은 Game 객체의 draw() 메서드를 호출한다는 점이다❺. Game 객체의 draw() 메서드가 호출되면 Game 객체는 각 Card 객체의 draw() 메서드를 호출해 각 카드가 스스로 그리도록 요청한다. 마지막으로 네 개의 버튼을 그리며 메인 루프의 한 반복은 끝난다.

12.3.2 Game 클래스

Game 클래스는 실제 게임이 돌아가는 규칙을 관장한다. '코드 12.4'는 Game 클래스를 구현한다.

코드 12.4 **게임을 실행하는 Game 클래스** 　　　　　　　　　　　　　 (File) HigherOrLower/Game.py

```
# Game 클래스

import pygwidgets
from Constants import *
from Deck import *
from Card import *
```

```
class Game():
    CARD_OFFSET = 110
    CARDS_TOP = 300
    CARDS_LEFT = 75
    NCARDS = 8
    POINTS_CORRECT = 15
    POINTS_INCORRECT = 10

    def __init__(self, window): ❶
        self.window = window
        self.oDeck = Deck(self.window)
        self.score = 100
        self.scoreText = pygwidgets.DisplayText(window, (450, 164),
                                                '점수: ' + str(self.score),
                                                fontSize=36, textColor=WHITE,
                                                justified='right')

        self.messageText = pygwidgets.DisplayText(window, (50, 460),
                                                '', width=900, justified='center',
                                                fontSize=36, textColor=WHITE)

        self.loserSound = pygame.mixer.Sound("sounds/loser.wav")
        self.winnerSound = pygame.mixer.Sound("sounds/ding.wav")
        self.cardShuffleSound = pygame.mixer.Sound("sounds/cardShuffle.wav")

        self.cardXPositionsList = []
        thisLeft = Game.CARDS_LEFT
        # 처음에 모든 카드의 x 위치를 한 번만 계산한다.
        for cardNum in range(Game.NCARDS):
            self.cardXPositionsList.append(thisLeft)
            thisLeft = thisLeft + Game.CARD_OFFSET

        self.reset() # 게임 한 판을 시작한다.

    def reset(self): # 게임을 새로 한 판 시작할 때 호출된다. ❷
        self.cardShuffleSound.play()
        self.cardList = []
        self.oDeck.shuffle()
        for cardIndex in range(0, Game.NCARDS): # 딜 아웃(카드 분배)
            oCard = self.oDeck.getCard()
            self.cardList.append(oCard)
            thisXPosition = self.cardXPositionsList[cardIndex]
            oCard.setLoc((thisXPosition, Game.CARDS_TOP))

        self.showCard(0)
        self.cardNumber = 0
        self.currentCardName, self.currentCardValue = \
                        self.getCardNameAndValue(self.cardNumber)
```

```python
        self.messageText.setValue('시작 카드는 ' + self.currentCardName + ' 입니다.' +
                                  ' 다음 카드는 값이 더 클까요 작을까요?')

    def getCardNameAndValue(self, index):
        oCard = self.cardList[index]
        theName = oCard.getName()
        theValue = oCard.getValue()
        return theName, theValue

    def showCard(self, index):
        oCard = self.cardList[index]
        oCard.reveal()

    def hitHigherOrLower(self, higherOrLower):  ❸
        self.cardNumber = self.cardNumber + 1
        self.showCard(self.cardNumber)
        nextCardName, nextCardValue = self.getCardNameAndValue(self.cardNumber)

        if higherOrLower == HIGHER:
            if nextCardValue > self.currentCardValue:
                self.score = self.score + Game.POINTS_CORRECT
                self.messageText.setValue('맞습니다. 카드 '+nextCardName+'의 값이
                                          더 컸습니다.')
                self.winnerSound.play()
            else:
                self.score = self.score - Game.POINTS_INCORRECT
                self.messageText.setValue('아닙니다. 카드'+nextCardName+'의 값이
                                          크지 않았습니다.')
                self.loserSound.play()

        else:  # Lower 버튼을 클릭했을 때
            if nextCardValue < self.currentCardValue:
                self.score = self.score + Game.POINTS_CORRECT
                self.messageText.setValue('맞습니다. 카드 '+nextCardName+'의 값이
                                          더 작았습니다.')
                self.winnerSound.play()
            else:
                self.score = self.score - Game.POINTS_INCORRECT
                self.messageText.setValue(아닙니다. 카드'+nextCardName+'의 값이
                                          작지 않았습니다.')
                self.loserSound.play()

        self.scoreText.setValue('점수: ' + str(self.score))

        self.currentCardValue = nextCardValue  # 다음 카드를 준비한다.

        done = (self.cardNumber == (Game.NCARDS - 1))  # 카드가 없는가?
```

```
        return done

    def draw(self): ❹
        # 각 카드를 화면에 그린다.
        for oCard in self.cardList:
            oCard.draw()

        self.scoreText.draw()
        self.messageText.draw()
```

__init__() 메서드❶는 단 한 번만 설정되는 여러 가지 인스턴스 변수를 초기화한다. Deck 객체 생성, 시작 점수 설정, 점수와 사용자가 내린 결정(크거나 작거나 예상한 카드)을 출력하는 DisplayText 객체 생성 등을 한다. 게임 진행 중 재생될 여러 소리 파일도 불러온다. 마지막에는 reset() 메서드를 호출해❷ 새로운 게임을 시작할 때 필요한 모든 준비를 마친다. 즉 카드 덱을 뒤섞고, 재생할 소리를 뒤섞고, 여덟 장의 카드를 고르고, 이들을 윈도우 내 각자 자리에 그리며, 그중 첫 번째 카드는 앞면이 보이도록 뒤집는다.

사용자가 [Higher(크거나)], [Lower(작거나)] 버튼 중 하나를 클릭하면 메인 코드는 Game 객체의 hitHigherOrLower() 메서드를 호출한다❸. 해당 메서드는 다음 카드를 한 장 고른 후 직전에 앞면으로 뒤집힌 카드와 값을 비교하고 사용자 선택에 따라 점수를 더하거나 뺀다.

draw() 메서드❹는 현재 게임의 모든 카드를 하나씩 반복적으로 접근한다. 각 카드가 스스로 화면에 그려지도록 Card 객체의 draw() 메서드를 호출한다. 그다음 텍스트로 점수 및 사용자가 선택한 추측 내용을 화면에 그린다.

12.4 __name__으로 테스트하기

클래스를 작성할 때는 항상 클래스로 만든 객체의 올바른 작동성을 검사하는 테스트 코드를 작성하는 것이 좋다. 파이썬 코드를 담은 파일이 **모듈**이다. 한 모듈 안에 하나 이상의 클래스를 작성하고 해당 모듈은 import 문으로 다른 모듈에서 사용할 수 있다. 클래스를 하나 이상 가진 모듈을 작성할 때 해당 모듈을 메인 프로그램으로(다른 모듈에서 불러와 사용될 모듈이 아님) 실행한다면 **단 한 번** 실행될 테스트 코드를 추가할 수 있다.

여러 파이썬 모듈을 가진 프로젝트는 하나의 메인 모듈과 다른 여러 개의 모듈로 구분한다. 프로그램을 실행하면 파이썬은 모든 모듈에 __name__이라는 특수한 변수를 붙인다. 이때 첫 번째로 실행되는 모듈(즉 메인)의 __name__ 변숫값에는 '__main__'이라는 특수한 이름이 부여된다. 특정 모듈의 __name__ 변숫값을 검사하면 해당 모듈이 메인 프로그램인지 판단할 수 있으며 단 한 번 실행되는 테스트 코드를 추가로 삽입할 수 있다.

Deck 클래스를 예로 들어보자. Deck.py 파일의 끝부분(클래스 정의가 끝난 다음)에 다음처럼 Deck 객체를 생성한 후 카드 덱에 속한 카드 목록의 출력 코드를 추가해보자.

```
--- 생략 ---
if __name__ == '__main__':
    # Deck 클래스를 테스트하기 위한 메인 코드

    import pygame

    # 상수
    WINDOW_WIDTH = 100
    WINDOW_HEIGHT = 100

    pygame.init()
    window = pygame.display.set_mode((WINDOW_WIDTH, WINDOW_HEIGHT))

    oDeck = Deck(window)
    for i in range(1, 53):
        oCard = oDeck.getCard()
        print('카드 이름: ', oCard.getName(), ', 값:', oCard.getValue())
```

코드는 Deck.py 파일이 메인 프로그램으로 실행됐는지 검사한다. Deck 클래스는 다른 모듈이 불러와 사용할 수도 있다. 이때는 __name__ 값이 'Deck'으로 설정된다. 조건 자체가 맞지 않다. 아무 일도 하지 않는 코드다. 만약 테스트 목적으로 Deck.py을 메인 프로그램으로 실행한다면 파이썬은 __name__ 값을 '__main__'으로 설정하며 이 경우 코드가 실행된다.

앞 코드는 Deck 객체를 생성한 후 52장의 카드 이름과 값을 출력하는 최소한의 파이게임 프로그램을 만든 테스트 코드다. Deck.py을 메인 프로그램으로 실행한 결과 다음과 같이 출력된다.

```
카드 이름: 4 of Spades, 값: 4
카드 이름: 4 of Diamonds, 값: 4
카드 이름: Jack of Hearts, 값: 11
카드 이름: 8 of Spades, 값: 8
```

```
카드 이름: 10 of Diamonds, 값: 10
카드 이름: 3 of Clubs, 값: 3
카드 이름: Jack of Diamonds, 값: 11
카드 이름: 9 of Spades, 값: 9
카드 이름: Ace of Diamonds, 값: 1
카드 이름: 2 of Clubs, 값: 2
카드 이름: 7 of Clubs, 값: 7
카드 이름: 4 of Clubs, 값: 4
카드 이름: 8 of Hearts, 값: 8
카드 이름: 3 of Diamonds, 값: 3
카드 이름: 7 of Spades, 값: 7
카드 이름: 7 of Diamonds, 값: 7
카드 이름: King of Diamonds, 값: 13
카드 이름: 10 of Spades, 값: 10
카드 이름: Ace of Hearts, 값: 1
카드 이름: 8 of Diamonds, 값: 8
카드 이름: Queen of Diamonds, 값: 12
...
```

클래스가 원하는 대로 작동하는지 여부를 확인하는 데 유용한 코드다. 전체 프로그램을 대상으로
테스트 코드를 삽입해도 되지만 모듈 단위별로 쪼개서 테스트하는 편이 훨씬 수월하다. 클래스에
문제가 있는지 없는지 빠르게 확인할 수 있다. 앞 코드는 단순히 `__name__`을 활용하는 방법을 보
여줬다. 필요에 따라 클래스의 각종 메서드를 호출해 모든 것이 잘 작동하는지 검사할 수도 있다.

12.5 다른 유형의 카드 게임

표준적인 52장의 카드 덱을 사용하는 카드 게임은 많다. Deck과 Card 클래스를 그대로 활용해
브리지Bridge, 하트Hearts, 진 러미Gin Rummy, 솔리테어Solitaire 같은 게임을 만들 수 있다. 전혀 다른 종
류의 값과 다른 개수의 카드를 사용하는 카드 게임도 있다. 이 유형의 카드 게임을 몇 가지 살펴본
후 앞서 만든 클래스를 어떻게 활용할 수 있을지 알아보자.

12.5.1 블랙잭용 카드 덱

블랙잭Blackjack은 표준 카드 덱을 사용한다. 카드 값은 다르다. 잭, 퀸, 킹 값이 10이기 때문이다. 앞
서 만든 Deck 클래스의 `__init__()` 메서드는 다음과 같다.

```
def __init__(self, window, rankValueDict=STANDARD_DICT):
```

블랙잭용 카드 덱을 만들고 싶다면 rankValueDict 매개변수에 다음처럼 다른 딕셔너리 값을 입력
해야 한다.

```
blackJackDict = {'Ace':1, '2':2, '3':3, '4':4, '5':5,
                 '6':6, '7':7, '8': 8, '9':9, '10':10,
                 'Jack':10, 'Queen':10, 'King':10}
oBlackjackDeck = Deck(window, rankValueDict=blackJackDict)
```

해당 방식으로 oBlackjackDeck 객체를 만들면 shuffle() 및 getCard() 메서드는 있는 그대로 사
용할 수 있다. 블랙잭 게임을 구현하려면 에이스 카드의 값이 1 또는 11일 수 있다는 사실도 고려해
야 한다. 이는 직접 해보기를 바란다. 숙제다!

12.5.2 보편적이지 않은 카드 덱을 사용하는 게임

52장으로 구성된 표준 카드 덱을 사용하지 않는 카드 게임도 많다. 카나스타canasta[3]가 있다. 카드
게임을 플레이하려면 조커를 포함해 적어도 두 개의 카드 덱이 필요하다. 즉 108장의 카드가 필요
하다. 피노클pinochle[4] 게임도 있다. 플레이하려면 9, 10, 잭, 퀸, 킹, 에이스 카드가 두 벌씩 있어야 한
다. 즉 48장의 카드가 필요하다.

표준 카드 덱을 사용하지 않는 카드 게임에도 여전히 Deck 클래스를 사용할 수 있다. 다만 Deck을
기반 클래스로 두고 이를 상속한 하위 클래스를 만들어야 한다. CanastaDeck 또는 PinochleDeck
클래스는 적절한 Card 객체의 리스트로 구성된 카드 덱을 만들고자 자체적인 __init__() 메서드
를 가져야 한다. CanastaDeck 또는 PinochleDeck 클래스는 Deck 클래스를 상속하고 __init__()
메서드만 가지도록 작성한다.

12.6 정리

12장은 1장에서 만든 'Higher or Lower' 게임을 재사용성이 높은 Deck과 Card 클래스를 활용해
GUI 버전으로 재구성했다. 메인 코드는 Game 객체를 만든다. 해당 객체는 52개의 Card 객체를 만
드는 Deck 객체를 생성했다. 각 Card 객체는 윈도우에 스스로 알맞은 이미지를 그릴 수 있다. 이름

---

3   두 벌의 카드로 두 팀이 하는 카드놀이다.
4   2~4명이 48장의 패로 하는 카드놀이다.

및 등급, 문양, 값 정보를 조회할 수단(메서드)을 제공했다. 메인 루프를 실행하는 메인 코드와 게임이 흘러가는 방식을 구현한 Game 클래스도 분리했다.

또한, 파이썬이 __name__이라는 특수한 변수를 생성하고 소스 파일이 메인 프로그램으로서 실행하는지 여부에 따라 __name__ 변숫값이 다르게 설정되는 방식을 살펴봤다. 이를 활용하면 메인 프로그램을 실행할 때 수행될 일부 테스트 코드(모듈 코드를 검사할 목적)를 추가할 수 있다.

마지막으로 12장에서 만든 Deck 클래스와 얼마나 다른지에 따라 다양한 유형의 카드 덱을 구성하는 방법을 살펴봤다.

13

타이머

13장은 **타이머**timer를 다룬다. 타이머는 숫자를 세거나 작업에 들어가기 전 특정 시간 동안 대기할 수 있도록 해준다. 텍스트 기반 파이썬 프로그램은 대기하고 싶은 시간을 초 단위로 time.sleep() 함수에 입력해 대기할 수 있게 된다. 2.5초 동안 대기하고 싶다면 다음처럼 코드를 작성한다.

```
import time
time.sleep(2.5)
```

파이게임은 이벤트 기반으로 프로그래밍된다. 사용자는 항상 프로그램과 상호작용할 수 있어야 한다. 앞선 코드 방식은 모든 것을 멈추게 만든다. 파이게임에서 사용하기 부적절하다.

메인 루프는 결정된 주사율대로 항상 작동해야 한다. 멈추지 않고 메인 루프가 계속 돌아가게 만들고 동시에 특정 시점에서 경과된 시간을 계산할 수 있어야 한다. 이 문제는 다음과 같은 방법으로 해결할 수 있다.

- 프레임 수를 세어 시간을 측정한다.
- 파이게임으로 미래 어느 시점에 발생할 이벤트를 생성한다.
- 시작 시간을 기억하고 프레임마다 경과된 시간을 계속 확인한다.

두 방법은 간단하게 훑어보고 세 번째 방법에 집중한다. 가장 정확하면서 명확한 방법이다.

13.1 타이머 사용 프로그램

세 개의 서로 다른 접근법을 시각적으로 확인하고자 '그림 13.1' 같은 간단한 프로그램을 구현해보자.

그림 13.1 **타이머 프로그램**

사용자가 [Start] 버튼을 클릭하면 2.5초 타이머가 시작된다. 윈도우는 '그림 13.2'처럼 바뀐다.

그림 13.2 **타이머가 실행할 때 출력되는 메시지**

2.5초 동안 [Start] 버튼은 비활성화된다. 버튼 하단 부분에는 메시지가 출력된다. 타이머가 끝나면 메시지는 사라지고 다시 [Start] 버튼이 활성화된다. 타이머 실행과는 별개로 프로그램은 여전히 사용자 행동에 반응해야 한다. 타이머 실행 여부와 상관없이 사용자는 콘솔에 메시지를 출력하는 [Click Me] 버튼을 클릭할 수 있어야 한다.

13.2 ⟨13.2⟩ 타이머를 구현하는 세 가지 방식

타이머를 구현하는 서로 다른 세 가지 방법(프레임 수 세기, 파이게임 이벤트 생성하기, 경과 시간 검사하기)을 살펴본다. 명확히 개념을 이해할 수 있도록 앞으로 볼 코드는 메인 루프에 직접 구현했다.

13.2.1 ⟨13.2.1⟩ 프레임 수 세기

타이머를 만드는 가장 간단한 방법은 지나간 프레임 수를 세는 것이다. 한 프레임은 루프를 한 번 지나간 것과 동일하다. 프로그램 주사율을 안다면 얼마나 오래 대기해야 할지 주사율에 대기 시간을 곱해 계산할 수 있다. 다음은 이를 계산하는 주요 코드다.

<file> InLineTimerExamples/CountingFrames.py

```
FRAMES_PER_SECOND = 30 # 프레임당 1/30초 걸린다.
TIMER_LENGTH = 2.5
--- 생략 ---
timerRunning = False
```

다음은 사용자가 [Start] 버튼을 클릭했을 때 일어나는 일이다.

```
if startButton.handleEvent(event):
    timerRunning = True
    nFramesElapsed = 0 # 카운터 초기화
    nFramesToWait = int(FRAMES_PER_SECOND * TIMER_LENGTH)
    startButton.disable()
    timerMessage.show()
```

즉, 75개의 프레임을 기다려야 한다는 계산 결과가 도출된다(2.5초×30프레임/초). timerRunning 값을 True로 설정해 타이머가 시작됐다는 사실을 명시한다. 메인 루프는 타이머가 종료될 시점을 검사한다.

```
if timerRunning:
    nFramesElapsed = nFramesElapsed + 1 # 카운터 증가
    if nFramesElapsed >= nFramesToWait:
        startButton.enable()
        timerMessage.hide()
        print('Timer ended by counting frames')
        timerRunning = False
```

타이머가 끝나면 **[Start]** 버튼을 다시 활성화한다. 메시지를 숨긴 후 `timmerRunning` 변숫값을 False로 재설정한다(대기해야 할 프레임 수를 변수에 담고 값이 0이 될 때까지 프레임마다 하나씩 줄이는 방법도 있다). 제대로 동작하는 방법이지만 프로그램 주사율과 밀접한 관계가 있어 항상 같은 결과가 나온다는 보장은 없다.

13.2.2 타이머 이벤트

두 번째 방법은 파이게임에 내장된 타이머를 사용하는 것이다. 파이게임에서는 직접 새로운 이벤트를 만들어 이벤트 큐에 담을 수 있다(이벤트 발행). 이번에 볼 예제는 타이머 이벤트를 생성한 후 해당 이벤트 발행을 파이게임에 요청한다. 해야 할 일은 단지 이벤트가 발생할 미래 시점을 명시하는 것뿐이다. 정해진 시간이 흐르면 파이게임은 타이머 이벤트를 발생시킨다. 지금까지 KEYUP, KEYDOWN, MOUSEBUTTONUP, MOUSEBUTTONDOWN 같은 이벤트를 다룬 것과 같은 방식으로 해당 이벤트를 처리할 수 있다.

다음은 파이게임의 공식 문서에 적힌 타이머 설명이다.[1]

```
pygame.time.set_timer()
```

반복적으로 이벤트 큐에 이벤트를 생성한다.

```
set_timer(eventid, milliseconds) -> None
set_timer(eventid, milliseconds, once) -> None
```

주어진 밀리 초$_{milliseconds}$ 시간마다 특정 이벤트 유형이 이벤트 큐에 나타나도록 설정한다. 첫 번째 이벤트는 주어진 시간이 지나기 전까지 나타나지 않는다.

모든 이벤트 유형은 개별적인 타이머를 가질 수 있다. 일반적으로 가장 많이 사용하는 이벤트 유형은 pygame.USEREVENT 및 pygame.NUMEVENTS다.

특정 이벤트의 타이머를 비활성화하려면 `milliseconds` 매개변수를 0으로 설정한다.

만약 타이머를 딱 한 번만 실행하고 싶다면 once 매개변수를 True로 설정한다.

파이게임의 모든 이벤트 유형은 고유 식별자로 표현된다. 버전 2.0부터는 pygame.event.custom_type() 함수로 사용자 정의 이벤트의 식별자를 조회할 수 있다.

---

1 https://www.pygame.org/docs/ref/time.html

```
TIMER_EVENT_ID = pygame.event.custom_type()  # 파이게임 버전 2.0부터 가능하다.
TIMER_LENGTH = 2.5  # 초 단위
```

다음은 사용자가 **[Start]** 버튼을 클릭했을 때 타이머 이벤트의 생성 및 발행 과정이다.

```
if startButton.handleEvent(event):
    pygame.time.set_timer(TIMER_EVENT_ID,
                          int(TIMER_LENGTH * 1000), True)
    --- 생략 ---
```

TIMER_LENGTH * 1000으로 계산한 값은 2500밀리 초다. 세 번째 매개변수 True는 타이머가 단한 번만 실행돼야 한다는 것을 의미한다(단 하나의 이벤트만 생성).

이제 이벤트 발생 여부를 검사하는 코드를 이벤트 루프 내 작성한다.

```
if event.type == TIMER_EVENT_ID:
    --- 생략 ---
```

앞서 타이머 설정 함수를 호출할 때 세 번째 매개변수로 True를 입력했다. 이벤트는 단 한 번만 발행된다. 만약 2500밀리 초마다 이벤트를 반복해 발행하고 싶다면 해당 매개변숫값을 False로 설정한다(또는 False가 기본값이므로 아예 값을 지정하지 않는다). 반복되는 타이머 이벤트를 끝내고 싶다면 set_timer() 함수의 두 번째 매개변수를 0으로 입력한 후 호출한다.

13.2.3 경과 시간을 계산해 타이머 만들기

타이머를 구현하는 세 번째 방법은 현재 시간을 시작점으로 사용한다. 지속적으로 현재 시간을 확인하며 최초에 기억해놓은 시작점에서 현재 시간을 빼면 경과 시간을 계산할 수 있다. 지금 볼 프로그램은 작동 방식을 정확하게 이해할 수 있도록 해당 방법을 메인 루프 내 직접 구현했다. 하지만 이후에는 타이머 관련 코드만 따로 분리해 재사용 가능한 Timer 클래스를 만든다.

파이썬 표준 라이브러리 일부인 time 모듈은 다음과 같은 함수를 제공한다.

```
time.time()
```

해당 함수를 호출하면 초 단위로 표현된 현재 시간을 부동소수로 얻는다. 반환된 값은 1970년 1월 1일 UTC 00:00:00으로 정의된 '에포크 타임epoch time'에서 지나온 시간을 초로 환산한 값이다.

'코드 13.1'은 사용자가 [Start] 버튼을 클릭한 시간을 기억하는 타이머를 생성한다. 타이머가 작동하는 동안 프레임마다 원하는 정도 시간이 경과됐는지 검사한다. UI는 앞서 본 것과 같다. 타이머 그 밖에 부분은 생략했다.

코드 13.1 **메인 루프 내 구현된 타이머**   (File) InLineTimerExamples/ElapsedTime.py

```python
# 메인 루프 속 타이머

--- 생략 ---

TIMER_LENGTH = 2.5 # 초
--- 생략 ---
timerRunning = False

# 6: 무한 루프 수행하기
while True:

    # 7: 이벤트 발생 검사 및 처리하기
    for event in pygame.event.get():
        if event.type == pygame.QUIT:
            pygame.quit()
            sys.exit()

        if startButton.handleEvent(event): ❶
            timeStarted = time.time() # 시작점을 기억한다.
            startButton.disable()
            timerMessage.show()
            print('Starting timer')
            timerRunning = True

        if clickMeButton.handleEvent(event):
            print('다른 버튼을 클릭했습니다.')

    # 8: '프레임당' 처리해야 할 일 정의하기
    if timerRunning: # 타이머가 구동 중이라면 ❷
        elapsed = time.time() - timeStarted
        if elapsed >= TIMER_LENGTH: # True는 타이머가 끝났음을 의미한다. ❸
            startButton.enable()
            timerMessage.hide()
            print('Timer ended')
            timerRunning = False
```

```
# 9: 윈도우 내 내용물 지우기
window.fill(WHITE)

# 10: 윈도우 내 모든 내용물(요소) 그리기
headerMessage.draw()
startButton.draw()
clickMeButton.draw()
timerMessage.draw()

# 11: 윈도우 갱신하기
pygame.display.update()

# 12: 윈도우 갱신 주기 늦추기
clock.tick(FRAMES_PER_SECOND) # 파이게임이 대기하도록 한다.
```

프로그램에서 다음의 나열된 변수 역할이 중요하다.

- TIMER_LENGTH: 타이머가 구동돼야 할 시간을 정하는 상수

- timerRunning: 타이머의 구동 여부를 나타내는 불리언 변수

- timeStarted: 사용자가 [Start] 버튼을 클릭한 시작점을 저장하는 변수

사용자가 [Start] 버튼을 클릭하면 timerRunning 값은 True로 설정된다❶. timeStarted 변숫값을 현재 시간으로 초기화한다. 그다음 [Start] 버튼을 비활성화하고 버튼 하단에 메시지를 출력한다.

루프를 돌 때마다 타이머가 구동 중이라면❷ 현재 시간에서 시작 시간을 빼 타이머가 시작된 시점에서 경과한 시간을 계산한다. 경과 시간이 TIMER_LENGTH보다 크거나 같으면 타이머가 종료될 때 해야 할 일련의 작업을 처리한다. 예시 프로그램에서는 [Start] 버튼을 다시 활성화하며 버튼 하단에 메시지를 출력한 후 timerRunning 변숫값을 False로 설정했다❸.

'코드 13.1'은 잘 작동하는 코드지만, 타이머를 한 개만 다룬다는 한계가 있다. 이 책은 객체지향이라는 주제를 다루므로 한계점을 확장성으로 극복해보자. 기능을 일반화하려면 타이머 코드를 클래스로 바꿔야 한다. 중요한 역할을 했던 일부 변수를 인스턴스 변수로 만들고 전체 코드를 메서드 조각으로 나눈다. 원하는 만큼 타이머를 만들 수 있다. Timer 클래스는 파이게임을 사용한 프로그램에서 타이밍을 재는 데 쓴 다른 클래스와 마찬가지로 pyghelpers(피그헬퍼) 모듈의 일부로 제공된다.

13.3 pyghelpers 설치하기

pyghelpers는 다음 두 명령어로 설치할 수 있다.

```
python3 -m pip install -U pip --user

python3 -m pip install -U pyghelpers --user
```

두 명령어는 PyPI에서 **pyghelpers**를 다운로드한 후 패키지가 저장된 특정 폴더에 설치한다. 설치가 끝나면 프로그램이 시작하는 부분에 다음처럼 **pyghelpers**를 불러와 사용할 수 있다.

```
import pyghelpers
```

이제부터 해당 모듈이 제공하는 클래스로 객체를 생성하고 해당 객체의 메서드를 호출할 수 있다. **pyghelpers**의 최신 공식 문서[2]를 확인하자. 더 자세히 알고 싶다면 실제 구현된 코드[3]를 살펴보기 바란다.

13.4 Timer 클래스

'코드 13.2'는 매우 단순한 버전의 타이머 클래스다. **pyghelpers** 패키지가 제공하는 `Timer` 클래스를 그대로 가져왔다(일부 문서화 내용은 생략했다).

코드 13.2 **간단한 `Timer` 클래스**   `File` (일부 pyghelpers 모듈)

```
# Timer 클래스

class Timer():
--- 생략 ---
    def __init__(self, timeInSeconds, nickname=None, callBack=None): ❶
        self.timeInSeconds = timeInSeconds
        self.nickname = nickname
        self.callBack = callBack
        self.savedSecondsElapsed = 0.0
        self.running = False
```

---

2 https://pyghelpers.readthedocs.io/en/latest
3 https://github.com/IrvKalb/pyghelpers

```
    def start(self, newTimeInSeconds=None): ❷
        --- 생략 ---
        if newTimeInSeconds != None:
            self.timeInSeconds = newTimeInSeconds
        self.running = True
        self.startTime = time.time()

    def update(self): ❸
        --- 생략 ---
        if not self.running:
            return False
        self.savedSecondsElapsed = time.time() - self.startTime
        if self.savedSecondsElapsed < self.timeInSeconds:
            return False # 타이머가 구동 중이지만 아직 원하는 시간에 도달하지 않은 상황

        else: # 타이머 종료
            self.running = False
            if self.callBack is not None:
                self.callBack(self.nickname)

            return True # True는 타이머가 끝났다는 것을 의미한다.

    def getTime(self): ❹
        --- 생략 ---
        if self.running:
            self.savedSecondsElapsed = time.time() - self.startTime

        return self.savedSecondsElapsed

    def stop(self): ❺
        """타이머를 멈춘다."""
        self.getTime() # 최종 self.savedSecondsElapsed 값을 기억한다.
        self.running = False
```

Timer 객체를 생성할 때는 타이머를 구동하고 싶은 시간을 초 단위로 매개변수에 입력해야 한다❶. 선택 사항이지만 타이머를 구분하는 식별자와 타이머가 종료됐을 때 호출될 메서드 또는 함수 (콜백)를 명시할 수 있다. 콜백 함수를 제공하면 타이머가 종료됐을 때 해당 콜백 함수가 호출된다. 이때 전달된 식별자로 타이머를 구분할 수 있다.

start() 메서드❷는 타이머를 구동할 때 호출된다. Timer 객체는 self.startTime이라는 인스턴스 변수에 시작 시간을 기록한다.

update()❸는 메인 루프를 돌 때마다 호출돼야 하는 메서드다. 만약 타이머가 구동 중이고 원하는 시간만큼 경과했다면 update() 메서드는 True를 반환한다. 그 밖에 상황에서는 False를 반환한다.

타이머가 구동 중일 때 getTime() 메서드❹를 호출하면 현재까지 경과한 시간을 구할 수 있다. stop() 메서드❺는 Timer를 강제 종료할 때 사용한다.

'그림 13.1'에서 본 프로그램은 pyghelpers 패키지의 Timer 클래스로 재작성할 수 있다. '코드 13.3'에서 어떻게 Timer 객체를 코드에서 사용하는지 보여준다.

코드 13.3 Timer 클래스의 인터페이스를 사용하는 메인 프로그램 (File) TimerObjectExamples/SimpleTimerExample.py

```
# 간단한 타이머 사용 예

--- 생략 ---

oTimer = pyghelpers.Timer(TIMER_LENGTH) # Timer 객체 생성 ❶

# 6: 무한 루프 수행하기
while True:

    # 7: 이벤트 발생 검사 및 처리하기
    for event in pygame.event.get():
        if event.type == pygame.QUIT:
            pygame.quit()
            sys.exit()

        if startButton.handleEvent(event):
            oTimer.start() # 타이머 시작하기 ❷
            startButton.disable()
            timerMessage.show()
            print('Starting timer')

        if clickMeButton.handleEvent(event):
            print('Other button was clicked')

    # 8: '프레임당' 처리해야 할 일 정의하기
    if oTimer.update(): # True는 타이머가 끝났음을 의미한다. ❸
        startButton.enable()
        timerMessage.hide()
        print('Timer ended')

    # 9: 윈도우 내 내용물 지우기
    window.fill(WHITE)
```

```
# 10: 윈도우 내 모든 내용물(요소) 그리기
headerMessage.draw()
startButton.draw()
clickMeButton.draw()
timerMessage.draw()

# 11: 윈도우 갱신하기
pygame.display.update()

# 12: 윈도우 갱신 주기 늦추기
clock.tick(FRAMES_PER_SECOND) # 파이게임이 대기하도록 한다.
```

일부 설정용 코드는 생략했다. 메인 루프가 시작되기 전 Timer 객체를 생성한다❶. 사용자가 [Start] 버튼을 클릭하면 oTimer.start() 메서드❷를 호출해 타이머를 구동하기 시작한다.

메인 루프를 돌 때마다 Timer 객체의 update() 메서드를 호출한다❸. 이때 타이머는 두 가지 방법으로 종료할 수 있다. 가장 간단한 방법은 update() 메서드의 반환 값이 True인지 검사하는 것이다. '코드 13.3'도 사용하는 방법이다. 또 다른 대안은 __init__() 메서드가 호출될 때 callBack 매개변숫값을 지정한다. 타이머가 종료될 때 callBack에 지정된 값(함수)이 호출된다. 대부분 첫 번째 방법을 사용한다. 편리하다.

Timer 클래스는 두 가지 장점이 있다. 첫째, 클래스 사용자에게 타이밍을 계산하는 모든 코드는 숨겨져 있다. 필요할 때마다 Timer 객체를 생성한 후 제공된 메서드를 호출하면 된다. 둘째, 원하는 만큼 타이머를 생성할 수 있다. 각 타이머를 독립적으로 구동할 수 있다.

13.5 화면에 시간 출력하기

일반적으로 시간을 세는 프로그램은 사용자가 시간 정보를 볼 수 있도록 해준다. 게임은 경과 시간이 지속적으로 갱신해 화면에 출력돼야 한다. 시계 프로그램은 특정 작업의 완료 시점을 설정한 후 그때까지 한 단위씩 줄어드는 시간을 확인할 수 있어야 한다. 이번에는 '그림 13.3'의 '슬라이더 퍼즐Slider Puzzler' 게임으로 두 가지 방법을 모두 구현하겠다.

코드 13.3 슬라이더 퍼즐 게임의 UI

게임을 시작하면 격자의 각 타일은 무작위로 재배치된다. 그중 한 부분은 타일이 없는 상태로 있어야 한다. 게임 목표는 한 번에 하나의 타일을 한 칸 이동해 1부터 15까지 순서대로 채우는 것이다. 빈 공간을 기준으로 수평이나 수직에 위치한 타일만 클릭할 수 있다. 유효한 타일을 클릭하면 해당 타일과 빈 공간은 서로 자리를 바꾼다. 이 책에서는 게임의 전체 구현 사항을 모두 다루지는 않는다(게임의 전체 코드는 저장소에서 제공한다). 대신 타이머가 프로그램에 통합된 방식에 집중한다.

pyghelpers 패키지는 시간을 추적하는 두 종류의 클래스를 제공한다. 첫 번째는 CountUpTimer 클래스다. 0부터 기약 없이 시간을 증가시킨다(종료 메서드로만 타이머를 종료할 수 있다). 두 번째는 CountDownTimer 클래스다. 주어진 시간에서 시간이 줄어 0이 될 때 타이머는 자동 종료된다.

지금부터 두 종류의 타이머를 활용한 각 방법을 살펴본다. 첫 번째 타이머는 퍼즐을 해결하기까지 걸린 시간을, 두 번째 타이머는 게임을 완료해야 하는 시간을 보여준다. 만약 시간 내 게임을 끝내지 못하면 게임을 클리어하지 못한 것으로 간주한다.

13.5.1 CountUpTimer

CountUpTimer 클래스는 타이머가 시작될 시간을 정할 수 있다. 그다음 프레임마다 경과된 시간을 세 종류의 메서드로 확인할 수 있다. '코드 13.4'는 CountUpTimer 클래스가 구현된 방식을 보여준다. 해당 클래스의 서로 다른 메서드가 같은 인스턴스 변수를 공유하는 방법을 잘 보여준다.

```python
# CountUpTimer 클래스

class CountUpTimer():
    --- 생략 ---

    def __init__(self): ❶
        self.running = False
        self.savedSecondsElapsed = 0.0
        self.secondsStart = 0 # 보호 장치

    def start(self): ❷
        --- 생략 ---
        self.secondsStart = time.time() # 현재 시간을 초 단위로 가져온 후 변수로 저장한다.
        self.running = True
        self.savedSecondsElapsed = 0.0

    def getTime(self): ❸
        """경과 시간을 부동소수로 반환한다."""
        if not self.running:
            return self.savedSecondsElapsed # 아무것도 하지 않는다.

        self.savedSecondsElapsed = time.time() - self.secondsStart
        return self.savedSecondsElapsed # 부동소수 반환

    def getTimeInSeconds(self): ❹
        """경과 시간을 초 단위 정수로 반환한다."""
        nSeconds = int(self.getTime())
        return nSeconds

    # f 문자열을 쓰도록 갱신된 버전
    def getTimeInHHMMSS(self, nMillisecondsDigits=0): ❺
        --- 생략 ---
        nSeconds = self.getTime()
        mins, secs = divmod(nSeconds, 60)
        hours, mins = divmod(int(mins), 60)

        if nMillisecondsDigits > 0:
            secondsWidth = nMillisecondsDigits + 3
        else:
            secondsWidth = 2

        if hours > 0:
            output = f'{hours:d}:{mins:02d}:{secs:0{secondsWidth}.{nMillisecondsDigits}f}'
        elif mins > 0:
            output = f'{mins:d}:{secs:0{secondsWidth}.{nMillisecondsDigits}f}'
        else:
```

```
            output = f'{secs:.{nMillisecondsDigits}f}'

        return output

    def stop(self):  ❻
        """타이머를 멈춘다."""
        self.getTime()  # 최종 self.savedSecondsElapsed 값을 기억한다.
        self.running = False
```

해당 구현에서는 나열된 세 개의 인스턴스 변수 역할이 중요하다❶.

* self.running: 타이머의 구동 여부를 나타내는 불리언 변수
* self.savedSecondsElapsed: 경과된 시간을 나타내는 부동소수 변수
* self.secondsStart: 타이머의 구동이 시작된 시점을 저장하는 변수

클라이언트는 start() 메서드를 호출해 타이머를 시작한다❷. start() 메서드의 내부에서는 time.time() 메서드를 호출해 현재 시간을 self.secondsStart에 저장한다. 그 후 self.running 값을 True로 설정해 타이머가 구동 중이라는 것을 표시한다.

클라이언트는 세 개의 메서드로 경과 시간을 확인할 수 있다. 메서드가 세 개나 존재하는 이유는 각각 서로 다른 양식으로 시간을 표현하기 때문이다.

* getTime() 메서드❸는 부동소수로 경과 시간을 반환한다.
* getTimeInSeconds() 메서드❹는 초 단위의 정수로 표현된 경과 시간을 반환한다.
* getTimeInHHMMSS() 메서드❺는 특정 형식의 문자열에 맞춰 경과 시간을 반환한다.

getTime() 메서드는 time.time() 메서드를 호출해 현재 시간을 가져온다. 여기서 시작 시간을 빼 경과 시간을 계산한다. 나머지 두 메서드는 getTime() 메서드로 경과 시간을 계산한 후 getTime() 메서드가 반환한 값을 서로 다른 양식으로 재구성한다. getTimeInSeconds() 메서드는 경과 시간을 초 단위 정수로 변환한다. getTimeInHHMMSS() 메서드는 시간을 **시간:분:초** 형식을 따르는 문자열에 맞춘다. 각 메서드 출력은 DisplayText 객체(pygwidgets 패키지 제공)가 직접 사용해 현재 경과 시간이 윈도우에 출력된다.

stop() 메서드❻는 타이머를 종료시킬 수 있다(❻ 퍼즐 게임을 완료한 시점).

해당 버전의 슬라이더 퍼즐 게임의 메인 파일은 책이 제공하는 저장소 중 SliderPuzzles/Main_SliderPuzzleCountUp.py에서 찾을 수 있다. 메인 루프가 시작되기 전 CountUpTimer 객체를 만들어 oCountUpTimer 변수에 저장한다. 그다음 start() 메서드를 즉시 호출해 타이머가 시작된다. 화면에 시간을 출력하는 DisplayText 필드(객체)도 생성한다. 메인 루프를 돌 때마다 메인 코드는 다음처럼 getTimeInHHMMSS() 메서드를 호출한 결과를 해당 필드에 출력한다.

```
timeToShow = oCountUpTimer.getTimeInHHMMSS()  # Timer 객체에서 경과 시간을 가져온다.
oTimerDisplay.setValue('시간: ' + timeToShow)  # 해당 정보를 화면에 그린다.
```

oTimerDisplay 변수는 pygwidgets.DisplayText 클래스로 만든 객체다. DisplayText 객체의 setValue() 메서드는 이전에 출력된 텍스트와 현재 출력될 텍스트가 다를 때만 값을 변경하도록 최적화됐다. 매초마다 30번씩 값 출력을 요청해도 실제로 값이 바뀌지 않았다면 아무 일도 일어나지 않는다.

게임은 퍼즐 문제가 해결됐는지 검사한다. 퍼즐을 해결했다면 stop() 메서드를 호출해 시간의 흐름을 멈춘다. 사용자가 **[Restart]** 버튼을 클릭해 게임을 새로 시작하면 타이머 객체의 start() 메서드를 호출하고 다시 시간이 움직인다.

13.5.2 CountDownTimer

CountDownTimer 클래스와 앞서 배운 CountUpTimer는 크게 다르지 않다. 다만 0부터 숫자를 세지 않고 CountDownTimer 클래스의 객체를 만들 때 시작 시간을 초 단위로 입력하고 그 시간을 줄여 나간다. CountDownTimer 객체는 다음처럼 생성할 수 있다.

```
CountDownTimer(nStartingSeconds, stopAtZero=True, nickname=None, callBack=None):
```

기본값이 True인 두 번째 매개변수 stopAtZero는 선택적으로 입력할 수 있다. 시간이 0에 도달했을 때 타이머의 종료 여부를 결정한다. 시간이 0에 도달했을 때 호출될 콜백 함수나 메서드를 네 번째 매개변수인 callBack에 입력할 수 있다. 마지막으로 nickname은 콜백 함수나 메서드가 호출됐을 때 호출한 타이머를 구별하는 식별자를 부여한다.

클라이언트는 start() 메서드를 호출해 카운트다운을 시작한다.

클라이언트가 봤을 때 getTime(), getTimeInSeconds(), getTimeInHHMMSS(), stop() 메서드는 CountUpTimer 클래스가 제공하는 메서드와 사용 방법이 같다.

CountDownTimer는 CountUpTimer 클래스에 없는 ended() 메서드를 추가로 제공한다. 클라이언트 코드는 메인 루프가 돌 때마다 마지막에 ended() 메서드를 호출해야 한다. 타이머의 활성 상태에 따라 타이머가 아직 구동 중이라면 False를, 그렇지 않으면 True를 반환한다.

슬라이더 퍼즐 게임의 해당 버전 메인 파일은 책이 제공하는 저장소 중 SliderPuzzles/Main_SliderPuzzleCountDown.py에 있다.

해당 버전 코드는 앞서 숫자를 증가시키던 버전과 꽤 유사하다. 다만 CountDownTimer 객체를 활용했다는 점이 다르다. 즉 시작 시간을 초 단위로 명시해 퍼즐을 해결해야 할 시간에 제약을 둔 셈이다. 또한, 프레임마다 getTimeInHHMMSS(2) 메서드를 호출해 시간을 소수점 둘째 자리까지 계산하고 갱신한다. 마지막으로 프레임 마지막에 ended() 메서드를 호출해 타이머 종료 여부를 검사한다. 사용자가 퍼즐을 풀기 전 타이머가 종료됐다면 시간 내 퍼즐을 해결하지 못했다는 것을 알리는 메시지를 출력하고 그에 알맞은 소리를 재생한다.

13.6 정리

13장에서는 타이머를 다루는 다양한 방법을 알아봤다. 프레임 수를 세는 법, 사용자 정의 이벤트로 초를 세는 법, 시작 시간을 기억한 후 현재 시간에서 빼는 법을 살펴봤다.

그중 세 번째 방법을 재사용 가능한 Timer 클래스로 만들었다(pyghelpers 패키지가 제공한다). 또한, 해당 패키지가 제공하는 다른 종류의 클래스(CountUpTimer, CountDownTimer)도 살펴봤다.

14

애니메이션

14장은 전통적인 애니메이션 기법을 다룬다. 애니메이션은 일종의 플립 북flip book으로 볼 수 있다. 이전 이미지와는 약간씩 다른 일련의 이미지를 순서대로 흘려 애니메이션을 만들 수 있다. 각 이미지가 매우 짧은 시간 동안 스쳐 지나간다. 그 결과 그림이 움직이는 착각을 만들어낸다. 시간의 흐름에 따라 일련의 이미지를 그리는 방식을 잘 이해하고 어렵지 않게 코드를 작성할 수 있어 애니메이션은 클래스 구성의 좋은 주제다.

먼저 두 종류의 애니메이션 클래스를 구현한다. 첫 번째는 애니메이션을 개별 이미지 파일로 구성한 SimpleAnimation 클래스다. 두 번째는 여러 이미지를 담은 단일 파일로 애니메이션을 구성하는 SimpleSpriteSheetAnimation 클래스다. 두 클래스는 애니메이션의 기본 원칙을 보여주는 학습용 클래스다. 두 클래스와 유사하지만 더욱 탄탄하게 구현된 pygwidgets 패키지 제공의 Animation 과 SpriteSheetAnimation 클래스를 살펴본다. 두 클래스를 살펴보면서 SimpleAnimation 및 SimpleSpriteSheetAnimation 클래스가 공통 기반 클래스로 구현된 방식을 알아보겠다.

14.1 애니메이션 클래스 구현하기

애니메이션 클래스의 기본 개념은 간단하다. 클라이언트가 순서대로 나열된 이미지 및 애니메이션의 재생 시간을 입력해 객체를 만들 수 있다. 다음으로 해당 객체에 애니메이션의 시작점을 입력하고 주기적으로 애니메이션 객체가 스스로 이미지를 갱신하도록 한다. 애니메이션 클래스는 각 이미지를 순서대로 특정 시간 동안 화면에 출력한다.

14.1.1 SimpleAnimation 클래스

일반적으로 애니메이션을 구성하는 이미지를 불러온 후 리스트에 저장한다. 첫 번째 이미지를 애니메이션 시작 전에 그린다. 클라이언트가 애니메이션이 시작될 시점을 알리면 애니메이션 객체는 시간을 추적한다. 애니메이션 이미지를 갱신할 때마다 애니메이션 객체는 한 장의 이미지 출력에 허용된 시간이 경과됐는지 검사한다. 만약 시간이 경과했다면 다음 이미지를 그린다. 애니메이션 재생이 끝나면 다시 가장 처음 이미지를 화면에 그린다.

1 클래스 정의하기

'코드 14.1'은 여러 이미지 파일로 애니메이션을 구성하는 `SimpleAnimation` 클래스를 구현한다. 애니메이션을 구성하는 모든 이미지 파일은 프로젝트 폴더의 images 폴더 내에 애니메이션을 처리할 대상별로 특정 하위 폴더에 저장하는 것이 좋다. 앞으로 볼 예시도 이 구조를 따른다. 관련 이미지 및 코드는 모두 책이 제공하는 저장소에 있다.

코드 14.1 **SimpleAnimation 클래스**　　　　　　　　(File) SimpleAnimation/SimpleAnimation.py

```python
# SimpleAnimation 클래스

import pygame
import time

class SimpleAnimation():
    def __init__(self, window, loc, picPaths, durationPerImage): ❶
        self.window = window
        self.loc = loc
        self.imagesList = []
        for picPath in picPaths:
            image = pygame.image.load(picPath) # 이미지 불러오기
            image = pygame.Surface.convert_alpha(image) ❷ # blit 최적화하기
            self.imagesList.append(image)

        self.playing = False
```

```
            self.durationPerImage = durationPerImage
            self.nImages = len(self.imagesList)
            self.index = 0

        def play(self): ❸
            if self.playing:
                return
            self.playing = True
            self.imageStartTime = time.time()
            self.index = 0

        def update(self): ❹
            if not self.playing:
                return

            # 현재 이미지를 그린 시점에서 경과된 시간
            self.elapsed = time.time() - self.imageStartTime

            # 충분한 시간이 경과했다면 다음 이미지를 선택한다.
            if self.elapsed > self.durationPerImage:
                self.index = self.index + 1

                if self.index < self.nImages: # (다음) 이미지가 그려진 경과 시간을 초기화한다.
                    self.imageStartTime = time.time()
                else: # 애니메이션 종료 조건
                    self.playing = False
                    self.index = 0 # 처음 이미지로 되돌린다.

        def draw(self): ❺
            # self.index이 update() 메서드에서 설정됐다고 가정한다.
            # imagesList에 담긴 이미지 중 self.index를 인덱스에 해당하는 것을 가져온다(현재 이미지).
            theImage = self.imagesList[self.index] # 그릴 이미지 선택하기

            self.window.blit(theImage, self.loc) # 화면에 그리기
```

클라이언트는 다음 매개변수를 입력해 SimpleAnimation 객체를 생성한다.

- window: 애니메이션을 그릴 윈도우

- loc: 애니메이션을 그릴 윈도우 내 위치

- picPaths: 이미지 경로를 담은 리스트 또는 튜플. 이미지는 해당 자료구조에 담긴 순서대로 출력된다.

- durationPerImage: 이미지당 화면에 그려질 시간(초)

__init__() 메서드❶는 네 개의 매개변수를 각 인스턴스 변수에 저장한다. picPaths에 담긴 모든 이미지 경로를 하나씩 접근하며 이미지를 불러오고 또 다른 리스트에 불러온 이미지를 하나씩 저장한다. 리스트는 순서형 이미지 목록을 저장하기에 매우 좋은 수단이다. 현재 화면에 그릴 이미지는 self.index 변수로 추적한다.

파일로 저장된 이미지와 화면에 출력될 이미지 형식은 서로 다르다. convert_alpha() 메서드❷는 파일 형식의 이미지를 윈도우에 그릴 때 성능을 최적화한 형식의 이미지로 변환한다. 실제 이미지를 화면에 그릴 때는 draw() 메서드를 사용한다.

play() 메서드❸는 애니메이션을 시작한다. 먼저 애니메이션 시작 여부를 확인한 후 애니메이션이 이미 시작됐다면 아무 일도 수행하지 않는다. 애니메이션이 시작되지 않았다면 self.playing 값을 True로 설정해 애니메이션이 시작됐다는 것을 표시한다.

SimpleAnimation 객체를 생성할 때 각 이미지가 그려질 시간 정보를 입력해야 한다. 매개변수로 입력하면 객체는 self.durationPerImage에 저장한다. 애니메이션이 실행되는 동안 현재 이미지를 다음 이미지로 교체할 시간을 추적한다. 해당 시간을 추적하고자 time.time() 함수로 현재 시간(밀리 초)을 구한 후 시작 시간을 인스턴스 변수에 저장한다. 시간에 기반한 클래스를 만드는 것은 클래스로 만든 모든 객체가 주사율과 상관없이 각자 시간에 따라 올바르게 작동해야 한다는 것을 의미한다. 마지막으로 self.index 값을 0으로 설정해 가장 첫 번째 이미지를 그릴 것을 표시한다.

update() 메서드❹는 메인 루프의 프레임마다 호출된다. 만약 애니메이션이 재생 중이 아니라면 update() 메서드는 아무 일도 하지 않는다. 애니메이션이 재생 중이면 update() 메서드는 현재 이미지가 그려진 시작 시간(self.imageStartTime)에서 time.time() 함수로 구한 현재 시간을 뺀다. 이렇게 현재 이미지가 화면에 그려진 경과 시간을 계산한다.

만약 이미지가 그려져야 할 시간보다 많은 시간이 경과했다면 다음 이미지를 화면에 그린다. 이 경우 self.index 값을 1만큼 증가시킨다. 이어서 호출될 draw() 메서드가 적절한 이미지를 그릴 수 있도록 한다. 증가한 self.index 값이 전체 이미지 개수를 초과했는지 검사해 애니메이션 종료 여부를 판단한다. 만약 애니메이션이 아직 재생 중이면 새로 선택된 다음 이미지가 그려지기 시작한 시점을 self.imageStartTime 변수에 기록한다. 반면 애니메이션이 종료됐다면 self.playing 값을 False로, self.index 값을 0으로 재설정해 draw() 메서드가 다시 첫 번째 이미지를 화면에 그리도록 한다.

마지막으로 프레임마다 draw() 메서드❺를 호출해 애니메이션을 구성하는 이미지 중 현재 이미지를 화면에 그린다. draw() 메서드는 단순히 리스트에 담긴 이미지 중 self.index가 가리키는 이미지를 그릴 뿐이다. self.index 값만 적절히 설정됐다면 draw() 메서드는 해당 이미지를 윈도우 내 특정 위치에 그린다.

❷ 메인 프로그램

'코드 14.2'는 SimpleAnimation 객체를 생성하고 사용하는 메인 프로그램의 예다. 자전거를 타는 공룡 애니메이션이다.

코드 14.2 SimpleAnimation 객체를 생성 및 애니메이션을 재생하는 메인 프로그램

(File) SimpleAnimation/Main_SimpleAnimation.py

```
# SimpleAnimation 객체의 사용 예

# 1: 라이브러리 불러오기
import pygame
from pygame.locals import *
import sys
import pygwidgets
from SimpleAnimation import *

# 2: 상수 정의하기
SCREEN_WIDTH = 640
SCREEN_HEIGHT = 480
FRAMES_PER_SECOND = 30
BGCOLOR = (0, 128, 128)

# 3: 파이게임 환경 초기화하기
pygame.init()
window = pygame.display.set_mode([SCREEN_WIDTH, SCREEN_HEIGHT])
clock = pygame.time.Clock()

# 4: 이미지, 소리 등 애셋 불러오기
dinosaurAnimTuple = ('images/Dinobike/f1.gif',    ❶
                     'images/Dinobike/f2.gif',
                     'images/Dinobike/f3.gif',
                     'images/Dinobike/f4.gif',
                     'images/Dinobike/f5.gif',
                     'images/Dinobike/f6.gif',
                     'images/Dinobike/f7.gif',
                     'images/Dinobike/f8.gif',
                     'images/Dinobike/f9.gif',
                     'images/Dinobike/f10.gif')
```

```
# 5: 변수 초기화하기
oDinosaurAnimation = SimpleAnimation(window, (22, 140),
                                     dinosaurAnimTuple, .1)
oPlayButton = pygwidgets.TextButton(window, (20, 240), "Play")

# 6: 무한 루프 수행하기
while True:

    # 7: 이벤트 발생 검사 및 처리하기
    for event in pygame.event.get():
        if event.type == QUIT:
            pygame.quit()
            sys.exit()

        if oPlayButton.handleEvent(event):  ❷
            oDinosaurAnimation.play()

    # 8: '프레임당' 처리해야 할 일 정의하기
    oDinosaurAnimation.update()  ❸

    # 9: 윈도우 내 내용물 지우기
    window.fill(BGCOLOR)

    # 10: 윈도우 내 모든 내용물(요소) 그리기
    oDinosaurAnimation.draw()  ❹
    oPlayButton.draw()

    # 11: 윈도우 갱신하기
    pygame.display.update()

    # 12: 윈도우 갱신 주기 늦추기
    clock.tick(FRAMES_PER_SECOND)  # 파이게임이 대기하도록 한다.
```

애니메이션으로 처리할 공룡 이미지는 모두 images/Dinobike 폴더에 있다. 먼저 모든 이미지 목록을 튜플로 구성한 후❶ 해당 튜플로 SimpleAnimation 객체를 생성한다. 이때 각 이미지가 화면에 출력될 시간을 1/10초로 설정한다. [Play] 버튼도 생성한다.

메인 루프는 oDinosaurAnimation 객체의 update() 및 draw() 메서드를 호출한다. 프로그램은 메인 루프가 돌아가는 동안 애니메이션을 구성하는 현재 이미지와 [Play] 버튼을 지속적으로 화면에 그린다. 만약 애니메이션이 종료되면 첫 번째 이미지를 화면에 그린다.

사용자가 [Play] 버튼을 클릭하면❷ 프로그램은 oDinosaurAnimation 객체의 play() 메서드를 호출해 애니메이션을 재생한다.

메인 루프에서는 oDinosaurAnimation 객체의 update() 메서드❸를 호출한다. 애니메이션이 다음 이미지를 출력해야 할 만큼 시간이 경과됐는지 결정한다.

마지막으로 draw() 메서드❹를 호출해 적절한 이미지를 출력한다.

14.1.2 SimpleSpriteSheetAnimation 클래스

두 번째 유형의 애니메이션은 SimpleSpriteSheetAnimation 클래스로 구현한다. **스프라이트 시트** sprite sheet는 동일한 크기를 가진 작은 이미지들을 한 장의 이미지에 보관한 것이다. 각 부분 이미지로 애니메이션을 만든다는 특수한 목적을 가진다. 스프라이트 시트 사용은 개발자 입장에서 세 가지 장점이 있다. 첫째, 모든 이미지는 단일 파일로 관리된다. 각 개별 파일 이름을 관리할 걱정을 줄일 수 있다. 둘째, 이미지 파일을 한 장씩 넘기는 방식 대신 단일 이미지 파일의 부분 위치를 옮기는 방식으로 애니메이션을 생성할 수 있다. 마지막으로 여러 파일을 불러오는 것보다 단일 파일을 불러오는 것이 훨씬 빠르다.

'그림 14.1'은 스프라이트 시트의 예다.

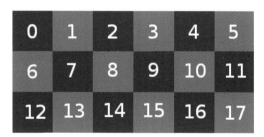

그림 14.1 18장의 작은 이미지로 구성된 한 장의 스프라이트 시트 이미지

'그림 14.1'은 0부터 17까지 숫자를 출력하려고 디자인된 스프라이트 시트다. 원본 파일은 384×192 크기의 픽셀로 구성됐다. 이를 18개의 숫자 타일로 나누면 각 개별 숫자를 표현하는 이미지 크기가 64×64라는 것을 알 수 있다. 파이게임을 사용해 큰 이미지에서 64×64 크기의 픽셀로 구성된 18장 이미지를 생성한다. 이후 SimpleAnimation 클래스를 다룰 때 사용된 동일한 기법으로 각 부분 이미지를 출력할 수 있다.

1 클래스 정의하기

스프라이트 시트 기반의 애니메이션을 처리하는 SimpleSpriteSheetAnimation 클래스는 '코드 14.3'처럼 구현할 수 있다. 한 장의 스프라이트 시트 이미지는 초기화 단계에서 작은 부분 이미지로 나뉘고 부분 이미지는 이후 다른 메서드로 출력한다.

코드 14.3 **SimpleSpriteSheetAnimation 클래스** (File) SimpleSpriteSheetAnimation/SimpleSpriteSheetAnimation.py

```
# SimpleSpriteSheetAnimation 클래스

import pygame
import time

class SimpleSpriteSheetAnimation():
    def __init__(self, window, loc, imagePath, nImages, width, height, durationPerImage): ①
        self.window = window
        self.loc = loc
        self.nImages = nImages
        self.imagesList = []

        # 스프라이트 시트 불러오기
        spriteSheetImage = pygame.image.load(imagePath)
        # blit 최적화하기
        spriteSheetImage = pygame.Surface.convert_alpha(spriteSheetImage)

        # 스프라이트 시트를 구성하는 이미지 개수 계산하기
        nCols = spriteSheetImage.get_width() // width

        # 스프라이트 시트를 구성하는 이미지 조각 나누기
        row = 0
        col = 0
        for imageNumber in range(nImages):
            x = col * height
            y = row * width

            # 전체 스프라이트 시트의 부분 이미지별 부분 서피스 생성하기
            subsurfaceRect = pygame.Rect(x, y, width, height)
            image = spriteSheetImage.subsurface(subsurfaceRect)
            self.imagesList.append(image)

            col = col + 1
            if col == nCols:
                col = 0
                row = row + 1

        self.durationPerImage = durationPerImage
        self.playing = False
        self.index = 0

    def play(self):
        if self.playing:
            return
```

```
            self.playing = True
            self.imageStartTime = time.time()
            self.index = 0

    def update(self):
        if not self.playing:
            return

        # 현재 이미지를 그린 시점에서 경과된 시간
        self.elapsed = time.time() - self.imageStartTime

        # 충분히 많은 시간이 경과됐다면 다음 이미지를 선택한다.
        if self.elapsed > self.durationPerImage:
            self.index = self.index + 1

            if self.index < self.nImages: # (다음) 이미지가 그려진 경과 시간을 초기화한다.
                self.imageStartTime = time.time()

            else: # 애니메이션 종료
                self.playing = False
                self.index = 0 # 처음 이미지로 되돌린다.

    def draw(self):
        # self.index이 update() 메서드에서 설정됐다고 가정한다 .
        # imagesList에 담긴 이미지 중 인덱스에 해당하는 self.index를 가져온다(현재 이미지).
        theImage = self.imagesList[self.index] # 그릴 이미지 선택하기

        self.window.blit(theImage, self.loc) # 화면에 그리기
```

SimpleSpriteSheetAnimation 클래스는 SimpleAnimation 클래스와 매우 유사하다. 하지만 스프라이트 시트를 사용해 애니메이션을 구성했으므로 __init__() 메서드에는 SimpleAnimation 클래스와는 다른 매개변수가 입력돼야 한다❶. 기본적으로 필요한 윈도우와 윈도우 내 위치를 의미하는 loc 외에도 다음과 같은 매개변수가 필요하다.

- imagePath: 스프라이트 시트 이미지 파일의 경로(단일 파일)

- nImages: 스프라이트 시트에 포함된 부분 이미지 개수

- width: 각 부분 이미지의 너비

- height: 각 부분 이미지의 높이

- durationPerImage: 각 이미지가 출력될 시간(초)

매개변수가 입력되면 __init__() 메서드는 스프라이트 시트 파일을 불러온다. subsurface() 메서드로 전체 스프라이트 시트를 부분 이미지 목록으로 분할하고, 부분 이미지를 다른 메서드가 사용할 수 있도록 self.imagesList 리스트에 담는다. __init__() 메서드는 부분 이미지 개수를 입력된 nImages 매개변수로 명시된 숫자까지 세며 부분 이미지를 분할한다. 반드시 스프라이트 시트의 모든 부분 이미지를 사용해야 하는 것은 아니다. 17까지 부분 숫자 이미지로 마지막 열을 꽉 채운 스프라이트 시트 대신 0부터 14까지 숫자로만 구성된 스프라이트 시트를 사용해도 좋다.

play(), update(), draw() 메서드는 SimpleAnimation 클래스에서 본 것과 같다.

2 메인 프로그램

'코드 14.4'는 물방울이 떨어져 퍼지는 애니메이션을 구현하는 코드다. 이를 그리는 SimpleSprite SheetAnimation 객체를 생성하고 사용하는 메인 프로그램이다. 코드에서 사용한 모든 이미지는 책이 제공하는 저장소의 SpriteSheetAnimation 폴더에 있다.

코드 14.4 SpriteSheetAnimation 객체를 생성하고 사용하는 간단한 메인 프로그램

(File) SimpleSpriteSheetAnimation/Main_SimpleSpriteSheetAnimation.py

```
# SimpleSpriteSheetAnimation 객체의 사용 예

# 1: 패키지 불러오기
import pygame
from pygame.locals import *
import sys
import pygwidgets
from SimpleSpriteSheetAnimation import *

# 2: 상수 정의하기
SCREEN_WIDTH = 640
SCREEN_HEIGHT = 480
FRAMES_PER_SECOND = 30
BGCOLOR = (0, 128, 128)

# 3: 파이게임 환경 초기화하기
pygame.init()
window = pygame.display.set_mode([SCREEN_WIDTH, SCREEN_HEIGHT])
clock = pygame.time.Clock()

# 4: 이미지, 소리 등 애셋 불러오기

# 5: 변수 초기화하기
oWaterAnimation = SimpleSpriteSheetAnimation(window, (22, 140), ❶
                                      'images/water_003.png',
                                      50, 192, 192, .05)
```

```
oPlayButton = pygwidgets.TextButton(window, (60, 320), "Play")

# 6: 무한 루프 수행하기
while True:

    # 7: 이벤트 발생 검사 및 처리하기
    for event in pygame.event.get():
        if event.type == QUIT:
            pygame.quit()
            sys.exit()

        if oPlayButton.handleEvent(event):
            oWaterAnimation.play()

    # 8: '프레임당' 처리해야 할 일 정의하기
    oWaterAnimation.update()

    # 9: 윈도우 내 내용물 지우기
    window.fill(BGCOLOR)

    # 10: 윈도우 내 모든 내용물(요소) 그리기
    oWaterAnimation.draw()
    oPlayButton.draw()

    # 11: 윈도우 갱신하기
    pygame.display.update()

    # 12: 윈도우 갱신 주기 늦추기
    clock.tick(FRAMES_PER_SECOND)  #파이게임이 대기하도록 한다.
```

'코드 14.4'와 '코드 14.2'의 유일한 차이점은 SimpleAnimation 대신 SimpleSpriteSheetAnimation 객체를 생성하고 사용한다는 점이다❶.

14.1.3 두 클래스 병합하기

SimpleAnimation과 SimpleSpriteSheetAnimation 클래스의 __init__() 메서드는 서로 다른 매개 변수를 가진다. 그 밖에 start(), update(), draw() 메서드는 완전히 동일하다. 두 클래스 중 한 종류의 객체를 생성만 하면 이후에는 정확히 같은 방식으로 객체를 사용할 수 있다. '똑같은 일을 여러 번 반복하지 말라don't repeat yourself, DRY'는 원칙에 따르면 중복 메서드를 최대한 제거하는 것이 좋다. 특정 메서드에 내재된 버그를 한 번만 수정해도 해당 클래스를 사용하는 두 개 이상의 클래스 모두 혜택을 볼 수 있다.

우리가 만든 두 클래스를 병합해볼 좋은 기회다. 공통 추상화 기반 클래스를 정의하고 두 클래스를 파생시킬 수 있다. 기반 클래스의 `__init__()` 메서드는 SimpleAnimation과 SimpleSpriteSheetAnimation의 `__init__()` 메서드의 공통 부분을 추출해 구현한다. `play()`, `update()`, `draw()` 공통 메서드를 가진다.

새로운 SimpleAnimation 및 SimpleSpriteSheetAnimation 클래스는 기반 클래스를 상속한다. 각 상황에 적절한 매개변수를 가진 `__init__()` 메서드를 가진다. 각 클래스의 `__init__()` 메서드는 자신만의 방식으로 `self.imagesList` 인스턴스 변수를 구성한다. 이후 기반 클래스에 정의된 세 가지 메서드를 활용할 수 있다.

다만 간단한 버전의 SimpleAnimation과 SimpleSpriteSheetAnimation 클래스를 병합하기보다는 더욱 철저하게 만든 pygwidgets 패키지 제공의 Animation 및 SpriteSheetAnimation 클래스를 살펴보는 시간을 가져보자. 근본적으로 두 클래스는 앞서 우리가 만든 클래스와 같은 일을 한다.

14.2 pygwidgets 패키지의 Animation 클래스

pygwidgets은 애니메이션 처리를 할 때 다음 클래스를 제공한다.

- PygAnimation: Animation과 SpriteSheetAnimation을 위한 추상 기반 클래스
- Animation: 여러 장의 이미지 파일로 애니메이션을 구성하는 클래스
- SpriteSheetAnimation: 스프라이트 시트로 애니메이션을 구성하는 클래스

각 클래스를 하나씩 살펴보자. Animation 및 SpriteSheetAnimation 클래스는 앞서 다룬 기본 개념이 그대로 적용됐다. 다만 초기화 매개변수로 좀 더 다양한 옵션을 제공한다.

14.2.1 Animation 클래스

pygwidgets 패키지의 Animation 클래스는 여러 이미지 파일로 애니메이션을 만들 때 사용한다. Animation 클래스 객체는 다음과 같이 작성해 생성할 수 있다.

```
Animation(window, loc, animTuplesList, autoStart=False, loop=False,
          showFirstImageAtEnd=True, nickname=None, callBack=None, nIterations=1)
```

반드시 필요한 매개변수는 다음과 같다.

- window: 애니메이션을 그릴 윈도우
- loc: 애니메이션을 그릴 윈도우 내 좌측 상단 위치
- animTuplesList: 애니메이션 순서를 표현하는 리스트 또는 튜플. 각 요소는 튜플이어야 한다. 다음과 같은 정보를 담는다.
  - pathToImage: 이미지 파일의 상대 경로
  - Duration: 부동소수로 표현된 이미지가 출력될 시간(초)
  - offset: 선택적으로 입력할 수 있는 튜플(x, y). 애니메이션을 그릴 윈도우 내 위치의 오프셋을 나타낸다.

다음은 선택해 입력할 수 있는 매개변수다.

- autoStart: 애니메이션의 즉시 시작 여부를 결정한다. 기본값은 False다.
- loop: 모든 이미지를 한 바퀴 돌아서 애니메이션 재생이 끝났을 때 다시 처음으로 되돌아가서 애니메이션을 연속 재생할지 결정한다. 기본값은 False다.
- showFirstImageAtEnd: 애니메이션 재생이 끝났을 때 다시 첫 번째 이미지를 그릴지 여부를 결정한다. 기본값은 True다.
- nickname: 애니메이션을 식별하고자 내부적으로 사용되는 이름(별칭). 콜백 사용 시 콜백의 매개변수로 제공된다.
- callBack: 애니메이션 재생이 끝났을 때 호출될 함수 또는 객체 메서드
- nIterations: 애니메이션을 반복할 횟수를 결정한다. 기본값은 1이다.

모든 이미지를 균등한 시간 동안 그린 SimpleAnimation과 달리 Animation 클래스는 이미지마다 그려질 시간을 **개별적으로** 설정할 수 있다. 이미지가 그려질 시간을 훨씬 더 유연하게 설정할 수 있다. x, y 오프셋도 지정할 수 있지만 일반적으로 해당 기능은 잘 사용하지 않는다.

다음 코드는 달리는 티라노사우루스(T-Rex) 공룡 애니메이션을 화면에 그리는 Animation 객체를 생성하는 방법이다.

```
TRexAnimationList = [('images/TRex/f1.gif', .1),
                     ('images/TRex/f2.gif', .1),
                     ('images/TRex/f3.gif', .1),
                     ('images/TRex/f4.gif', .1),
                     ('images/TRex/f5.gif', .1),
                     ('images/TRex/f6.gif', .1),
                     ('images/TRex/f7.gif', .1),
                     ('images/TRex/f8.gif', .1),
                     ('images/TRex/f9.gif', .1),
                     ('images/TRex/f10.gif', .4)]

# 5: 변수 초기화하기
oDinosaurAnimation = pygwidgets.Animation(window, (22, 145),
        TRexAnimationList, callBack=myFunction, nickname='Dinosaur')
```

10장의 서로 이미지로 구성된 Animation 객체를 생성했다. 그중 처음 9장 이미지는 1/10초 동안 마지막 한 장의 이미지는 1/4초 동안 그려지도록 설정했다. 애니메이션은 단 한 번만 재생된다. 애니메이션 재생이 끝났을 때 애니메이션을 다시 시작하지 않는다. 애니메이션 재생이 끝나면 애니메이션을 식별할 수 있는 이름(별칭)인 'Dinosaur' 값이 전달될 myFunction() 콜백 함수가 호출된다.

14.2.2 SpriteSheetAnimation 클래스

SpriteSheetAnimation 객체는 단일 스프라이트 시트 파일의 경로로 생성할 수 있다. 여러 이미지를 포함한 스프라이트 시트를 작은 부분 이미지로 분할하려면 모든 부분 이미지의 너비와 높이 정보도 필요하다. 각 부분 이미지가 그려질 시간은 두 가지 방식으로 설정될 수 있다. 가장 간단한 방식은 단일 값을 지정해 모든 이미지가 그려질 시간을 균등하게 맞추는 것이다. 두 번째 방식은 이미지별로 그려질 시간을 튜플이나 리스트 형식으로 제공하는 것이다.

다음 코드는 세 가지 정보를 매개변수로 입력받는 SpriteSheetAnimation 객체를 생성하는 방법이다.

```
SpriteSheetAnimation(window, loc, imagePath, nImages,
                     width, height, durationOrDurationsList,
                     autoStart=False, loop=False, showFirstImageAtEnd=True, nickname=None,
                     callBack=None, nIterations=1):
```

반드시 필요한 매개변수는 다음과 같다.

- window: 애니메이션을 그릴 윈도우

- loc: 애니메이션을 그릴 윈도우 내 좌측 상단 위치

- imagePath: 스프라이트 시트 이미지 파일의 상대 경로

- nImages: 스프라이트 시트 내 부분 이미지의 총 개수

- width: 각 부분 이미지의 너비

- height: 각 부분 이미지의 높이

- durationOrDurationsList: 각 부분 이미지가 출력돼야 할 시간. 단일 값이 입력된 경우 모두 균등한 시간 동안 출력된다. 리스트나 튜플이 입력된 경우 부분 이미지마다 개별적으로 출력 시간을 설정할 수 있다(리스트/튜플 크기(길이)는 nImages와 같아야 한다).

다음은 선택해 입력할 수 있는 매개변수다.

- autoStart: 애니메이션의 즉시 시작 여부를 결정한다. 기본값은 False다.

- loop: 모든 이미지를 한 바퀴 돌아서 애니메이션 재생이 끝났을 때 다시 처음으로 되돌아가서 애니메이션을 연속 재생할지 결정한다. 기본값은 False다.

- showFirstImageAtEnd: 애니메이션 재생이 끝났을 때 다시 첫 번째 이미지를 그릴지 여부를 결정한다. 기본값은 True다.

- nickname: 애니메이션을 식별하고자 내부적으로 사용되는 이름(별칭). 콜백 사용 시 콜백의 매개변수로 제공된다.

- callBack: 애니메이션 재생이 끝났을 때 호출될 함수 또는 객체의 메서드

- nIterations: 애니메이션을 반복할 횟수를 결정한다. 기본값은 1이다.

다음은 SpriteSheetAnimation 객체를 생성하는 일반적인 방법이다.

```
oEffectAnimation = pygwidgets.SpriteSheetAnimation(window, (400, 150),
                    'images/effect.png', 35, 192, 192, .1,
                    autoStart=True, loop=True)
```

명시된 경로의 단일 이미지 파일로 SpriteSheetAnimation 객체를 생성한다. 사용한 스프라이트 시트 이미지는 35개 부분 이미지를 포함한다. 각 부분 이미지의 크기는 192×192이다. 모든 부분 이미지는 1/10초라는 균등한 시간 동안 화면에 그려진다. 재생이 끝나더라도 애니메이션은 계속 반복된다.

14.2.3 공통 기반 클래스: PygAnimation

Animation과 SpriteSheetAnimation 클래스는 오직 __init__() 메서드만 정의한다. 그 밖으로 공통 기반 클래스인 PygAnimation에 정의된 것을 상속한다. 두 클래스의 __init__() 메서드는 모두 PygAnimation 기반 클래스에서 상속한 __init__() 메서드를 내부적으로 활용한다. Animation과 SpriteSheetAnimation 클래스의 __init__() 메서드는 오직 각자 상황에 맞는 데이터 초기화 작업만 수행한다.

Animation이나 SpriteSheetAnimation 객체를 만든 후 클라이언트 코드는 프레임마다 update()와 draw()를 호출해야 한다. 두 클래스가 기반 클래스에서 상속한 모든 메서드 목록은 다음과 같다.

- handleEvent(event): 프레임마다 호출해 애니메이션이 클릭됐는지 검사할 수 있다. 호출할 때는 파이게임이 정의한 이벤트를 매개변수로 입력해야 한다. 대개 False를 반환하고 사용자가 애니메이션을 클릭했을 때만 True를 반환한다(이 경우 play() 메서드를 호출해 애니메이션을 재생하는 등의 작업을 할 수 있다).
- play(): 애니메이션 재생을 시작한다.
- stop(): 원하는 시점에 애니메이션 재생을 종료하고 첫 번째 이미지를 출력한다.
- pause(): 현재 그려진 이미지를 그대로 둔 채 애니메이션 재생을 일시 정지한다. 이어서 재생하고 싶다면 play() 메서드를 호출한다.
- update(): 프레임마다 호출돼 애니메이션이 재생 중이면 다음 이미지의 출력 시점을 계산한다. 대개 False를 반환하고 애니메이션 재생이 끝났을 때만 True를 반환한다.
- draw(): 프레임마다 호출돼 현재 애니메이션 이미지를 화면에 그린다.
- setLoop(True 또는 False): 애니메이션 재생이 끝난 후 재생을 반복할지 여부를 설정한다.
- getLoop(): 애니메이션 재생이 끝난 후 재생을 반복할지 여부를 조회한다.

노트 윈도우 내 애니메이션을 그릴 위치는 __init__() 메서드에 입력된 loc 매개변숫값이 결정한다. Animation과 SpriteSheetAnimation은 공통 PygAnimation 클래스를 상속하므로 pygwidgets이 제공하는 모든 메서드를 사용할 수 있다. 재생 도중에도 애니메이션을 그릴 위치를 쉽게 바꿀 수 있다. pygwidgets이 제공하는 setLoc() 메서드에 x와 y 좌표 매개변수를 입력해 호출하면 애니메이션이 그려질 위치를 바꿀 수 있다.

애니메이션 예제 프로그램

'그림 14.2'는 Animation과 SpriteSheetAnimation 클래스로 만든 여러 종류의 애니메이션을 구동하는 예제 프로그램이다.

좌측의 귀여운 공룡은 Animation 객체로 만들었다. 해당 애니메이션은 autoStart를 True로 설정했으므로 프로그램의 시작과 함께 재생된다. 단 한 번만 재생된다. 공룡 이미지 하단의 버튼을 클릭하면 Animation 객체의 알맞은 메서드를 호출한다. [Play] 버튼을 누르면 애니메이션을 다시 재생할 수 있다. 만약 애니메이션이 재생 중일 때 [Pause] 버튼을 클릭하면 다시 [Play] 버튼을 클릭하기 전까지 애니메이션을 일시 정지할 수 있다. 애니메이션이 재생 중일 때 [Stop] 버튼을 누르면 애니메이션 재생은 종료되고 첫 번째 이미지가 출력된다. 세 버튼의 아래에는 두 개의 체크 박스가 있다. 기본적으로 애니메이션을 반복 재생하지 않지만 'Loop' 체크 박스를 체크한 후 [Play] 버튼을 누르면 'Loop'의 체크를 없애기 전까지 애니메이션이 반복 재생된다. 또한, 'Show' 체크 박스는 애니메이션 화면에 출력 여부를 결정한다.

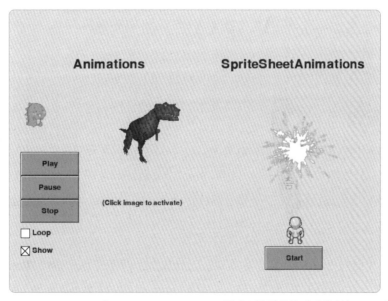

그림 14.2 Animation과 SpriteSheetAnimation 클래스를 활용한 애니메이션 프로그램

두 번째 Animation 객체(티라노사우루스)는 autoStart가 False로 설정됐다. 프로그램이 시작하면 애니메이션의 첫 번째 이미지가 그려진 채 유지된다. 이때 해당 이미지를 클릭하면 애니메이션이 세 번 반복 재생한다.

우측 상단의 불꽃놀이 애니메이션은 부분 이미지 35장으로 구성된 단일 스프라이트 시트를 이용해 SpriteSheetAnimation 객체로 만들었다. 무한정 반복 재생한다.

우측 하단에 사람이 걷는 애니메이션은 부분 이미지 36장으로 구성된 단일 스프라이트 시트를 이용해 SpriteSheetAnimation 객체로 만들었다. **[Start]** 버튼을 클릭하면 애니메이션을 한 번 재생한다.

예제 프로그램 코드는 저장소의 AnimationExample/Main_AnimationExample.py 파일에서 확인할 수 있다.

프로그램은 두 개의 Animation(귀여운 공룡과 티라노사우루스), 두 개의 SpriteSheetAnimation(불꽃놀이와 걷는 사람) 객체를 생성한다. 귀여운 공룡 아래에 위치한 버튼 중 하나가 클릭되면 해당 Animation 객체의 알맞은 메서드를 호출한다. 귀여운 공룡이나 티라노사우루스 이미지를 클릭하면 각 Animation 객체의 start() 메서드를 호출한다.

프로그램에 포함된 여러 애니메이션은 동시에 재생된다. 메인 루프에서 프레임마다 각 애니메이션 객체의 update() 및 draw() 메서드를 호출해 객체마다 현재 출력해야 하는 이미지를 판단 및 출력하기 때문이다.

14.3 정리

14장은 SimpleAnimation과 SimpleSpriteSheetAnimation을 직접 구현하면서 애니메이션 클래스에 필요한 요구 사항과 메커니즘을 살펴봤다. SimpleAnimation은 여러 장의 이미지 파일로 애니메이션을 구성했다. SimpleSpriteSheetAnimation 클래스는 한 장의 큰 이미지(스프라이트 시트)를 부분 이미지로 쪼개어 애니메이션을 구성했다.

두 클래스는 차이점이 있다. 각자의 상황에 맞는 __init__() 메서드다. 그 밖에 메서드는 모두 동일하다. 공통된 추상화 기반 클래스를 만들면서 두 클래스를 병합하는 과정을 함께 살펴볼 수 있었다.

다음으로 pygwidgets 패키지가 제공하는 Animation과 SpriteSheetAnimation 클래스를 살펴봤다. 두 클래스는 오직 __init__() 메서드만 상황에 맞게 구현했다. 그 밖에 모든 클래스는 공통 기반 클래스인 PygAnimation을 상속했다. Animation과 SpriteSheetAnimation 클래스로 네 개의 서로 다른 애니메이션을 구현한 예제 프로그램을 살펴보면서 마무리했다.

15

장면

게임을 포함해 서로 다른 장면을 다뤄야 하는 경우는 꽤 흔하다. '**장면**scene'이라는 용어는 다양한 의미를 가진다. 명확히 정의해야 한다. 여기서는 장면을 사용자와 상호작용하는 방식이 서로 다른 모든 종류의 윈도우 레이아웃이라고 정의한다. 예를 들어 〈스페이스 인베이더〉 게임은 스플래시splash와 고득점, 게임 종료를 표현하는 장면들로 구성됐다.

15장은 여러 장면으로 구성된 프로그램 작성 방법을 소개한다. 첫 번째는 비교적 간단한 프로그램에서 잘 작동하는 상태 머신이다. 두 번째는 객체로 가 장면을 구현하고 장면(객체) 관리자로 모든 장면(객체)을 관리하는 객체지향 방법이다. 후자가 전자보다 훨씬 크고 복잡한 프로그램을 만들 때 용이하다.

15.1 상태 머신 알아보기

이 책의 초반부에 전등 스위치를 시뮬레이션한 소프트웨어를 만들었다. 절차적 코드로 구현한 후 클래스로 재구현했다. 두 경우 모두 단일 불리언 변수로 스위치 위치(상태)를 표현했다. 즉 True와 False로 전등의 전원 상태를 표현했다.

수많은 상태를 처리하는 프로그램은 생각보다 흔하다. ATM을 사용 절차를 생각해보자. 사용자에게 환영 인사를 건네는 상태가 먼저다. 이때 사용자는 ATM 기기에 카드를 삽입한다. 그다음 비밀번호 입력 창에 올바른 비밀번호를 입력한다. 입금 및 출금 등 원하는 업무를 선택할 수 있다. 언제라도 이전 단계로 돌아가거나 처음부터 다시 시작하는 선택을 할 수도 있다. 일반적으로 **상태 머신** state machine을 활용해 구현한다.

> **정의 상태 머신** 일련의 상태에 따른 실행 흐름을 표현하고 제어하는 모델

상태 머신은 다음 요소로 구성된다.

- 사전에 정의된 상태 모음. 각 상태는 문자열 상수로 표현한다. 문자열은 상태를 잘 나타낼 수 있는 단어 또는 짧은 구절로 구성된다.
- 현재 상태를 추적하기 위한 단일 변수
- 시작 상태(사전에 정의된 상태 중 하나)
- 명확히 정의된 상태 간 전환

상태 머신은 한 번에 하나의 상태만 가진다. 일반적으로 사용자의 특정 입력에 따라 현재 상태는 다른 상태로 전환된다.

7장에서는 `pygwidgets` 패키지가 제공하는 GUI 버튼을 살펴봤다. 버튼 위로 마우스를 올리고 클릭하는 사용자의 행동에 따라 버튼 상태를 변경했다. 버튼을 세 종류의 다른 이미지로 표현했다. 각 상태에 따라 이미지를 바꾸는 것은 `handleEvent()` 메서드가 처리했다. 7장은 이 같은 일이 발생하는 절차를 사용자 관점에서 살펴봤다. 이번에는 구현 측면에서 바라보자.

`handleEvent()` 메서드는 상태 머신으로 구현됐다. 현재 상태는 `self.state` 인스턴스 변수가 추적한다. 각 버튼은 'UP(버튼이 눌리지 않음)' 상태로 시작해 그 상태에 맞는 이미지가 그려졌다. 사용자가 버튼 위로 마우스를 올리면OVER UP 상태가 OVER 상태로 변경되고 OVER 상태에 알맞은 이미지로 바뀐다. 그다음 사용자가 버튼을 클릭DOWN하면 OVER 상태가 DOWN 상태로 변경되고 DOWN

상태에 알맞은 이미지가 그려진다(내부적으로 armed 상태). 사용자가 클릭한 버튼에서 손을 떼면 다시 OVER 상태로 되돌아가 OVER 상태 때 보여준 이미지가 그려진다(handleEvent() 메서드는 True를 반환해 클릭이 발생했다는 것을 알린다). 마지막으로 사용자가 버튼 영역 밖으로 마우스 커서를 움직이면 UP 상태로 되돌아가며 UP 상태 때 보여준 이미지가 그려진다.

이번에는 프로그램 관점에서 상태 머신으로 사용자의 상호작용에 따라 서로 다른 장면을 표현하는 방법을 알아보자. 예시 프로그램은 스플래시(시작), 플레이, 종료 장면으로 구성한다. 각 장면을 표현하는 상숫값과 현재 상태를 추적하는 state 변수를 정의한 후 state 변수에 시작 장면을 뜻하는 STATE_SPLASH 상숫값을 설정한다.

```
STATE_SPLASH = 'splash'
STATE_PLAY = 'play'
STATE_END = 'end'
state = STATE_SPLASH # 시작 상태로 초기화한다.
```

상태마다 서로 다른 일을 수행하고자 프로그램의 메인 루프 내 if 및 elif, else 등을 둬 state 변수(상태)의 현재 값에 따라 분기한다.

```
while True:
    if state == STATE_SPLASH:
        # 스플래시 상태일 때 처리할 일
    elif state == STATE_PLAY:
        # 플레이 상태일 때 처리할 일
    elif state == STATE_END:
        # 종료 상태일 때 처리할 일
    else:
        raise ValueError('알 수 없는 값의 state: ' + state)
```

state 변수의 초깃값은 STATE_SPLASH로 설정된다. 프로그램을 처음 실행하면 첫 번째 if 조건문이 처리된다.

상태 머신은 이벤트에 따른 특정 상황에서 state 변숫값을 다른 값으로 변경하는 것이 핵심 개념이다. 첫 스플래시 장면은 [시작] 버튼으로만 구성된 장면을 그린다. 사용자가 [시작] 버튼을 클릭하면 프로그램은 state 변숫값을 다음처럼 변경해 현재 상태를 '플레이'로 전환한다.

```
state = STATE_PLAY
```

state 변숫값 전환이 끝나면 첫 번째 elif 문 코드가 실행돼 화면에 플레이 중인 상태에 알맞은 장면을 그린다.

게임 종료 조건을 만족하면 다음과 같이 state 값을 종료 상태로 전환한다.

```
state = STATE_END
```

이후 while 루프를 돌 때마다 두 번째 elif 조건문 코드가 실행된다.

정리해보자. 상태 머신은 상태 집합과 현재 상태를 추적하는 단일 변수, 한 상태를 다른 상태로 변경하는 원인이 될 이벤트 집합으로 구성된다. 현재 상태는 단일 변수로 추적되므로 한 순간에는 한 가지 상태만 가질 수 있다. 사용자 행동(버튼 클릭, UI 요소 드래그 등)이나 그 밖에 이벤트(타이머 종료 등)는 현재 프로그램 상태를 바꿀 수 있다. 현재 상태에 따라 프로그램은 다른 상태로 전환할 수 있는 이벤트가 발생하기를 기다린다.

15.2 파이게임으로 상태 머신 예제 프로그램 만들기

상태 머신으로 '가위바위보' 게임을 만들어보자. 사용자가 가위바위보 중 하나를 선택하면 컴퓨터가 셋 중 하나를 무작위로 선택한다. 사용자와 컴퓨터가 같은 수를 선택하면 비긴 것으로 처리한다. 그렇지 않다면 사용자나 컴퓨터가 다음의 규칙에 따라 승점으로 1점을 얻는다.

- 바위와 가위가 나온 경우
- 가위와 보가 나온 경우
- 보와 바위가 나온 경우

사용자는 세 종류의 장면을 본다. 첫 번째는 스플래시 장면(그림 15.1), 두 번째는 플레이 장면(그림 15.2), 세 번째는 결과 장면(그림 15.3)이다.

그림 15.1 가위바위보 게임의 스플래시 장면

스플래시 장면은 사용자가 [Start] 버튼 클릭을 기다린다.

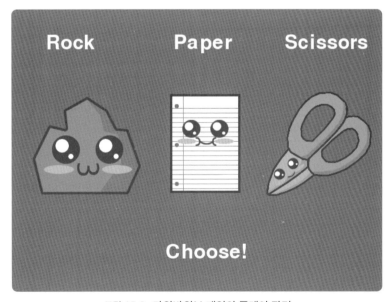

그림 15.2 가위바위보 게임의 플레이 장면

플레이 장면에서 사용자는 가위나 바위, 보 중 한 아이콘을 선택해 클릭한다. 사용자 선택 후에는
컴퓨터가 무작위로 하나를 선택한다.

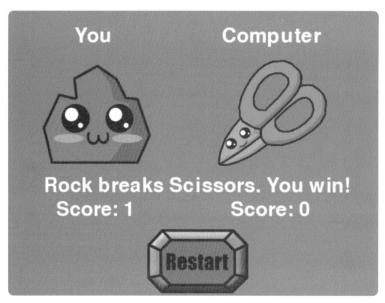

그림 15.3 **가위바위보 게임의 결과 장면**

결과 장면에서는 현재 대결의 결과와 점수를 보여준다. 또 다른 대결을 시작하는 [Restart] 버튼을 사용자가 클릭하기를 기다린다.

게임의 각 장면은 상탯값으로 표현된다. 상태 간 변화는 '그림 15.4'의 규칙을 따른다.

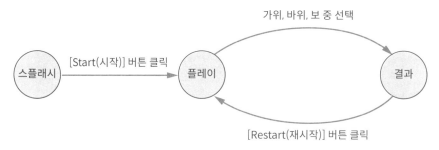

그림 15.4 **가위바위보 게임의 상태 다이어그램**

대기 중(사용자의 액션을 기다림)이면 현재 장면은 바뀌지 않은 채 그대로 유지된다. 이때 프로그램이 스스로 state 값을 바꿀 일은 거의 없다(타이머가 종료되면 바뀔 수도 있지만 꽤 드문 상황이다). 가위바위보 게임은 스플래시 장면으로 시작한다. 사용자가 [Start] 버튼을 클릭하면 플레이 장면으로 이동한다. 플레이 장면에서 특정 조건을 만족해야 결과 장면으로 이동할 수 있다. 간단한 프로그램이지만 상태 다이어그램을 그리면 더욱 복잡한 프로그램을 다뤄도 그 흐름을 훨씬 일목요연하게 이해할 수 있다.

'코드 15.1'은 가위바위보 프로그램 코드다.

코드 15.1 가위바위보 프로그램 (File) RockPaperScissorsStateMachine/RockPaperScissors.py

```python
# 파이게임으로 만든 가위바위보
# 상태 머신 구현

--- 생략 ---

ROCK = 'Rock'
PAPER = 'Paper'
SCISSORS = 'Scissors'

# 세 장면의 상수 설정하기
STATE_SPLASH = 'Splash' ❶
STATE_PLAYER_CHOICE = 'PlayerChoice'
STATE_SHOW_RESULTS = 'ShowResults'

# 3: 파이게임 환경 초기화하기
--- 생략 ---

# 4: 이미지, 소리 등 애셋 불러오기
--- 생략 ---

# 5: 변수 초기화하기
playerScore = 0
computerScore = 0
state = STATE_SPLASH  # 시작 상태 ❷

# 6: 무한 루프 수행하기
while True:

    # 7: 이벤트 발생 검사 및 처리하기
    for event in pygame.event.get():
        if event.type == pygame.QUIT:
            pygame.quit()
            sys.exit()

        if state == STATE_SPLASH:  ❸
            if startButton.handleEvent(event):
                state = STATE_PLAYER_CHOICE

        elif state == STATE_PLAYER_CHOICE:  # 사용자 선택을 기다리는 상태 ❹
            playerChoice = ''  # 아무것도 선택하지 않았음을 의미한다.
            if rockButton.handleEvent(event):
                playerChoice = ROCK
                rpsCollectionPlayer.replace(ROCK)
```

```
            elif paperButton.handleEvent(event):
                playerChoice = PAPER
                rpsCollectionPlayer.replace(PAPER)

            elif scissorButton.handleEvent(event):
                playerChoice = SCISSORS
                rpsCollectionPlayer.replace(SCISSORS)

        if playerChoice != '': # 플레이어는 선택했고 컴퓨터가 선택을 할 차례다.
            # 컴퓨터가 선택할 값 목록을 담은 튜플
            rps = (ROCK, PAPER, SCISSORS)
            computerChoice = random.choice(rps) # 컴퓨터 선택
            rpsCollectionComputer.replace(computerChoice)

            # 게임 결과 판정
            if playerChoice == computerChoice: # 비김
                resultsField.setValue('비겼습니다!')
                tieSound.play()

            elif playerChoice == ROCK and computerChoice == SCISSORS:
                resultsField.setValue('바위는 가위를 부숩니다. 이겼습니다!')
                playerScore = playerScore + 1
                winnerSound.play()

            elif playerChoice == ROCK and computerChoice == PAPER:
                resultsField.setValue('바위는 보자기로 덮힙니다. 졌습니다.')
                computerScore = computerScore + 1
                loserSound.play()

            elif playerChoice == SCISSORS and computerChoice == PAPER:
                resultsField.setValue('가위는 보자기를 자릅니다. 이겼습니다!')
                playerScore = playerScore + 1
                winnerSound.play()

            elif playerChoice == SCISSORS and computerChoice == ROCK:
                resultsField.setValue('가위는 바위로 부숴집니다. 졌습니다.')
                computerScore = computerScore + 1
                loserSound.play()

            elif playerChoice == PAPER and computerChoice == ROCK:
                resultsField.setValue('보자기는 바위를 덮습니다. 이겼습니다!')
                playerScore = playerScore + 1
                winnerSound.play()

            elif playerChoice == PAPER and computerChoice == SCISSORS:
                resultsField.setValue('보자기는 가위로 잘립니다. 졌습니다.')
                computerScore = computerScore + 1
                loserSound.play()
```

```
            # 플레이어 점수를 보여준다.
            playerScoreCounter.setValue('플레이어 점수: '+ str(playerScore))
            # 컴퓨터 점수를 보여준다.
            computerScoreCounter.setValue('컴퓨터 점수: '+ str(computerScore))

            state = STATE_SHOW_RESULTS # 상태 전환

    elif state == STATE_SHOW_RESULTS: ❺
        if restartButton.handleEvent(event):
            state = STATE_PLAYER_CHOICE # 상태 전환

    else:
        raise ValueError('알 수 없는 상태:', state)

# 8: '프레임당' 처리해야 할 일 정의하기
if state == STATE_PLAYER_CHOICE:
    messageField.setValue('가위 바위 보')
elif state == STATE_SHOW_RESULTS:
    messageField.setValue('플레이어 컴퓨터')

# 9: 윈도우 내 내용물 지우기
window.fill(GRAY)

# 10: 윈도우 내 모든 내용물(요소) 그리기
messageField.draw()

if state == STATE_SPLASH: ❻
    rockImage.draw()
    paperImage.draw()
    scissorsImage.draw()
    startButton.draw()

# 사용자 선택을 그린다.
elif state == STATE_PLAYER_CHOICE: ❼
    rockButton.draw()
    paperButton.draw()
    scissorButton.draw()
    chooseText.draw()

# 결과를 그린다.
elif state == STATE_SHOW_RESULTS: ❽
    resultsField.draw()
    rpsCollectionPlayer.draw()
    rpsCollectionComputer.draw()
    playerScoreCounter.draw()
    computerScoreCounter.draw()
    restartButton.draw()
```

```
# 11: 윈도우 갱신하기
pygame.display.update()

# 12: 윈도우 갱신 주기 늦추기
clock.tick(FRAMES_PER_SECOND)
```

'코드 15.1'에는 스플래시, 플레이, 결과 장면의 이미지, 버튼, 텍스트 필드를 생성하는 코드가 생략됐다. 전체 코드와 관련 이미지 파일은 깃허브 저장소에서 다운로드할 수 있다.

프로그램이 메인 루프에 진입하기 전 세 가지 상태를 정의한다❶. 화면의 모든 구성 요소를 불러오고 생성한 후 시작 상태를 설정한다❷.

프로그램의 현재 상태마다 이벤트를 검사해 특정 작업을 수행한다. 스플래시 상태(장면)에서는 오직 [Start] 버튼의 클릭 이벤트를 검사한다❸. 플레이 상태(장면)에서는 가위, 바위, 보 아이콘 버튼의 클릭 이벤트를 검사한다❹. 결과 상태(장면)에서는 [Restart] 버튼의 클릭 이벤트를 검사한다❺.

버튼을 클릭하거나 선택하면 state 값은 바뀌고 게임은 다른 장면으로 이동한다. 메인 루프의 마지막 부분❻❼❽은 현재 상태에 따른 화면의 구성 요소를 그린다.

상태 머신 방법은 상태나 장면이 적을 때 잘 작동한다. 하지만 더욱 복잡한 규칙, 많은 장면이나 상태를 가진 프로그램에서 현재 상황을 추적하기란 매우 어렵다. 해당 문제는 지금까지 책에서 소개한 다양한 OOP 기법으로 해결할 수 있다. 지금부터 객체를 관리하는 객체로 서로 다른 장면을 제어하는 방법을 살펴본다.

15.3 여러 장면을 관리하는 장면 관리자

여러 장면으로 구성된 프로그램을 만드는 두 번째 방법은 **장면 관리자**scene manager를 도입하는 것이다. 장면 관리자는 모든 장면을 관리하는 객체다. 이를 위해 SceneMgr 클래스를 정의하고 oSceneMgr이라는 단일 객체를 생성한다. 단 하나의 객체만 만들기에 앞으로 장면 관리자라는 말이 등장하면 oSceneMgr 객체를 일컫는다고 생각하자. 장면 관리자가 관리하는 장면은 모두 캡슐화 및 상속, 다형성 이점을 활용해 만든다.

장면 관리자를 사용하는 것은 약간 까다롭다. 그러나 그 결과로 만들어질 프로그램 구조는 매우 구조적으로 잘 분리되고(모듈화) 이후에도 쉽게 프로그램을 수정 및 변경할 수 있게 될 것이다.

장면 관리자를 사용하는 프로그램은 다음의 파일로 구성된다.

- **메인 프로그램**: 직접 만들어야 할 간단한 메인 프로그램이다. 가장 먼저 프로그램에 필요한 모든 장면 객체를 생성한다. 그다음 모든 장면 객체와 주사율 정보로 장면 관리자 객체를 생성한다. 장면 관리자의 run() 메서드가 호출되면 프로그램이 시작한다. 만약 다른 프로젝트를 계획한다면 메인 프로그램은 새로 만들어야 한다.

- **장면 관리자**: 장면 관리자는 pyghelpers가 제공하는 SceneMgr 클래스다. 모든 장면을 추적해 현재 장면을 기억하고 현재 장면의 특정 메서드를 호출한다. 또한, 장면을 전환하거나 서로 다른 장면간 상호작용을 처리한다.

- **장면**: 프로그램은 원하는 만큼 장면으로 구성할 수 있다. 일반적으로 각 장면은 개별 파이썬 파일로 분리된다. 미리 정의된 여러 가지 메서드를 포함한 Scene이라는 기반 클래스를 상속한다. 장면 관리자는 다형성으로 현재 장면의 각 메서드를 호출한다. 장면 구성 방법은 SceneExample.py 템플릿 파일로 확인할 수 있다.

SceneMgr 클래스와 Scene 기반 클래스 코드는 pyghelpers 패키지에 포함됐다. 장면 관리자는 여러 Scene 객체를 관리하는 객체 관리자 객체다.

15.4 장면 관리자를 사용한 예제 프로그램

장면 관리자를 사용하는 간단한 예제 프로그램을 만들어보자. 장면 A, 장면 B, 장면 C로 구성된다. 사용자는 각 장면에서 버튼을 클릭해 다른 장면으로 이동한다. '그림 15.5'부터 '그림 15.7'까지가 장면 A, B, C다.

그림 15.5 **장면 A**

Scene A는 Scene B 또는 C로 이동할 수 있다.

그림 15.6 **장면 B**

Scene B는 Scene A 또는 C로 이동할 수 있다.

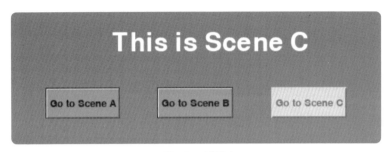

그림 15.7 **장면 C**

Scene C는 Scene A 또는 B로 이동할 수 있다.

프로젝트 폴더 구조는 '그림 15.8'과 같다. 프로젝트를 진행하려면 pygwidgets과 pyghelpers 패키지가 미리 설치돼야 한다.

그림 15.8 **메인 프로그램과 다른 장면용 파일이 있는 프로젝트 폴더**

메인 프로그램은 Main_SceneDemo.py 파일에 구현한다. Constants.py는 모든 장면과 메인 프로그램에서 사용될 공통 상숫값을 정의한다. SceneA.py, SceneB.py, SceneC.py 파일은 각 장면을 클래스로 구현한다. 마지막으로 SceneExample.py은 장면을 구현하는 기본 방법을 담은 템플릿 파일이다. 해당 템플릿 파일은 프로그램을 만드는 데 직접적으로 사용하지는 않았지만 장면을 구성하는 기본 방식을 이해하는 데 도움이 된다.

'그림 15.9'는 프로그램을 구성하는 각 객체가 연관된 방식을 보여준다.

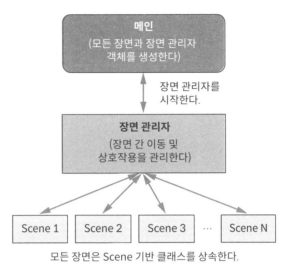

그림 15.9 **프로젝트의 객체 계층도**

지금부터 장면 관리자를 사용한 프로그램의 각 부분이 어떻게 서로 엮여 있는지, 메인 프로그램은 어떻게 시작하는지 살펴보자.

15.4.1 메인 프로그램

메인 프로그램은 프로젝트마다 다를 수밖에 없다. 프로젝트 특성을 반영해 프로젝트마다 메인 프로그램을 만들어야 한다. 기본적으로 파이게임 환경의 초기화, 모든 장면 객체의 생성, 장면 관리자 객체의 생성, 그리고 장면 관리자 객체에 제어권을 넘기는 일을 다룬다. '코드 15.2'는 메인 프로그램이 구현된 한 가지 사례다.

코드 15.2 **장면 관리자를 사용한 간단한 메인 프로그램**   File SceneDemo/Main_SceneDemo.py

```
# 세 개의 장면으로 구성된 메인 프로그램

--- 생략 ---
# 1: 패키지 불러오기
import pygame
import pyghelpers ❶
```

```
from SceneA import *
from SceneB import *
from SceneC import *

# 2: 상수 정의하기
WINDOW_WIDTH = 640  ❷
WINDOW_HEIGHT = 180
FRAMES_PER_SECOND = 30

# 3: 파이게임 환경 초기화하기
pygame.init()
window = pygame.display.set_mode((WINDOW_WIDTH, WINDOW_HEIGHT))

# 4: 이미지, 소리 등 애셋 불러오기

# 5: 변수 초기화하기
# 모든 장면 객체를 생성하고 리스트에 담는다.
scenesList = [SceneA(window),  ❸
              SceneB(window),
              SceneC(window)]

# 모든 장면을 담은 리스트와 주사율 정보를 매개변수로 입력해 장면 관리자 객체를 생성한다.
oSceneMgr = pyghelpers.SceneMgr(scenesList, FRAMES_PER_SECOND)  ❹

# 장면 관리자에게 시작을 요청한다.
oSceneMgr.run()  ❺
```

메인 프로그램용 코드는 상대적으로 간단하다. pyghelpers 패키지 모듈과 모든 장면(Scene A, B, C)을 불러오는 것으로 시작한다❶. 몇 가지 상수를 정의하고 파이게임 환경을 초기화한 후 윈도우를 생성한다❷. 그다음 각 장면 객체를 생성하고 리스트에 담는다❸. 초기화된 모든 장면의 객체를 얻을 수 있다.

장면 관리자 객체 oSceneMgr를 생성한다❹. 해당 객체를 생성하려면 다음 매개변수가 필요하다.

장면 관리자가 모든 장면을 인식하려면 모든 장면이 담긴 리스트가 필요하다. 리스트에 담긴 첫 번째 장면은 프로그램의 시작 장면으로 사용된다.

- 프로그램이 유지해야 할 초당 출력될 프레임 수(주사율)가 필요하다.
- 마지막으로 장면 관리자의 run() 메서드를 호출해 프로그램 시작을 요청한다❺. 장면 관리자는 항상 사용자가 상호작용할 현재 장면으로 단일 장면만 유지하고 보여준다.

해당 메인 프로그램은 기본 파이게임 프로그램의 뼈대를 따른다. 메인 루프를 **구성하지 않는다**는 점이 다르다. 메인 루프가 장면 관리자에 구현됐기 때문이다.

15.4.2 장면 구성하기

장면 관리자와 각 장면 사이의 상호작용을 이해하고자 장면이 구성되는 기본 방식을 알아보자.

장면 관리자는 루프를 돌 때마다 현재 장면 객체의 미리 정의된 메서드 중 이벤트 유형, 프레임마다 처리할 작업, 장면을 구성하는 그래픽 요소를 그리는 작업에 따라 알맞은 것을 호출한다. 각 장면 코드는 메서드 단위로 분리해야 한다. 각 장면이 공통 메서드를 구현한다는 다형성 개념이 적용된다.

1 각 장면을 구현하는 메서드

각 장면은 pyghelpers.py 파일에 정의된 Scene 기반 클래스를 상속한 클래스로 구현된다. 각 장면은 반드시 `pyghelpers` 패키지를 불러와 사용해야 한다. 각 장면 클래스는 `__init__()` 메서드를 정의한다. 또한, 기반 클래스가 제공하는 `getSceneKey()`, `handleInputs()`, `draw()` 메서드를 각 상황에 맞게 재정의해야 한다.

모든 장면은 구별될 수 있는 **고유한 식별자**scene key를 가져야 한다. 해당 식별자는 장면 관리자가 각 장면을 구별하는 데 사용한다. 구체적으로 문자열 값을 가진다. 모든 장면의 식별자를 별도의 Constants.py 파일에 정의한다. 이후부터 해당 파일을 모든 장면 파일에 불러와 사용할 수 있다. 예를 들어 우리가 만들 프로그램의 Constants.py 파일은 다음처럼 장면 식별자를 정의한다.

```
# 장면 식별용 키(고유 값):
SCENE_A = 'scene A'
SCENE_B = 'scene B'
SCENE_C = 'scene C'
```

초기화 단계에서 장면 관리자는 각 장면 객체의 `getSceneKey()` 메서드를 호출한다. 해당 메서드는 단순히 각 장면의 식별자를 반환한다. 장면 관리자는 각 장면의 식별자와 객체를 키와 값으로 둔 딕셔너리를 구성한다. 다른 장면으로 이동할 때는 `self.goToScene()` 메서드를 사용한다. 이때 원하는 장면의 식별자(딕셔너리의 특정 키)를 매개변수로 입력한다. 딕셔너리에 매핑된 장면 객체를 조회하고 해당 객체를 현재 장면으로 설정할 수 있다.

각 장면 클래스는 상황에 맞게 handleInputs() 메서드를 재정의해 메인 루프에서 발생하는 이벤트를 적절히 처리한다. 각 장면마다 화면에 그리는 요소가 달라 draw() 메서드도 재정의한다. 두 메서드를 재정의하지 않으면 이벤트 처리와 윈도우에 그리는 작업을 제대로 할 수 없다.

각 장면을 구현하는 데 필요한 네 가지 메서드를 살펴보자(__init__(), getSceneKey(), handleInputs(), draw()).

각 장면은 반드시 __init__() 메서드를 구현해야 한다.

```
def __init__(self, window):
```

window 매개변수는 프로그램이 장면의 구성 요소를 그릴 윈도우다. 원하는 윈도우를 지정해 장면 객체를 생성하면 이후 draw() 메서드는 이를 참조해 구성 요소를 그린다.

```
self.window = window
```

그다음 필요한 모든 초기화 코드를 추가한다. 버튼 및 텍스트 필드 객체를 생성하거나 이미지와 소리 파일을 불러오는 등 일을 수행한다.

getSceneKey() 메서드는 장면을 구별하는 식별자를 반환해야 한다.

```
def getSceneKey(self):
```

handleInputs() 메서드는 이벤트나 키 입력을 처리하는 데 필요한 것을 구현해야 한다.

```
def handleInputs(self, events, keyPressedList):
```

events 매개변수는 직전 프레임에서 발생한 모든 이벤트를 담은 리스트다. keyPressedList 매개변수는 키보드의 모든 키 상태를 불리언 값으로 표현한 리스트다(True는 키가 눌린 것을 의미). 키보드의 특정 키가 눌리거나 뗀 상태는 리스트의 인덱스로 조회할 수 있다. 인덱스는 파이게임이 키별로 정의한 정수형 상수[1]를 따른다. 정수 대신 상수형 변수를 사용하는 편이 좋다.

---

[1] https://www.pygame.org/docs/ref/key.html

handleInputs() 메서드는 입력된 모든 이벤트를 하나씩 확인하는 루프를 구현해야 한다. 원한다면 5장에서 설명한 것처럼 키보드의 연속 입력을 처리하는 코드도 해당 메서드에 구현될 수 있다.

draw() 메서드는 현재 장면이 그려야 할 모든 요소를 그려야 한다.

```
def draw(self):
```

장면 관리자는 각 장면 객체에 enter(), update(), leave()를 호출해야 한다. Scene 기반 클래스는 enter() 메서드를 pass 문으로 구현했다. 아무 일도 수행하지 않기에 기반 클래스를 상속한 모든 클래스는 해당 메서드를 재정의한다.

장면 관리자가 현재 장면을 다른 장면으로 전환할 때마다 전환될 장면 객체의 enter() 메서드를 호출해야 한다.

```
def enter(self, data):
```

data라는 단일 매개변수를 입력한다. 기본값으로 None을 가진다. None이 아니라면 data는 기본적으로 이전 장면의 정보가 담긴다. 해당 정보는 goToScene() 메서드가 호출될 때 채울 수 있다. data 값은 형태가 어떻든 상관없다. 즉 단일 문자열이나 숫자, 리스트나 딕셔너리, 객체 등 현재와 다음 장면이 상호 동의한 데이터 형식을 따른다면 무엇이든 될 수 있다. enter() 메서드는 특정 장면으로 제어권이 넘어간 직후 해야 할 모든 일을 처리하는 것이 주 목적이다.

update()는 프레임마다 호출해야 하는 메서드다.

```
def update(self):
```

5장에서 소개한 12단계 템플릿 중 8단계에서 해야 할 일을 처리한다. 이미지 위치를 옮기거나 객체 간 위치 충돌 여부를 확인하는 일 등을 한다.

leave() 메서드는 현재 장면이 다른 장면으로 바뀌기 직전에 호출돼야 한다.

```
def leave(self):
```

곧 사라질 현재 장면의 중요한 데이터를 파일로 남기는 등 정리 작업을 구현한다.

② 장면 간 이동하기

장면 관리자와 Scene 기반 클래스는 장면을 쉽게 바꿀 수 있도록 해준다. 다른 장면으로 이동하고 싶을 때는 Scene 기반 클래스를 상속해 얻은 현재 장면 객체의 goToScene() 메서드를 호출한다.

```
self.goToScene(nextSceneKey, data)
```

goToScene() 메서드는 장면 관리자에 (nextSceneKey로 식별되는) 장면을 다른 것으로 바꾸고 싶다는 사실을 알린다. nextSceneKey는 Constants.py 파일에 정의된 장면을 구별하는 식별자 중 하나다. 선택적으로 data 매개변수에는 다음 장면으로 전달될 정보를 담을 수 있다. 만약 전달될 정보가 없다면 해당 매개변수를 그냥 두면 된다. 기본값 None이 채워진다.

일반적으로 goToScene() 메서드는 다음처럼 사용된다.

```
self.goToScene(SOME_SCENE_KEY) # 아무 데이터도 전달하지 않는다.
# 또는
self.goToScene(ANOTHER_SCENE_KEY, data=어떤_정보) # 데이터 전달 및 다음 장면으로 이동한다.
```

data 값은 현재와 다음 장면이 서로 동의한 데이터 형식을 따른다면 무엇이든 될 수 있다. goToScene() 메서드를 호출한 후에는 현재 장면을 떠나기 전 장면 관리자가 현재 장면 객체의 leave() 메서드를 호출해 일부를 정리할 기회를 줘야 한다. 다음 장면이 활성화되기 시작하면 장면 관리자는 해당 장면의 enter() 메서드를 호출하고 앞서 구성된 data를 매개변수로 전달한다.

③ 프로그램 종료하기

다음의 세 가지 방법으로 사용자가 프로그램을 종료하려고 할 때 장면 관리자는 프로그램을 종료해야 한다.

- 윈도우 상단의 닫힘 버튼을 클릭할 때
- ESC 키를 눌렀을 때
- [Quit] 버튼을 누르는 등 다른 이벤트가 발생할 때. Scene 기반 클래스에 구현된 다음 메서드를 호출해 프로그램을 종료한다.

```
self.quit() # 프로그램 종료
```

15.4.3 기본 장면

'코드 15.3'은 '그림 15.5'에서 본 프로그램의 장면 A를 구현한 SceneA.py 파일이다. 장면이 구성되는 기본 방식을 잘 보여준다. 메인 루프를 구현하는 주체가 장면 관리자라는 사실을 기억하자. 장면 관리자는 메인 루프 내에서 현재 장면 객체의 handleInputs(), update(), draw() 메서드를 호출한다.

코드 15.3 기본 장면(장면 A)   (File) SceneDemo/SceneA.py

```python
# 장면 A

import pygwidgets
import pyghelpers
import pygame
from pygame.locals import *
from Constants import *

class SceneA(pyghelpers.Scene):
    def __init__(self, window):  ❶

        self.window = window

        self.messageField = pygwidgets.DisplayText(self.window,
                    (15, 25), 'This is Scene A', fontSize=50,
                    textColor=WHITE, width=610, justified='center')

        self.gotoAButton = pygwidgets.TextButton(self.window,
                    (250, 100), '장면 A로 전환')
        self.gotoBButton = pygwidgets.TextButton(self.window,
                    (250, 100), '장면 B로 전환')
        self.gotoCButton = pygwidgets.TextButton(self.window,
                    (400, 100), '장면 C로 전환 ')
        self.gotoAButton.disable()

    def getSceneKey(self):  ❷
        return SCENE_A

    def handleInputs(self, eventsList, keyPressedList):  ❸
        for event in eventsList:
            if self.gotoBButton.handleEvent(event):
                self.goToScene(SCENE_B)  ❹
            if self.gotoCButton.handleEvent(event):
                self.goToScene(SCENE_C)  ❺

--- 생략 ---
    def draw(self):  ❻
```

```
        self.window.fill(GRAYA)
        self.messageField.draw()
        self.gotoAButton.draw()
        self.gotoBButton.draw()
        self.gotoCButton.draw()
```

--- 생략 ---

__init__() 메서드❶는 window 매개변수를 인스턴스 변수에 저장한다. 제목을 출력하는 Display Text 필드, 다른 장면으로 이동하는 데 쓸 TextButton 객체 세 개를 생성한다.

getSceneKey() 메서드❷는 단순히 장면을 구별하는 식별자를 반환한다(Constants.py에 정의됐다). handleInputs() 메서드❸는 사용자가 다른 장면으로 이동하는 버튼을 누를 때 self.goToScene() 메서드를 호출해❹❺ 제어권을 새로운 장면으로 넘긴다. draw() 메서드❻는 배경 색칠 및 메시지 필드, 버튼을 그린다. 예제 프로그램의 장면이 하는 일은 매우 제한적이다. enter(), update(), leave() 메서드를 재정의할 필요는 없다. 세 메서드를 호출하면 대신 각 장면이 상속한 Scene 기반 클래스에 정의된 동일한 이름의 메서드가 호출된다. 단순히 pass 문으로 구현돼 아무 일도 수행하지 않는다.

그 밖에 장면 파일로 SceneB.py와 SceneC.py가 있다. 다른 타이틀과 다른 이미지 버튼을 그리고, 버튼을 클릭할 때 이동할 다른 장면에 적절한 효과를 처리한다는 것만 SceneA.py와 다르다.

15.5 장면을 사용한 가위바위보 게임

장면 관리자로 가위바위보 게임을 구현해보자. 사용자가 봤을 때 앞선 상태 머신 기반의 구현과 달라진 점이 없어 보여야 한다. 역시 스플래시, 플레이, 결과 장면으로 구성된다.

소스 코드는 이 책의 저장소에서 제공한다. 그중 눈여겨봐야 할 파일만 살펴보자. 스플래시는 **[Start]** 버튼을 가진 배경 장면이다. 사용자가 **[Start]** 버튼을 클릭하면 goToScene(SCENE_PLAY) 코드가 실행되고 플레이 장면으로 전환한다. 플레이 장면은 가위, 바위, 보 이미지를 그린다. 그중 하나를 사용자가 선택해야 한다. 이미지를 선택하면 결과 화면으로 이동한다. '코드 15.4'는 플레이 장면의 코드다.

```python
# 플레이 장면
# 플레이어는 가위, 바위, 보 중 하나를 선택한다.

import pygwidgets
import pyghelpers
import pygame
from Constants import *
import random

class ScenePlay(pyghelpers.Scene):
    def __init__(self, window):

        self.window = window

        self.RPSTuple = (ROCK, PAPER, SCISSORS)

        --- 생략 ---
    def getSceneKey(self):  ❶
        return SCENE_PLAY

    def handleInputs(self, eventsList, keyPressedList):  ❷
        playerChoice = None

        for event in eventsList:
            if self.rockButton.handleEvent(event):
                playerChoice = ROCK

            if self.paperButton.handleEvent(event):
                playerChoice = PAPER

            if self.scissorButton.handleEvent(event):
                playerChoice = SCISSORS

            if playerChoice is not None:  # 사용자가 선택한 후 ❸
                computerChoice = random.choice(self.RPSTuple)  # 컴퓨터가 선택한다.
                dataDict = {'player': playerChoice, 'computer': computerChoice}  ❹
                self.goToScene(SCENE_RESULTS, dataDict)  # 결과 장면으로 이동한다. ❺

    # update 메서드를 재정의하지 않았으므로 아무 일도 안 하는 상속된 메서드가 포함된다.

    def draw(self):
        self.window.fill(GRAY)
        self.titleField.draw()
        self.rockButton.draw()
        self.paperButton.draw()
        self.scissorButton.draw()
        self.messageField.draw()
```

텍스트 필드와 가위, 바위, 보 버튼을 만드는 코드는 생략했다. getSceneKey() 메서드❶는 단순히 플레이 장면의 식별자를 반환한다.

가장 눈여겨봐야 할 메서드는 handleInputs()❷이다. 프레임마다 호출해야 한다. 사용자가 버튼을 클릭했을 때 playerChoice 변수에 사용자가 가위, 바위, 보 중 선택했을 때 적절한 상숫값을 설정하고❸ 컴퓨터가 무작위로 하나를 선택하도록 한다. 그다음 사용자와 컴퓨터 선택을 딕셔너리로 만든 후❹ 결과 장면의 data로 전달한다. 마지막으로 결과 장면으로 이동하는 goToScene() 메서드를 호출한다. 이때 직전에 만든 딕셔너리를 매개변수로 입력한다❺.

goToScene() 메서드는 장면 관리자에 장면 전환을 요청한다. 장면 관리자가 goToScene() 메서드가 호출된 것을 인식하면 장면 관리자는 현재 장면(플레이)의 leave() 메서드를 호출한다. 그 후 새로운 장면(결과)을 현재 장면으로 설정하고 새로운 장면의 enter() 메서드를 호출한다. 떠난 장면(플레이)에서 얻은 data를 새로운 장면의 enter() 메서드 매개변수로 입력해 호출한다.

'코드 15.5'는 결과 장면 코드다. 꽤 길다. 대부분 게임 대결의 결과를 평가하고 적절한 아이콘을 출력하는 부수적인 내용이다.

코드 15.5 **가위바위보 게임의 결과 장면**　　　　(File) RockPaperScissorsWithScenes/SceneResults.py

```
# 결과 장면
# 현재 진행 중인 게임 결과를 확인한다.

import pygwidgets
import pyghelpers
import pygame
from Constants import *

class SceneResults(pyghelpers.Scene):
    def __init__(self, window, sceneKey):
        self.window = window

        self.playerScore = 0
        self.computerScore = 0

        self.rpsCollectionPlayer = pygwidgets.ImageCollection( ❶
                        window, (50, 62),
                        {ROCK: 'images/Rock.png',
                        PAPER: 'images/Paper.png',
                        SCISSORS: 'images/Scissors.png'}, '')
```

```
                self.rpsCollectionComputer = pygwidgets.ImageCollection(
                                window, (350, 62),
                                {ROCK: 'images/Rock.png',
                                PAPER: 'images/Paper.png',
                                SCISSORS: 'images/Scissors.png'}, '')

                self.youComputerField = pygwidgets.DisplayText(
                                window, (22, 25),
                                '플레이어 컴퓨터',
                                fontSize=50, textColor=WHITE,
                                width=610, justified='center')

                self.resultsField = pygwidgets.DisplayText(
                                self.window, (20, 275), '',
                                fontSize=50, textColor=WHITE,
                                width=610, justified='center')

                self.restartButton = pygwidgets.CustomButton(
                                self.window, (220, 310),
                                up='images/restartButtonUp.png',
                                down='images/restartButtonDown.png'
                                over='images/restartButtonHighlight.png')

                self.playerScoreCounter = pygwidgets.DisplayText(
                                self.window, (86, 315), '플레이어 점수:',
                                fontSize=50, textColor=WHITE)

                self.computerScoreCounter = pygwidgets.DisplayText(
                                self.window, (384, 315), '컴퓨터 점수:',
                                fontSize=50, textColor=WHITE)

        # 소리
        self.winnerSound = pygame.mixer.Sound("sounds/ding.wav")
        self.tieSound = pygame.mixer.Sound("sounds/push.wav")
        self.loserSound = pygame.mixer.Sound("sounds/buzz.wav")

    def enter(self, data): ❷
        # data는 다음처럼 구성된 딕셔너리다(플레이 장면이 넘겨주는 데이터).
        # {'player': playerChoice, 'computer': computerChoice}
        playerChoice = data['player']
        computerChoice = data['computer']

        # 플레이어와 컴퓨터 이미지를 설정한다.
        self.rpsCollectionPlayer.replace(playerChoice) ❸
        self.rpsCollectionComputer.replace(computerChoice)

        # 게임의 승/패/비김 조건을 평가한다.
        if playerChoice == computerChoice: ❹
```

```
            self.resultsField.setValue("비겼습니다!")
            self.tieSound.play()

        elif playerChoice == ROCK and computerChoice == SCISSORS:
            self.resultsField.setValue("바위는 가위를 부숩니다. 이겼습니다!")
            self.playerScore = self.playerScore + 1
            self.winnerSound.play()

        --- 생략 ---

        # 플레이어와 컴퓨터 점수를 보여준다.
        self.playerScoreCounter.setValue(
                        '플레이어 점수: ' + str(self.playerScore))
        self.computerScoreCounter.setValue(
                        '컴퓨터 점수: ' + str(self.computerScore))

    def handleInputs(self, eventsList, keyPressedList):  ❺
        for event in eventsList:
            if self.restartButton.handleEvent(event):
                self.goToScene(SCENE_PLAY)

    # update() 메서드는 필요 없다.
    # 아무 것도 하지 않는 상속한 update() 메서드가 포함된다.

    def draw(self):  ❻
        self.window.fill(OTHER_GRAY)
        self.youComputerField.draw()
        self.resultsField.draw()
        self.rpsCollectionPlayer.draw()
        self.rpsCollectionComputer.draw()
        self.playerScoreCounter.draw()
        self.computerScoreCounter.draw()
        self.restartButton.draw()
```

게임 결과를 평가하는 코드 중 일부는 생략했다. 클래스의 가장 중요한 메서드는 enter()다❷. 플레이어가 이전 장면(플레이)에서 가위, 바위, 보 중 하나를 선택하면 프로그램은 현재 장면을 결과 장면으로 전환한다. 이전 장면에서 받은 data가 다음처럼 딕셔너리에 담긴다. 가장 먼저 해당 정보를 추출해야 한다.

```
{'player': playerChoice, 'computer': computerChoice}
```

__init__() 메서드❶는 플레이어와 컴퓨터를 위한 ImageCollection 객체를 생성한다. ImageCollection 객체에는 가위, 바위, 보 이미지를 담는다. enter() 메서드는 ImageCollection 의 replace() 메서드❸를 사용해 플레이어나 컴퓨터 선택에 알맞은 이미지를 설정한다.

게임 결과를 평가하는 과정은 꽤 단순하다❹. 컴퓨터와 플레이어 선택이 같다면 비긴 것으로 처리하고 상황에 맞는 소리를 재생한다. 플레이어가 이겼다면 플레이어에게 점수를 부여하고 즐거운 소리를 재생한다. 컴퓨터가 이겼다면 컴퓨터에 점수를 부여하고 슬픈 소리를 재생한다. 또한, 플레이어나 컴퓨터 점수가 갱신되면 텍스트 필드에 표현되도록 그린다.

enter() 메서드가 실행되면 장면 관리자가 handleInputs() 메서드❺를 프레임마다 호출한다. 플레이어가 [Restart] 버튼을 클릭하면 goToScene() 메서드를 호출해 다시 플레이 장면으로 이동한다.

draw() 메서드❻는 장면에 필요한 모든 요소를 윈도우에 그린다.

결과 장면은 추가로 하는 일이 없어 update() 메서드를 재정의하지 않았다. 장면 관리자가 update() 메서드를 호출해도 Scene 기반 클래스에서 상속한 update() 메서드가 대신 호출된다. 전혀 문제없다. Scene 기반 클래스의 update() 메서드는 아무 일도 수행하지 않도록 pass 문으로 작성됐다. 결과 장면이 그대로 사용하기에 적합하다.

15.6 장면 간 상호작용하기

장면 관리자는 각 장면이 정보를 주고받으며 상호작용할 수 있는 메서드를 제공한다. 모든 프로그램에 상호작용이 필요한 것은 아니다. 상당히 유용하게 사용할 수 있는 상황도 많다. 모든 장면은 다음과 같은 상호작용을 할 수 있다.

- 다른 장면의 정보를 요청한다.
- 다른 장면으로 정보를 전달한다.
- 다른 모든 장면으로 정보를 전달한다.

사용자가 현재 보는 장면은 **현재 장면**current scene이라고 한다. 현재 장면이 정보를 보내거나 정보를 요청하는 장면은 **목적지 장면**target scene이라고 한다. 장면 간 정보를 전달할 때 쓰는 메서드는 모두 Scene 기반 클래스에 구현됐다. 모든 장면은 Scene 기반 클래스를 상속해야 한다. self.<메서드명>()처럼 원하는 메서드에 접근할 수 있다.

15.6.1 원하는 장면의 정보 요청하기

다른 장면의 정보를 요청하려면 상속한 request() 메서드를 다음처럼 호출한다.

```
self.request(targetSceneKey, requestID)
```

request() 메서드는 현재 장면이 목적지 장면의 정보를 요청할 때 쓴다. 이때 목적지 장면은 target SceneKey 매개변수로 식별된다. 두 번째 매개변수인 requestID는 필요한 정보를 구별하는 데 쓰는 식별자다. requestID 값도 Constants.py 같은 파일에 상수로 정의하는 것이 보편적이다. self. request() 메서드를 호출하면 그 결과로 요청한 정보를 얻는다. 다음과 같은 코드를 작성할 수 있다.

```
어떤_데이터 = self.request(장면_식별자, 정보_식별자)
```

앞 코드는 '**장면_식별자** 장면에 **정보_식별자** 정보를 요청하는 메시지를 보내라'는 의미다. 반환된 데이터는 **어떤_데이터** 변수에 할당된다.

장면 관리자는 중계자 역할을 한다. request() 메서드가 호출되면 목적지 장면의 respond() 메서드를 호출하는 주체가 장면 관리자이기 때문이다. 목적지 장면이 요청 정보를 반환하려면 다음처럼 적절하게 respond() 메서드를 구현해야 한다.

```
def respond(self, requestID):
```

일반적으로 respond() 메서드가 하는 일은 매개변수로 입력된 requestID 값의 유효성을 검사한다. 그 후 해당 requestID에 적절한 데이터를 반환한다. 데이터는 현재 장면과 목적지 장면 간 서로 동의한 유형을 따르면 어떤 형식이든 상관없다.

15.6.2 원하는 장면에 정보 보내기

목적지 장면에 정보를 전달하려면 현재 장면은 다음처럼 send() 메서드를 호출해야 한다.

```
self.send(targetSceneKey, sendID, info)
```

self.send() 메서드는 현재 장면이 목적지 장면으로 정보를 전달할 수 있도록 해준다. 이때 목적지 장면은 targetSceneKey 매개변수로 식별된다. sendID 매개변수는 보내는 정보의 유형에 대한 식별자다. info 매개변수에는 목적지 장면에 전달될 실제 데이터가 담긴다.

다음은 self.send() 메서드를 사용하는 방법이다.

```
self.send(목적지_장면_식별자, 정보_식별자, 데이터)
```

'목적지_장면 장면으로 정보_식별자에 해당하는 정보를 데이터에 담아서 전달하라'는 의미를 지닌 코드다.

send() 메서드는 장면 관리자에도 관련 내용을 전달한다. 장면 관리자는 목적지 장면의 receive() 메서드를 호출한다. 한 장면이 다른 장면으로 정보를 전달하도록 하려면 목적지 장면은 receive() 메서드를 다음처럼 구현해야 한다.

```
def receive(self, receiveID, info):
```

일반적으로 receive() 메서드는 서로 다른 receiveID 값을 처리하는 if와 elif, else 조건문의 조합으로 구현된다. receive() 메서드가 받은 정보는 현재 장면과 목적지 장면가 상호 동의한 유형을 따르면 어떤 형식이 됐든 상관없다.

15.6.3 모든 장면에 정보 보내기

한 장면이 send() 메서드를 여러 번 호출해 모든 장면으로 정보를 보낼 수도 있다. 하지만 간소화한 sendAll() 메서드도 있다.

```
self.sendAll(sendID, info)
```

sendAll() 메서드는 현재 장면이 다른 모든 장면으로 정보를 전달할 수 있도록 해준다. sendID 매개변수는 보내는 정보를 구별하는 식별자다. info 매개변수는 모든 장면으로 보낼 실제 정보다.

self.sendAll 메서드는 다음처럼 사용할 수 있다.

```
self.sendAll(정보_식별자, 데이터)
```

'정보_식별자에 해당하는 정보를 데이터에 담아 모든 장면으로 전달하라'는 의미를 가진 코드다.

self.sendAll() 메서드가 잘 작동하려면 현재 장면을 제외한 다른 모든 장면이 receive() 메서드를 구현해야 한다. 물론 현재 장면도 다른 장면의 정보를 전달받을 가능성이 있다면 receive() 메서드를 구현해야 한다.

15.6.4 장면 간 상호작용 테스트하기

'코드 15.2'와 '코드 15.3'은 Scene A, B, C로 구성된 장면 데모 프로그램의 각 장면 객체를 사용해 send(), request(), sendAll() 메서드를 호출하는 코드를 포함한다. 추가로 모든 장면은 간단한 버전의 receive()와 respond() 메서드를 구현한다. A, B, C 키를 누르면 다른 장면으로 메시지를 전달할 수 있다. X 키를 누르면 모든 장면으로 메시지를 보낼 수도 있다. 또한, 1, 2, 3 버튼을 누르면 특정 목적지 장면의 데이터를 조회하는 메시지를 보내며 목적지 장면은 그 결과로 문자열을 반환한다.

15.7 장면 관리자 구현하기

장면 관리자의 구현 방식을 살펴보자. OOP는 클라이언트 개발자가 클래스의 구현 세부 사항을 이해할 필요가 없다. 장면 관리자도 작동 방법을 완벽히 이해할 필요는 없다. 오직 각 장면이 구현해야 할 메서드 종류와 그중 외부에서 호출할 수 있는 메서드 종류, 호출되는 시점만 알면 된다. 내부 작동 원리가 궁금한 것이 아니라면 이번 내용은 넘어가도 된다. 원리가 궁금하다면 이번 절을 읽도록 하자. 장면 관리자가 구현된 방식을 이해하는 데 도움이 될 것이다. 과정을 보면서 객체 간 양방향 의사 소통을 가능하도록 하는 흥미로운 기법도 배울 수 있다.

장면 관리자는 pyghelpers 모듈의 SceneMgr 클래스에 구현됐다. 앞서 설명한 것처럼 장면 관리자 객체는 다음과 같이 메인 프로그램(클라이언트)에서 만들 수 있다.

```
oSceneMgr = SceneMgr(scenesList, FRAMES_PER_SECOND)
```

메인 프로그램의 마지막 줄은 다음처럼 장면 관리자 객체의 시작을 요청해야 한다. 실질적으로 이벤트를 처리하는 메인 루프가 실행되기 때문이다.

```
oSceneMgr.run()
```

'코드 15.6'은 SceneMgr 클래스의 __init__() 메서드 코드다.

코드 15.6 SceneMgr 클래스의 __init__() 메서드

```
--- 생략 ---
def __init__(self, scenesList, fps):

    # 딕셔너리를 구축한다. 각 요소는 {장면_식별자: 장면 객체} 형식을 따른다.
    self.scenesDict = {} ❶
    for oScene in scenesList: ❷
        key = oScene.getSceneKey()
        self.scenesDict[key] = oScene

    # 리스트의 첫 번째 요소는 시작 장면으로 사용된다.
    self.oCurrentScene = scenesList[0] ❸
    self.framesPerSecond = fps

    # 각 장면이 SceneMgr를 참조할 수 있는 수단을 제공한다.
    # 그래야 모든 장면의 goToScene, request, send, sendAll 메서드가 호출됐을 때
    # 해당 내용이 장면 관리자로도 보내질 수 있다.
    for key, oScene in self.scenesDict.items(): ❹
        oScene._setRefToSceneMgr(self)
```

__init__() 메서드는 딕셔너리로 모든 장면을 추적 및 관리한다❶❷❸❹. 이 딕셔너리는 모든 장면을 하나씩 접근하며 장면 식별자를 조회하고 구축한다❷. 또한, 딕셔너리에 담긴 첫 번째 장면이 시작 장면으로 사용된다❸.

__init__() 메서드의 마지막 부분에는 약간 흥미로운 점이 있다. 장면 관리자는 모든 장면을 참조한다. 원하는 장면이나 모든 장면으로 메시지를 보낼 수 있다. 각 장면 또한 장면 관리자로 메시지를 보낼 수 있어야 한다. __init__() 메서드의 마지막 반목문에서는 _setRefToSceneMgr()❹라는 특수 메서드를 호출한다. _setRefToSceneMgr() 메서드는 모든 장면이 상속한 기반 클래스가 제공하는 것이다. 장면 관리자 객체를 매개변수로 입력받아 각 장면이 자신이 속한 장면 관리자를 참조할 수 있도록 한다. _setRefToSceneMgr() 메서드는 다음처럼 구현됐다.

```
def _setRefToSceneMgr(self, oSceneMgr):
    --- 생략 ---
    self.oSceneMgr = oSceneMgr
```

_setRefToSceneMgr() 메서드는 장면 관리자를 self.oSceneMgr 인스턴스 변수에 저장한다. 각 장면은 self.oSceneMgr 변수로 장면 관리자의 메서드를 호출할 수 있다. 해당 메서드의 사용 방식을 알아보자.

15.7.1 run() 메서드

여러 장면으로 구성된 프로젝트를 구현한다면 장면 관리자 객체를 생성하는 메인 프로그램을 만들어야 한다. 메인 프로그램의 코드 마지막에는 장면 관리자의 run() 메서드를 호출해야 한다. 바로 run() 메서드가 메인 루프를 실행하기 때문이다(코드 15.7).

코드 15.7 SceneMgr 클래스의 run() 메서드

```
def run(self):

    --- 생략 ---
    clock = pygame.time.Clock()

    # 6: 무한 루프 수행하기
    while True:

        keysDownList = pygame.key.get_pressed() ❶

        # 7: 이벤트 검사 및 처리하기
        eventsList = [] ❷
        for event in pygame.event.get():
            if (event.type == pygame.QUIT) or \
                    ((event.type == pygame.KEYDOWN) and
                    (event.key == pygame.K_ESCAPE)):
                # 현재 장면에 장면을 떠날 것이라는 사실을 알린다.
                self.oCurrentScene.leave()
                pygame.quit()
                sys.exit()

            eventsList.append(event)

        # 현재 장면이 모든 이벤트를 처리하도록 한다.
        # 따라서 현재 장면의 update 메서드로 '프레임당' 처리해야 할 일을,
        # draw 메서드로 장면을 그리는 코드가 구현돼 있어야 한다.
        self.oCurrentScene.handleInputs(eventsList, keysDownList) ❸
```

```
        self.oCurrentScene.update() ❹
        self.oCurrentScene.draw() ❺

        # 11: 윈도우 갱신하기
        pygame.display.update() ❻

        # 12: 윈도우 갱신 주기 늦추기
        clock.tick(self.framesPerSecond)
```

장면 관리자의 핵심은 run() 메서드다. run() 메서드가 잘 작동하려면 모든 장면이 다형성에 기초해 최소한 handleInputs()과 draw()가 구현돼 있어야 한다. 루프를 돌 때마다 run() 메서드는 다음과 같은 일을 처리한다.

- 모든 키보드의 키 목록과 상태를 조회한다❶(True/False는 각 키의 눌림, 눌리지 않음을 의미한다).
- 이전 반복에서 발생한 이벤트를 저장하는 리스트를 생성한다❷. 해당 리스트는 현재 반복에서 발생한 이벤트와 비교해 변화가 있는 이벤트만 필터링하는 데 사용한다.
- 현재 장면의 다형성으로 재정의한 handleInputs() 메서드❸를 호출한다. 현재 장면은 항상 self.oCurrentScene 인스턴스 변수에 담긴다. 장면 관리자는 발생한 이벤트 목록과 입력된 키보드의 키 목록을 매개변수로 삼아 handleInputs() 메서드를 호출한다. 이벤트와 키보드 키 입력을 처리는 각 장면에서 책임져야 한다.
- update() 메서드❹를 호출해 프레임마다 각 장면이 처리해야 할 일을 처리하도록 한다. Scene 기반 클래스는 아무 일도 하지 않는 update() 메서드를 제공한다. 그러나 이를 상속한 장면은 update() 메서드를 원하는 대로 재정의할 수 있다.
- draw() 메서드❺를 호출해 현재 장면이 그려야 할 내용을 윈도우에 그리도록 한다.

루프의 마지막 부분(장면 관리자 없는 표준 메인 루프와 동일)에서는 윈도우를 갱신하는 pygame.display.update() 메서드가 호출되고❻ 적절한 시간 동안 대기한다.

15.7.2 메인 메서드

SceneMgr 클래스에 정의된 그 밖에 메서드는 각 장면으로 전환하고 장면 간 상호작용하기 위한 것이다.

- _goToScene(): 다른 장면으로 전환할 때 호출한다.
- _request_respond(): 다른 장면의 정보를 요청할 때 호출한다.

- _send_receive(): 한 장면의 정보를 다른 장면으로 보낼 때 호출한다.
- _sendAll_receive(): 한 장면의 정보를 다른 모든 장면으로 보낼 때 호출한다.

네 개의 메서드는 각 장면이 직접 호출해서는 안 된다. 다른 장면 관리자를 구현해도 재정의하면 안 된다. 함수 이름 가장 앞의 언더스코어(_)는 내부적으로만 사용하는 메서드라는 것을 기억하자. 장면 관리자가 해당 메서드를 직접 호출하지는 않지만 대신 Scene 기반 클래스가 호출한다.

해당 메서드의 작동 원리를 설명하려면 각 장면이 다른 장면으로 전환하는 데 필요한 절차를 먼저 살펴봐야 한다. 목적지 장면으로 전환하고자 현재 장면은 다음 메서드를 호출해야 한다.

```
self.goToScene(목적지_장면_식별자)
```

한 장면에서 goToScene() 메서드를 호출하면 내부적으로는 상속한 Scene 기반 클래스의 goToScene() 메서드도 호출된다. 상속한 goToScene() 메서드에는 다음의 코드 한 줄이 있다.

```
def goToScene(self, nextSceneKey, data=None):
--- 생략 ---
    self.oSceneMgr._goToScene(nextSceneKey, data)
```

장면 관리자의 비공개 메서드인 _goToScene() 메서드를 호출한다. 장면 관리자의 _goToScene() 메서드가 호출되면 장면이 바뀌기 전 현재 장면에 필요한 정리 작업이 수행된다. 다음은 장면 관리자의 _goToScene() 메서드를 보여준다.

```
def _goToScene(self, nextSceneKey, dataForNextScene):
--- 생략 ---
    if nextSceneKey is None: # 종료를 의미한다.
        pygame.quit()
        sys.exit()

    # 이전 장면이 사라지기 전 정리 작업을 위해 leave 메서드를 호출한다.
    # 식별자로 전환될 새로운 장면을 설정하고
    # 해당 장면 객체의 enter 메서드를 호출한다.
    self.oCurrentScene.leave() ❶
    pygame.key.set_repeat(0) # 계속 입력 모드를 끈다.
    try:
        self.oCurrentScene = self.scenesDict[nextSceneKey] ❷
    except KeyError:
```

```
        raise KeyError("새로운 장면 '" + nextSceneKey +
                "' 으로 전환을 시도했지만, 해당 장면은 존재하지 않습니다.")
    self.oCurrentScene.enter(dataForNextScene)  ❸
```

_goToScene() 메서드는 현재 장면을 여러 절차를 통해 목적지 장면으로 전환한다. 현재 장면의 leave() 메서드를 호출해❶ 장면을 전환하기 전 현재 장면에 필요한 정리 작업을 수행한다. 그다음 매개변수로 입력된 식별자로 목적지 장면 객체를 찾은 후❷ 목적지 장면을 현재 장면으로 설정한다. 마지막에는 전환된 장면의 enter() 메서드를 호출해❸ 필요한 준비 작업을 수행하도록 한다.

이때부터 장면 관리자의 run() 메서드는 전환 장면의 handleInputs(), update(), draw() 메서드를 호출한다. 프로그램을 종료하지 않는 한 해당 메서드들은 또 다른 장면으로 전환하려고 self.goToScene() 메서드를 호출하는 등 일을 처리한다.

15.7.3 장면 간 상호작용하기

마지막으로 살펴볼 내용은 한 장면이 다른 장면과 상호작용하는 방식이다. 각 장면은 self.request() 메서드를 호출해 다른 장면의 정보를 요청할 수 있다. 해당 메서드는 Scene 기반 클래스가 제공한다. 사용법은 다음과 같다.

```
# SOME_SCENE_KEY: 목적지_장면_식별자
# SOME_DATA_IDENTIFIER: 데이터_식별자
dataRequested = self.request(SOME_SCENE_KEY, SOME_DATA_IDENTIFIER)
```

목적지 장면은 다음 형태의 respond() 메서드를 구현해야 한다.

```
def respond(self, requestID):
```

requestID 값은 정보를 조회해 반환될 정보의 식별자다. 해당 식별자는 정보를 요청하는 장면과 정보를 반환하는 장면이 서로 동의한 것이어야 한다. 해당 과정은 '그림 15.10'과 같다.

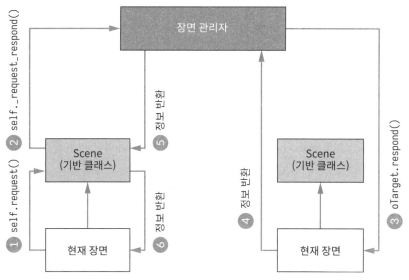

그림 15.10 **한 장면이 다른 장면의 정보를 요청하는 상호작용 경로**

다른 장면을 참조하는 변수를 가지고 있지 않기에 현재 장면이 다른 장면의 정보를 직접 조회할 방법은 없다. 대신 장면 관리자를 중계자로 두고 다음과 같은 순서로 정보를 조회한다.

1. 현재 장면은 Scene 기반 클래스에서 상속한 self.request() 메서드를 호출한다.

2. Scene 기반 클래스는 self.oSceneMgr 인스턴스 변수로 장면 관리자를 참조한다. 장면 관리자의 메서드는 직접 호출할 수 있다. 즉 self.request() 메서드를 호출하면 결국 장면 관리자의 _request_respond() 메서드가 호출돼 목적지 장면의 정보를 요청한다.

3. 장면 관리자는 모든 장면의 식별자와 실제 장면 객체를 매핑한 딕셔너리를 가진다. self.request() 메서드에 입력된 목적지 장면의 식별자로 목적지 장면 객체를 조회할 수 있다. 이를 통해 목적지 장면의 respond() 메서드를 호출한다.

4. 목적지 장면의 respond() 메서드는 요청된 정보를 구성해 장면 관리자로 반환한다.

5. 장면 관리자는 현재 장면이 상속한 Scene 기반 클래스의 request() 메서드로 얻은 정보를 반환한다.

6. 마지막으로 Scene 기반 클래스의 request() 메서드는 해당 정보를 요청한 주체로 반환한다.

send()와 sendAll() 메서드도 동일한 메커니즘으로 작동한다. 한 가지 다른 점이 있다면 한 장면이 모든 장면으로 메시지를 보낼 때는 메시지를 보낸 장면으로 반환되는 정보가 없다.

15.8 정리

15장은 여러 장면으로 구성된 프로그램 구현 방법을 다뤘다. 상태 머신은 일련의 상태로 실행의 흐름을 표현하고 제어하는 기법이다. 장면 개수가 적은 프로그램을 구현할 때 사용하면 좋다. 장면 개수가 많은 프로그램을 구축하는 데 도움을 줄 수 있도록 고안된 기법은 장면 관리자다. 각 장면끼리 이동하고 서로 상호작용하는 방식을 제공한다. 15장에서는 장면 관리자에 모든 기능이 구현된 방식도 함께 살펴봤다.

장면 관리자와 Scene 기반 클래스는 OOP의 캡슐화, 다형성, 상속의 3대 주요 개념을 잘 보여주는 예다. 각 장면의 모든 코드와 데이터는 클래스에 담겨 있어 캡슐화를 잘 보여준다. 각 장면 클래스는 장면 관리자가 이해할 수 있는 공통 메서드를 구현해야만 하기에 다형성을 보장해야 한다. 각 장면은 Scene이라는 공통 기반 클래스를 상속한다. Scene 기반 클래스는 장면 관리를 인스턴스 변수로 참조했기에 장면 관리자와 양방향 상호작용이 가능했다.

16

완전한 게임
'다저' 만들기

16장은 책 전반에 걸쳐 소개된 다양한 개념과 기법을 사용해 '다저Dodger'라는 완전한 게임을 만든다. 알 스웨이가트AI Sweigart가 쓴 《Invent Your Own Computer Games with Python, 4th edition》(No Starch Press, 2016)에서 소개한 게임을 객체지향적으로 재구성했다.

본격적으로 게임을 구현하기 전 게임에서 사용할 **모달 다이얼로그**modal dialog를 띄우는 다양한 기능을 살펴본다. 모달 다이얼로그는 사용자가 상호작용하기 전까지 작업을 멈추도록 강제하는 수단이다. 즉 특정 옵션이나 버튼을 클릭하기 전까지 프로그램을 잠시 멈춘다.

16.1 모달 다이얼로그

pyghelpers는 두 가지 유형의 모달 다이얼로그를 제공한다.

- Yes/No 다이얼로그: 질문을 제시한다. 사용자가 Yes(예) 또는 No(아니오) 버튼 중 하나를 클릭할 때까지 기다린다. 두 버튼의 기반 라벨은 Yes와 No지만 원하는 대로 바꿀 수 있다. No 버튼 라벨을 지정하지 않으면 오직 [Yes]만 누를 수 있다. 경고용 다이얼로그를 만들 수 있다.

- **응답 다이얼로그**: 질문을 제시한다. 사용자가 답을 입력할 수 있는 텍스트 필드와 [OK] 및 [Cancel] 버튼으로 구성된다. 사용자는 [OK] 버튼을 클릭해 질문에 답하거나 [Cancel] 버튼을 클릭해 다이얼로그를 닫을 수 있다.

pyghelpers가 제공하는 함수로 각 유형의 다이얼로그를 띄울 수 있다. 각 다이얼로그는 텍스트 기반의 간단한 버전과 훨씬 더 복잡한 사용자 정의 버전으로 만들 수 있다. 텍스트 기반의 간단한 버전은 두 개의 TextButton 객체로 구성된 기본 레이아웃을 사용한다. 프로토타이핑을 하는 경우에 꽤 유용하다. 사용자 정의 버전의 다이얼로그는 배경, 질문 텍스트, 질문에 대한 응답(응답 다이얼로그), 각 버튼의 이미지를 원하는 대로 바꿀 수 있다.

16.1.1 예/아니오 및 경고 다이얼로그

가장 먼저 살펴볼 다이얼로그는 텍스트 기반의 예/아니오 다이얼로그다.

1 텍스트 기반

텍스트 기반의 예/아니오 다이얼로그는 textYesNoDialog() 함수로 만들 수 있다.

```
textYesNoDialog(theWindow, theRect, prompt, yesButtonText='Yes',
                noButtonText='No',
                backgroundColor=DIALOG_BACKGROUND_COLOR,
                textColor=DIALOG_BLACK)
```

textYesNoDialog() 함수를 호출할 때는 다이얼로그를 그릴 윈도우(theWindow), 위치와 크기를 표현한 튜플(theRect), 프롬프트로 보일 텍스트(prompt)를 매개변수로 입력해야 한다. 두 버튼의 라벨(텍스트), 배경 색상, 프롬프트 텍스트 색상은 선택적으로 기본값을 덮어쓸 수 있다. 기본값을 그대로 두면 두 버튼의 라벨은 Yes와 No로 설정된다.

textYesNoDialog() 함수는 다음처럼 호출할 수 있다.

```
returnedValue = pyghelpers.textYesNoDialog(window,
                     (75, 100, 500, 150),
                     'Do you want fries with that?')
```

'그림 16.1'과 같은 다이얼로그가 생성된다.

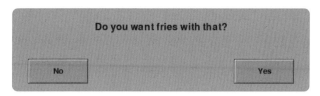

그림 16.1 **기본 textYesNoDialog 다이얼로그**

[Yes]와 [No] 버튼은 pygwidgets의 TextButton 클래스로 만든 객체다. 메인 프로그램은 다이얼로 그가 화면에 뜬 동안 일시 정지한다. textYesNoDialog() 함수는 사용자가 [Yes] 버튼을 클릭하면 True, [No] 버튼을 클릭하면 False를 반환한다. 반환 값에 따라 프로그램이 일시 정지된 부분부터 작업을 재개할 수 있다.

또한, textYesNoDialog() 함수로 하나의 버튼만 있을 때 띄우는 경고 다이얼로그도 만들 수 있다. noButtonText 매개변수에 None을 입력하면 [No] 버튼을 그리지 않는다. 다음은 하나의 버튼으로 구성된 다이얼로그를 만드는 방법이다.

```
ignore = pyghelpers.textYesNoDialog(window, (75, 80, 500, 150),
                                     'This is an alert!', 'OK', None)
```

'그림 16.2'와 같은 경고 다이얼로그가 생성된다.

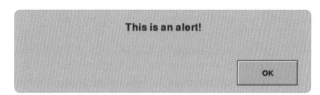

그림 16.2 **경고 다이얼로그로 사용된 textYesNoDialog**

2 사용자 정의 기반

사용자 정의 예/아니오 다이얼로그는 더 복잡하다. 복잡한 만큼 다양한 요소를 제어할 수 있다. customYesNoDialog() 함수로 만든다.

```
customYesNoDialog(theWindow, oDialogImage, oPromptText, oYesButton, oNoButton)
```

한 가지 주의할 점이 있다. customYesNoDialog() 함수를 호출하기 전 다이얼로그 배경과 프롬프트 텍스트용 객체를 먼저 만들어야 한다는 것이다. 일반적으로 pygwidgets의 Image, DisplayText, CustomButton(또는 TextButton)을 사용할 수 있다. customYesNoDialog() 함수는 다형성에 기반해 구현돼 버튼 클릭 이벤트를 handleEvent() 메서드로 처리한다. CustomButton과 TextButton 중 무엇을 사용해도 좋다. 다이얼로그를 채우는 모든 객체를 draw() 메서드로 그려낸다. 사용자 정의 다이얼로그를 채우는 모든 객체는 직접 생성해야 한다. 모든 것을 원하는 대로 디자인할 수 있다. 원하는 이미지를 images 폴더에 저장하고 해당 이미지로 CustomButton 객체를 만들면 된다.

사용자 정의 예/아니오 다이얼로그는 '코드 16.1'의 showCustomYesNoDialog() 같은 중계자 함수로 생성하는 것이 일반적이다. 다이얼로그를 띄우고 싶은 시점에 customYesNoDialog() 함수를 직접 호출하지 않고 중계 함수를 호출하는 식이다. 사용자 정의 다이얼로그가 표현할 다양한 위젯을 생성하고 동시에 사용자 정의 다이얼로그까지 함께 만드는 코드를 하나의 함수로 관리하기 위해서다.

코드 16.1 **사용자 정의 예/아니오 다이얼로그를 생성하는 중계 함수**

```
def showCustomYesNoDialog(theWindow, theText):
    oDialogBackground = pygwidgets.Image(theWindow, (60, 120),  ❶
                                'images/dialog.png')
    oPromptDisplayText = pygwidgets.DisplayText(theWindow, (0, 170),  ❷
                                theText, width=WINDOW_WIDTH,
                                justified='center', fontSize=36)
    oNoButton = pygwidgets.CustomButton(theWindow, (95, 265),  ❸
                                'images/noNormal.png',
                                over='images/noOver.png',
                                down='images/noDown.png',
                                disabled='images/noDisabled.png')
    oYesButton = pygwidgets.CustomButton(theWindow, (355, 265),
                                'images/yesNormal.png',
                                over='images/yesOver.png',
                                down='images/yesDown.png',
                                disabled='images/yesDisabled.png')
    userAnswer = pyghelpers.customYesNoDialog(theWindow,  ❹
                                oDialogBackground,
                                oPromptDisplayText,
                                oYesButton, oNoButton)
    return userAnswer  ❺
```

중계 함수는 먼저 다이얼로그 배경으로 사용할 이미지를 지정해 Image 객체를 생성한다❶. 텍스트 크기, 폰트 등 지정해 프롬프트 텍스트용 DisplayText 객체를 생성한다❷. TextButton이나 사용자 정의 이미지로 구성된 CustomButton 객체로 버튼을 생성한 후❸ 마지막에는 앞서 만든 모든 객체를 매개변수로 입력하면서 customYesNoDialog() 함수를 호출한다❹. 해당 함수는 사용자 선택을 나타내는 값을 반환하며 중계 함수는 그 값을 중계 함수를 호출한 곳으로 반환한다❺. 모든 위젯 객체(oDialogBackground, oPromptDisplayText, oYesButton, oNoButton)가 중계 함수 내부에서 생성됐으므로 지역 변수다. 중계 함수가 종료되면 모든 객체도 함께 소멸된다.

중계 함수 showCustomYesNoDialog()는 다음처럼 다이얼로그를 띄울 윈도우와 프롬프트에 표시될 텍스트, 두 개의 매개변수로 실행할 수 있다.

```
returnedValue = showCustomYesNoDialog(window, 'Do you want fries with that?')
```

'그림 16.3' 같은 다이얼로그가 만들어진다. 지금 본 것은 단지 한 가지 예다. 사용자 정의 기반 다이얼로그는 원하는 대로 디자인할 수 있다.

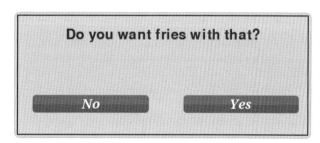

그림 16.3 **기본 customYesNoDialog 다이얼로그**

간단한 텍스트 기반 다이얼로그에서는 oNoButton 매개변수에 None을 입력하면 [No] 버튼이 그려지지 않았다. 이는 일종의 경고 다이얼로그를 구성하는 데 유용하다.

내부적으로 textYesNoDialog()와 customYesNoDialog() 함수는 다이얼로그에서 발생하는 이벤트 처리, 다이얼로그의 구성 요소를 그리는 각자만의 무한 루프를 가진다. 즉 다이얼로그를 만들고 띄운 쪽 프로그램은 사용자가 고른 선택을 반환하기 전까지 다이얼로그는 잠시 멈춘다(다이얼로그를 띄운 프로그램의 루프가 멈춘다). 더 구체적인 내용은 pyghelpers 모듈의 소스 코드를 직접 보면 확인할 수 있다.

16.1.2 응답 다이얼로그

응답 다이얼로그는 사용자가 텍스트를 입력할 수 있는 입력 필드를 가진다. pyghelpers 모듈은 예/아니오 다이얼로그를 만드는 것과 유사하다. 응답 다이얼로그를 만드는 textAnswerDialog() 와 customAnswerDialog() 함수를 제공한다.

1 텍스트 기반

textAnswerDialog() 함수의 인터페이스는 다음과 같다.

```
textAnswerDialog(theWindow, theRect, prompt, okButtonText='OK'
                 cancelButtonText='Cancel',
                 backgroundColor=DIALOG_BACKGROUND_COLOR,
                 promptTextColor=DIALOG_BLACK,
                 inputTextColor=DIALOG_BLACK)
```

사용자가 [OK] 버튼을 클릭하면 textAnswerDialog() 함수는 사용자가 입력한 텍스트를 그대로 반환한다. 만약 [Cancel] 버튼을 클릭했다면 None 값을 반환한다. textAnswerDialog() 함수는 다음처럼 호출한다.

```
userAnswer = pyghelpers.textAnswerDialog(window, (75, 100, 500, 200),
                        'What is your favorite flavor of ice cream?')
if userAnswer is not None:
    # [OK] 버튼을 클릭했으므로 응답이 담긴 userAnswer 변수로 후속 작업을 한다.
else:
    # [Cancel] 버튼을 클릭했을 때 처리할 작업을 한다.
```

'그림 16.4' 같은 다이얼로그가 만들어진다.

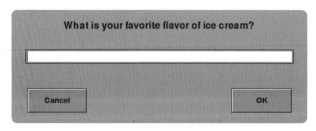

그림 16.4 **기본 textAnswerDialog 다이얼로그**

❷ 사용자 정의 기반

사용자 정의 응답 다이얼로그를 구현하려면 예/아니오 다이얼로그와 유사한 방식의 중계 함수가 있는 것이 좋다. 메인 코드에서 응답 다이얼로그를 띄우고자 중계 함수를 호출하면 중계 함수는 customAnswerDialog() 함수를 호출한다. 사용자가 정의한 모든 구성 요소별 객체 생성 과정이 함께 포함됐다. '코드 16.2'는 중계 함수가 구현된 방식이다.

코드 16.2 **사용자 정의 응답 다이얼로그를 생성하는 중계 함수**

```
def showCustomAnswerDialog(theWindow, theText):
    oDialogBackground = pygwidgets.Image(theWindow, (60, 80),
                            'images/dialog.png')
    oPromptDisplayText = pygwidgets.DisplayText(theWindow, (0, 120),
                            theText, width=WINDOW_WIDTH,
                            justified='center', fontSize=36)
    oUserInputText = pygwidgets.InputText(theWindow, (225, 165), '',
                            fontSize=36, initialFocus=True)
    oNoButton = pygwidgets.CustomButton(theWindow, (105, 235),
                            'images/cancelNormal.png',
                            over='images/cancelOver.png',
                            down='images/cancelDown.png',
                            isabled='images/cancelDisabled.png')
    oYesButton = pygwidgets.CustomButton(theWindow, (375, 235),
                            'images/okNormal.png',
                            over='images/okOver.png',
                            down='images/okDown.png',
                            disabled='images/okDisabled.png')
    response = pyghelpers.customAnswerDialog(theWindow,
                            oDialogBackground, oPromptDisplayText,
                            oUserInputText,
                            oYesButton, oNoButton)
    return response
```

다이얼로그의 모든 것을 사용자 정의할 수 있다. 즉 배경 이미지, 폰트, 글자 크기, 프롬프트 텍스트, 입력 필드 및 두 버튼 모두 원하는 대로 꾸밀 수 있다. 해당 중계 함수는 다음처럼 다이얼로그가 그려질 윈도우, 프롬프트로 표시될 텍스트를 매개변수로 입력해 호출할 수 있다.

```
userAnswer = showCustomAnswerDialog(window, 'What is your favorite flavor of ice cream?')
```

'그림 16.5' 같은 사용자 정의 응답 다이얼로그가 만들어진다.

그림 16.5 **기본** customAnswerDialog **다이얼로그**

사용자가 **[OK]** 버튼을 클릭하면 중계 함수는 사용자가 입력한 텍스트를 반환한다. **[Cancel]** 버튼을 클릭하면 None 값을 반환한다.

모든 종류의 다이얼로그를 다루는 데모 프로그램은 책이 제공하는 저장소의 DialogTester/Main_DialogTester.py에서 볼 수 있다.

16.2 '다저'라는 완전한 게임 만들기

지금부터 '다저'라는 게임을 만든다. 책 전체에 걸쳐 배운 모든 내용을 종합하겠다. 플레이어가 보면 매우 단순한 게임이다. 빨간 악당은 가능한 많이 피하고 초록 보상은 많이 먹어 점수를 쌓는 간단한 규칙이다.

16.2.1 게임 개요

플레이어는 윈도우 상단에서 출현하는 빨간 악당을 피해야 한다. 악당은 조금씩 화면 아래로 움직인다. 게임 플레이 영역의 하단에 도달하는 악당은 소멸한다. 이때 플레이어는 점수를 획득한다. 플레이어는 마우스로 주인공 아이콘을 움직인다. 주인공 아이콘이 악당과 부딪치면 게임은 끝이 난다. 가끔 초록 보상이 무작위로 등장해 수평으로 움직인다. 초록 보상을 먹으면 25점을 획득한다.

이 게임은 플레이 방법을 설명하는 스플래시 장면과 게임을 플레이하는 플레이 장면, 상위 10위권 점수를 보여주는 고득점 장면으로 구성된다. 플레이어 점수가 상위 10위 안에 든다면 고득점 장면에 표시될 이름과 점수를 선택적으로 입력할 수 있다. '그림 16.6'은 스플래시, 플레이, 고득점 장면이다.

 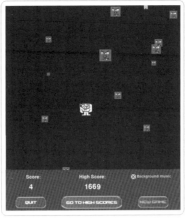 

그림 16.6 **스플래시(좌), 플레이(가운데), 고득점(우) 장면**

16.2.2 게임 구현하기

다저 게임 프로젝트는 다음과 같은 파일과 폴더로 구성된다.

- __init__.py: 파이썬 패키지라고 표시하는 용도의 빈 파일
- Baddies.py: 악당(Baddie)과 악당 관리자(BaddieMgr) 클래스 포함
- Constants.py: 여러 장면에서 공통적으로 필요한 상수를 포함
- Goodies.py: 보상(Goodie)과 보상 관리자(GoodieMgr) 클래스를 포함
- HighScoresData.py: 고득점 데이터(HighScoresData) 클래스를 포함
- Main_Dodger.py: 메인 프로그램
- Player.py: 플레이어(Player) 클래스를 포함
- SceneHighScores.py: 고득점을 기록하고 보여주는 장면
- ScenePlay.py: 플레이 장면
- SceneSplash.py: 스플래시 장면
- Images: 게임의 모든 이미지가 담긴 폴더
- Sounds: 게임의 모든 소리가 담긴 폴더

다저 게임 프로젝트 폴더도 책이 제공하는 저장소에 포함됐다. 모든 파일의 소스 코드를 전부 살펴보지는 않겠다. 중요한 부분만 설명한다.

⬛ Dodger/Constants.py

Constants.py 파일은 하나 이상의 소스 파일에서 사용될 상수를 정의한다. 그중 가장 중요한 상수는 장면을 구별하는 식별자다.

```
# 장면 식별자
SCENE_SPLASH = 'scene splash'
SCENE_PLAY = 'scene play'
SCENE_HIGH_SCORES = 'scene high scores'
```

해당 상숫값은 서로 다른 장면을 식별하는 문자열이다. 각 식별자는 고유해야 한다.

❷ Main_Dodger.py

Main_Dodger.py 파일은 필요한 초기화 작업을 수행한 후 제어권을 장면 관리자로 넘긴다. 다음은 해당 부분을 보여주는 가장 중요한 코드다.

```
# 모든 장면을 초기화한 후 리스트에 저장하기
ScenesList = [SceneSplash(window)
              SceneHighScores(window)
              ScenePlay(window)]

# 장면 리스트와 주사율(FRAMES_PER_SECOND) 매개변수로 장면 관리자 생성하기
oSceneMgr = pyghelpers.SceneMgr(scenesList, FRAMES_PER_SECOND)

# 장면 관리자에 시작 요청하기
oSceneMgr.run()
```

각 장면과 장면 관리자의 객체를 생성한 후 제어권을 장면 관리자에 넘겼다. 장면 관리자의 run() 메서드는 제어권을 첫 번째 장면에 부여한다. 즉 게임 시작의 스플래시 장면이다.

15장에서 다룬 것처럼 각 장면의 클래스는 Scene 기반 클래스를 상속해야 한다. __init__() 메서드는 각 상황에 맞도록 정의돼야 한다. 기반 클래스에서 상속한 것(getSceneKey(), handleInputs(), draw()) 메서드는 필요한 상황에 맞게 재정의되어야 한다.

❸ Dodger/SceneSplash.py

스플래시 장면은 게임의 규칙을 담은 그래픽과 [START(시작)], [QUIT(종료)], [GO TO HIGH SCORES(고득점 확인)]라는 세 개의 버튼으로 구성된다. 스플래시 장면의 클래스는 오직 Scene 기반 클래스에서 상속한 것과 __init__()만 구현한다.

__init__() 메서드는 배경 이미지를 위한 Image 객체와 플레이어가 클릭할 수 있는 세 개의 CustomButton 객체를 생성한다.

getSceneKey()는 모든 장면이 구현해야 하는 메서드다. 해당 장면을 구별하는 식별자를 반환한다.

handleInputs() 메서드는 플레이어가 버튼을 클릭했는지 검사한다. 만약 **[START]** 버튼을 클릭하면 상속한 self.goToScene() 메서드를 호출해 장면 관리자가 프로그램 제어권을 플레이(Play) 장면으로 전환하도록 요청한다. **[GO TO HIGH SCORES]** 버튼도 마찬가지다. 클릭하면 고득점 장면으로 전환된다. **[QUIT]** 버튼을 클릭하면 장면이 상속한 self.quit() 메서드를 호출해 프로그램을 종료한다.

draw() 메서드는 배경과 세 개의 버튼을 윈도우에 그리는 역할을 한다.

❹ Dodger/ScenePlay.py

플레이 장면은 게임의 실제 플레이를 관리한다. 즉 플레이어가 주인공 아이콘을 움직이거나 악당 및 보상을 생성하고 움직이거나 충돌을 감지한 작업을 처리한다. 또한, 윈도우 하단의 현재 점수 및 고득점 요소를 그리고 **[QUIT]** 버튼, **[GO TO HIGH SCORES]** 버튼, **[START]** 버튼, Background Music(배경음악 재생) 체크 박스 작업을 한다.

플레이 장면은 꽤 많은 양의 코드로 구현된다. '코드 16.3'부터 '코드 16.7'까지 나눠 설명한다. 기본적으로 플레이 장면은 15장에서 수립한 규칙을 따른다. __init__(), handleInputs(), update(), draw() 메서드를 구현한다. 장면의 활성화와 비활성화 시점에 일련의 작업을 처리하는 enter() 및 leave() 메서드도 구현한다. 또한, 새로 게임을 시작하기 전 게임 상태를 초기화 및 재설정하는 reset() 메서드도 구현한다. '코드 16.3'은 초기화 과정을 보여준다.

코드 16.3 ScenePlay 클래스의 __init__() 및 getSceneKey() 메서드

```
# 플레이 장면: 게임을 플레이하는 메인 장면
--- 생략 ---

BOTTOM_RECT = (0, GAME_HEIGHT + 1, WINDOW_WIDTH,
               WINDOW_HEIGHT - GAME_HEIGHT)
STATE_WAITING = 'waiting'
STATE_PLAYING = 'playing'
STATE_GAME_OVER = 'game over'
```

```python
class ScenePlay(pyghelpers.Scene):

    def __init__(self, window):
        self.window = window  ❶

        self.controlsBackground = pygwidgets.Image(self.window,
                                        (0, GAME_HEIGHT),
                                        'images/controlsBackground.jpg')

        self.quitButton = pygwidgets.CustomButton(self.window,
                                        (30, GAME_HEIGHT + 90),
                                        up='images/quitNormal.png',
                                        down='images/quitDown.png',
                                        over='images/quitOver.png',
                                        disabled='images/quitDisabled.png')

        self.highScoresButton = pygwidgets.CustomButton(self.window,
                                            (190, GAME_HEIGHT + 90),
                                            up='images/gotoHighScoresNormal.png',
                                            down='images/gotoHighScoresDown.png',
                                            over='images/gotoHighScoresOver.png',
                                            disabled='images/gotoHighScoresDisabled.png')

        self.startButton = pygwidgets.CustomButton(self.window,
                                        (450, GAME_HEIGHT + 90),
                                        up='images/startNewNormal.png',
                                        down='images/startNewDown.png',
                                        over='images/startNewOver.png',
                                        disabled='images/startNewDisabled.png',
                                        enterToActivate=True)

        self.soundCheckBox = pygwidgets.TextCheckBox(self.window,
                                        (430, GAME_HEIGHT + 17),
                                        'Background music',
                                        True, textColor=WHITE)

        self.gameOverImage = pygwidgets.Image(self.window, (140, 180),
                                        'images/gameOver.png')

        self.titleText = pygwidgets.DisplayText(self.window,
                                        (70, GAME_HEIGHT + 17),
                                        'Score: High Score:',
                                        fontSize=24, textColor=WHITE)

        self.scoreText = pygwidgets.DisplayText(self.window,
                                        (80, GAME_HEIGHT + 47), '0',
                                        fontSize=36, textColor=WHITE,
                                        justified='right')
```

```
            self.highScoreText = pygwidgets.DisplayText(self.window,
                                   (270, GAME_HEIGHT + 47), '',
                                   fontSize=36, textColor=WHITE,
                                   justified='right')

            pygame.mixer.music.load('sounds/background.mid')
            self.dingSound = pygame.mixer.Sound('sounds/ding.wav')
            self.gameOverSound = pygame.mixer.Sound('sounds/gameover.wav')

            # 객체 생성
            self.oPlayer = Player(self.window)  ❷
            self.oBaddieMgr = BaddieMgr(self.window)
            self.oGoodieMgr = GoodieMgr(self.window)

            self.highestHighScore = 0
            self.lowestHighScore = 0
            self.backgroundMusic = True
            self.score = 0
            self.playingState = STATE_WAITING  ❸

    def getSceneKey(self):  ❹
        return SCENE_PLAY
```

프로그램을 실행하면 메인 코드는 모든 장면의 객체를 생성한다. 플레이 장면 객체가 생성될 때 SenePlay 클래스의 __init__() 메서드는 윈도우 하단에 그려질 텍스트 필드와 버튼 객체를 생성❶한 후 소리를 불러온다. 가장 중요한 것은 플레이어 객체(oPlayer), 악당 관리자 객체(oBaddieMgr), 보상 관리자 객체(oGoodieMgr)를 생성하고자 4장과 10장에서 다룬 컴포지션 구조를 도입했다는 점이다❷. 플레이 장면이 각 관리자 객체에 악당과 보상 객체를 생성하고 관리하도록 역할을 부여한 것으로 볼 수 있다. __init__() 메서드는 프로그램 시작과 동시에 실행된다. 실제로 게임을 시작하는 것은 아니다. 대신 15장에서 살펴본 상태 머신을 구성한 후 '대기(STATE_WAITING)'를 초기 상태로 설정한다❸. 플레이어가 [NEW GAME] 버튼을 클릭할 때마다 새로운 게임이 시작된다.

모든 장면은 현재 장면의 식별자를 반환하는 getSceneKey() 메서드를 구현해야 한다. '코드 16.4'는 플레이어가 클릭한 버튼에 따라 점수를 가져오고 게임을 초기화 및 재설정하는 부분이다.

```
def enter(self, data): ❶
    self.getHiAndLowScores()

def getHiAndLowScores(self): ❷
    # 점수 딕셔너리를 고득점 장면에 요청한다.
    # 반환된 딕셔너리에는 다음처럼 정보가 담겨있다.
    # {'highest': 최고_점수, 'lowest': 최저_점수}
    infoDict = self.request(SCENE_HIGH_SCORES, HIGH_SCORES_DATA) ❸
    self.highestHighScore = infoDict['highest']
    self.highScoreText.setValue(self.highestHighScore)
    self.lowestHighScore = infoDict['lowest']

def reset(self): # 새로운 게임을 시작한다. ❹
    self.score = 0
    self.scoreText.setValue(self.score)
    self.getHiAndLowScores()

    # 각 관리자의 재설정을 요청한다.
    self.oBaddieMgr.reset() ❺
    self.oGoodieMgr.reset()

    if self.backgroundMusic:
        pygame.mixer.music.play(-1, 0.0)
    self.startButton.disable() ❻
    self.highScoresButton.disable()
    self.soundCheckBox.disable()
    self.quitButton.disable()
    pygame.mouse.set_visible(False)
```

플레이 장면으로 전환하는 순간 장면 관리자는 해당 장면 객체의 enter() 메서드❶를 호출한다. enter() 메서드는 이어서 내부적으로 getHiAndLowScores() 메서드❷를 호출한다. getHiAndLow Scores() 메서드는 고득점 장면이 관리하는 점수 표에서 최고점과 최하점을 조회한다❸. 조회된 데이터는 윈도우 하단의 점수 정보를 그리는 데 활용한다. 게임이 종료되면 직전에 플레이한 게임 점수가 10위 안에 드는지 확인한다.

플레이어가 [NEW GAME] 버튼을 클릭하면 새롭게 시작하기 전 재설정해야 할 모든 것을 초기화하는 reset() 메서드❹를 호출한다. reset() 메서드는 내부적으로 악당 관리자와 보상 관리자의 reset() 메서드❺도 호출한다. 게임이 플레이되는 동안 클릭할 수 없도록 화면 하단의 버튼을 비활성화하고❻ 마우스 커서를 숨긴다. 또한, 게임이 플레이되면 플레이어는 마우스로 주인공 아이콘을 움직일 수 있게 된다.

'코드 16.5'는 플레이어 입력이 처리되는 방식을 보여준다.

코드 16.5 ScenePlay 클래스의 handleInputs() 메서드

```
def handleInputs(self, eventsList, keyPressedList): ❶
    if self.playingState == STATE_PLAYING: ❷
        return # 게임 중 버튼 이벤트는 무시한다.

    for event in eventsList:
        if self.startButton.handleEvent(event): ❸
            self.reset()
            self.playingState = STATE_PLAYING

        if self.highScoresButton.handleEvent(event): ❹
            self.goToScene(SCENE_HIGH_SCORES)

        if self.soundCheckBox.handleEvent(event): ❺
            self.backgroundMusic = self.soundCheckBox.getValue()

        if self.quitButton.handleEvent(event): ❻
            self.quit()
```

플레이어의 버튼 클릭을 처리하는 것이 handleInputs() 메서드❶다. 상태 머신의 현재 상태가 플레이 중(STATE_PLAYING)이면 플레이어는 버튼을 클릭할 수 없다. 모든 이벤트를 무시한다❷. 그 밖에 상태에서는 플레이어가 [NEW GAME] 버튼을 클릭하면❸ reset() 메서드를 호출해 모든 변수를 초기화한 후 상태 머신 상태를 플레이 중(STATE_PLAYING)으로 바꾼다. 또는 [GO TO HIGH SCORES] 버튼을 클릭했다면❹ 상속한 self.goToScene() 메서드를 호출해 고득점 장면으로 전환한다. 'Background Music' 체크 박스가 토글되면❺ 현재 값(체크 여부)을 getValue() 메서드로 가져와 배경음악을 재생할 것인지 말 것인지 설정한다. 그리고 reset() 메서드가 설정에 따라 배경음악 재생 여부를 결정한다. 마지막으로 [QUIT] 버튼을 클릭하면 상속한 self.quit() 메서드❻를 호출해 프로그램을 종료한다. '코드 16.6'은 실제 게임 플레이가 구현된 방식을 보여준다.

코드 16.6 ScenePlay 클래스의 update() 메서드

```
def update(self): ❶
    if self.playingState != STATE_PLAYING:
        return # 게임 중일 때만 갱신한다.

    # 주인공 아이콘을 마우스 위치로 움직인 후 위치를 rect로 얻는다.
    mouseX, mouseY = pygame.mouse.get_pos() ❷
    playerRect = self.oPlayer.update(mouseX, mouseY)
```

```python
# GoodieMgr에 모든 보상 객체를 움직일 것을 요청한다.
# 주인공 아이콘과 부딪친 보상 객체 수를 반환한다.
nGoodiesHit = self.oGoodieMgr.update(playerRect) ❸
if nGoodiesHit > 0:
    self.dingSound.play()
    self.score = self.score + (nGoodiesHit * POINTS_FOR_GOODIE)

# BaddieMgr에 모든 악당 객체를 움직일 것을 요청한다.
# 윈도우 하단 밖 영역에 나간 악당 객체 수를 반환한다.
nBaddiesEvaded = self.oBaddieMgr.update() ❹
self.score = self.score + (nBaddiesEvaded * POINTS_FOR_BADDIE_EVADED)
self.scoreText.setValue(self.score)

# 주인공 아이콘과 부딪친 악당 객체가 있는지 검사한다.
if self.oBaddieMgr.hasPlayerHitBaddie(playerRect): ❺
    pygame.mouse.set_visible(True)
    pygame.mixer.music.stop()

    self.gameOverSound.play()
    self.playingState = STATE_GAME_OVER
    self.draw() # 강제로 게임 종료 메시지를 그린다. ❻

    if self.score > self.lowestHighScore: ❼
        scoreAsString = 'Your score: ' + str(self.score) + '\n'
        if self.score > self.highestHighScore:
            dialogText = (scoreString +
                          'is a new high score, CONGRATULATIONS!')
        else:
            dialogText = (scoreString +
                          'gets you on the high scores list.')

        result = showCustomYesNoDialog(self.window, dialogText)
        if result: # 전환
            self.goToScene(SCENE_HIGH_SCORES, self.score)

    self.startButton.enable()
    self.highScoresButton.enable()
    self.soundCheckBox.enable()
    self.quitButton.enable()
```

장면 관리자는 프레임마다 ScenePlay 클래스의 update() 메서드❶를 호출한다. update() 메서드
는 게임을 플레이하는 동안 발생하는 모든 것을 처리한다. 먼저 주인공(Player) 객체를 마우스의
현재 위치로 움직일 것을 요청한다. 요청 후 주인공 객체의 update() 메서드❷를 호출해 주인공
아이콘의 현재 위치와 크기 정보를 rect 객체에 담아 반환한다. 반환 값은 주인공 아이콘에 부딪
친 악당 또는 보상이 있는지 검사할 때 쓴다.

그다음 보상 관리자의 update() 메서드❸를 호출해 모든 보상 객체를 움직인다. 주인공 아이콘과 부딪친 보상 객체의 수를 반환한다. 이 개수에 따라 점수를 추가로 획득한다.

이제 악당 관리자의 update() 메서드❹를 호출해 모든 악당 객체를 움직인다. 게임의 하단 영역을 벗어난 악당 객체 수를 반환한다.

주인공 아이콘과 부딪친 악당이 있는지 검사한다❺. 만약 부딪친 악당이 있다면 게임을 종료하고 게임 종료를 표현하는 그래픽 요소를 화면에 그린다. draw() 메서드를 특별히 호출한다❻. 게임이 종료되면 특정 조건에 따라 다이얼로그가 화면에 그려질 수 있다. 이 경우 다이얼로그가 닫히기 전까지 게임 종료 메시지가 그려지지 않는다. draw() 메서드는 update() 메서드가 종료된 후 메인 루프에서 호출되기 때문이다. 다이얼로그가 그려지기 전에 먼저 게임 종료 메시지를 그리려고 강제로 draw() 메서드를 호출한 것이다.

마지막으로 게임이 종료됐을 때 현재 게임 점수가 10위 안이라면❼ 해당 점수를 고득점 순위에 등록할 것을 물어보는 다이얼로그를 띄운다. 현재 게임 점수가 최고 득점이라면 축하하는 메시지를 추가로 다이얼로그로 출력한다.

'코드 16.7'은 ScenePlay 클래스의 draw() 및 leave() 메서드를 보여준다.

코드 16.7 ScenePlay 클래스의 draw() 및 leave() 메서드

```
def draw(self):  ❶
    self.window.fill(BLACK)

    # 각 관리자에 모든 악당과 보상을 그리도록 요청한다.
    self.oBaddieMgr.draw()
    self.oGoodieMgr.draw()

    # 주인공 객체를 그리도록 요청한다.
    self.oPlayer.draw()

    # 윈도우 하단의 모든 정보를 그린다.
    self.controlsBackground.draw()  ❷
    self.titleText.draw()
    self.scoreText.draw()
    self.highScoreText.draw()
    self.soundCheckBox.draw()
    self.quitButton.draw()
    self.highScoresButton.draw()
    self.startButton.draw()
```

```
        if self.playingState == STATE_GAME_OVER: ❸
            self.gameOverImage.draw()

    def leave(self): ❹
        pygame.mixer.music.stop()
```

draw() 메서드는 주인공을 그리도록 Player 객체에 요청하며, 모든 악당과 보상을 그리도록 악당 및 보상 관리자 객체에 요청한다❶. 윈도우 하단 부분의 모든 버튼 및 텍스트 영역을 그린다❷. 게임 종료 상태라면❸ 게임 종료 이미지도 그린다.

게임 플레이 장면에서 다른 장면으로 전환하면 장면 관리자는 leave() 메서드❹를 호출해 재생 중인 소리를 끈다.

❺ Dodger/Baddies.py

Baddies.py 파일은 악당(Baddie)과 악당 관리자(BaddieMgr) 클래스를 정의한다. 플레이 장면은 단일 악당 관리자 객체를 생성한다. 모든 악당 객체를 생성하고 관리하는 역할이다. 악당 관리자 객체는 정해진 시간이 지나면(타이머) Baddie 클래스로 객체 무리를 생성한다. '코드 16.8'은 Baddie 클래스가 구현된 방식을 보여준다.

코드 16.8 **악당 클래스**

```
# Baddie 클래스
--- 생략 ---

class Baddie():
    MIN_SIZE = 10
    MAX_SIZE = 40
    MIN_SPEED = 1
    MAX_SPEED = 8
    # 이미지를 한 번만 불러오는 클래스 변수
    BADDIE_IMAGE = pygame.image.load('images/baddie.png') ❶

    def __init__(self, window):
        self.window = window
        # Image 객체 생성
        size = random.randrange(Baddie.MIN_SIZE, Baddie.MAX_SIZE + 1)
        self.x = random.randrange(0, WINDOW_WIDTH - size)
        self.y = 0 - size # 윈도우 상단 범위 밖에서 시작하기
        self.image = pygwidgets.Image(self.window, (self.x, self.y), ❷
                            Baddie.BADDIE_IMAGE)
```

```
        # 크기 조정
        percent = (size * 100) / Baddie.MAX_SIZE
        self.image.scale(percent, False)
        self.speed = random.randrange(Baddie.MIN_SPEED,
                                      Baddie.MAX_SPEED + 1)

    def update(self): # 악당을 아래로 움직이기 ❸
        self.y = self.y + self.speed
        self.image.setLoc((self.x, self.y))
        if self.y > GAME_HEIGHT:
            return True # 지워져야 한다.
        else:
            return False # 윈도우 내 남아야 한다.

    def draw(self): ❹
        self.image.draw()

    def collide(self, playerRect): ❺
        collidedWithPlayer = self.image.overlaps(playerRect)
        return collidedWithPlayer
```

악당 이미지를 불러온 후 클래스 변수로 저장한다❶. 즉 모든 악당 객체가 공유해 사용할 수 있어 객체마다 이미지를 불러올 필요가 없다.

서로 다른 크기로 악당 이미지를 표현하고자 __init__() 메서드❷는 악당 이미지의 크기를 무작위로 선택한다. 또한, 이미지를 그릴 x축과 y축도 임의로 선택한다. 그다음 Image 객체를 생성하고 이미지를 무작위로 선택된 크기로 조정한다❷. 마지막에는 속도도 무작위로 선택한다.

악당 관리자는 프레임마다 update() 메서드❸를 호출한다. 해당 메서드는 내부적으로 관리되는 모든 악당 객체의 위치를 속도만큼 아래로 이동한다. 즉 모든 악당 객체의 update() 메서드를 호출한다. 만약 악당이 게임 영역의 하단 부분을 벗어났다면 True를 반환해 해당 악당 객체가 제거됐다는 것을 알린다. 그렇지 않다면 False를 반환해 악당 객체가 아직 윈도우 내 있고 제거되지 않았다는 사실을 알린다.

draw() 메서드❹는 새로운 위치에 악당 이미지를 그린다.

collide() 메서드❺는 주인공과 악당 이미지가 겹친 부분이 있는지 검사한다.

'코드 16.9'의 악당 관리자 클래스는 악당 객체 목록을 생성하고 관리한다. 객체 관리자 객체의 전형적인 예다.

```python
# BaddieMgr 클래스
class BaddieMgr():
    ADD_NEW_BADDIE_RATE = 8 # 얼마나 자주 새로운 악당을 추가할 것인가?

    def __init__(self, window): ❶
        self.window = window
        self.reset()

    def reset(self): # 게임을 새로 시작할 때 호출된다. ❷
        self.baddiesList = []
        self.nFramesTilNextBaddie = BaddieMgr.ADD_NEW_BADDIE_RATE

    def update(self): ❸
        # 각 악당 객체에 update 메서드를 호출할 것을 요청한다.
        # 화면 하단 영역을 벗어난 악당 수를 센다.
        nBaddiesRemoved = 0
        baddiesListCopy = self.baddiesList.copy() ❹
        for oBaddie in baddiesListCopy:
            deleteMe = oBaddie.update() ❺
            if deleteMe:
                self.baddiesList.remove(oBaddie)
                nBaddiesRemoved = nBaddiesRemoved + 1

        # 새로운 악당을 추가할 때가 됐는지 검사한다.
        self.nFramesTilNextBaddie = self.nFramesTilNextBaddie - 1 ❻
        if self.nFramesTilNextBaddie == 0:
            oBaddie = Baddie(self.window)
            self.baddiesList.append(oBaddie)
            self.nFramesTilNextBaddie = BaddieMgr.ADD_NEW_BADDIE_RATE

        # 제거된 악당 수를 반환한다.
        return nBaddiesRemoved

    def draw(self): ❼
        for oBaddie in self.baddiesList:
            oBaddie.draw()

    def hasPlayerHitBaddie(self, playerRect): ❽
        for oBaddie in self.baddiesList:
            if oBaddie.collide(playerRect):
                return True
        return False
```

악당 관리자의 `__init__()` 메서드❶는 내부에 정의된 reset() 메서드를 호출해 악당 객체 리스트를 비운다. 악당을 새로 추가할 시점은 프레임 수 세기 방식으로 결정한다. 세야 할 프레임 수는

`self.nFramesTilNextBaddie` 인스턴스 변수가 가지고 있다.

`reset()` 메서드❷는 게임을 새로 시작할 때 호출된다. 모든 악당 객체를 제거하고 프레임 카운터를 초기화하는 역할을 한다.

악당 객체의 실제 관리는 `update()` 메서드❸에서 한다. 모든 악당 객체를 하나씩 접근한다. 각 위치를 갱신하도록 요청하고 윈도우 하단 경계를 벗어난 경우는 제거한다. 단순히 리스트 요소를 하나씩 접근해 특정 조건의 요소를 제거한다면 리스트 크기가 즉시 1만큼 줄어든다. 다만 버그가 생길 수 있다. 그다음 요소를 건너뛰는 상황이 발생한다. 즉 n번째 요소를 제거하고 루프의 n+1번째 요소에 접근하고 싶지만 실제로는 n번째 요소가 제거되면서 다음 요소의 위치가 n번째로 당겨지는 것이다. 11장의 풍선 게임에서 윈도우를 벗어난 풍선을 제거하는 경우와 비슷하다. 다만 풍선 게임에서는 리스트의 `reversed()` 메서드로 문제를 해결했다(코드 11.6). 순서를 리스트의 마지막부터 처음으로 거꾸로 해 요소에 접근하므로 가능한 해결책이었다.

지금은 더 일반화해 문제를 해결한다❹. 리스트의 **복사본**을 만든 후 해당 복사본의 요소를 하나씩 접근한다. 특정 조건을 만족하는 요소를 찾으면 해당 요소를 **원본** 리스트에서만 제거한다. 요소를 제거하는 리스트와 루프로 하나씩 요소에 접근하는 리스트를 분리할 수 있다.

악당 객체를 하나씩 접근하면서 `update()` 메서드❺를 호출한다. 해당 메서드가 반환하는 불리언 값은 악당 객체가 제거돼야 하는지 여부를 표현한다. 즉 `False`는 윈도우 하단 경계를 벗어나지 않았다는 것을, `True`는 윈도우 하단 경계를 벗어나 제거돼야 한다는 것을 의미한다. `True`의 경우 해당 악당 객체를 리스트에서 제거하고 지금까지 제거된 악당의 수를 센다. 제거된 악당 수는 `update()` 메서드 마지막에 호출한 곳으로 반환되고 점수를 갱신하는 데 사용될 수 있도록 한다.

프레임마다 새로운 악당이 만들 시점을 검사한다❻. 프레임이 지나간 수(루프가 수행된 횟수)를 카운트해 `ADD_NEW_BADDIE_RATE`만큼 경과됐다면 신규 악당 객체를 생성하고 악당 리스트에 추가한다.

`draw()` 메서드❼는 악당 리스트의 요소를 하나씩 접근한다. 각 객체의 `draw()` 메서드를 호출하고 객체는 각 위치에 스스로를 그린다.

`hasPlayerHitBaddie()` 메서드❽는 주인공 아이콘과 부딪친(겹친) 악당 객체가 있는지 검사한다. 악당 리스트의 요소에 하나씩 접근한다. 각 객체의 `collide()` 메서드를 주인공 객체의 사각형 영역(rect)을 매개변수로 호출한다. 만약 겹친 객체가 있다면 `True`를 반환한다. 이는 곧 게임 종료로 이어진다.

보상 관리자와 보상 클래스는 악당 관리자 및 악당 클래스와 매우 유사하다. 보상 관리자는 보상 객체 목록을 관리하는 객체 관리자 객체다. 악당 관리자와 다른 점은 윈도우의 좌우 모서리의 특정 위치를 무작위로 선택해 보상을 생성한다는 점이다(좌측 모서리에서 등장하는 경우 우측으로 이동, 우측 모서리라면 반대다). 또한, 임의의 프레임 수를 지날 때마다 신규 보상 객체를 생성한다. 주인공이 보상과 부딪친다면 25점을 획득한다. 보상 관리자의 `update()` 메서드는 앞서 설명한 것처럼 동일한 방식으로 작동한다. 즉 보상 객체 목록을 담은 리스트의 복사본을 만든 후 루프에는 복사본을 활용한다.

'코드 16.10'을 보자. 주인공 클래스는 주인공의 아이콘을 관리하고 윈도우 내 해당 위치를 추적한다.

코드 16.10 **주인공 클래스**

```
# Player 클래스
--- 생략 ---

class Player():
    def __init__(self, window): ❶
        self.window = window
        self.image = pygwidgets.Image(window,
                                     (-100, -100), 'images/player.png')
        playerRect = self.image.getRect()
        self.maxX = WINDOW_WIDTH - playerRect.width
        self.maxY = GAME_HEIGHT - playerRect.height

    # 프레임마다 주인공 아이콘을 마우스 커서 위치로 움직인다.
    # x와 y 좌표를 게임 플레이용 윈도우 내로 한정한다.
    def update(self, x, y): ❷
        if x < 0:
            x = 0
        elif x > self.maxX:
            x = self.maxX
        if y < 0:
            y = 0
        elif y > self.maxY:
            y = self.maxY

        self.image.setLoc((x, y))
        return self.image.getRect()

    def draw(self): ❸
        self.image.draw()
```

__init__() 메서드❶는 주인공 아이콘 이미지를 불러온 후 이후 사용할 몇 가지 인스턴스 변수를 설정한다.

update() 메서드❷는 플레이 장면이 프레임마다 호출한다. 현재 마우스 위치에 주인공 아이콘의 위치를 맞추는 역할을 한다. 마우스 위치는 플레이 장면이 update() 메서드를 호출할 때 매개변수로 입력된다. 마우스 위치가 플레이 가능한 영역에 속하는지 확인하는 일부 검사를 수행한 후 주인공 아이콘 위치를 갱신한다. 프레임마다 호출된 update() 메서드는 갱신된 주인공 아이콘의 사각형 영역을 반환한다. 해당 정보는 '코드 16.6'의 플레이 장면 코드처럼 주인공과 부딪친 악당이나 보상이 있는지 검사하는 데 사용된다.

마지막으로 draw() 메서드❸는 주인공 아이콘을 갱신된 위치에 그린다.

보상 관리자, 악당 관리자, 주인공 객체의 사용은 OOP의 강력함을 분명히 보여준다. 해당 객체에 메시지를 보내고(메서드 호출), 스스로를 갱신 또는 재설정하도록 요청해 반환된 값에 따라 필요한 후속 작업을 이어갈 수 있다. 기본적으로 보상 및 악당 관리자는 관리하는 모든 보상 및 악당 객체에 메시지를 전달한다.

❽ Dodger/SceneHighScores.py

고득점 장면은 상위 10위권 점수를 플레이어 이름과 함께 테이블 형식으로 보여준다. 10위권 안에 든 플레이어가 이름과 점수를 입력할 수 있는 수단도 제공한다. 고득점 장면은 내부적으로 High ScoresData라는 객체를 생성해 실제 데이터와 플레이어 정보를 파일 입출력으로 관리한다. 즉 고득점 장면은 스스로 테이블을 갱신할 수 있을 뿐만 아니라 플레이 장면이 요청하는 최고 및 최저 점수를 줄 수 있다.

'코드 16.11'부터 '코드 16.13'은 고득점 장면을 위한 SceneHighScores 클래스 코드를 나눠 살펴보겠다. 먼저 '코드 16.11'을 보자. __init__()과 getSceneKey() 메서드를 살펴본다.

코드 16.11 SceneHighScores 클래스의 __init__() 및 getSceneKey() 메서드

```
# 고득점 장면
--- 생략 ---

class SceneHighScores(pyghelpers.Scene):
    def __init__(self, window):
        self.window = window
        self.oHighScoresData = HighScoresData()  ❶
```

```
        self.backgroundImage = pygwidgets.Image(self.window,
                            (0, 0),
                            'images/highScoresBackground.jpg')

        self.namesField = pygwidgets.DisplayText(self.window,
                            (260, 84), '', fontSize=48,
                            textColor=BLACK,
                            width=300, justified='left')

        self.scoresField = pygwidgets.DisplayText(self.window,
                            (25, 84), '', fontSize=48,
                            textColor=BLACK,
                            width=175, justified='right')

        self.quitButton = pygwidgets.CustomButton(self.window,
                            (30, 650),
                            up='images/quitNormal.png',
                            down='images/quitDown.png',
                            over='images/quitOver.png',
                            disabled='images/quitDisabled.png')

        self.backButton = pygwidgets.CustomButton(self.window,
                            (240, 650),
                            up='images/backNormal.png',
                            down='images/backDown.png',
                            over='images/backOver.png',
                            disabled='images/backDisabled.png')

        self.resetScoresButton = pygwidgets.CustomButton(self.window,
                            (450, 650),
                            up='images/resetNormal.png',
                            down='images/resetDown.png',
                            over='images/resetOver.png',
                            disabled='images/resetDisabled.png')

        self.showHighScores()  ❷

    def getSceneKey(self):  ❸
        return SCENE_HIGH_SCORES
```

__init__() 메서드❶는 고득점 장면에 필요한 모든 데이터를 관리하는 HighScoresData 클래스의 객체를 생성한다. 그다음 장면을 구성하는 모든 이미지 및 필드, 버튼을 생성한다. 마지막에는 self.showHighScores()를 호출해❷ 이름과 점수를 알맞은 그래픽 요소에 채워 넣는다.

getSceneKey() 메서드❸는 장면을 구별하는 식별자를 반환한다. 모든 장면이 구현해야만 하는 메서드다.

'코드 16.12'는 SceneHighScores 클래스의 enter() 메서드를 보여준다.

코드 16.12 SceneHighScores **클래스의** enter() **메서드**

```
def enter(self, newHighScoreValue=None): ❶
    # 이 메서드는 서로 다른 두 가지 방식으로 호출될 수 있다.
    # 1. 신규 고득점이 없다면 newHighScoreValue 값은 None이 된다.
    # 2. newHighScoreValue 값에 상위 10위권 안에 든 현재 게임 점수가 입력된다.
    if newHighScoreValue is None: ❷
        return # 아무것도 하지 않는다.

    self.draw() # 다이얼로그를 보여주기 전에 그린다. ❸
    # 플레이 장면이 보낸 신규 고득점이 있는 경우
    dialogQuestion = ('To record your score of ' +
                      str(newHighScoreValue) + ',\n' +
                      'please enter your name:')
    playerName = showCustomAnswerDialog(self.window, ❹
                                        dialogQuestion)
    if playerName is None: ❺
        return # 플레이어가 [Cancel] 버튼을 클릭한 경우

    # 플레이어 이름과 점수를 고득점 테이블에 추가한다.
    if playerName == '':
        playerName = 'Anonymous'
    self.oHighScoresData.addHighScore(playerName, ❻
                                      newHighScoreValue)

    # 갱신된 고득점 테이블을 보여준다.
    self.showHighScores()
```

장면 관리자는 플레이 장면이 고득점 장면으로 전환될 때 SceneHighScores 객체의 enter() 메서드❶를 호출한다. 만약 현재 게임의 최종 점수가 10위권 안에 들지 못한다면 enter() 메서드는 아무것도 반환하지 않는다❷. 만약 10위권 안에 들었다면 enter() 메서드에는 현재 게임의 최종 점수가 매개변수로 입력된다.

플레이어에게 이름과 점수의 입력을 요청하는 다이얼로그를 보여주기 전 고득점 장면을 그리는 draw() 메서드❸를 호출한다. 그다음 showCustomAnswerDialog()라는 중계 함수를 호출해 '그림 16.7'처럼 사용자 정의 다이얼로그를 만든다❹.

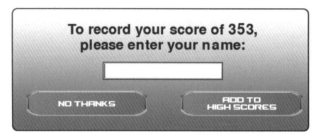

그림 16.7 customAnswerDialog() 함수로 만든 다이얼로그로 고득점 순위에 이름을 입력할 수 있도록 하는 UI

플레이어가 [**NO THANKS(괜찮습니다)**] 버튼을 클릭하면 showCustomAnswerDialog() 메서드는 None을 반환한다. enter() 메서드의 나머지 부분은 건너뛴다❺. 플레이어가 이름을 입력한 후 [**ADD TO HIGH SCORES**] 버튼을 클릭하면 showCustomAnswerDialog() 메서드는 입력된 이름을 반환한다. enter() 메서드는 HighScoresData 객체의 메서드❻로 이름과 점수를 테이블에 추가한다. 마지막에 showHighScores() 메서드로 필드를 갱신한다. enter() 메서드에 입력된 newHighScoreValue 매개변숫값이 None인 경우❷ 현재 고득점 테이블이 이미 그려져 있으므로 조치를 취할 필요가 없다.

'코드 16.13'은 SceneHighScores 클래스의 나머지 메서드다.

코드 16.13 SceneHighScores **클래스의** showHightScores(), handleInputs(), draw(), responds() **메서드**

```
def showHighScores(self): ❶
    # 점수와 이름을 가져와 두 필드로 보여준다.
    scoresList, namesList = self.oHighScoresData.getScoresAndNames()
    self.namesField.setValue(namesList)
    self.scoresField.setValue(scoresList)


def handleInputs(self, eventsList, keyPressedList): ❷
    for event in eventsList:
        if self.quitButton.handleEvent(event):
            self.quit()

        elif self.backButton.handleEvent(event):
            self.goToScene(SCENE_PLAY)

        elif self.resetScoresButton.handleEvent(event):
            confirmed = showCustomResetDialog(self.window, ❸
                        'Are you sure you want to \nRESET the high scores?')
            if confirmed:
                self.oHighScoresData.resetScores()
                self.showHighScores()
```

```
def draw(self):  ❹
    self.backgroundImage.draw()
    self.scoresField.draw()
    self.namesField.draw()
    self.quitButton.draw()
    self.resetScoresButton.draw()
    self.backButton.draw()

def respond(self, requestID):  ❺
    if requestID == HIGH_SCORES_DATA:
        # 플레이 장면이 최고 및 최저 점수를 요청한 경우
        # 해당 정보를 담은 딕셔너리를 만든 후 플레이 장면으로 반환한다.
        highestScore, lowestScore = self.oHighScoresData.getHighestAndLowest()
        return {'highest':highestScore, 'lowest':lowestScore}
```

showHighScores() 메서드❶는 HighScoresData 객체에 10위권 플레이어 이름 및 점수가 담긴 리스트를 요청한다. 두 리스트를 각각 namesField와 scoresField 객체 값으로 설정해 이름과 점수 목록을 화면에 그려질 수 있도록 조치한다. DisplayText 객체의 setValue() 메서드에 리스트를 매개변수로 입력하면 리스트의 각 요소는 선으로 구분돼 그려진다. DisplayText 객체인 namesField와 scoresField 객체는 각각 텍스트를 좌우로 정렬한다.

handleInputs() 메서드는 플레이어의 [Quit(종료)], [BACK(되돌아가기)], [RESET SCORES(점수 재설정하기)] 버튼 클릭 이벤트를 감지하고 각 이벤트에 적절한 작업을 수행하는 역할을 한다. 특히 [RESET SCORES] 버튼은 모든 데이터를 삭제한다. showCustomResetDialog() 함수로 정말 삭제를 원하는지 재차 물어보는 다이얼로그를 띄운다❸.

draw() 메서드❹는 윈도우의 모든 구성 요소를 그린다.

respond() 메서드❺는 다른 장면이 요청한 정보를 구성해 반환한다. 특히 플레이 장면에서 게임이 끝났을 때 점수를 고득점 순위에 등록할 수 있는지 판단할 때 필요한 최고 및 최저 점수 정보를 반환한다. 정보를 요청하는 쪽에서는 원하는 정보를 구별할 수 있는 식별자를 전달한다. 앞 코드에서는 Constants.py 파일에 정의된 HIGH_SCORES_DATA라는 상수 식별자를 사용했다. respond() 메서드는 요청받은 정보를 딕셔너리 형식으로 구성한 후 정보를 요청한 장면으로 반환한다.

❾ Dodger/HighScoresData.py

마지막으로 살펴볼 클래스는 고득점 정보를 관리하는 HighScoresData다. 데이터를 JSON 형식으로 파일에 읽고 쓴다. 점수는 항상 최고점에서 최저점까지 순서대로 저장된다. 열 개의 고득점 데이터는 다음처럼 표현된다.

```
[['Moe', 987], ['Larry', 812], … ['Curly', 597]]
```

'코드 16.14'는 HighScoresData 클래스를 보여준다.

코드 16.14 HighScoreData 클래스
```
# HighScoresData 클래스
from Constants import *
from pathlib import Path
import json

class HighScoresData():
    """데이터 파일은 JSON 형식에 따라 이중 리스트로 저장된다.
    각 (내부) 리스트는 다음처럼 이름과 점수 값으로 구성된다.
        [[이름, 점수], [이름, 점수], [이름, 점수] …]
    모든 점수는 self.scoresList가 관리하며
    최고점에서 최저점까지 순서대로 저장된다.
    """
    def __init__(self):  ❶
        self.BLANK_SCORES_LIST = N_HIGH_SCORES * [['-----', 0]]
        self.oFilePath = Path('HighScores.json')  ❷

        # 파일을 열고 파일에서 데이터를 불러오려는 시도
        try:
            data = self.oFilePath.read_text()  ❸
        except FileNotFoundError:  # 파일이 없을 때 모든 점수를 [['-----', 0]]로 채운 후
저장한다.
            self.scoresList = self.BLANK_SCORES_LIST.copy()  ❹
            self.saveScores()
            return

        # 파일이 존재한다면 해당 JSON 파일에서 점수 데이터를 불러온다.
        self.scoresList = json.loads(data)  ❺

    def addHighScore(self, name, newHighScore):  ❻
        # 신규 고득점을 추가할 적절한 (리스트 내) 위치를 찾는다.
        placeFound = False
        for index, nameScoreList in enumerate(self.scoresList):
            thisScore = nameScoreList[1]
            if newHighScore > thisScore:
                # 마지막 순위를 제거하고, 점수에 알맞은 위치에 신규 점수를 등록(삽입)한다.
                self.scoresList.insert(index, [name, newHighScore])
                self.scoresList.pop(N_HIGH_SCORES)
                placeFound = True
```

```
                break
        if not placeFound:
            return # 추가될 위치를 찾지 못한 경우(즉 10위권이 아니다)

        # 갱신된 점수 목록을 저장한다.
        self.saveScores()

    def saveScores(self): ❼
        scoresAsJson = json.dumps(self.scoresList)
        self.oFilePath.write_text(scoresAsJson)

    def resetScores(self): ❽
        self.scoresList = self.BLANK_SCORES_LIST.copy()
        self.saveScores()

    def getScoresAndNames(self): ❾
        namesList = []
        scoresList = []
        for nameAndScore in self.scoresList:
            thisName = nameAndScore[0]
            thisScore = nameAndScore[1]
            namesList.append(thisName)
            scoresList.append(thisScore)

        return scoresList, namesList

    def getHighestAndLowest(self): ❿
        # 0번째 요소는 최고점, -1번째 요소는 최저점
        highestEntry = self.scoresList[0]
        lowestEntry = self.scoresList[-1]
        # 이중 리스트의 각 (내부) 리스트에서 점수를 가져온다(첫 번째 요소).
        highestScore = highestEntry[1]
        lowestScore = lowestEntry[1]
        return highestScore, lowestScore
```

__init__() 메서드❶는 빈 점수 테이블을 채울 리스트를 생성한다. 그다음 Path 모듈로 데이터 파일의 위치를 가리키는 path 객체를 생성한다❷.

노트 '코드 16.14'에서 구성한 경로는 코드가 있는 폴더 경로와 같다. 파일의 입출력 개념을 배울 때는 괜찮지만 다른 사람과 프로그램을 공유하고 싶다면 다음처럼 각 컴퓨터 사용자 홈 폴더의 다른 경로로 구성하는 편이 좋다.

```
import os.path
DATA_FILE_PATH = os.path.expanduser('~/DodgerHighScores.json')
```

또는 다음처럼 구성한다.

```
from pathlib import Path
DATA_FILE_PATH = Path('~/DodgerHighScores.json').expanduser()
```

데이터 파일의 존재 유무를 검사한다❸. 불러와야 할 고득점 정보가 있는지 확인한다. 파일이 없다면❹ 빈 점수 테이블을 구성한 후 saveScores() 메서드로 점수를 저장하고 반환한다. 만약 파일이 존재한다면 JSON 유형으로 저장된 파일의 내용물을 읽어 이중 리스트로 만든다❺.

addHighScores() 메서드❻는 점수 리스트에 신규 고득점을 추가한다. 데이터는 항상 순서대로 저장된다. 리스트 요소를 처음부터 하나씩 접근하며 신규 이름과 점수를 삽입할 적절한 인덱스를 찾는다. 다만 리스트에 신규 요소를 추가하면 리스트 크기가 1만큼 커진다. 10개 점수만 관리하려면 마지막 요소를 제거해야 한다. 또한, 요청 점수가 실제로 리스트에 삽입될 수 있을 정도로 고득점인지도 검사한다. 마지막에는 saveScores() 메서드를 호출해 갱신된 점수 데이터를 파일로 저장한다.

saveScores() 메서드❼는 점수 데이터를 JSON 형식의 파일로 저장한다. HighScoreData 클래스의 이곳저곳에서 호출된다.

resetScores() 메서드❽는 현재의 고득점 정보를 모두 제거해 초기 상태로 되돌릴 때 사용된다 (모든 이름은 '-----', 점수는 0으로 설정된다). 점수 데이터를 초기화한 후 갱신된 데이터를 파일로 저장한다.

getScoresAndNames() 메서드❾는 고득점 장면이 10위권 점수와 각 점수를 기록한 플레이어 이름을 조회할 때 호출된다. scoresList 리스트의 요소를 하나씩 접근하며 이름 및 점수를 추출해 별도의 두 리스트에 담고 반환한다.

getHighestAndLowest() 메서드❿는 고득점 장면이 최고점 및 최저점을 조회할 때 호출된다. 조회된 정보는 플레이어 이름과 점수를 10위권 목록에 추가할 수 있는지 판단할 때 사용한다.

16.2.3 게임 확장하기

게임의 전체 구조는 모듈화됐다. 수정 및 변경이 용이하다. 각 장면은 해당 장면에만 필요한 데이터와 메서드를 가진다. 장면 간 전환 및 상호작용은 장면 관리자가 처리한다. 확장하더라도 작업 대상 장면만 확장 기능을 처리하도록 변경될 뿐 다른 장면에는 아무 영향을 주지 않는다.

예를 들어 주인공 아이콘이 악당과 부딪치자마자 게임을 종료하는 방법 대신 주인공에게 하나 이상의 목숨을 부여하고 싶을 수 있다. 즉 주인공 아이콘이 악당과 부딪칠 때마다 목숨이 하나씩 없어져 0이 되면 게임을 종료하는 방식이다. 이 같은 변경은 상대적으로 구현이 쉽다. 오직 플레이 장면에만 영향을 미친다.

또 다른 예로 플레이어에게 일정 개수의 폭탄을 부여하도록 규칙을 변경할 수도 있다. 폭탄을 사용하면 현재 주인공 아이콘을 중심으로 특정 반경 내 모든 악당을 물리치는 식이다. 폭탄을 사용할 때마다 보유 폭탄 개수는 0이 될 때까지 1씩 감소한다. 이 같은 변경은 오직 플레이 장면과 악당 관리자 코드에만 영향을 미친다.

아니면 10위권 대신 20위권까지 고득점 순위로 보여주고 싶을 수도 있다. 이 경우 플레이 및 스플래시 장면에는 아무 영향을 미치지 않는다. 오직 고득점 장면만 코드를 변경하면 된다.

16.3 정리

16장은 텍스트 기반과 사용자 정의 기반의 예/아니오 및 응답 다이얼로그를 만들고 사용하는 방법을 다뤘다. 객체지향적으로 '다저'라는 완전한 게임을 만들었다.

모든 버튼 및 텍스트 출력, 텍스트 입력 필드에는 pygwidgets 모듈을 사용했다. 다이얼로그를 처리하는 데는 pyghelpers 모듈을 사용했다. SceneMgr 클래스는 전체 게임을 편하게 관리하도록 작은 단위(장면)로 분리하고 장면 간 전환이 되도록 구성했다.

다저 게임은 다음과 같은 객체지향 개념이 적용됐다.

- **캡슐화**: 각 장면은 자신이 관리해야 할 내용만 처리한다.
- **다형성**: 각 장면은 같은 형태의 공통 메서드를 구현한다.
- **상속**: 각 장면은 Scene 기반 클래스를 상속한다.
- **객체 관리자 객체**: 플레이 장면은 악당 관리자 객체인 self.oBaddieMgr과 보상 관리자 객체인 self.oGoodieMgr를 생성 및 관리하고자 컴포지션 구조를 가진다. 각 관리자 객체는 악당과 보상 객체 목록을 관리한다.
- **공유 상수**: 보상과 악당을 서로 다른 모듈로 분리했다. Constants.py 파일에 정의된 상수는 서로 다른 모듈에서 쉽게 공유하고 사용할 수 있다.

17

디자인 패턴과 마무리

마지막 장은 소프트웨어에서 빈번히 발생하는 문제를 재사용할 수 있는 객체지향 설루션으로 해결하는 패턴화된 방법을 소개한다(흔히 객체지향 **디자인 패턴** design pattern이라고 한다). 이미 한 가지 디자인 패턴을 본 적이 있다. 바로 여러 객체를 관리하는 객체를 만든 기법이다. 디자인 패턴만 주제로 한 책도 많지만 이 책의 목적은 방대한 양의 디자인 패턴을 다루는 것이 아니다. 대신 전체 시스템을 작은 단위로 나눠 변경과 관리를 쉽게 할 수 있도록 해주는 MVC 패턴에 집중한다.

17.1 MVC

MVC(모델-뷰-컨트롤러)model-view-controller 패턴은 데이터와 해당 데이터를 사용자에게 보여주는 방식을 명확히 분리한 디자인 패턴이다. 구체적으로 모델, 뷰, 컨트롤러로 기능을 나눈다. 각 부분은 하나 이상의 객체로 구현되며 각자 분명한 책임과 역할을 가진다.

모델은 데이터를 저장하는 역할을 한다. 뷰는 모델이 가진 데이터를 다양한 방식으로 보여주는 역할이다. 마지막으로 컨트롤러는 Model과 View 객체를 생성하고 사용자의 모든 상호작용을 처리한다. 모델로는 변한 데이터를 전달하고 뷰로는 변한 데이터를 출력하도록 요청한다. 전체 시스템을 세 부분으로 나누면 변경 및 수정이 매우 용이한 시스템을 구축할 수 있다.

🔘17.1.1 파일 디스플레이로 살펴보는 MVC

MVC 패턴은 맥OS의 파인더나 윈도우의 파일 탐색기가 파일 목록을 보여주는 방식으로 경험할 수 있다. 네 개의 파일과 하나의 하위 폴더를 가진 폴더를 가정해보자. '그림 17.1'처럼 각 항목을 리스트 형태로 출력할 수 있다.

그림 17.1 **리스트 형태로 출력된 폴더 내 파일과 하위 폴더**

'그림 17.2'처럼 각 항목을 아이콘 형태로 출력할 수도 있다.

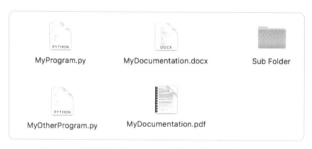

그림 17.2 **아이콘 형태로 출력된 폴더 내 파일과 하위 폴더**

다른 방식으로 출력됐지만 근간이 되는 데이터는 동일하다. 사용자에게 정보를 표현한 방식만 다를 뿐이다. Model이라는 객체가 모든 데이터를 감싸고 있다고 생각해도 좋다. View 객체는 목록 및 아이콘, 상세 목록 등 어떤 형태가 됐든 사용자가 원하는 방식으로 데이터를 화면에 출력한다. 마지막으로 컨트롤러는 사용자가 선택한 레이아웃에 따라 모델이 가진 데이터를 출력하도록 View 객체에 요청한다.

17.1.2 통계 데이터 디스플레이로 살펴보는 MVC

두 개의 주사위를 여러 번 굴려 결과를 출력하는 프로그램을 생각해보자. 주사위를 굴릴 때마다 나온 값을 더한다. 더한 값을 **결과물**이라고 하자. 결과물은 2~12 사이의 값이 된다. 이때 모델로 저장해야 할 데이터는 주사위를 굴린 횟수, 전체 결과물의 합 중 각 주사위 굴림으로 얻은 결과물이 차지하는 비율이다. 주사위 프로그램은 막대그래프 차트, 파이 차트, 텍스트 테이블 방식으로 데이터를 출력한다. 특별한 설정을 하지 않으면 두 주사위를 2500번 굴린 결과를 막대그래프 차트 형식으로 보여준다. MVC 패턴을 설명하려는 용도로 작성된 프로그램이므로 결과 출력은 파이 게임과 `pygwidgets`을 사용했다. 좀 더 전문적인 결과로 출력하고 싶다면 맷플롯립Matplotlib, 시본 Seaborn, 플로틀리Plotly, 보케Bokeh 같이 데이터 시각화에 전문화된 파이썬 패키지를 살펴보자.

'그림 17.3'은 주사위를 2500번 굴린 후 얻은 결과를 막대그래프 차트로 출력한 화면이다.

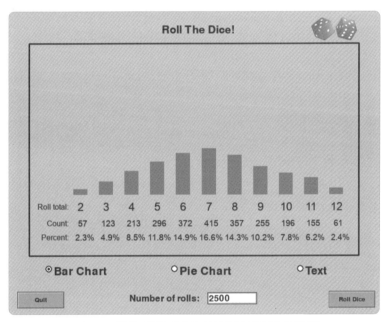

그림 17.3 **막대그래프 차트로 표현된 주사위 굴림 데이터**

막대의 첫 번째 하단 텍스트는 결과물이다. 두 번째와 세 번째 텍스트는 주사위를 굴려서 해당 결과물을 얻은 횟수와 전체 횟수의 비율을 의미한다. 각 막대 높이는 결과물을 얻은 횟수(또는 비율)를 의미한다. [Roll Dice] 버튼을 클릭하고 시뮬레이션을 다시 시작한다. 이때 입력 필드로 주사위를 굴릴 횟수를 지정할 수 있다. 또한, 라디오 버튼 메뉴로 동일 데이터를 서로 다른 방식으로 표현할 수 있다. 'Pie Chart(파이 차트)'를 선택하면 '그림 17.4'처럼 데이터를 표현한다.

Roll The Dice!
2: 2.3%
3: 4.9%
4: 8.5%
5: 11.8%
6: 14.9%
7: 16.6%
8: 14.3%
9: 10.2%
11: 6.2%
12: 2.4%
Bar Chart
Pie Chart
Text
Quit
Number of rolls: 2500
Roll Dice

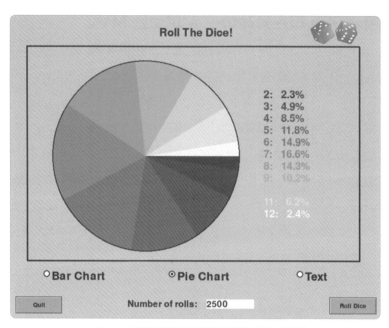

그림 17.4 파이 차트로 표현된 주사위 굴림 데이터

'그림 17.5'는 'Text(텍스트 테이블)'를 선택했을 때 데이터가 표현된 방식이다.

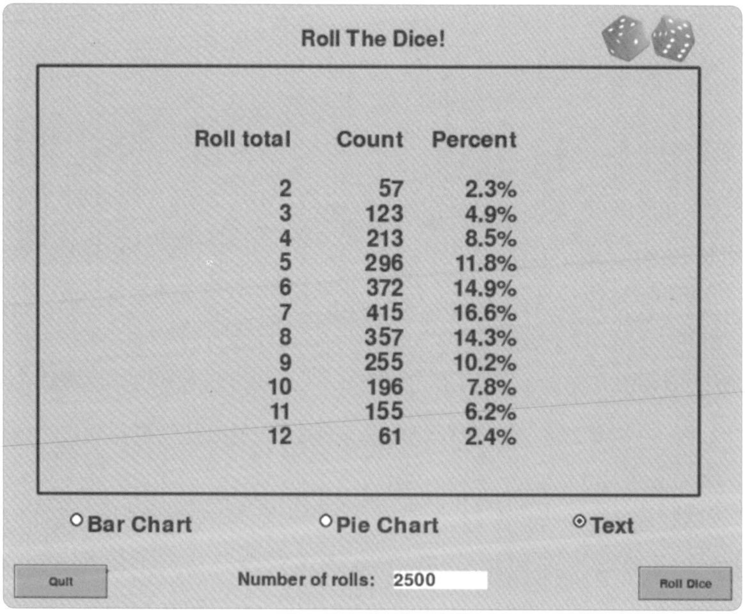

Roll The Dice!
Roll total Count Percent
2 57 2.3%
3 123 4.9%
4 213 8.5%
5 296 11.8%
6 372 14.9%
7 415 16.6%
8 357 14.3%
9 255 10.2%
10 196 7.8%
11 155 6.2%
12 61 2.4%
Bar Chart
Pie Chart
Text
Quit
Number of rolls: 2500
Roll Dice

그림 17.5 텍스트로 표현된 주사위 굴림

'Number of rolls' 텍스트 옆의 입력 필드에는 주사위를 굴리고 싶은 횟수를 입력한다. 주사위 프로그램의 데이터는 통계와 임의성에 기반한다. 표본 크기가 다르면 정확한 횟수는 다양해지겠지만 백분율은 항상 동일해야 한다.

이 책은 주사위 프로그램을 구현한 전체 코드를 수록하지 않는다. MVC 패턴 설정과 제어 흐름을 보여주는 핵심 내용으로 압축했다. 물론 프로그램 전체 소스 코드는 책이 제공하는 저장소의 MVC_RollTheDice 폴더에서 다운로드할 수 있다. 폴더에는 다음 파일이 있다.

- Main_MVC.py: 메인 파이썬 파일
- Controller.py: `Controller` 클래스
- Model.py: `Model` 클래스
- BarView.py: 막대그래프 차트를 출력하는 `BarView` 클래스
- Bin.py: 막대그래프 차트의 막대 하나를 그리는 `Bin` 클래스
- PieView.py: 파이 차트를 출력하는 `PieView` 클래스
- TextView.py: `TextView`를 출력하는 `TextView` 클래스
- Constants.py: 여러 모듈이 공유하는 상수를 정의한 파일

메인 프로그램은 `Controller` 객체를 생성한 후 메인 루프를 실행한다. 메인 루프는 `pygame.QUIT`을 제외하고 발생하는 모든 이벤트를 `Controller` 객체로 보내서 처리한다.

1 컨트롤러

컨트롤러는 전체 프로그램의 관리 감독자다. 가장 먼저 하는 일은 `Model` 객체를 생성하는 것이다. 그다음 `BarView`, `PieView`, `TextView` 객체를 하나씩 차례대로 생성한다. `Controller` 클래스의 `__init__()` 메서드는 다음과 같다.

```
# 모델 생성
self.oModel = Model()

# 각 뷰 객체 생성
self.oBarView = BarView(self.window, self.oModel)
self.oPieView = PieView(self.window, self.oModel)
self.oTextView = TextView(self.window, self.oModel)
```

컨트롤러는 모델 객체를 입력해 각 View 객체를 생성한다. View 객체가 Model 객체의 데이터를 직접 조회할 수 있도록 하기 위해서다. MVC 패턴은 이론적이다. 다양한 방식으로 구현될 수 있다. 모델, 뷰, 컨트롤러 사이의 상호작용을 다른 식으로 구현한 경우도 있다. 컨트롤러가 중계자로서 모델 데이터를 얻으려면 컨트롤러를 거치도록 만든다.

컨트롤러는 윈도우의 검정색 테두리 사각형 밖 타이틀, 주사위 이미지, 라디오 버튼 자체의 기능을 제외한 모든 것(즉 사각형 내 모든 것)을 그리고 일어나는 모든 일을 관장한다. 예를 들어 [Quit]과 [Roll Dice(주사위 굴리기)] 버튼을 화면에 그리고 두 버튼이 클릭에 대응한다. 또한, 'Number of rolls' 텍스트 옆에 있는 입력 필드가 바뀌는 값을 처리한다.

Controller 객체는 화면의 현재 출력에 관여하는 View 객체를 관리한다. 기본 뷰는 다음처럼 BarView(막대그래프 차트)로 설정됐다.

```
self.oView = self.oBarView
```

사용자가 라디오 버튼의 항목을 하나 선택하면 컨트롤러는 현재 화면 출력을 담당할 View 객체를 설정하고 update() 메서드로 해당 View 객체에 화면 갱신을 요청한다.

```
if self.oBarButton.handleEvent(event):
    self.oView = self.oBarView
    self.oView.update()
elif self.oPieButton.handleEvent(event):
    self.oView = self.oPieView
    self.oView.update()
elif self.oTextButton.handleEvent(event):
    self.oView = self.oTextView
    self.oView.update()
```

프로그램이 시작할 때 또는 [Roll Dice] 버튼이 클릭됐을 때 컨트롤러는 'Number of rolls(주사위 굴림 횟수)' 옆의 입력 필드에 입력된 값의 유효성을 검사한다. 검사한 후 신규 데이터를 생성하도록 모델에 해당 값과 함께 시뮬레이션 시작을 요청한다.

```
self.oModel.generateRolls(nRounds)
```

모든 View 객체는 다형성을 통해 만들어졌다. 프레임마다 Controller 객체는 현재 View 객체의 draw() 메서드를 호출하면 된다.

```
self.oView.draw() # 현재 View 객체에 화면에 내용 출력을 요청한다.
```

2 모델

모델은 데이터를 가지고 있는 역할을 한다(취득 및 갱신을 하기도 한다). 앞서 본 프로그램의 Model 객체는 매우 간단했다. 두 주사위를 여러 번 굴리는 시뮬레이션을 수행하고 결과를 인스턴스 변수에 저장한 후 View 객체가 요청할 때마다 현재 데이터를 알려주는 일을 수행했다.

컨트롤러가 모델에 데이터 생성을 요청하면 모델은 주사위 굴리기 시뮬레이션을 반복적으로 수행한다. 수행한 후 생성된 데이터를 두 개의 딕셔너리에 저장한다. 그중 첫 번째 self.rollsDict은 시뮬레이션 결과물과 횟수를 키와 값으로 저장한다. 두 번째 self.percentsDict은 시뮬레이션 결과물과 백분율을 키와 값으로 저장한다.

더 복잡한 프로그램에서 사용되는 모델은 데이터베이스나 인터넷 등에서 데이터를 가져오기도 한다. 주식 정보, 인구 데이터, 도시 주택 데이터, 온도 데이터 등을 관리하는 경우가 그렇다.

모델의 getRoundsRollsPercents() 메서드는 View 객체가 한 번에 모든 데이터를 얻을 때 호출하는 메서드다. 모델은 특정 뷰에 필요한 것보다 더 많은 정보를 포함하기도 한다. 서로 다른 View 객체가 자신이 원하는 정보를 얻고자 Model 객체 메서드 중 자신이 원하는 것을 호출해야 하는 경우다. 뷰마다 보여줄 정보 양이 다를 수 있기 때문이다. 주사위 시뮬레이션 프로그램의 모델은 다양한 게터 메서드(getNumberOfRounds(), getRolls(), and getPercents())를 정의해 새로운 View 객체를 만들 때마다 활용할 수 있도록 했다.

3 뷰

View 객체는 데이터를 화면에 출력하는 역할을 한다. 예시 프로그램은 세 종류의 View 객체를 생성해 실제 데이터를 세 가지 관점에서 볼 수 있도록 했다. 프로그램이 시작되고 사용자가 [Roll Dice] 버튼을 클릭하면 컨트롤러는 현재 View 객체의 update() 메서드를 호출한다. View 객체는 현재 데이터 중 원하는 정보를 얻고자 모델 객체의 메서드를 호출한다.

```
nRounds, resultsDict, percentsDict = self.oModel.getRoundsRollsPercents()
```

마지막으로 View 객체는 해당 뷰 방식대로 표현하고자 모델에서 가져온 데이터를 서식화한다.

17.1.3 MVC 패턴의 장점

MVC 디자인 패턴은 독립적이지만 함께 엮여 작동하는 별도 클래스로 책임 소재를 분리한다. 각 구성 요소를 개별 클래스로 만들고 클래스 객체 간 상호작용을 최소화하면 각 구성 요소의 복잡성과 오류 발생률이 줄어든다. 각 구성 요소의 인터페이스가 정의된다면 각 클래스는 다른 프로그래머가 구현할 수 있다.

MVC 패턴으로 분리된 각 구성 요소는 객체지향의 핵심 개념인 캡슐화와 추상화를 잘 보여준다. MVC 패턴을 사용하면 모델은 컨트롤러나 뷰에는 영향을 주지 않는다. 동시에 데이터 표현 방식을 내부적으로 바꿀 수 있다. 앞서 언급한 대로 모델은 특정 뷰가 필요한 것보다 더 많은 양의 정보를 담고 있을 수 있다. 컨트롤러와 모델이 상호작용하는 방식이 변경되지 않고 뷰가 모델이 요청한 정보를 지금 같은 방식으로 반환하는 한 시스템을 망가뜨리지 않고도 새로운 데이터를 모델에 추가할 수 있다.

MVC 패턴 모델을 사용하면 개선 사항도 쉽게 추가할 수 있다. 주사위를 굴리는 프로그램 모델은 두 주사위를 굴렸을 때 동일한 결과물을 얻는 서로 다른 조합의 수를 추적할 수 있다(**예** 1과 4, 2와 3 모두 5라는 결과물을 얻는다). 그다음 BarChart를 수정해 모델에 해당 신규 정보를 요청하고 화면에 출력하도록 변경할 수 있다(각 막대를 여러 개의 작은 막대로 분리해 주사위 조합의 백분율을 표시한다).

View 객체는 사용자가 원하는 대로 정의할 수 있다. TextView는 다른 종류의 폰트, 글씨 크기, 화면 레이아웃을 사용할 수 있다. PieView는 웨지wedges에 다른 색상을 사용할 수 있다. BarView는 막대의 두께, 높이, 색상을 조정할 수 있으며 막대그래프 차트가 표현되는 방향을 수직에서 수평으로 지정할 수 있다. 어떤 변화라도 오직 해당 View 객체에만 일어나면 된다. 모델이나 컨트롤러는 변화에서 완전히 독립적이다.

MVC 패턴을 사용하면 또 다른 방식으로 데이터를 바라볼 수 있는 신규 View 클래스를 쉽게 추가할 수 있다. 기존 시스템에 변경이 필요하다면 컨트롤러가 해당 뷰를 선택할 수 있도록 신규 라디오 버튼을 추가한다. 해당 View 객체를 만들고 선택됐을 때 update() 메서드를 호출할 뿐이다.

노트 MVC를 포함한 다른 디자인 패턴은 컴퓨터 언어와 무관하며, OOP를 지원하는 모든 언어에서 구현할 수 있다. 자세히 알고 싶다면 팩터리(Factory), 플라이웨이트(Flyweight), 옵저버(Observer), 비지터(Visitor) 패턴 같은 객체지향 패턴을 검색해보기 바란다. 비디오, 블로그 게시글, 책 등 수많은 자료가 있다. 일반적인 자료를 읽어보고 싶다면 에릭 감마(Erich Gamma), 리처드 헬름(Richard Helm), 랄프 존슨(Ralph Johnson), 존 블리시데스(John Vlissides)가 쓴 디자인 패턴의 바이블 《GoF의 디자인 패턴》(프로텍미디어, 2015)을 읽어보기 바란다(네 명의 저자를 GoF(gang of four)라고 부른다).

17.2 마무리

OOP를 떠올렸을 때 처음 제시했던 객체 정의를 기억하기 바란다. 객체라는 것은 데이터와 해당 데이터에 작용하는 코드로 구성된다.

OOP는 프로그래밍에 대한 새로운 시야를 제시한다. 특정 데이터와 해당 데이터에 작동하는 코드를 묶고 쉽고 편리하게 관리하는 방식을 배울 수 있다. 각 객체는 클래스에 정의된 모든 인스턴스 변수를 가지지만 인스턴스 변숫값은 객체마다 다를 수 있어 독립적이다. 각 객체 메서드는 모두 같은 방식으로 작동하지만 작용하는 데이터가 달라 결과는 모두 다르다. 마지막으로 객체는 언제나 원할 때 만들고 삭제할 수 있다.

하나의 동일 클래스로 여러 객체를 만들면 보통 리스트나 딕셔너리로 관리될 수 있다. 이후 해당 리스트나 딕셔너리 값을 하나씩 접근한다. 각 객체 메서드를 호출하는 것이 흔히 사용하는 방식이다.

마지막으로 OOP의 세 가지 주요 개념을 다시 떠올려보자.

- **캡슐화**: 모든 것을 한 덩어리로 관리하는 것으로 데이터 소유자는 객체다.
- **다형성**: 서로 다른 객체가 같은 이름 및 형식의 메서드를 구현할 수 있다.
- **상속**: 한 클래스는 다른 클래스의 행동 방식을 확장하거나 수정할 수 있다.

보통 객체는 계층적으로 작동한다. 여러 객체의 상호작용으로 다른 객체를 만들거나 하위 객체의 메서드를 호출해 작업을 위임하고 정보를 제공할 수 있다.

OOP를 시각적으로 명확히 보여주고자 책에 실린 대부분 예제는 게임 환경에서 유용하게 사용할 수 있는 위젯 같은 객체에 집중했다. 다양한 OOP 기법을 보여줬다. 파이게임으로 만든 프로그램에서 GUI 위젯을 쉽게 사용할 수 있는 `pygwidgets` 및 `pyghelpers` 패키지를 살펴봤다. 두 패키지로 유용하고 흥미로운 프로그램을 개발하는 데 도움이 되기를 바란다.

더 중요한 것이 있다. OOP가 다양한 상황에 적용될 수 있는 범용적인 접근법이라는 사실을 인식하는 것이다. 같은 데이터를 공유해 작동하는 함수가 두 개 이상이라면 클래스를 설계하고 객체를 만들거나 여러 객체 집합을 관리하는 객체 관리용 객체를 고려해보는 것도 좋다.

축하한다. 마침내 여러분은 이 책을 끝까지 읽는 데 성공했다! 드디어 여러분만의 OOP 여정이 시작됐다. 책에서 설명한 개념으로 앞으로 할 일의 기틀이 만들어졌기를 바란다. 다만 OOP를 제대로 다루는 유일한 방법은 수많은 코드를 직접 작성해보는 것이다. 경험이 쌓이면서 반복적으로 나타나는 패턴을 눈치챌 수 있게 된다. 클래스 설계 방법을 통달하는 것은 쉽지 않다. 오직 경험을 통해서만 적절한 메서드와 인스턴스 변수를 가진 올바른 클래스가 설계됐는지 확신할 수 있다.

연습하고 연습하고 또 연습하자. 연습을 통해 진정한 객체지향 프로그래머로 성장하길 바란다!